21世纪高职高专规划教材·国际经济与贸易系列

国际贸易实务

（第四版）

主　编　王　健　石玉川
副主编　魏铁梅　张家瑾

中国人民大学出版社
·北京·

第四版前言

本书作为高职高专国际贸易专业的系列教材之一，初版于2004年6月，是由对外经济贸易大学的资深教授黎孝先先生带领几位中青年教师根据本专业教学形势的需要集体编写的。当时黎教授就明确指出，本教材要与时俱进，要体现实用性、简明性和系统性的特点。因此，在编写过程中，我们注重理论与实际的紧密联系，在每章之后都增加了思考题和案例分析，以培养学生思考和分析解决实际问题的能力。在介绍较繁杂的法律、法规和国际案例时，尽量做到简明扼要、深入浅出、循序渐进。另外，在知识体系的安排方面，我们在简明的基础上，努力做到结构的完整性，将国际贸易的相关法律和国际案例、买卖合同的基本条款、进出口交易的签约和履行以及各种贸易方式都包括在教材之中。教材出版后，得到了同行的认可，被许多院校和业内人士所选用。

此后的十年中，随着改革开放的进一步深化，我国的对外贸易有了飞速发展，与国际贸易相关的法律、法规和国际惯例也在不断地修改。这些都要求我们跟上形势，将有关变化在教材中体现出来。为此，我们先后推出了本书的第二版和第三版。在第二版和第三版中，我们分别对国际商会新修订的关于国际结算的惯例《跟单信用证统一惯例》和关于贸易术语的《国际贸易术语解释通则》作了介绍，并根据教学第一线教师对本书提出的意见和建议，对个别章节的文字表述做了一些调整。对于本书的基本框架和编写原则，由于实践证明是适宜的，我们未做任何变动。

在进入21世纪的第二个十年后，我国的国际地位进一步提高，现已成为继美国之后的世界第二大经济体，对外经济贸易业务更加蓬勃发展。近年来，我国政府提出的建设"一带一路"和成立亚投行的宏远规划也在国际上产生了巨大影响，并得到许多国家的支持。另外，电子商务在国内外的经济贸易活动中占据越来越重要的地位，这也是我们此次修订教材重点考虑的内容。在推出本书的第四版时，编写人员对各章节进行了认真的审核，除了将电子商务由原来的一节扩展为一章外，对其他章节的内容也逐字逐句进行了推敲，将不适宜的地方做了调整。

修订后的教材共13章，涉及国际贸易实务的基本概念和知识框架，主要内容包括：国际贸易的相关法律与国际惯例，国际货物买卖合同的基本条款及相关内容，进出口交易的洽商与合同的订立，进出口合同履行的运作程序及对违约所采取的救济方法，国际货物买卖中一些常见的贸易方式，以及跨境电子商务。

需要说明的是，本书原第一主编黎孝先教授因年事已高，提出不再担任主编，由王健、石玉川两位教授任主编，魏铁梅和张家瑾两位副教授担任本书的副主编。参编人员中，除原有的曾立新副教授外，还新增了叶梅副教授。他们均是长期在教学第一线任课、经验丰富的教师，相信这次人员的调整会进一步提高本书的质量。

在本书的修订过程中，商务部、中国银行、国际商会中国委员会、中国国际贸易促进会以及海关、商检、运输、保险等单位的有关部门及工作人员给予了大力协助与支持，在此向他们表示衷心的感谢！

对本书中存在的问题及不足之处，敬请广大读者提出宝贵的意见和建议。

编　者

2016年5月

目　录

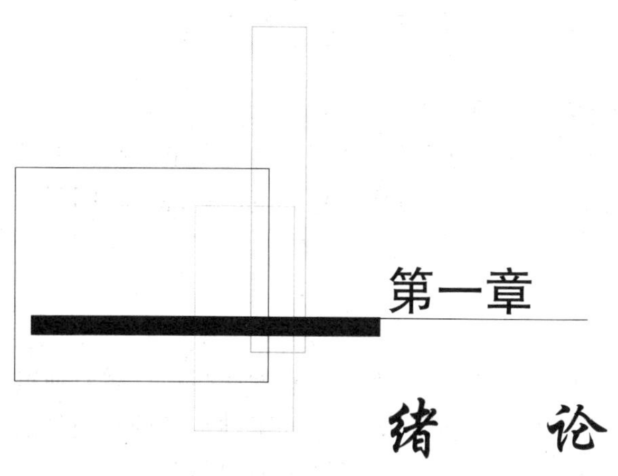

第一章 绪 论

［学习目标］

国际贸易实务是一门主要研究国际货物买卖的具体过程及相关活动内容与商务运作规范的学科，也是一门具有涉外商务活动特点的实践性很强的综合性应用学科，国际经贸类专业都把本课程作为一门必修的专业基础课程。

为了学好这门课程，必须了解国际贸易的特点，掌握国际贸易适用的有关法律与国际惯例，把握本课程的性质、研究对象及其涵盖的内容，并采取正确的学习方法，才能达到预期的效果。

第一节 国际贸易的特点

国际贸易包括货物贸易、技术贸易和服务贸易三部分内容，其中货物贸易是国际贸易中最主要的组成部分。国际贸易具有许多不同于国内贸易的特点，主要表现在下列几个方面。

一、国际货物贸易是一项具有涉外性质的商务活动

由于国际货物贸易具有这一特点，故在对外交往中，不仅要考虑经济利益，还应配合外交活动，认真贯彻对外方针政策，切实按国际规范行事，恪守“重合同、守信用”的原则，对外树立良好的形象。

二、国际货物贸易情况比较复杂

在国际货物贸易中，交易双方处在不同的国家和地区，各国的政治制度、法律体系不

同，文化背景互有差异，价值观念也往往有别，在洽商交易和履约过程中还涉及各自不同的政策措施、法律规定、贸易惯例和习惯做法，情况千差万别，错综复杂。

三、国际货物贸易易受国际局势变化的影响

国际货物贸易易受国际政治、经济形势和各国政策及其他客观条件变化的影响，尤其在当前国际局势动荡不定、国际金融市场变化莫测及市场价格瞬息万变的情况下，国际货物贸易的不稳定性更加明显。

四、国际货物贸易的风险较大

在国际货物贸易中，交易双方的成交量通常都比较大，而且交易的商品往往需要通过长途运输。在远距离的运输过程中，可能会遇到各种自然灾害、意外事件和各种其他外来风险，加之国际市场情况复杂，千变万化，从而更加大了国际货物贸易的风险。

五、国际货物贸易线长、面广

在国际货物贸易中，交易双方相距遥远，交易过程中间环节多，涉及面广，除了双方当事人外，还涉及各种中间商、代理商以及为国际货物买卖服务的商检、仓储、运输、保险、金融、车站、港口、海关等部门，若一个部门、一个环节出了问题，就会影响整笔交易的正常进行。

六、国际货物贸易的市场竞争异常激烈

在国际货物贸易中，一直存在着争夺市场的激烈竞争，有时甚至达到白热化程度。竞争的形式虽表现为商品竞争、技术竞争和市场竞争，但归根结底，竞争的实质还是人才竞争。因此，我们必须增强竞争意识，提高外经贸人员的整体素质和竞争能力，才能在国际市场竞争中立于不败之地。

上述特点表明，从事国际商务活动的要求高、难度大，加之国际市场广阔、从业机构和人员情况复杂，故易产生争议和欺诈活动，频繁发生纠纷案件，稍有不慎，即可能受骗上当，甚至蒙受严重的经济损失。这就要求国际经贸从业人员，不仅必须掌握国际贸易的基本原理、基本知识和基本技能与方法，而且还应具备开拓创新的能力、驾驭市场的能力和善于应战与随机应变的能力。

第二节　国际贸易法律与惯例

在国际货物贸易中，买卖双方订立、履行合同和处理合同争议时，都应遵循相关的法律与惯例。由于交易双方所处国家不同，其所在国的法律体系和法律制度不同，它们对外缔结或参加的国际条约与协定以及对国际贸易惯例的选择与运用情况，也都彼此有别，因此，每笔交易、每个合同和处理每项争议所适用的法律与惯例，互有差异。归纳起来，国际货物贸易所适用的法律与惯例，一般有下列三种类型。

一、适用合同当事人所在国国内的有关法律

进出口合同双方当事人都要分别遵循各自所在国国内的有关法律。例如，《中华人民共和国合同法》（以下简称《合同法》）第7条规定："当事人订立、履行合同，应当遵守法律、行政法规，尊重社会公德，不得扰乱社会经济秩序，损害社会公共利益。"第8条规定："依法成立的合同，对当事人具有法律约束力。当事人应按照约定履行自己的义务，不得擅自变更或者解除合同。依法成立的合同，受法律保护。"由于进出口合同双方当事人所在国的法律制度不同，故对同一问题可能出现不同的法律规定，为解决这种法律冲突，一般都是在国内法中规定冲突规范的办法。例如，我国《合同法》第126条规定："涉外合同的当事人可以选择处理合同争议所适用的法律，但法律另有规定的除外。涉外合同的当事人没有选择的，适用与合同有最密切联系的国家的法律。"根据此项法律规定，在我国对外签订的进出口合同中，交易双方可以协商约定处理合同争议所适用的准据法，其中，既可以选择买方或卖方所在国的法律，也可以选择买卖双方同意的第三国的法律或有关的国际条约与公约。若买卖双方未在进出口合同中约定解决合同争议适用的法律，则由受理合同争议的法院或仲裁机构依据与合同有最密切联系的国家的法律来处理合同项下的争议。

二、适用有关的国际条约或公约

在国际货物贸易中，由于各国国内法的规定往往差异很大，加之各国贸易利害关系不同，故单靠某一国家的国内法，已经不能适应解决各国的利害冲突和国际贸易争议。为此，各国政府和一些国际组织为消除国际贸易障碍和解决国际贸易争议，便相继缔结和订立了一些双边或多边的国际条约或公约，其中有些已为大多数国家所接受，并且行之有效。因此，进出口合同的订立和履行，以及合同争议的处理，还必须符合合同当事人所在国缔结或参加的与合同有关的双边或多边的国际条约或公约，如贸易协定、支付协定以及有关国际贸易、运输、商标、专利、知识产权和仲裁等方面的条约或公约。我国对外缔结或参加的有关国际货物贸易方面的双边和多边条约或公约颇多，其中，对我国发展国际贸易影响最大的是WTO协定及其附件所包括的各种协议。我国加入世贸组织后，我们要按照WTO协定的有关规定和我国政府曾经作出的承诺行事。还要指出的是，《联合国国际货物销售合同公约》与我们订立、履行进出口合同适用的法律密切相关。此外，我国还参加了1958年6月10日联合国在纽约召开的国际商事仲裁会议所签订的《承认与执行外国仲裁裁决公约》（简称《1958年纽约公约》）。因此，我们对该公约的内容也必须了解，以利于正确地执行仲裁裁决和维护自身权益。

☞**小贴士**

国际条约与公约：凡国家间缔结的重要协议，通常称为条约，如《通商航海条约》等。凡是多数国家就某专门问题达成的协议，通常称为公约，如《联合国国际货物销售合同公约》等。

三、适用国际贸易惯例

国际贸易惯例通常是指由国际组织或商业团体根据国际贸易长期实践中逐渐形成的一般贸易习惯做法而制定成文的国际贸易规则，它是国际贸易法律的重要渊源之一。在全球经济一体化和各国积极谋求国际贸易法统一化的进程中，国际贸易惯例起着重要的作用。惯例本身不是法律，也不具有法律效力，但通过各国的立法和国际立法可以赋予惯例以法律效力。比如，许多国家在国内立法中明文规定了国际贸易惯例的效力。在国际立法中，《联合国国际货物销售合同公约》对国际贸易惯例的作用作了充分的肯定。根据该公约的规定，当事人在合同中没有排除适用的惯例，或当事人已经知道或理应知道的惯例，以及在国际贸易中被人们经常使用和反复遵守的惯例，即使当事人未明确同意采用，也可作为当事人默示同意惯例，因而惯例对双方当事人具有约束力。

在当前国际货物贸易中，影响较大且适用范围广泛的国际贸易惯例，主要有国际商会2007年修订的《跟单信用证统一惯例》、1995年修订并于1996年1月1日生效的《托收统一规则》、《1998年国际备用信用证惯例》和《2010年国际贸易术语解释通则》以及国际法协会1932年制定的《华沙—牛津规则》等。上述各种国际贸易惯例，在我国当事人订立、履行进出口合同和处理贸易争议时，都被广泛采用。国内外许多法院和仲裁机构审理国际货物贸易争议案件及其作出判决或裁决时，也都参照和援引上述有关惯例。由此可见，在我国加入了世贸组织并强调同国际接轨和按国际规范行事的今天，认真研究国际贸易惯例，学会援引和运用国际贸易惯例，有着重要的法律意义和实践意义。

第三节 国际贸易遵循的准则

为了有效地开展进出口货物贸易，根据国际、国内有关法规和国际货物贸易的实践经验，在对外订立、履行合同和处理合同争议的过程中，必须遵循下列行之有效的准则。

一、当事人法律地位平等

在订立进出口合同和履约过程中，交易双方当事人的法律地位平等，不论其背景如何，也不论其势力强弱，都处于平等的法律地位，都同样受到法律的约束和保护。我国《合同法》第3条明确规定："合同当事人的法律地位平等，一方不得将自己的意志强加给另一方。"这一规定的精神主要体现在下列几点：

第一，交易条件必须由交易双方当事人平等地协商确定，合同内容确是双方真实意思的表现。

第二，合同一旦依法成立，交易双方当事人都必须严格履行约定的义务，未经双方协商一致，任何一方不得擅自变更或解除合同。

第三，任何一方当事人违约，都必须承担相应的违约责任，并在追究违约责任时都适用同一法律，不得区别对待。

二、缔约自由

缔约自由是指根据当事人意思自治的原则订立合同，这是国际上一般通行的准则。《国际统一私法协会国际商事合同通则》第1条第1款中明确规定：当事人有权自由订立合同并确定合同的内容。我国《合同法》第4条规定："当事人依法享有自愿订立合同的权利，任何单位和个人不得非法干预。"在此需要说明的是，缔约自由，并不意味着当事人可以随意订立合同，而是要依法订立合同，即订立合同的程序和合同的内容都应遵守法律和行政法规。具体地说，当事人在法定范围内，有权根据自己的意愿决定是否签订合同、与谁签订合同、合同包括哪些内容以及采取何种合同形式，任何单位和个人都不得非法干涉。

三、公平交易

公平交易是国际上公认的一项通行的准则，与此相对应的是显失公平，即明显地偏袒一方当事人而损害另一方当事人的合法权益。例如，约定的价格明显过高或过低，或违约责任的约定过于不当等。我国《合同法》第5条规定："当事人应当遵循公平原则确定各方的权利和义务。"据此，当事人约定履行的义务和享受的权利应当对等，应当公正合理。否则，受损害一方当事人有权请求法院或仲裁机构予以纠正。

四、诚实信用

《联合国国际货物销售合同公约》和《国际统一私法协会国际商事合同通则》都强调，开展国际贸易必须遵循诚实信用的原则。我国《合同法》第6条规定："当事人行使权利、履行义务应当遵循诚实信用原则。"由此可见，诚实信用是当事人订立、履行合同和处理合同争议必须遵循的准则。为了有效地贯彻这一公认的准则，合同各方当事人应以诚相待、实事求是、言而有信、表里如一，意思表达要真实，言行要符合实际，不得歪曲事实真相，不得谎报实情或进行欺诈活动。总之，诚实信用原则是一项强制性规范，它将道德规范与法律规范融为一体，当事人既不得约定排除其适用，也不得有任何违反此项准则的行为。

五、恪守合同

进出口合同订立后，交易双方都应严格履行约定的义务，任何一方都不得擅自单方面变更合同内容和终止合同，如一方不履行合同或违反约定条件，即构成违约，守约方就有权追究违约方的法律责任。若当事人因不可抗力等原因不能履行或不能按期履行合同，应及时向对方通报情况，以避免对方的损失扩大。一方当事人因故需要变更或解除合同时，也应与对方协商，并取得对方的同意方可。总之，合同是对各方当事人都具有法律约束力的文件，当事人在履约过程中必须严肃对待合同，切实恪守合同，不折不扣地行使合同权利和履行合同义务。

六、遵守法律

遵守法律是一项最基本的强制性的规范，也是国际上公认的准则。因此，在订立、履行合同和处理合同争议的过程中，合同各方当事人都必须具有法律意识和法制观念，严格遵守法律，切实依法行事。

订立合同是一种法律行为，必须经过一定的法律步骤。合同成立也必须经过法定程序，合同的内容和形式都必须合法。只有依法成立的合同，才具有法律效力，才能受到法律的保护。

履行依法成立的合同，同样是一种法律行为，它行使约定的权利和履行约定的义务。只要是合法履行依法成立的合同，就有实际法律意义，就能受到有关法律的保护。在我国境内履行进出口合同，应适用我国法律。当事人若不履行依法成立的合同，或者擅自变更合同甚至随意毁约，应承担违约的法律后果；蒙受损失的当事人，可以采取法律补救措施并追究违约方的法律责任。

在处理进出口合同争议时，除法律本身有规定外，当事人可以选择或约定处理合同争议适用的法律。当事人没有选择或约定的，则适用与合同最密切联系的国家的法律。

总之，在订立、履行合同和处理合同争议时，都必须符合法律规定，这样才能得到法律保护。否则，不仅得不到法律保护，还得承担违法的后果。

第四节 国际货物贸易的基本做法

一、进出口贸易的一般业务程序

在进出口贸易中，由于交易方式和成交条件不同，其业务环节也不尽相同。各环节的工作，有的分先后进行，有的先后交叉进行，也有的齐头并进。但是，不论进口或出口交易，一般都包括交易前的准备、商定出口合同和履行出口合同三个阶段。交易双方在充分准备的基础上，依法订立一个内容明确、完备的合同，以确定双方当事人的权利和义务，有利于履行合同和处理合同争议，也有利于进出口业务正常有序地进行。现将进出口贸易的业务程序简介如下。

（一）出口贸易的业务程序

1. 交易前的准备

出口交易前的准备工作，主要包括下列事项：

（1）落实货源和做好备货工作；

（2）加强对国外市场与客户的调查研究，选择适销的目标市场和资信好的客户；

（3）制定出口商品经营方案或价格方案，以便在对外洽商交易时胸有成竹；

（4）开展多种形式的广告宣传和促销活动。

2. 商定出口合同

在做好上述准备工作之后，便可通过函电联系或当面洽谈等方式，同国外客户磋商交易，当一方的发盘被另一方接受后，交易即告达成，合同就算订立。

3. 履行出口合同

出口合同订立后，交易双方就要根据重合同、守信用的原则，履行各自承担的义务。如按 CIF 条件和信用证付款方式达成的交易，就卖方履行出口合同而言，主要包括下列各环节的工作：

(1) 认真备货，按时、按质、按量交付约定的货物；
(2) 落实信用证，做好催证、审证、改证工作；
(3) 及时租船订舱，安排运输、保险，并办理出口报关手续；
(4) 缮制、备妥有关单据，及时向银行交单结汇，收取货款。

(二) 进口贸易的业务程序

1. 交易前的准备

进口交易前的准备工作，主要包括下列事项：

(1) 制定进口商品经营方案或价格方案，以便在对外洽商交易和采购商品时做到心中有数，避免盲目行事；

(2) 在对国外市场和外商资信情况调查研究的基础上，货比三家，选择适当的采购市场和供货对象。

2. 商定进口合同

商定进口合同与商定出口合同的程序和做法基本相同，只是订约时需要注意的问题各有侧重。在此应强调指出的是，如属购买高新技术、成套设备或大宗交易，更应注意选配好洽谈人员，组织一个有各种专业技术人员在内的精明能干的谈判班子，并切实做好比价工作。

3. 履行进口合同

履行进口合同与履行出口合同的程序相反，工作侧重点也不一样。如按 FOB 条件和信用证付款方式成交，买方履行合同的程序一般包括下列事项：

(1) 按合同规定向银行申请开立信用证；
(2) 及时派船到对方口岸接运货物，并催促卖方备货装船；
(3) 办理货运保险；
(4) 审核有关单据，在单证相符时付款赎单；
(5) 办理进口报关手续，并验收货物。

二、各种国际贸易方式的运用

在国际贸易中，除上述通常使用的单边进口和单边出口贸易这种逐笔售定的贸易方式外，根据市场环境、商品流通渠道、交易条件和贸易习惯等方面的不同，还可采用其他各种贸易方式，如经销、代理、寄售、展卖、招标与投标、拍卖、期货交易、对销贸易和加工贸易等。近年来，随着电子技术的发展和贸易方式、方法的改变，又兴起了电子商务这种新型的贸易方式。每种贸易方式都有各自的特点，其具体要求和做法各不相同。因此，了解各种贸易方式的特点，学会灵活运用和结合使用各种贸易方式，对发展对外贸易具有重要的意义。

实践表明，我国灵活运用各种贸易方式在贸易活动中取得了很好的效果。例如，为了利用外商的销售渠道，我国生产的轻纺产品、机电产品和工艺品等，采用经销、代理和寄售等方式，有效地扩大了销路。又如，我们利用招标与投标以及对销贸易的方式，既采购了我国急需的建设物资、生产设备和器材，又扩大了我国产品的出口。为了增加外汇收入，我们还开展了各种形式的加工贸易。此外，期货交易和电子商务也相继发展起来，其运用范围正在扩大。上述这些贸易方式，将在本书有关章节中专门介绍。

三、国际货物贸易争议的预防和处理

在国际货物买卖中，无论通过何种贸易方式达成的交易，在订立合同后，如果合同没有履行，或履约当中一方出现违约情况，致使对方蒙受经济损失，则受损害方有权采取各种必要的救济方法，这就会产生索赔、理赔与处理纠纷的问题。针对合同订立后可能出现这些问题，当事人在订立买卖合同时应约定不可抗力、索赔和仲裁条款，以明确处理争议的依据和办法。

第五节　本课程的研究对象和基本内容

本课程的主要任务是：针对国际货物贸易的特点与要求，从法律和实践的角度，分析研究国际货物贸易所适用的有关法律与惯例和国际货物买卖过程的各种实际运作方式，总结国内外实践经验，吸收国际上一些行之有效的贸易习惯做法，以便掌握从事国际货物贸易的“生意经”；学会在进出口业务中，既能正确贯彻我国对外贸易的方针政策和经营意图，确保最佳经济效益，又能按国际规范办事，使我国的贸易做法能为国际社会普遍接受，做到同国际接轨。

国际商品交换的具体过程，从一个国家的角度看，具体体现在进出口业务活动的各个环节。在这些环节中，由于存在彼此法律上的不同规定和贸易习惯上的差异，所以在涉及买卖双方的利害关系时，往往会出现矛盾和斗争。研究如何协调这种关系，在平等互利、公平合理的基础上达成交易，完成约定的进出口任务，乃是本课程研究的中心课题。

本课程的基本内容，主要包括下述几个方面。

一、国际货物贸易的有关法律与惯例

国际货物贸易必须按照国际货物买卖的有关法律与惯例进行，在洽商交易、订立合同、履行合同和处理货物贸易争议时，都离不开国际货物买卖的相关法律和惯例，如国际商会制定的《国际贸易术语解释通则》《托收统一规则》和《跟单信用证统一惯例》等。这些相关的法律和惯例，分别在有关章节中加以介绍和说明，它们是构成本课程的主要内容。

二、合同条款

合同条款是交易双方当事人在交接货物、收付货款和解决争议等方面的权利与义务的具体体现，也是交易双方履行合同的依据和调整双方经济关系的法律文件。按照各国法律规定，买卖双方可以根据“契约自主”的原则，在不违反法律的前提下，规定符合双方意愿的条款，这就必然导致合同内容的多样性。因此，研究合同中各项条款的法律含义及其所体现的权利与义务关系，乃是本课程最基本的内容。

在国际货物买卖合同中，除列明当事人的名称（或者姓名）和住所外，应约定采用何种贸易术语，并就成交商品的名称、品质、数量、包装、价格、运输、保险、支付、检验、索赔、不可抗力和仲裁等交易条件作出明确具体的规定。由于这些交易条件的内涵及

其在法律上的地位和作用互不相同，故了解各种合同条款的基本内容及其规定办法有着重要的法律和实践意义。

三、合同的商定和履行

买卖双方通过函电洽商或当面谈判就各项交易条件取得一致协议后，交易即告达成，一般来说，此时合同即告成立。订立合同的过程，可能包括邀请发盘、发盘、还盘和接受等各环节。其中，发盘和接受是合同成立不可缺少的基本环节和必经的法律步骤。合同订立后，买卖双方就应重合同、守信用，各自承担约定的义务并享受合同规定的权利。

合同的履行，是实现货物和资金按约定方式转移的过程。在履约过程中，环节很多，程序繁杂，情况多变，如稍有不慎，或某些环节出问题，或一方违约，都会影响合同的履行，甚至可能引起争议或法律纠纷。因此，外经贸人员不仅要了解合同成立的法律步骤和履行合同的基本程序，而且还应了解如何处理履约当中产生的争议，并掌握违约的救济方法，以保障合同当事人的合法权益。

四、贸易方式

随着国际经济关系的日益密切和国际贸易的进一步发展，国际贸易的方式和渠道日益多样化和综合化。除传统的贸易方式外，还出现了融货物、技术、劳务和资本移动为一体的新型的国际贸易方式。在国际贸易方式中，除单边进口和单边出口外，还包括包销、代理、寄售、展卖、商品期货交易、招标与投标、拍卖、对销贸易、加工贸易和电子商务等。介绍和阐述这些贸易方式的性质、特点、作用、基本做法及其适用的场合，也属本课程内容的一个重要方面。

第六节　学习本课程的方法和注意事项

根据本课程的性质、特点、任务和基本内容，在学习过程中，必须掌握正确的方法并注意下列事项。

一、要贯彻理论联系实际的原则

在学习本课程时，要以国际贸易基本原理和国家对外方针政策为指导，将“国际贸易”“中国对外贸易概论”等先行课程中所学到的基础理论和基本政策，在本学科中加以具体运用，以便理论与实践、政策与业务有效地结合起来，不断提高分析和解决实际问题的能力。

二、要注意业务同法律的联系

“国际贸易法律”课程的内容同本课程内容关系非常密切。国际货物买卖合同的成立，必须经过一定的法律步骤；国际货物买卖合同是对合同当事人双方有约束力的法律文件；履行合同是一种法律行为；处理履约当中的争议，实际上是解决法律纠纷问题。因此，在学习本课程时，应同有关法律课程的内容联系起来，即要求从法律和实践两个侧面来研究本课程的内容。

三、要贯彻“洋为中用”的原则

为了适应国际贸易发展的需要，国际商会等国际组织相继制定了有关国际贸易方面的各种规则，如《国际贸易术语解释通则》《托收统一规则》和《跟单信用证统一惯例》等。这些规则已成为当前国际贸易中公认的一般国际贸易惯例，被人们普遍接受和经常使用，是国际贸易界从业人员共同遵守的行为准则。因此，在学习本课程时，我们必须根据“洋为中用”的原则，结合我国国情来研究国际上一些通行的惯例和普遍实行的原则，并学会灵活运用国际上一些行之有效的贸易方式和习惯做法，以利于在贸易做法上加速同国际市场接轨。

四、要把“学”和“用”结合起来

由于本课程实践性很强，故在教学过程中，要重视案例、实例分析和操作练习，要开展模拟教学、现场教学活动，并结合到校外参观、实习，增加感性知识，加强基本技能的训练，提高业务素质和商务运作能力，真正做到学以致用。

[本章小结]

本章内容可概括为以下三点：

其一，由于国际贸易属跨国交易，其市场环境、交易对象、交易条件、贸易做法以及所涉及的政治、经济、文化背景等方面的问题，都有别于国内贸易，因此，我们首先要了解国际贸易的特点。

其二，鉴于世界各国的法律制度、贸易习惯做法与惯例互不相同，各国对外缔结或参加的国际条约、协定及其对国际贸易惯例的选择与运用情况也彼此有别。为了便于依法订立、履行合同和妥善处理合同争议，我们必须了解国际贸易适用的有关法律与国际惯例，并切实遵循国际公认的准则。

其三，为了更有效地学好本课程，必须明确本课程的研究对象，根据课程性质、特点及其涵盖的内容，采取正确的学习方法，如此才能达到学用结合的预期效果。

[重要概念]

1. 国际条约与公约
2. 国际贸易协定
3. 国际贸易惯例
4. 贸易方式

[思考题]

1. 国际货物买卖有哪些特点？了解这些特点对从事国际商务活动有何实际意义？
2. 了解国际贸易法律与国际贸易惯例的意义何在？
3. 在我国进出口贸易中为什么要遵循《联合国国际货物销售合同公约》和国际上公

认的准则？

4. 国际贸易实务的研究对象是什么？它包括哪些主要内容？

5. 学习国际贸易实务的基本方法与注意事项有哪些？

案例分析

一、关于法律适用问题的争议案

1. 案情简介

2008年1月2日，营业地点均设在香港的交易双方在中国签订买卖2万吨锰矿石的合同，合同规定目的港为湛江港，采用信用证付款方式。在履约过程中，双方在交货品质和货款支付问题上产生争议，经彼此协商未果，卖方遂依约向中国国际经济贸易仲裁委员会提请仲裁。

由于交易双方签订合同时未约定处理合同争议的准据法，故在仲裁过程中，双方对本案合同的法律适用问题存在分歧。卖方认为，本案不适用《联合国国际货物销售合同公约》；而买方则主张本案应优先适用该公约，其依据在于《中华人民共和国民法通则》中规定：中华人民共和国缔结或者参加的国际条约和中华人民共和国民事法律有不同规定的，适用该国际条约规定，但中华人民共和国声明保留的条款除外。《中华人民共和国民事诉讼法》也有类似的规定。最后，仲裁庭裁定适用中国法律。

2. 案例分析

本案争议双方争论的适用法律问题，是指如何确定应适用的实体法。我国《民法通则》所指优先适用的国际条约，显然是指中国及他国当事人所属国均缔结或参加的条约。《联合国国际货物销售合同公约》第1条第1款对该公约的适用范围作了两项规定："本公约适用于营业地在不同国家的当事人之间所订立的货物销售合同：(a) 如果这些国家是缔约国；或 (b) 如果国际私法规则导致适用某一缔约国的法律。"中国在核准参加该公约时作出保留，即中国只同意该公约适用于营业地处在不同缔约国的当事人之间订立的货物销售合同。由于本案双方当事人的营业地均在香港，故该公约不能作为本案适用的法律。

鉴于本案合同的签约地、标的物以及仲裁地均在中国，故仲裁庭根据最密切联系的原则，确定解决本案争议应依据中国法律，这一裁定是正确的。

二、由于误解国际贸易惯例致损案

1. 案情简介

中国某企业按信用证付款方式向加拿大商人出售2 000打纺织品，买方依约开来信用证，证中规定不准分批装运。卖方发运时，发现有部分货物品质较差，故未予交足，只装运1 900打。卖方原以为少装100打是可以的，其根据是《跟单信用证统一惯例》的规定："……在所支付款项不超过信用证金额的条件下，货物数量允许有5%的增减幅度。"银行审单过程也忽略了这点，之后单据寄到开证行时，遭到拒付。经卖方与开证人反复交涉，并说明情况，最后对方虽接受了单据，但卖方却因此遭受晚收回货款的利息损失。

2. 案例分析

本案合同项下的交易是采用信用证付款方式，在信用证付款条件下，银行要严格按照《跟单信用证统一惯例》的规定凭单付款。根据该惯例规定："除非信用证规定货物的指定数量不得有增减外，在所支付款项不超过信用证金额的条件下，货物数量允许有5%的增减幅度。但是，当信用证规定数量以包装单位或个数计数时，此项增减幅度则不适用。"由于本案合同项下的货物是按"打"计数的，显然5%的增减幅度在这里不适用。

通过本案事实，应当吸取下列教训：

第一，对国际贸易惯例的有关条文，外贸专业人员都应当熟悉和全面了解，深入领会其全文旨意，不能一知半解，援引时更不能断章取义，以免贻误工作和招致不该发生的损失。

第二，在制单审证工作中，不论是制单人员、复核人员还是银行经办人员，都应当特别细心，审慎从事，以免再出现类似本案的情况。

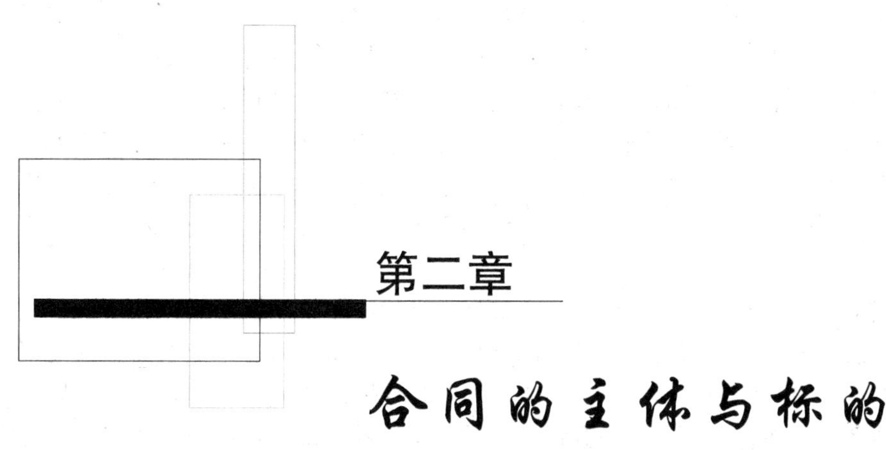

第二章 合同的主体与标的

[学习目标]

在国际货物贸易中，合同主体资格和有关交易标的条款，是买卖合同中不可缺少的内容。

合同的主体即指具有缔约能力的合同当事人，自然人、法人和依法成立的其他非法人组织，均可成为合同当事人。签约时，注意合同的主体资格并约定好合同当事人条款，有利于合同的履行。

合同的标的是合同法律关系的客体，是合同当事人权利、义务所共同指向的对象，它体现合同当事人订立合同的目的和要求。国际货物买卖的标的是有形的商品，而成交的商品都有其特定的名称，每种成交商品的品质、数量和包装，都涉及当事人的利益，故本章除阐述合同当事人条款外，还分别对成交商品的名称、品质、数量和包装诸条款加以介绍和说明，以利于合理确定合同的条款和顺利履行合同。

第一节 合同当事人

合同当事人即指以自己的名义订立与履行合同并享有一定权利、承担约定义务的人。合同当事人条款是说明合同当事人的基本情况和明确合同主体的一项不可缺少的最基本的条款。

一、约定好合同当事人条款的重要意义

合同是指两个或两个以上的当事人通过协商一致达成的协议，在订立、履行合同的过程中，各当事人都是合同的主体，具有平等的法律地位，他们分别享有合同规定的权利并承担约定的义务。例如，在一定条件下依法变更、转让和终止合同的权利，要求违约方赔

偿损失或继续履行合同的权利，以及为解决履约争议依法申请仲裁或提起诉讼的权利等；卖方应根据合同规定，按时、按质、按量交付货物，买方应按合同规定的时间、地点接受货物并支付货款，为方便履行合同，买卖双方彼此还应承担相互通知的义务等。

需要强调说明的是，依法订立的合同和合同当事人的权益，都受到《合同法》等相关法律的保护，如合同订立后，出现合同当事人拒不履约或违约情况，致使另一方当事人蒙受损失，则受损害方的当事人有权采取各种救济措施来追究违约方当事人的法律责任。这就要求在买卖合同中列明合同当事人的名称，以明确合同的主体资格，从而有利于履行合同和解决合同纠纷。

在列明合同当事人名称的同时，还应详细、准确地列明其地址，以利于各当事人相互联系。这一点，对法律的适用很重要，应予以高度重视，尤其是对为了逃避法律管辖的某些资信差的不法商人，更应注意。首先，不要将 A 国商人看成 B 国商人；其次，如果当事人有几个营业地，最好在合同中都列明其详细、具体的地址；最后，还应注意当事人是否为《联合国国际货物销售合同公约》的成员国，以明确该公约是否适用于合同。

综上所述，足见约定好合同当事人条款、明确合同的主体资格并详细具体列明各合同当事人的名称与地址，具有十分重要的意义。

二、合同当事人条款的主要内容

在国际货物买卖合同中，当事人条款通常包括下列各项内容。

（一）合同当事人的名称或姓名

合同当事人通常为企业法人。所谓企业法人，即指以从事生产、流通、科技等活动为内容，以盈利为目的的社会经济组织。这些组织是依法成立的，它们有自己的名称、机构和场所，有必要的资产，并具备相应的缔约能力和主体资格。

在国际货物贸易实践中，许多社会经济组织或大公司都备有自己拟就的标准合同格式，在合同的开头部位，都有印就的“卖方”和“买方”字样的栏目，供交易双方当事人分别载明各自公司机构的具体名称。此外，合同尾部还有印有“卖方”和“买方”字样的栏目，专供交易双方当事人分别签字或加盖公章。凡经买卖双方共同签署的合同，一般视为合同当事人真实意思的表示。

（二）合同当事人的地址

国际货物买卖合同的当事人，分别处在不同的国家和地区，一般相距遥远。为了便于交易双方在履约过程中相互联系及顺利办理货物交接与货款结算等事项，需要在合同中分别载明各当事人所在地的详细住址以及电话、传真和电子信箱等内容。有些公司对外订立合同时，由于粗枝大叶，竟漏写买卖双方的名称与地址，或者将名称与地址写错，这些失误会给履约造成实际困难。

三、约定合同当事人条款的注意事项

为了使买卖双方订立的合同具有法律效力，受到法律保护，并能得到顺利履行，在约定合同当事人条款时，需要注意下列事项。

（一）合同当事人必须具有缔约能力

各国对订立买卖合同的当事人、自然人或法人都有特定的条件和要求。按各国法律的一般规定，自然人必须是具有缔约能力的人，未成年人、精神病人和禁治产人订立合同必须受到限制。关于法人签订合同的行为能力，各国法律一般认为，法人必须通过其代理人在法人的经营范围内签订合同，越权的合同无效。我国《合同法》第 9 条中明确规定："当事人订立合同，应当具有相应的民事权利能力和民事行为能力。"由此可见，订立合同时，我们一定要注意当事人的缔约能力和主体资格问题。在这方面，我们是有教训的。如我国某口岸办事处明知自己不是独立的经济实体，无权对外签约，也未获得总公司的授权委托，就轻率地同外商签订 1 000 多万美元的合同，后因开不出信用证引起贸易纠纷。还有一些外贸公司在不了解外商是否有缔约能力的情况下，即与之盲目签约成交，以致上当受骗。类似事件时有发生，我们应引以为戒。

（二）合同当事人的名称表述必须准确无误

合同中当事人的名称（或姓名），不论用中文或外文表述，都应当明确、具体，列出全名，不能用简写或缩写的办法，更不能漏写或错写，以免造成履约困难、引起误解或产生不良后果。例如，我国有些公司对外签订合同时，曾出现过错写当事人名称和漏写一方或双方当事人名称的情况，给后来履行合同带来很多麻烦，应当避免再度发生类似事件。

（三）合同当事人的地址应当正确、详细

为便于履行合同，必须正确、详细地载明各合同当事人的地址、电话、传真号码和电子信箱等项内容，以利于各当事人之间及时保持业务联系。《联合国国际货物销售合同公约》第 10 条规定："如果当事人有一个以上的营业地，则以与合同及合同的履行关系最密切的营业地为其营业地，但要考虑到双方当事人在订立合同前任何时候或订立合同时所知道或所设想的情况；如果当事人没有营业地，则以其惯常居住地为准。"此项规定表明，确定当事人营业地的标准，采用最密切联系的原则。若当事人有一个以上的营业地，且都与合同有关系，则采用"与合同及合同的履行关系最密切"的营业地，并且该营业地具有发出报价、接受报价、交货、付款的能力。营业地如有变动，应以订立合同的营业地为准。由此可见，《公约》规定的营业地，是指当事人经营活动的场合，并不一定要求是主营业所，也不一定要求是具有独立法人资格的法定住所。

第二节　合同的品名条款

在国际货物贸易中，成交商品的种类很多，而每种交易的商品，都有其具体的名称。因此，买卖双方洽商交易时，首先应谈妥交易标的物，并在买卖合同的品名条款中写明，以利于合同的履行。

一、约定成交商品名称的意义

品名条款是国际货物买卖合同中不可缺少的一项条款。按照国际上有关的法律和惯例的规定，对成交商品的描述，是构成商品说明（description）的一个组成部分，是买卖双方交接货物的一项基本依据，它直接关系到买卖双方的权利和义务。若卖方交付的货物不符合约定的品名和说明，买方有权提出损害赔偿要求，甚至可以拒收货物或撤销合同。由此可见，品名条款在进出口合同中占有很重要的地位。

二、品名条款的主要内容

在进出口合同中，品名条款并无统一格式，通常都是在“商品名称”或“品名”(name of commodity)的标题下列明买卖双方成交商品的名称，也有的只在合同的开头部分载明交易双方同意买卖某种商品的文句。

品名条款的内容，一般取决于成交商品的品种和特点。一般来说，合同中通常只规定商品具体名称即可。但因有些商品具有不同的品种、商标、等级、型号，为了明确起见，在品名条款中还必须将该商品的具体品种、商标、等级和型号的描述也包括进去，以便作进一步的限定。此外，有的品名条款甚至将品质规格也包括进去。在此情况下，它就不单是品名条款，而实质上是品名条款与品质条款的综合表述。

三、约定品名条款的注意事项

为了约定好进出口合同中的品名条款，必须注意下列事项。

(一) 根据需要与可能约定成交商品的名称

凡品名条款中规定的商品，应当是买方确实需要而卖方能供应的商品。盲目成交，会给履约带来困难，甚至引起贸易纠纷。在这方面，我们曾有过不少深刻的教训。例如，某外商向国内一家外贸公司订购一批湖蓝色自行车，卖方经办人员不知国内没有这种花色的自行车即盲目签约成交，到交货时无法依约供应，便擅自改为其他花色的自行车取代，结果遭到对方拒收。因为买方需要的是约定颜色的自行车，而不是其他花色的自行车。

(二) 合理描述成交的商品

对于成交商品的描述要得当，既要准确、清晰，不能漏掉必要的描述，也要尽量避免加入不切实际或不必要的描述，以免给履约造成困难和引起争议。

(三) 正确使用成交商品的名称

正确无误地使用成交商品的名称，不仅关系到合同当事人的利益，而且有利于合同的履行。因此，约定商品名称时，要注意下列几点：

(1) 一般应使用国际上通用的名称。若使用地区性的名称，买卖双方应事先就其含义达成共识，以利于合同的履行。

(2) 在一个合同中，或同一个商号的几个合同中，同一种商品不要使用不同的名称。例如，在品名条款中的商品名称用的是“龙眼”，则在其他条款中就不应再用“桂圆”的称呼。

(3) 对于某些新商品的定名及其译名，应力求准确易懂，并符合国际上习惯的称呼。

(4) 凡商品名称带有外国的国名或地名，如印度绸等，应尽可能使用自定的名称，也可在自定名称后加括号说明，如“(俗称印度绸)”。对于一些涉及外国商品名称专用权或制造方法专用权的名称，一般应避免使用。凡出口商品名称带有产地名称者，其品质规格应有明确标准，如果生产情况稳定，且在国外适销对路，可继续使用；否则，不宜采用。

（5）若某些商品有几个不同的称呼，约定品名时，应根据是否有利于减低关税、方便进出口和节省运输费用诸因素来选用合适的名称。如商品名称选用不当，可能导致该商品被禁止进出口或者被收取较高的关税和运输费用。

（四）品名条款的内容应当清楚、明确、具体

在品名条款中，应写明成交商品的名称，尽量避免空泛、笼统的表述，以利于合同的履行。若成交商品的品种和规格繁多，可在商品名称栏内标明商品类别总称，如文具、家具、工艺品、瓷器等，但同时应将具体商品名称及规格用附表详细列明，以便日后开立信用证和缮制单据时使用。

第三节　合同的品质条款

在国际货物贸易中，买卖双方所交易的每种商品都表现为一定的品质（quality of goods），这种品质乃是商品内在素质和外观形态的综合表现，它是构成货物说明的重要组成部分。

一、约定进出口商品品质的重要性

约定进出口商品质量具有十分重要的意义。商品品质的优劣，直接影响商品的使用价值和价格，它是决定商品使用效能和影响商品市场价格的重要因素。在当前国际市场竞争空前激烈的形势下，许多国家和地区都把提高商品品质、力争以质取胜作为非价格竞争的一个重要组成部分，它是加强对外竞销的重要手段之一。因此，在进出口贸易中，提高出口商品品质，不仅可以增强出口竞争能力、扩大销路、提高售价、为国家和企业创造更多的外汇收入，而且还可以提高出口商品在国际市场的声誉，并反映出口国的科学技术和经济发展水平。在进口贸易中，严格把好进口商品品质关，使进口商品适应国内生产建设、科学研究和人民生活的需要，是维护国家和人民利益并确保提高企业经济效益的重要问题。

为了使进出口商品的品质适应国内外市场的需要，在出口商品的生产、运输、存储、销售过程中，必须加强对品质的全面管理。在进口商品的订货、运输、接受等环节中，应当切实把好品质关。

由于国际贸易的商品种类繁多，即使是同一种商品，在品质方面也可能因自然条件、技术和工艺水平以及原材料的使用等因素的影响而存在着种种差异，这就要求买卖双方在商定合同时必须就品质条件作出明确规定。

合同中的品质条款不仅是构成商品说明的重要组成部分，也是买卖双方交接货物的主要依据。按照《联合国国际货物销售合同公约》的有关规定，卖方交付的货物必须与合同规定的品质、规格相符，必须适用于同一规格货物通常使用的目的，并适用于订立合同时曾明示或默示地通知卖方的任何特定目的，卖方交货品质应与卖方向买方提供的货物样品或样式相同。如果卖方交货品质、规格与合同规定不符，不论价款是否已付，买方都有权要求卖方减价、赔偿损失，甚至可以拒收货物或撤销合同。

在实际业务中，为了减少和避免争议，在约定品质条款时，应对成交商品的品质要求

作出全面、确切和清楚的描述，以利于合同的履行。由此可见，在进出口合同中约定品质条款，不论从法律或从实践的角度而言，都是非常重要的。

二、对进出口商品品质的要求

由于商品品质关系到用户的切身利益，故在国际市场上，用户不仅要对品质进行评价，而且还要对生产企业的质量体系进行评价，这已成为当前国际贸易中的通常做法。ISO 9000 系列标准是国际标准化组织为适应国际贸易发展的需要而制定的品质管理和品质保证标准，为国际市场中商品的生产企业质量体系评定提供了统一的标准，具有国际通行证的作用。当前，许多国家都把质量体系认证作为参加国际市场竞争的手段。采用 ISO 9000系列标准，不仅有利于出口商品生产企业提高自身技术和管理素质，而且也有利于提高出口商品品质和发展对外贸易。

为了适应国际贸易发展的需要和加快对我国出口商品生产企业按照 ISO 9000 系列标准进行质量体系评审，我国制定了《出口商品生产企业质量体系评审管理办法》，这有助于加强对出口商品的质量管理，从而有利于提高出口商品品质。为了进一步确保我国进出口商品符合市场的要求，从 2003 年 5 月 1 日起，我国实施强制性产品认证制度（China compulsory certification），简称为 CCC 认证。这是国际通行的依照法律法规实施的一种对产品是否符合国家强制标准、技术法规的合格评定制度。此项认证制度实行“四个统一”，即统一目录、统一标准技术法规和合格评定程序、统一标志和统一收费。第一批强制性认证的产品目录共 19 大类 132 种。依照《强制性产品认证管理规定》，凡列入目录内的产品未获得指定机构的认证证书、未按规定加施认证标志的，不得进口、出厂销售和在经营服务场所使用。

实践表明，按照国际标准进行质量体系评审、争取获得权威机构的认证证书，有利于扩大出口。例如，1997 年 6 月，青岛海尔通过 ISO 14001 标准认证，其生产的冰箱即顺利进入欧美市场。又如，湖南省兰岭生产的无公害茶叶产品，自通过绿色食品 ISO 9001 国际标准质量体系认证后，不仅销往东南亚国家，还远销欧美国家。

国际市场对进出口商品品质的基本要求一般包括三个方面：一是必须符合约定的条件和该成交商品通常使用的目的；二是要符合有关国家行政当局的规定，即要符合卖方国家准许出口的标准和买方国家允许进口的标准；三是必须符合使用安全的要求，如因商品品质有缺陷导致人身伤害或财产损失，生产厂商和销售者应承担责任。

我国对进出口商品的质量，具体要求有以下几条。

（一）对出口商品品质的要求

为了适应各国消费者的不同需要，必须贯彻“以销定产”的方针和坚持“品质第一”的原则，大力提高出口商品品质。

1. 针对不同市场和不同消费者的需求来确定适销对路的品质

由于世界各国经济发展不平衡，各国生产技术水平、生活习惯、消费结构、购买力和各民族的爱好互有差异，因此，我们要从国外市场的实际需要出发，搞好产销结合，使出口商品的品质、规格、花色、式样等适应目标市场的消费水平和消费习惯。

2. 不断更新换代和精益求精

凡品质不稳定或品质不过关的商品，不轻易出口，以免败坏声誉。即使品质较好的商品，也要本着精益求精的精神，不断提高品质，加速更新换代，以赶上和影响世界的消费潮流，增强商品在国际市场上的竞争力。

3. 适应进口国的有关法令规定和要求

各国对进口商品的品质都有某些法令规定和要求，凡品质不符合法令规定和要求的商品，一律不准进口，有的还要就地销毁，并由货主承担由此引起的各种费用。因此，我们必须充分了解各国对进口商品的法令规定和管理制度，以便使我国出口商品能顺利地进入国际市场。

4. 适应国外自然条件、季节变化和销售方式

由于各国自然条件和季节变化不同，销售方式各异，商品在运输、装卸、存储和销售过程中其品质可能会发生某种变化，因此，应当注意自然条件、季节变化和销售方式的差异，掌握商品在流通过程中的变化规律，使我国出口商品品质适应不同国家的不同要求，以增强我国出口商品的竞争能力。

在这里需要强调说明的是，在当今世界市场竞争异常激烈和贸易保护主义盛行的形势下，绿色壁垒已成为非关税壁垒的主角，因此，我国出口企业都应力争生产符合进口国环保要求的绿色产品，才能突破绿色壁垒，进入国际市场。

（二）对进口商品品质的要求

进口商品品质的优劣，直接关系到国内用户和消费者的切身利益。凡品质、规格不符合要求的商品不应进口。对于国内生产建设、科学研究和人民生活急需的商品，进口时要货比三家，切实把好质量关，使其品质、规格不低于国内的实际需要，以免影响国家的生产建设和人民的消费与使用。但是，也不应超越国内的实际需要，任意提高对进口商品品质、规格的要求，以免造成不应有的浪费。总之，对进口商品品质的要求，要从我国现阶段的实际需要出发，区别不同情况，实事求是地予以确定。

三、表示进出口商品品质的方法

国际市场上交易的商品种类很多，而各种商品的性质与特点各异，表示品质的方法也互不相同。概括起来，国际货物贸易中惯常用来表示商品品质的方法，包括凭实货表示和凭说明表示两类。

（一）凭实货表示成交商品的品质

凭实货表示成交商品的品质，通常包括看货成交和凭样品成交两种方式。

1. 看货成交

买卖双方采取看货成交时，通常是先由买方或其代理人在卖方所在地验看货物，达成交易后，只要卖方交付的是经买方验看过的商品，买方就不得对卖方交货品质提出异议。

在国际货物贸易中，由于交易双方相距遥远，买方到卖方所在地验看货物有诸多不便，即使卖方有现货在手，买方虽有代理人代为验看货物，但也无法逐件查验，故采取看货成交的情况较少。看货成交的做法，多在寄售、拍卖和展卖等业务中采用。

2. 凭样品成交

样品（sample）通常是指从一批商品中抽出来的或由生产、使用部门设计加工出来

的，足以反映和代表整批商品品质的少量实物。凡以样品表示成交商品品质并以此作为交货依据的，称为凭样品买卖（sale by sample）。

在国际货物贸易中，按样品提供者的不同，样品可分为下列几种：

(1) 卖方样品（seller's sample）。由卖方提供的样品称为“卖方样品”。凡凭卖方样品作为交货的品质依据者，称为“凭卖方样品买卖”。在此种情况下，在买卖合同中应写明：“品质以卖方样品为准（quality as per seller's sample）。”日后，卖方所交整批货（bulk）的品质，必须与其提供的样品相同。

(2) 买方样品（buyer's sample）。买方为了使其订购的商品符合自身要求，有时也提供样品交由卖方依样承制，如果卖方同意按买方提供的样品成交，称为“凭买方样品买卖”。在这种场合，买卖合同中应写明：“品质以买方样品为准（quality as per buyer's sample）。”日后，卖方所交整批货的品质，必须与买方样品相符。

(3) 对等样品（counter sample）。在国际货物贸易中，谨慎的卖方往往不愿采用凭买方样品交易，而是根据买方提供的样品，加工复制出一个类似的样品交买方确认，这种经确认后的样品，称为“对等样品”或“回样”，也可称为“确认样品”（confirming sample）。若对等样品被买方确认，则日后卖方所交货物的品质，必须以对等样品为准。

此外，买卖双方为了增进彼此对对方商品的了解，往往采用互相寄送样品的做法。这种以介绍商品为目的而寄出的样品，一般应标明“仅供参考”（for reference only）字样，以免与标准样品混淆。在寄送“参考样品”的情况下，如果买卖合同中未写明交货品质以该项样品为准，而是约定了其他方法来表示品质，那就不是凭样品买卖，这时样品对交易双方均无约束力。

(二) 凭说明表示成交商品的品质

凡以文字、图表、照片等方式来说明商品品质的，均属凭说明表示商品品质的范畴。具体包括下列几种。

1. 凭规格买卖

商品规格（specification）是指那些足以反映成交商品品质的主要指标，如化学成分、含量、纯度、性能、容量、长短、粗细等。买卖双方洽谈交易时，对于适于凭规格买卖（sale by specification）的商品，应提供具体规格来说明商品的基本品质状况，并在合同中列明。凭规格买卖时，反映商品品质的指标因商品不同而异，即使是同一商品，因用途不同，对规格的要求也会有差异。

2. 凭等级买卖

商品的等级（grade）是指同一类商品按其规格上的差异而分成的品质优劣各不相同的若干等级。由于不同等级的商品具有不同的规格，为便于履行合同和避免产生争议，在品质条款列明等级的同时，最好一并规定每一等级的具体规格。当然，如果交易双方都熟悉每个等级的具体规格，则也可只列明等级，而无须约定其具体规格。

商品的等级，通常是由制造商或出口商根据其长期生产和了解该商品的经验，在掌握其品质规格的基础上制定出来的。它有助于满足各种不同的需要，也有利于根据不同需要来安排生产和加工整理。这种表示品质的方法，在简化手续、促进成交和体现按质论价等方面都有一定的作用。但是应当指出，由个别厂商制定的等级本身并无约束力，故买卖双方洽商交易时，可酌情予以调整或改变，并在合同中写明。

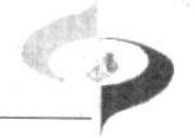

3. 凭标准买卖

商品的标准（standard）是指将商品的规格和等级予以标准化。商品的标准，有的由国家或有关政府主管部门规定，有的由同业公会、交易所或国际性的工商组织规定。在国际货物贸易中，有些商品习惯于凭标准买卖，人们往往使用某种标准作为说明和评定商品品质的依据。例如，美国出售小麦时，通常使用美国农业部制定的小麦标准。

国际货物贸易中所采用的各种标准，有些具有法律上的约束力，凡品质不符合标准要求的商品，不许进口或出口。但也有些标准不具有法律上的约束力，仅供交易双方参考使用，买卖双方洽商交易时，可另行商定对品质的具体要求。在我国实际业务中，凡我国已规定有标准的商品，为了便于安排生产和组织货源，通常采用我国有关部门所规定的标准成交，但为了把生意做活，也可根据需要和可能，酌情采用国外规定的品质标准，尤其是在国际上已被广泛采用的标准。由于各国制定的标准经常进行修改和变动，加之一种商品的标准还可能有不同年份的版本，版本不同其品质标准也往往有差异，因此，在采用国外某个国家的标准时，应载明所采用标准的年份和版本，以免引起争议。例如，在凭药典确定品质时，应明确规定以哪国的药典为依据，并同时注明该药典的出版年份。

在国际货物贸易中，对于某些品质变化较大而难以规定统一标准的农副产品，往往采用"良好平均品质"（fair average quality，简称 FAQ）来表示其品质。所谓"良好平均品质"，是指一定时期内某地出口货物的平均品质水平，一般是指中等货。其具体解释和确定办法如下：

（1）指农产品的每个生产年度的中等货。采用这种解释时，一般是由生产国在农产品收获后，经过对产品进行广泛抽样，从中制定出该年度的"良好平均品质"的标准和样品，并予以公布，作为该年度"FAQ"的标准。

（2）指某一季度或某一装船月份在装运地发运的同一种商品的"平均品质"。它一般是从各批出运的货物中抽样，然后综合起来，取其中者作为良好平均品质的标准。它可由买卖双方联合抽样，或共同委托检验人员抽样，送交指定的机构（可以是进口地的专业公会）检验决定。

在我国出口的农副产品中，也有用"FAQ"来说明品质的。但是，我们所说的"FAQ"一般是指大路货，是和"精选货"（selected）相对而言的，而且在合同中除了标明大路货之外，还注明具体规格。例如：木薯片 2008 年产，大路货，水分最高 16%。在交货时，则以合同规定的具体规格作为依据。

4. 凭说明书和图样买卖

在国际货物贸易中，有些机器、电器和仪表等技术密集型产品，因其结构复杂，对材料和设计的要求非常严格，用以说明其性能的数据较多，很难用几个简单的指标来表明其品质的全貌，而且有些产品，即使其名称相同，但由于所使用的材料、设计和制造技术的某些差别，也可能导致功能上的差异。因此，对这类商品的品质，通常以说明书附以图样、照片、设计、图纸、分析表及各种数据来说明其具体性能和结构特点。按此方式进行交易，称为凭说明书和图样买卖（sale by descriptions and illustrations）。

有不少厂商出于推销目的，定期或不定期地向顾客分送整本的商品目录或单张的产品介绍，用图片和文字介绍其定型产品的外形、构造、性能、用途、包装，有时还附有价格，供顾客选购。凡按这种商品目录订货的交易，又称凭商品目录买卖。目前，有关定型的机电产品买卖，有不少是采用这种方式进行的。如果买主对商品目录所提供的产品的性能或规格方面有另外的要求，也可以在上述基础上辅以详细说明，经卖方确认后达成交易。

应当指出，凭说明书和图样买卖时，卖方所交的货物，必须符合说明书所规定的各项指标。但是，由于这类产品的技术要求比较高，品质与说明书和图样相符合的产品，有时在使用时并不一定能达到设计的要求，所以，在合同中除列入说明书的具体内容外，一般还需要订立卖方品质保证条款和技术服务条款。例如，合同规定："卖方须在一定期限内保证其商品的质量符合说明书所规定的指标，如果在保证期内发现品质低于规定，或部件的工艺质量不良，或因材料内部隐患而产生缺陷，买方有权提出索赔，卖方有义务消除缺陷或者更换有缺陷的商品或材料，并承担由此引起的各项费用。"

5. 凭商标或品牌买卖

商标（trade mark）是指生产者或商号用来说明其所生产或出售的商品的标志，它可由一个或几个具有特色的单词、字母、数字、图形或图片等组成。品牌（brand name）是指工商企业给其制造或销售的商品所冠的名称，以便与其他企业的同类产品区别开来。

国际市场上一些久负盛誉的名牌产品，品质优良稳定，具有一定的特色，故其售价远远高出其他同类产品。有些名牌产品的制造者为了维护其商标的信誉，对其产品都规定了严格的品质标准。因此，商标或品牌本身实际上是一种品质象征。人们在交易中就可以只凭商标或品牌进行买卖，无须对品质提出详细要求。但是，如果一种品牌的商品同时有许多种不同型号或规格，为了明确起见，就必须在规定品牌的同时，还应列明其型号或规格。

凭商标或品牌的买卖，一般只适用于一些品质稳定的工业制成品或经过科学加工的初级产品。在进行这类交易时，必须切实把好品质关，保证产品的传统特色，把维护名牌产品的信誉放在首要地位。

此外，应当说明，我国企业在接受国外客户订货并约定刷印外商提供的品牌时，应了解该项品牌是否合法，以免出口商品运往国外时触犯进口国家的商标法而引起纠纷。

6. 凭产地名称买卖

在国际货物买卖中，有些产品，因产区的自然条件、传统加工工艺等因素的影响，在品质方面具有其他产区的产品所不具有的独特风格和特色，对于这类产品，一般也可用产地名称（name of origin）来表示其品质，如"四川榨菜"等。

上述各种表示品质的方法，一般是单独使用，但有时也可酌情将其混合使用。

四、品质条款的主要内容

在国际货物贸易中，由于品种很多，品质千差万别，而表示品质的方法又多种多样，故品质条款的具体内容及其繁简，应视成交商品的特性、买卖双方的交易习惯和具体要求而定。

（一）品质条款的一般内容

在品质条款中，对可以用科学的指标来说明其品质的商品，则应列明诸如商品规格、商品等级等指标的内容。有些商品习惯于凭标准买卖，则在品质条款中应列明采用何种标准，而对某些品质变化较大而难以规定统一标准的农产品，则往往在品质条款中列明"良好平均品质"（FAQ）字样。对性能和结构比较复杂的机、电、仪等技术密集型产品，很难通过使用几个简单的指标来表示其品质的全貌，故通常在品质条款中载明卖方应提供说明书，并随附有关图样、照片、设计、图纸、分析表及各类数据等内容。此外，一般还需要增加品质保证条款和技术服务条款。对难以用科学的指标说明其品质的商品，则应在品质条款中列明凭卖方样品（seller's sample）或买方样品（buyer's sample）或凭对等样品（counter sample）交货字样。对某些国际市场上久负盛名的名牌商品，在品质条款中只列明成交商品的商标（trade mark）或品牌（brand name）即可。对一些在品质方面具有独特风格和地方特色的商品，也可以只用原产地名称来表示其品质。

（二）品质机动幅度的约定

为了保证进出口合同的顺利履行，对品质指标容易出现差错的某些制成品，可在品质条款中采取下列灵活变通的规定办法。

1. 约定交货品质与样品大体相同或相似

采用凭样品成交时，往往由于买卖双方对所交货物的看法不一致而引起争议。为了避免争议和便于履行合同，买卖双方商定品质条款时，可加上“交货品质与样品大体相同或相似”之类的条文。

2. 品质公差条款

品质公差是指工业制成品交易中，由于加工工艺等条件的限制，国际上所公认的产品品质误差。只要交货品质在公差范围内，不能算作违约，也不能要求调整价格。为了明确起见，最好在合同中约定一定幅度的品质公差。例如：手表走时每天误差若干秒。对于某些难以用数字或科学方法表示的，则采取“合理差异”这种笼统的规定办法。例如：“质地、颜色允许合理差异。”但是，应当指出的是，采用此种规定办法需特别慎重，因为何谓“合理差异”可能因理解不同而引起争议。

3. 品质机动幅度条款

在初级产品的交易中，卖方所交货物的品质有时很难做到与合同规定完全一致。为了便于合同履行，双方在合同中除了规定品质条款外，往往还规定一个机动幅度，只要卖方所交货物的品质在规定的机动幅度内就不算违约，买方不得拒收货物。

机动幅度的规定主要有两种方法：

（1）规定一定幅度，如 B601 番茄酱 28/30 浓缩度；

（2）规定一定极限，如灿米的碎粒最高为 35%，薄荷油中薄荷脑的含量最低为 50%。

在实际业务中，为了体现按质论价，在规定品质机动幅度条款时，双方也可约定，买方可按卖方实际交货的品质要求调整价格，即在合同中规定品质增减价条款。根据我国外贸实践，品质增减价条款有以下规定办法：

（1）对机动幅度内的品质差异，可按交货实际品质规定予以增价或减价。例如，在我国大豆出口合同中规定：“水分每增减 1%（±1%），则合同价格减增 1%（∓1%）；不完善粒每增减 1%（±1%），则合同价格减增 0.5%(∓0.5%)；含油量每增减 1%（±1%），则合同价格增减 1.5%（±1.5%）。如增减幅度不到 1%者，可按比例计算。”

（2）只对品质低于合同规定者扣价。在品质机动幅度范围内，交货品质低于合同规定者扣价，而高于合同规定者却不增加价格。为了更有效地约束卖方按规定的品质交货，还可规定不同的扣价办法。例如，在机动幅度范围内，交货品质低于合同规定 1%，扣价 1%；低于合同规定 1%以上者，则加大扣价比例。

采用品质增减价条款，一般应选用对价格有重要影响而又允许有一定机动幅度的主要品质指标，对于次要的品质指标或不允许有机动幅度的重要指标，则不适用。

此外，在有些合同的品质条款中，还就交货品质低于约定品质时如何处理，也作了约定。

五、规定品质条款的注意事项

（一）正确运用各种表示品质的方法

表示品质的方法很多，究竟采用何种表示品质的方法，主要依商品的特性而定。一般来说，适用于文字、图样、相片、数据等办法来表示商品品质时，应分别采取这类表示品质的方法为宜，不要轻易采用看货成交或凭样品成交的办法。因为看货成交有一定的局限性，通常多用于寄售、展卖和拍卖业务中，而凭样品成交，在交接货物过程中容易引起争议，只有在确实无法用科学的指标来表示商品品质时才可采用。

在这里，需要特别注意的是，当对某种商品同时采用几种表示品质的方法时应当审慎。凡能用一种方法表示品质时，一般不宜同时采用两种或两种以上的表示方法，特别是同时采用凭规格和凭样品成交，会给履约造成困难，因为卖方交付的商品，既要符合约定的规格，又要与样品一致，做到两全其美，有时确实不容易。还需要说明的是，如果不是以样品来表示整个商品品质，而只是表示该商品的某个或某几个方面的品质指标，在这种情况下，对一种商品同时使用几种表示品质的方法是可以的。例如，某种指标不是表示整个服装的品质，而只是表示服装的色泽（即作为色样），有关服装其他方面的品质，则用其他方法来表示。

（二）防止约定的品质条件出现偏高或偏低现象

在规定品质条款时，要根据需要和可能，实事求是地确定品质条件。具体地说，在确定出口商品的品质条件时，除考虑客户的实际需要外，还应考虑卖方供货的可能性，如属客户对品质要求过高而卖方实际做不到的条件，诸如皮鞋要求彻底消灭皱纹、豆类要求彻底消灭活虫与死虫之类的条件，不应接受。反之，如出口商品的品质确实符合国外市场的需要，则约定的品质条件，不应低于实际商品的品质规格，以免影响出售价格。但是也不应为了追求高价而盲目提高品质，以免浪费原材料或给生产部门带来困难，甚至影响交货，对外造成不良影响。总之，出口商品品质应当适销对路，不能盲目追求高品质，因为有时品质高的商品对某些市场并不一定适销。

在约定进口商品品质条件时，也应从买方实际需要出发，防止盲目提高品质要求，因为品质过高，既影响价格，也未必切合实际需要，从而造成不应有的浪费。但是，也要防止单纯为了买低价货而任意降低品质要求，盲目进口，以致影响使用，并招致不应有的损失。在这方面，我们是有深刻教训的。例如，我国某口岸曾在不到一年的时间内，竟盲目进口 1 573 864 台（套）冷暖风机。一些经营单位不重视商品品质，对产品的性能、规格、品质不甚了解就大量订购。不少进口合同甚至根本没有规定品质条款和检验与索赔条款。有些合同只约定凭样成交，而在确定成交样机之前，并未对样机先进行测试，以致出现样机本身就是不合格产品。上述这些做法，势必给外商以可乘之机，使国家、企业和用户蒙受损失。

（三）合理选择影响品质的品质指标

在品质条款中，凡对影响品质的一些重要指标，应当在合同中具体列明，不应出现遗漏。对于相对次要的品质指标，则可少列。对于一些与品质无关紧要的条件和说明，不宜列入，以免条款过于烦琐。以买卖大豆为例，大豆的含油量及其蛋白质的含量，虽然都是表示大豆品质的指标，但对大豆规格的具体要求，却根据大豆的用途而有差异。若大豆仅作榨油用，则在品质条款中必须列明其含油量这项重要指标；若仅作食用，则不一定约定其含油量，但蛋白质的含量就成为必须列明的重要指标。

（四）注意进口国的法令规定

世界各国对进口商品的品质都有具体的法令规定，凡品质不符合法令规定的商品，一律不准进口，有的还要就地销毁，并由货主承担由此引起的各种费用，这应当引起我们的重视。此外，在我国按定牌生产出口的商品上印刷了外商提供的品牌，我们应注意该项品牌是否合法，以免我国出口商品运往国外触犯进口国的商标法而引起法律纠纷。

（五）注意各项指标之间的内在联系和相互关系

品质条款中的各项品质指标，都是从不同的角度来说明商品的品质，实际上各项指标之间有其内在联系且互相影响，如其中某项指标规定不当，就可能影响其他指标。例如，购买荞麦时在品质条件中规定：“水分不超过17%，不完善粒不超过6%，杂质不超过3%，矿物质不超过0.15%。”显然，此项规定不合理，而且对卖方很不利。因为，对矿物质的要求过高，这与其他指标不相称。为了使矿物质符合约定的指标，势必需要反复加工，其结果，必然会大大减少杂质和不完善颗粒的含量，从而导致不应有的损失。

（六）力求品质条款明确具体

为了便于买卖双方按约定的品质条件交接货物和明确彼此的责任，在商定品质条款时，应当明确具体，避免采用诸如“大约”“左右”之类的笼统含糊的或模棱两可的规定办法，以免在交货品质问题上引起争议。以凭标准买卖为例，同一商品，各国和各行业所定标准不尽相同，而且每种标准，因各年的版本不同，其内容也有差异。因此，在约定品质条款时，不仅要列明是哪个国家、哪个行业的标准，而且还要列明是哪一年度的版本，以利于合同的履行。

第四节　合同的数量条款

在国际货物贸易中，买卖双方成交的商品都表现为一定的数量。数量条款是国际货物贸易中一项重要的交易条件，因此，买卖双方洽商交易时，都要谈妥成交商品的数量条款，并在合同中具体列明。

一、约定进出口商品数量的意义

商品数量是指对合同标的物的计量，是以数字和计量单位来表示标的物的尺度，凡以物为标的的合同，其数量主要表现为一定的长度、体积或者重量，交易双方约定的数量，乃是交接货物的法律依据，也是衡量合同当事人权利和义务大小的尺度。因此，《联合国国际货物销售合同公约》(以下简称《公约》)把商品数量作为构成发盘内容不可缺少的三大基本要素之一，要求在提出的订约建议中，必须明示或默示地规定货物的数量，或规定计量的方法。这充分表明，数量条款是国际货物买卖合同中一项不可缺少的主要交易条件。《公约》还规定，按约定数量交货是卖方的一项基本义务。如卖方交货数量少于约定的数量，卖方应在约定的期限内补交，由此造成的损失，买方有权提出损害赔偿要求。许多国家的法律也都把数量条款作为合同的要件，规定卖方必须按约定数量交货，否则，卖方有权要求赔偿损失，甚至拒收货物。

在这里需要提出的是，在履行合同过程中，如卖方交货数量大于或小于约定数量时，该如何处理。《公约》第37条和第52条对此有明确规定：如果卖方交货数量少于约定的数量，卖方应在约定的期限内补交，由此造成的损失，买方有权提出损害赔偿要求；如果卖方交货数量大于约定的数量，买方可以拒收多交的部分，也可以收取多交部分的全部或一部分，但买方对其多收的货物，仍应按合同价格付款。《公约》的这些规定，是原则性与灵活性相结合的体现，是实事求是和合情合理的。

综上所述，数量条款是十分重要的。它不仅约定了交易双方成交商品的数量，而且还涉及与之相关的权利与义务。它既是买卖双方交接货物的基本依据，也是涉及处理与交接数量有关的索赔与理赔问题的依据。因此，在国际货物买卖合同中，合理确定成交数量和约定好数量条款，具有重要的法律和实践意义。

二、计量单位和计量方法

在国际货物贸易中，由于商品的种类、特性和各国度量衡制度不同，故计量单位和计量方法也多种多样。了解各种度量衡制度，熟悉各种计量单位的特定含义和计量方法，乃是外贸从业人员必须具备的基本常识和技能。

(一) 计量单位

国际货物贸易中使用的计量单位很多，究竟采用何种计量单位，除主要取决于商品的种类、特点外，还取决于贸易习惯和交易双方的意愿。

1. 计量单位的确定方法

国际货物贸易中不同类型的商品，需要采用不同的计量单位。通常使用的有下列几种：

(1) 按重量 (weight) 计算。按重量计量是当今国际货物贸易中广为使用的一种，例如，许多农副产品、矿产品和工业制成品，都按重量计量。按重量计量的单位有公吨 (metric ton)、长吨 (long ton)、短吨 (short ton)、千克 (kilogram)、克 (gram)、盎司 (ounce) 等。对黄金、白银等贵重商品，通常采用克或盎司来计量。钻石之类的商品，则采用克拉 (carat) 作为计量单位。

(2) 按数量 (number) 计算。大多数工业制成品，尤其是日用消费品、轻工业品、机械产品以及一部分土特产品，均习惯于按数量进行买卖。其所使用的计量单位有件 (piece)、双 (pair)、套 (set)、打 (dozen)、卷 (roll)、令 (ream)、罗 (gross) 以及袋 (bag) 和包 (bale) 等。

(3) 按长度 (length) 计算。在金属绳索、丝绸、布匹等类商品的交易中，通常采用米 (meter)、英尺 (foot)、码 (yard) 等长度单位来计量。

(4) 按面积 (area) 计算。在玻璃板、地毯、皮革等商品的交易中，一般习惯于以面积作为计量单位，常见的有平方米 (square meter)、平方英尺 (square foot)、平方码 (square yard) 等。

(5) 按体积 (volume) 计算。按体积成交的商品有限，仅用于木材、天然气和化学气体等。属于这方面的计量单位，有立方米 (cubic meter)、立方英尺 (cubic foot)、立方码 (cubic yard) 等。

(6) 按容积 (capacity) 计算。各类谷物和流体货物，往往按容积计量。其中，美国以蒲式耳 (bushel) 作为各种谷物的计量单位，但每蒲式耳所代表的重量，则因谷物不同而有差异。例如，每蒲式耳亚麻籽为 56 磅，燕麦为 32 磅，大豆和小麦为 60 磅。公升 (litre)、加仑 (gallon) 则用于酒类、油类商品。

2. 国际贸易中的度量衡制度

世界各国的度量衡制度不同，致使计量单位上存在差异，即同一计量单位所表示的数量不同。

在国际贸易中，通常采用公制 (the metric system)、英制 (the British system)、美制 (the U. S. system) 和国际标准计量组织在公制基础上颁布的国际单位制 (the international system of units，简称 SI)。《中华人民共和国计量法》规定：国家采用国际单位制。国际单位制计量单位和国家选定的其他计量单位，为国家法定计量单位。目前，除个别特殊领域外，一般不许再使用非法定计量单位。我国出口商品，除照顾对方国家贸易习惯约定采用公制、英制或美制计量单位外，应使用我国法定计量单位。我国进口的机器设备和仪器等，应要求使用法定计量单位，否则，一般不许进口，如确有特殊需要，也必须经有关标准计量管理部门批准。

由于度量衡制度不同，即使是同一计量单位所表示的数量差别也很大。就表示重量的吨而言，实行公制的国家一般采用公吨，每公吨为 1 000 千克；实行英制的国家一般采用长吨，每长吨为 1 016 千克；实行美制的国家一般采用短吨，每短吨为 907 千克。此外，有些国家对某些商品还规定有自己习惯使用的或法定的计量单位。以棉花为例，许多国家都习惯于以包 (bale) 为计量单位，但每包的含量各国解释不一：如美国棉花规定每包净重为 480 磅；巴西棉花每包净重为 396.8 磅；埃及棉花每包为 730 磅。又如糖类商品，有些国家习惯采用袋装，古巴每袋糖重规定为 133 千克，巴西每袋糖重规定为 60 千克等。由此可见，了解各种不同度量衡制度下各计量单位的含量及其计算方法是十分重要的。

为了解决由于各国度量衡制度不一带来的弊端，以及为了促进国际科学技术交流和国际贸易的发展，国际标准计量组织在各国广为通用的公制的基础上采用国际单位制 (SI)。国际单位制的实施和推广，标志着计量制度日趋国际化和标准化，现在已有越来越多的国家采用国际单位制。

(二) 计算重量的方法

在国际货物贸易中，按重量计量的商品很多。根据一般商业习惯，计算重量的方法通常有下列几种。

1. 毛重 (gross weight)

凡商品本身重量加包装的重量称为毛重。这种计重办法一般适用于低值商品。

2. 净重（net weight）

凡商品本身重量即除去其包装物后的实际重量称为净重，这是国际贸易中最常见的计重方法，但有些价值较低的农产品或其他商品，有时也采用“以毛作净”（gross for net）的办法计重。例如，蚕豆100公吨，单层麻袋包装以毛作净。所谓“以毛作净”，实际上就是以毛重当做净重计价。

在采用净重计重时，对于如何计算包装重量，国际上有下列几种做法：

（1）按实际皮重计算。实际皮重即指包装的实际重量，它是指对包装逐件衡量后所得的总和。

（2）按平均皮重计算。如果商品所使用的包装比较划一，重量相差不大，就可以从整批货物中抽出一定的件数，称出其皮重，然后求出其平均重，再乘以总件数，即可求得整批货物的皮重。近年来，随着技术的发展和包装材料及规格的标准化，用平均皮重计算净重的做法已日益普遍。有人把它称为标准皮重。

（3）按习惯皮重计算。有些商品，由于其所使用的包装材料和规格已比较定型，皮重已为市场所公认，因此，在计算其皮重时，就无须对包装逐件过秤，按习惯上公认的皮重乘以总件数即可。

（4）按约定皮重计算。即以买卖双方事先约定的包装重量作为计算的基础。

以上表明，国际上计算皮重的方法很多，究竟采用哪一种方法来求得净重，应根据商品的性质、所使用包装的特点、合同数量的多寡以及交易习惯，由双方当事人商定并在合同中具体注明，以免履约时引起争议。

3. 公量

国际货物贸易中的棉毛、羊毛、生丝等商品有较强的吸湿性，其所含的水分受客观环境的影响较大，故其重量很不稳定。为了准确计算这类商品的重量，国际上通常采用按公量计算的办法，即以商品的干净重（指烘去商品水分后的重量）加上国际公定回潮率与干净重的乘积所得出的重量，即为公量。其计算公式如下：

公量＝商品干净重×（1＋公定回潮率）

4. 理论重量

对于某些按固定规格生产和买卖的商品，只要其规格一致，每件重量大体是相同的，一般可以从其件数推算出总量。但是这种计重方法是建立在每件货物重量相同的基础上的，重量如有变化，其实际重量也会产生差异，因此，只能作为计重时的参考。

5. 法定重量与实物净重

按照一些国家的海关法的规定，在征收从量税时，商品的重量是以法定重量计算的。所谓法定重量，是商品重量加上直接接触商品的包装物料如销售包装等的重量。而除去这部分重量所表示出来的纯商品的重量，则称为实物净重。

三、约定数量条款的注意事项

数量条款通常包括计量数量和计量单位，按重量计量时，还需注明计量方法等内容。数量条款的内容，主要取决于成交商品的种类和特性。为便于合同履行，避免履约时产生争议，在规定数量条款时，应注意以下方面。

（一）正确掌握成交数量

成交数量的确定，不仅关系到进出口任务能否完成，而且还涉及对外政策和经营意图的贯彻，因此，在商定数量条款时，应当做到心中有数，防止盲目成交。具体地说，在确定出口商品成交量时，应当考虑国外的供求状况、国内货源的供应情况、国际市场的价格动态以及外商的资信情况和经营能力等因素。在确定进口商品的成交数量时，应考虑国内的实际需要和支付能力、进口商品的品质和价格水平以及市场行情变化等因素。

（二）合理约定数量机动幅度

在某些大宗商品（如矿砂、化肥和粮食等）的交易中，由于商品特点、货源变化、船舱容量、装载技术和包装等因素的影响，有时卖方很难做到准确地按约定数量交货。为了便于合同履行，双方可在合同中约定数量机动幅度条款即溢短装条款，只要卖方交货数量在机动幅度内，就算按合同规定交货，买方不得拒收货物或提出索赔。同时，对机动幅度的选择权和作价方法，双方也要明确规定。

在约定数量机动幅度条款时，双方应注意以下几点。

1. 数量机动幅度的大小要适当

数量机动幅度的大小，通常都以百分比来表示，而百分比究竟多大合适，应视商品特性、行业或贸易习惯和运输方式等因素而定。

2. 数量机动幅度选择权的规定要合理

数量机动幅度的选择究竟由谁行使合适，应视成交条件和双方当事人的意愿而定。一般来说，如采用海运，应由负责安排船舶运输的一方来选择比较合理。例如，按 FOB 条件成交，应由派船接货的买方来选择；按 CFR 或 CIF 条件成交，应由派船送货的卖方来选择。此外，也可规定由船长根据舱容和装载情况作出选择。

3. 溢短装数量的计价方法要公平

在通常情况下，对机动幅度范围内多装或少装部分，一般按合同价格计算。但为了防止合同当事人利用市场行情的变化，故意多装或少装，以获取额外收入，也可在合同中规定，多装或少装部分，不按合同价格计价，而按装船时或到货时的市场价格计价，以体现公平合理的原则。

约定数量机动幅度的上述注意事项，是人们在实践中总结出来的行之有效的经验，我们必须在订立数量条款时予以体现。在这方面，我们也是有教训的。例如，过去我国某公司按 FOB 条件从国外进口一项大宗商品，合同规定，卖方交货总数和每批装船数量的机动幅度均为 5%，而此项机动幅度都由卖方确定。显然，这种规定是极不合理的，它只是单方面对卖方有利。今后订约时，务必防止再出现这类不符合公平合理原则的规定。

（三）数量条款应当明确具体

在数量条款中，对成交商品的具体数量、使用何种计量单位和计量方法、数量机动幅度的大小及其选择权由谁掌握以及溢短装部分的具体作价办法等内容，都应一一写明。此外，对成交数量一般不宜采用“大约”“近似”“左右”等带伸缩性的字眼来表示，以免引起解释上的分歧而给履约造成困难。

第五节　合同的包装条款

在国际货物贸易中，大多数商品都需要有一定的包装，以保护商品在流通和销售过程中质量完好、数量完整，并为货物的运输、交接和保管等环节的操作提供方便。由于商品包装涉及买卖双方的利益，交易双方洽商交易时，应谈妥包装条件，并在买卖合同中具体列明。

一、包装的重要性和约定合同包装条款的意义

（一）包装的重要性

商品包装是商品生产的继续，追加在包装上的费用也属生产费用。凡需要包装的商品，只有通过包装，才算完成了生产过程，商品才能进入流通领域和消费领域，以实现其使用价值和价值，这是因为，包装是保护商品在流通过程中质量完好和数量完整的必要措施。有些商品，如液体商品根本离不开包装，它们同包装已成为不可分割的综合体。因此，在国际货物贸易中，除少数商品采用散装（in bulk）或裸装（nude pack）外，其他绝大多数商品都需要有适当的包装。商品经过适当包装，不仅便于运输、装卸、搬运、储存、保管、清点、陈列和携带，而且不易丢失或被盗，并具有促销的作用。

特别需要指出的是，在当前国际市场竞争愈演愈烈的形势下，各国都把改善包装，特别是销售包装作为加强对外竞争的重要手段之一。精美的销售包装，不仅在销售过程中能有效地保护商品，而且还能美化商品，从而有利于提高售价和扩大销路；反之，如果商品包装不好，即使是品质好的商品，也卖不上好价格，就有可能出现“一等商品、二等包装、三等价格”的情况。

此外，在当前世界各国强调环境保护和推行绿色营销的情况下，采用无公害的绿色包装，也显得非常重要。

鉴于包装如此重要，我们必须高度重视包装工作，无论是各生产企业还是销售部门，都要共同配合搞好包装工作，使我国出口商品的包装符合科学、经济、牢固、美观、适销和增值等多方面的要求。

（二）约定合同包装条款的意义

在国际货物贸易中，交易双方都十分重视对商品包装条款的约定。《联合国国际货物销售合同公约》第35条规定，卖方交付的货物，必须按照合同所规定的“货物按照同类货物通用的方式装箱或包装，如果没有此种通用方式，则按照足以保全和保护货物的方式装箱或包装”，“否则即为与合同不符”。其他许多国家的法律也规定，如果卖方交付的货物未按约定的条款包装，或者货物的包装不符合行业习惯，买方有权拒收货物。若出口货物虽按约定的条款包装，但却与其他货物混杂在一起，买方有权拒收不符合约定包装的那部分货物，甚至可以拒收整批货物。由此可见，重视出口商品包装工作，并切实按约定的包装条款与行业习惯进行包装，对顺利履行合同有着重要的意义。

根据包装在流通过程中所起作用的不同，可分为运输包装（即外包装）和销售包装（即内包装）两种类型。前者的主要作用在于保护商品和防止出现货损货差；后者除起保

护商品的作用外，还有促销的功能。为了充分发挥包装的作用，以扩大商品出口和提高经济效益，我们必须高度重视包装工作，切实掌握包装方面的基本知识，密切注意国际市场的包装动态，并约定好合同中的包装条款。

二、进出口货物的运输包装

（一）对进出口货物运输包装的要求

国际贸易中的商品，一般都需要通过长途运输才能到达收货人和消费者手中。为了保证货物在运输途中的安全，就需要有科学合理的运输包装。一般来说，国际货物运输包装比国内货物运输包装的要求更高。因此，出口货物的运输包装应当满足下列要求。

1. 必须适应货物的特性

每种产品都有自己的特性，例如，水泥怕潮湿，玻璃制品容易破碎，流体货物容易渗漏和流失等，这就要求运输包装相应具有防潮、防震、防漏、防锈和防毒等良好的性能。

2. 必须适应各种不同运输方式的要求

不同运输方式对运输包装的要求不同。例如，海运包装要求牢固，并具有防止挤压和碰撞以及防潮的功能；铁路运输包装要求具有不怕震动的功能；航空运输包装要求轻便而且不宜过大。

3. 必须考虑有关国家的法律规定和客户的要求

各国法律对运输包装的规定不一。例如，美国政府宣布，从 1998 年 12 月 17 日起，凡未经处理的中国木制包装箱和木制托架，一律不准入境，以免带进天牛（属甲虫类）而危害美国森林。又如，有些国家禁止使用柳藤、稻草之类的材料作包装用料，恐将病虫害带进去；有些国家对包装标志和每件包装的重量，有特殊的规定和要求。此外，如客户就运输包装提出某些特定的要求，也应根据需要和可能予以考虑。

4. 要便于运输物流各环节有关人员进行操作

运输包装在流通过程中需要经过装卸、搬运、储存、保管、清点和查验，为了便于这些环节的有关人员进行操作，包装的设计要合理，包装规格和每件包装的重量与体积要适当，包装方法要科学，包装上的各种标示要符合要求。而这就需要实现运输包装标准化。因为，标准化的运输包装，既易于识别、计量和查验，又便于装卸、搬运和保管。

5. 要在保证包装牢固的前提下节省费用

运输包装成本的高低和运输包装重量与体积的大小，都直接关系到费用开支和企业的经济效益。因此，在选用包装材料、进行包装设计和打包时，在保证包装牢固的前提下，应注意节约。比如：选用量轻、价廉而又结实的包装材料，有利于降低包装成本和节省运费；包装设计合理，可以避免用料过多或浪费包装容量；包装方法科学，也有利于节省运费，因为轻泡货物按体积收取运费，包装紧密，体积小，可以少付运费。此外，还要考虑进口国家的关税税则。对输往从价征税的国家的出口包装，就不宜采用价格昂贵的包装，以免遭受损失。

（二）进出口货物运输包装的分类

运输包装的方式和造型多种多样，包装用料和质地各不相同，包装程度也各有差异，这就导致货物运输包装的多样性。一般来说，运输包装可从下列不同的角度分类。

1. 按包装方式分

按包装方式，可分为单件运输包装和集合运输包装。前者是指货物在运输过程中作为一个计件单位的包装；后者是指将若干单件运输包装组合成一件大包装，以利于更有效地保护商品、提高装卸效率和节省运输费用。在国际货物贸易中，常见的集合运输包装有集装包和集装袋，通常是用塑料重叠丝纺织成的圆形大口袋或方形大包，这种集装袋或包的容量不一，一般为1～4吨，最高达13吨左右。此外，随着集装箱运输和托盘运输的出现，将货物装在特制的集装箱内或固定的特制的托盘上进行运输的情况越来越多。虽然集装箱和托盘是运载工具的组成部分，但由于它们也起着保护商品的作用，故有人把它们也当做运输包装看待。

2. 按包装造型分

按包装造型不同，可分为箱、袋、包、桶和捆等不同形状的包装。

3. 按包装材料分

按包装材料不同，可分为：纸制包装，金属包装，木制包装，塑料包装，麻制品包装，竹、柳、草制品包装，玻璃制品包装和陶瓷包装等。

4. 按包装质地分

按包装质地划分，有软性包装、半硬性包装和硬性包装。

5. 按包装程度分

按包装程度不同，可分为全部包装（full packed）和局部包装（part packed）两种。前者是指对整个商品全面予以包装，绝大多数商品都需要全部包装；后者是指对商品需要保护的部位加以包装，而不受外界影响的部分，则不予包装。

在国际贸易中，买卖双方采用的运输包装主要是根据商品特性、形状、贸易习惯、运输方式和所采用的运输路线以及涉及的费用大小等因素来确定。如有具体要求，双方应在洽商交易时谈妥，并在合同中明确规定。

（三）运输包装的标志

为了装卸、运输、仓储、检验和交接工作的顺利进行，防止发生错发错运和损坏货物与伤害人身的事故，以保证货物安全、迅速、准确地运交收货人，就需要在运输包装上书写、压印、刷制各种有关的标志，以资识别和提醒人们操作时注意。运输包装上的标志，按其用途可分为运输标志（shipping mark）、指示性标志（indicative mark）和警告性标志（warning mark）三种，现分别介绍如下。

1. 运输标志

运输标志俗称唛头，通常是由一个简单的几何图形和一些字母、数字及简单的文字组成。其主要内容包括：目的地的名称或代号；收、发货人的代号；件号；批号。此外，有的运输标志还包括原产地、合同号、许可证号和体积与重量等内容。运输标志的内容，繁简不一，由买卖双方根据商品特点和具体要求商定。如图2—1、图2—2所示。

鉴于运输标志的内容差异较大，有的过于繁杂，不适应货运量增加、运输方式变革和电子计算机在运输与单据流转方面应用的需要，因此，联合国欧洲经济委员会简化国际贸易程序工作组，在国际标准化组织和国际货物装卸协调协会的支持下，制定了一套运输标志向各国推荐使用。该标准运输标志包括：（1）收货人代号，即收货人或买方名称的英文缩写字母或简称；（2）参考号，如运单号、订单号或发货票号；（3）目的地；（4）件数代号。如图2—3所示。

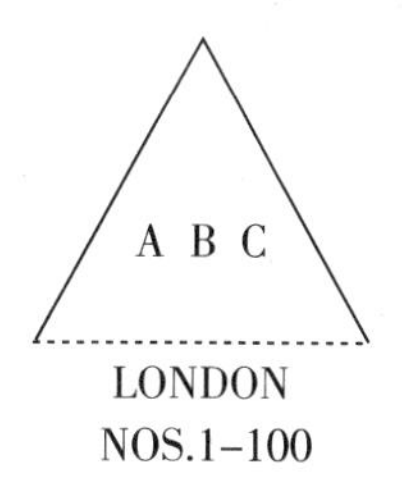

图 2—1　运输标志示例 1

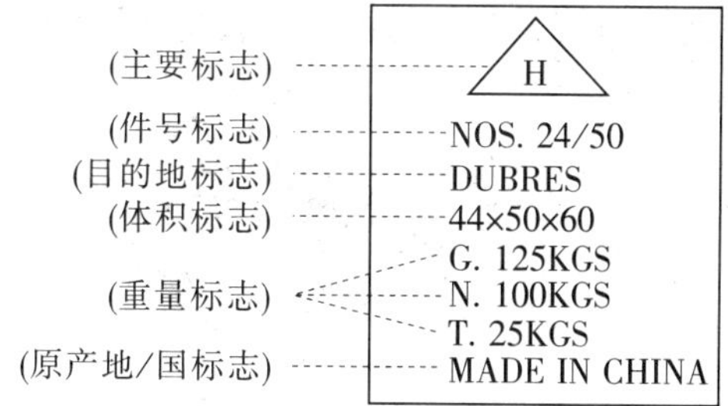

图 2—2　运输标志示例 2

ABC…………（收货人代号）

1234…………（参考号）

NEW YORK…………（目的地）

1/25…………（件数代号）

图 2—3　标准运输标志示例

2. 指示性标志

指示性标志又名操作标志，即提示人们在装卸、运输和保管过程中需要注意的事项，一般都是以简单醒目的图形和文字在包装上标出，故有人又称其为注意标志。指示性标志多种多样，图 2—4 列举了几种常见的指示性标志。

图 2—4　指示性标志示例

在运输包装上使用哪种指示性标志，应根据商品特性正确选用。在文字使用上，最好采用出口国和进口国的文字，但一般使用英文的居多。

3. 警告性标志

警告性标志又称危险货物包装标志。凡在运输包装内装有爆炸品、易燃物品、有毒物品、腐蚀物品、氧化剂和放射性物资等危险货物时，都必须在运输包装上标打用于各种危险品的标志，以示警告，使装卸、运输和保管人员按货物特性采取相应的防护措施，以保护物资和人身的安全。我国国家质量技术监督局发布的《危险货物包装标志》中规定了多种多样在运输包装上应标打的警告性标志，现列举其中几种，如图 2—5 所示。

图 2—5 警告性标志示例

上述运输包装上的各类标志，都必须按有关规定标打在运输包装上的明显部位，标志的颜色要符合有关规定的要求，防止退色、脱落，应使人一目了然，容易辨认。

此外，国际海事组织也制定了《国际海运危险货物规则》，该规则在国际上已被许多国家采用，有的国家进口危险品时，要求在运输包装上标打该规则规定的危险品标志，否则不准靠岸卸货。因此，在我国出口危险货物的运输包装上，要标打我国和国际海事组织所规定的两套危险品标志。

三、进出口商品的销售包装

(一) 对销售包装的要求

销售包装又称内包装，它是直接接触商品并随商品进入零售网点和消费者直接见面的包装。这类包装除必须具有保护商品的功能外，更应具有促销的功能。因此，在销售包装的造型结构、装潢画面和文字说明等方面，都有较高的要求。不断改进销售包装的设计，改善包装用料，更新包装式样，美化装潢画面，搞好文字说明，提高销售包装的质量，乃是加强对外竞销能力的一个重要方面。

为了使销售包装适应国际市场的需要，在设计制作销售包装时，应体现下列要求。

1. 便于陈列展售

许多商品在零售前，一般都要陈列在商店或展厅货架上，让成千上万种商品构成一个琳琅满目的“商品海洋”，以吸引顾客和供消费者选购。因此，商品的造型结构，必须适于陈列展售。

2. 便于识别商品

采购商品时，顾客一般都希望对包装内的商品有所了解，有些顾客则习惯于看货成交。因此，采用某些透明材料作包装，或在销售包装上辅以醒目的图案及文字标示，使人一目了然，便于识别商品。

3. 便于携带和使用

销售包装的大小要适当，以轻便为宜，必要时，还宜附有提手装置，为人们携带商品提供方便。对于某些要求密封的商品，在保证封口严密的前提下，并要求开启容易，便于使用。

4. 要有艺术吸引力

销售包装应具有艺术上的吸引力。造型考究和装潢美观的销售包装，不仅能显示商品的名贵，而且包装本身也具有观赏价值，有的还可作装饰品用，这就有利于吸引顾客、提高售价和扩大销路。

（二）销售包装的分类

销售包装可采用不同的包装材料和不同的造型结构与式样，这就导致了销售包装的多样性。究竟采用何种销售包装，主要根据商品特性和形状而定。常见的销售包装有下列几种。

1. 挂式包装

凡带有吊钩、吊带、挂孔等装置的包装，称为挂式包装，这类包装便于悬挂。

2. 堆叠式包装

凡堆叠稳定性强的包装（如罐、盒等）称为堆叠式包装，其优点是便于摆设和陈列。

3. 携带式包装

在包装上附有提手装置者为携带式包装，这类包装携带方便，颇受顾客欢迎。

4. 易开包装

对要求封口严密的销售包装，标有特定的开启部位，易于打开封口，其优点是开启安全，使用方便，如易拉罐等。

5. 喷雾包装

流体商品的销售包装本身，有的带有自动喷出流体的装置，它如同喷雾器一样，使用相当便利。

6. 配套包装

对某些需要搭配成交的商品，往往采用配套包装，即将不同品种、不同规格的商品配套装入同一包装。

7. 礼品包装

对某些用于送礼的商品，为了包装外表美观和显示礼品的名贵，往往采用专作送礼用的包装。

8. 复用包装

这种包装除了用作包装出售商品外，还可用作存放其他商品或供人们观赏，它具备多种用途。

（三）销售包装的装潢画面

在销售包装上，一般都附有装潢画面。装潢画面要求美观大方，富有艺术上的吸引力，并突出商品特点，其图案和色彩应符合有关国家的民族习惯和爱好。例如，信仰伊斯兰教的国家忌用猪形图案，日本认为荷花图形不吉祥，意大利喜欢绿色，埃及禁忌蓝色等。在设计装潢画面时，应充分考虑进口国的喜好，以利于扩大出口。

（四）销售包装的文字说明

在销售包装上应有必要的文字说明，如商标、品牌、品名、产地、数量、规格、成分、用途和使用方法等。文字说明要同装潢画面紧密结合，互相衬托，彼此补充，以达到宣传和促销的目的。使用的文字必须简明扼要，并能让销售市场顾客看懂，必要时也可以中外文同时并用。

在销售包装上使用文字说明或制作标签时，还应注意有关国家的标签管理条例的规定。例如，日本政府规定，凡销往该国的药品，除必须说明成分和服用方法外，还要说明其功能，否则就不准进口。美国进口药品，也有类似的规定。又如，有些国家进口罐头等食品，必须注明制造日期和食用有效期，否则也不准进口。此外，有些国家甚至对文字说明所使用的语种也有具体规定，如加拿大政府规定，销往该国的商品，必须同时使用英、法两种文字说明。

（五）条形码

条形码是由一组带有数字的粗细间隔不等的黑白平行条纹所组成，它是利用光电扫描阅读设备为计算机输入数据的特殊的代码语言。

1949 年条形码问世以来，相继被广泛应用于银行、邮电通信、图书馆、仓储货运、票证及工业生产自动化等领域。20 世纪 70 年代初，美国将条形码技术应用于食品零售、杂货类商品。目前，世界许多国家都在商品包装上使用条形码，只要将条形码对准光电扫描器，计算机就能自动识别条形码的信息，确定品名、品种、数量、生产日期、制造商、产地等，并据此在数据库中查询其单价，进行货款结算，打出购货清单，从而有效地提高了结算的效率和准确性，也方便了顾客。采用条形码技术，还有利于提高国际贸易传讯的准确性，并使交易双方能及时了解对方商品的有关资料和本国商品在对方的销售情况。

目前，许多国家的超级市场都使用条形码技术进行自动扫描结算，如商品包装上没有条形码，即使是名优商品，也不能进入超级市场，而只能当做低档商品进入廉价商店。有些国家规定，对包装上无条形码标志的某些商品即不予进口。为此，我国商品包装上必须进一步推广使用条形码标志，以适应国际市场的需要。

国际上通用的包装上的条形码有两种：一种是由美国、加拿大组织的统一编码委员会（Universal Code Council，简称 UCC）编制，其使用的物品标识符号为 UPC 码（universal product code）；另一种是由原欧共体 12 国成立的欧洲物品编码协会（European Article Number Association）编制，该组织后改名为国际物品编码协会（International Article Number Association），其使用的物品标识符号为 EAN 码（European article number）。为了适应国际市场的需要和扩大出口，1988 年 12 月我国建立了“中国物品编码中心”，负责推广条形码技术，并对其进行统一管理。1991年4月我国正式加入国际物品编码协会，该会分配给我国的国别号为“690”，凡标有“690”条形码的商品，即表示是中国出产的商品。随着我国社会主义市场经济的发展，凡适于使用条形码的商品，特别是出口的商品，应争取在商品包装上印刷条形码。

四、中性包装和定牌生产

采用中性包装（neutral packing）和定牌生产，是国际贸易中常见的习惯做法，现分别予以介绍。

（一）中性包装

中性包装是指既不标明生产国别、地名和厂商的名称，也不标明商标或牌号的包装。也就是说，在出口商品包装的内外，都没有原产地和出口厂商的标记。中性包装包括无牌中性包装和定牌中性包装两种。前者，是指包装上既无生产地名和厂商名称，又无商标、品牌；后者，是指包装上仅有买方指定的商标或品牌，但无生产地名和出口厂商的名称。

采用中性包装，是为了打破某些进口国家与地区的关税和非关税壁垒以及适应交易的特殊需要（如转口销售等），它是出口国家厂商加强对外竞销和扩大出口的一种手段。为了把生意做活，我们对国际贸易中的这种习惯做法，也可酌情采用。

（二）定牌生产

定牌生产是指卖方按买方的要求，在其出售的商品或包装上标明买方指定的商标或品牌。

当前，世界许多国家的超级市场、大百货公司和专业商店，对其经营出售的商品，都要在商品上或包装上标有本商店使用的商标或品牌，以扩大本店知名度和显示该商品的身价。许多国家的出口厂商，为了利用买主的经营能力及其商业信誉和品牌声誉，以提高商品售价和扩大销路，也愿意接受定牌生产。

在我国出口贸易中，如外商订货量较大，且需求比较稳定，为了适应买方转售的需要和扩大我国产品出口，我们也接受定牌生产，其具体做法有下列几种：

（1）在定牌生产的商品和/或包装上，只用外商所指定的商标或品牌，而不标明生产国别和出口厂商名称，这属于采用定牌中性包装的做法。

（2）在定牌生产的商品和/或包装上，标明我国的商标或品牌，同时也加注国外商号名称或表示其商号的标记。

（3）在定牌生产的商品和/或包装上，采用买方所指定的商标或品牌的同时，在其商标或品牌下标示“中国制造”字样。

五、包装条款的基本内容

国际货物买卖合同中的包装条款，一般包括包装方式、包装材料、包装规格、包装标志和包装费用等内容，现分别介绍如下。

（一）包装方式

不论是运输包装抑或销售包装，其方式多种多样，买卖双方洽商交易时，究竟采用何种包装方式，应予明确约定。

就运输包装而言，是采用集合运输包装还是单件运输包装，是用集装箱装还是固定在托盘上，是采用集装袋还是集装包，均应事先明确。若采用单件包装，则其包装方式是桶装还是箱装抑或其他方式的包装，也应具体写明。

就销售包装而言，应根据商品特性、销售习惯和市场需要等因素，约定具体的包装。

（二）包装材料

包装材料多种多样，其中包括金属、塑料、木材、玻璃、陶瓷、竹、麻等。包装究竟采用何种材料制成，也应一并在包装条款中说明。

（三）包装规格

根据成交商品的形状、特点和适合运输与销售等方面的要求来确定包装的规格及其尺寸的大小，并在包装条款中注明，以便买卖双方交接货物时有所遵循。

（四）包装标志

为了保证货物安全、迅速、准确地运交收货人，在运输包装上需要书写、压、印、刷制唛头及其他有关标志，在销售包装上一般也应附有装潢画面和文字说明等标志。交易双方商定包装条件时，对这些标志也应事先谈妥，并在合同中具体列明。

（五）包装费用

在交易双方约定由卖方提供包装的情况下，包装连同商品一起交给买方，包装费用通常包括在货价之内，不另计收。但有时也会不计在货价之内，而规定由买方另行支付。此外，有时虽约定由卖方供应包装，但交货后，卖方要将原包装收回，至于原包装返回给卖方的运费，究竟由何方负担，应在包装条款中一并写明。如果交易双方约定由买方供应包装或包装物料，则应列明买方提供包装或包装物料的时间，以及由于包装或包装物料未能及时提供而影响货物发运时所应承担的责任。

六、约定包装条款的注意事项

为了使包装条款科学、合理，以利于合同的履行，在商定包装条款时，应注意考虑下列事项。

（一）成交商品的特点

商品种类繁多，其特性和形状各异，因而对包装的要求各不相同，故在商定包装条款时，应根据商品的特点来确定采用的包装方式、包装材料、包装规格和包装标志等。

（二）成交商品所采用的运输方式

进出口商品一般都需要通过长途运输，而不同运输方式对包装的要求各不相同。因此，交易双方在商定包装条款时，应根据成交商品所采用的运输方式来确定适用何种运输包装。

（三）有关国家的法律规定

许多国家对市场销售的商品规定了有关包装和标签管理条例，其内容十分繁杂和具体，凡进口商品必须遵守其规定，否则，不准进口或禁止在市场上销售。例如，有些国家规定，凡直接接触食品的包装、标签纸上，只要发现荧光物质，一律禁止进口。对于这类情况，交易双方在商定包装条款时，应予以考虑。

（四）在不影响包装质量的前提下节省各种费用

交易双方在商定包装条款时，除考虑商品特点、运输要求和有关法律规定外，在选用包装材料和确定包装方式、包装规格等方面，还应考虑有利于节省包装费用和减少其他费用开支。

（五）有关国家的消费水平、消费习惯和客户的具体要求

由于各国经济、文化背景不同，消费水平和消费习惯互有差异，故客户对包装式样、包装材料、包装规格、包装装潢画面及文字说明等方面都有特定的具体要求，如有些客户要求用公制和英制来标明容量或重量，有些客户要求同时使用英文和法文两种文字的贴头。在洽商交易和订立合同时，应尽可能考虑其要求，以利于合同的顺利履行。

（六）正确运用中性包装和定牌生产

中性包装和定牌生产是国际贸易中常见的习惯做法，正确运用这些贸易习惯做法，有利于打破某些国家的关税和非关税壁垒，发展转口贸易和扩大出口，在我国对外贸易中，也可酌情采用这些行之有效的做法。

（七）不宜轻易接受按某国家式样包装的条件

采用按某国家式样包装的条件，既增加了履约的难度，又容易引起争议，故在包装条款中一般不宜轻易接受此种条件。

（八）包装条款应明确具体

为便于履行合同，包装条款应明确具体。如系麻袋包装，应注明是一层还是两层，是新的还是旧的。如一项商品有两种或两种以上包装方法，应明确由何方选择，以利于履行合同。

在这里，还应强调指出的是，规定包装条款时，切忌使用笼统、含糊的词句。例如，一般不宜采用“海运包装”（seaworthy packing）和“习惯包装”（customary packing）之类的术语。这类术语含义模糊，且无统一解释，容易引起争议。

[本章小结]

1. 签订合同的各方当事人都是合同的主体，他们在订立、履行合同过程中，具有平等的法律地位，都享有合同规定的权利并相应承担约定的义务。

2. 在国际货物贸易中，合同标的是有形的商品，每次成交的商品都有一定的名称，故列明成交商品的名称是合同中不可缺少的一项主要交易条件。按照有关法律和惯例，对成交商品的描述，是商品说明的一个组成部分，可见，约定好品名条款具有重要的意义。

3. 进出口商品的品质应符合国际市场的需要。品质的优劣，不仅关系到使用价值，也影响价格，故当事人很关心品质。品质条款是合同中的一项主要交易条件，表示品质的方法很多，交易双方正确运用表示品质的方法，明确合理地约定好品质条款，有利于合同的履行。

4. 交易双方应根据需要和可能约定成交商品的数量，作为彼此交接货物的基本依据。数量条款也是合同的主要交易条件，明确合理地约定好数量条款，有利于合同的履行。

5. 商品包装是商品生产的继续，凡需要包装的商品，只有通过包装，才算完成了生产过程，商品才能进入流通领域和消费领域，以实现其使用价值和价值。包装是保护商品

质量完好和数量完整的必要措施，也是美化商品和加强对外竞销的一种重要手段，故交易双方都很重视商品的包装和包装条件的约定，一般把包装条款视为合同中的一项主要交易条件。

[重要概念]

1. 合同的主体
2. 合同的标的
3. ISO 9000 系列标准
4. 品质公差
5. 条形码
6. 中性包装
7. 定牌生产

[思考题]

1. 订立进出口合同时，为什么要注意合同当事人的缔约能力及其主体资格问题?
2. 在进出口合同中列明成交商品名称的意义何在? 在约定品名条款时应注意哪些事项?
3. 品质条款在合同中的法律地位如何? 约定品质条款应注意哪些事项?
4. 如何掌握进出口商品的成交数量? 在大宗商品交易中约定溢短装条款应注意什么?
5. 搞好出口商品包装和约定好包装条款有何重要意义?
6. 为什么在运输包装上要刷写有关标志?

案例分析

一、卖方未按约定的品种与数量交货引起的争议案

1. 案情简介

自行车是具有不同花色品种的商品。某年初，中国某外贸公司对外成交 5 000 辆自行车，双方约定 4 000 辆为黑色，1 000 辆为湖蓝色。卖方在备货过程中发现湖蓝色自行车无货，只有其他颜色的自行车。于是，卖方在未征得买方同意的情况下，便擅自将 300 辆橘红色、300 辆绿色和 400 辆银红色的自行车取代原先约定的 1 000 辆湖蓝色自行车装运出口。由于卖方交付与合同不符的货物，买方遂拒绝付款赎单。后经买卖双方反复交涉，买方仍坚持要求卖方尽快补交 1 000 辆约定的湖蓝色自行车，而对卖方擅自发运的 1 000 辆杂色自行车，只同意按原价降低 7%处理。此外，这批货物在目的港存放仓库的栈租费用和晚收货款的利息损失，也要由卖方负担。

2. 案例分析

在自行车交易的买卖合同中，买卖双方约定的色泽是说明自行车这一交易标的物的组成部分，因此，在履约过程中，卖方理应按约定的花色品种如数交货。在本案中，卖方负有不可推卸的责任。

首先，卖方未摸清货源情况就盲目对外签约，直到备货时才发现湖蓝色自行车无货，给履约造成实际困难，这是应当吸取的教训。

其次，在履约过程中，卖方经办人员发现依约交货确有实际困难时，应及时同买方协商，只有在双方取得一致意见后，才能改变约定的条款。卖方经办人员无视合同规定，擅自改变交货的花色品种与数量，实属严重违约行为。

二、究竟是凭规格买卖还是凭样品成交引起的争议案

1. 案情简介

中国某出口公司曾向西欧某外商出售一批农产品。成交前，该出口公司给外商寄送过样品。签约时，在合同品质条款中规定了商品的具体规格。签约后，卖方经办人员又主动电告买方，确认“成交商品与样品相似”。货物装运前，中国商检机构进行了检验并签发了品质规格合格证书。但该批货物运到目的地后，买方认为，卖方所交货物品质比样品低，要求减价。卖方则认为，合同并未规定凭样成交，而且所交货物经检验符合约定的规格，故不同意减价。于是买方便请当地检验机构检验，出具了交货品质比样品低7%的证明，并据此向卖方提出索赔要求，卖方拒赔。由于合同中未规定仲裁条款，发生争议后，双方又达不成仲裁协议，买方遂请中国仲裁机构协助解决此案争议。

鉴于签约前卖方给买方寄送过样品，签约后卖方又主动确认“交货与样品相似”，且存样已经遗失，故在仲裁机构的协调下，以由卖方赔付买方品质差价的办法了结此案。

2. 案例分析

本案原来订立的合同，本来是一个凭规格买卖的合同，但由于签约后卖方又确认所交货物与签约前寄送的样品相似，这可以理解为对原合同品质条款的补充，从而改变了此笔交易的性质，使其变为既凭规格买卖又凭样品成交的交易。按照国际贸易有关法律和惯例的解释，凡是既凭规格又凭样品达成的交易，卖方所交货物，必须既符合约定的规格，又须与样品一致。否则，买方有权要求减价、索赔，甚至拒收货物。

通过本案，我们应当吸取下列教训：

第一，要正确履行合同并按合同规定办事。

本案合同系规定凭规格买卖，履约时，卖方只要按合同规定的规格及时交货就行，根本没有必要再确认“交货品质与样品相似”，这是多此一举。此举改变了成交的性质，并增加了卖方承担的责任，给履约造成实际困难，从而导致不必要的损失。

第二，要正确理解和运用凭样成交的做法。

凭样成交时，要求交货品质与样品完全一致，故履约时容易产生争议，一般不宜轻易采用此法，特别是与其他表示品质的方法同时并用，更应慎之又慎。当采用凭样成交时，应保存好样品，以利对照。如只是为了宣传商品而寄送样品，则对成交前寄送的样品应明确表示仅供参考，以免对方产生误解。

第三，合同条款应当完备。

本案合同中没有约定仲裁条款，当发生合同争议后，双方当事人达不成协议，致使解决争议遇到一定的困难。

三、卖方违反约定的包装条件致损案

1. 案情简介

中国某公司向加拿大某商人出售一批价值128万元人民币的货物，双方在合同包装条

款中约定用塑料袋包装，且每件要同时使用英、法两种文字的贴头（粘纸），但卖方交货时却改用其他包装代替，且使用仅有英文的贴头。买方收货后，为了便于在当地销售该批商品，只好改换包装和贴头，随后即向卖方要求赔偿其损失。由于确系卖方严重违反双方约定的包装条件，故卖方只好认赔，了结此案。

2. 案例分析

交易双方约定的包装条件是说明货物的重要组成部分，卖方擅自更换约定的包装，且未按合同规定使用贴头，是违反了约定的主要交易条件，守约方有权要求赔偿损失，甚至撤销合同。本案合同项下的买方采取重新更换包装和贴头的补救措施后，即向卖方要求赔偿损失，这是合情合理的。本案事实表明，卖方经办人员需要增强重合同、守信用的法律意识，对买卖双方约定的各项交易条件，必须坚决照办，不得擅自变更。否则，不仅会造成经济损失，而且对外会产生不良影响。

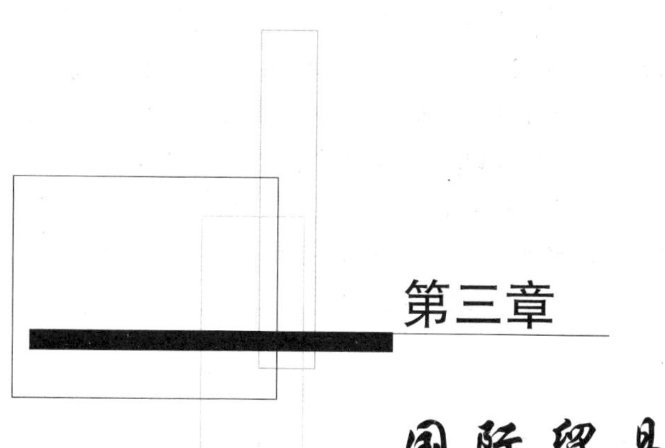

第三章

国际贸易术语

[学习目标]

通过本章的学习使学生了解贸易术语的含义及其在国际贸易中所发挥的作用，熟悉国际贸易中各种现行的贸易术语及相关的国际贸易惯例的性质和作用，掌握国际商会的《2010年国际贸易术语解释通则》中所包含的11种贸易术语的基本内容，以及它们之间的联系与区别，知道如何从交货点、风险点、费用点等方面来划分买卖双方各自承担的责任和义务，并在此基础上，理解和把握贸易术语与合同性质的关系。从而有利于在实际业务中正确约定交货条件和合理确定成交价格，而且也有利于在履约过程中正确运用和解释贸易术语，并按国际贸易惯例行事，以维护国际贸易的正常秩序。

第一节　贸易术语与国际贸易惯例

一、贸易术语的含义

国际贸易具有线长、面广、环节多、风险大的特点。货物从启运地到目的地通常要经过长距离运输，通过多道关卡，交接许多手续。这期间货物遭遇自然灾害或意外事故而导致损坏或灭失的风险也比国内贸易相对要大一些。为了明确交易双方各自承担的责任、义务，当事人在洽商交易、订立合同时，必然要考虑以下几个重要问题：

（1）卖方在什么地方，以什么方式交货？

（2）货物发生损坏或灭失的风险何时由卖方转移给买方？

（3）采用何种运输方式来完成货物的运输？

（4）由谁负责办理货物的运输、保险和通关过境的手续并承担相关的费用？

（5）买卖双方需要交接哪些有关的单据？

在具体交易中，以上这些问题都是必须明确的，贸易术语正是为了解决这些问题，在长期的国际贸易实践中逐渐产生和发展起来的。在国际贸易中，确定一种商品的成交价，不仅取决于其本身的价值，还要考虑到商品从产地运至最终目的地的过程中，有关的手续由谁办理以及风险如何划分等一系列问题。由此可见，贸易术语具有双重性：一方面它是用来确定交货条件，即说明买卖双方在交接货物时各自承担的风险、责任和费用；另一方面用来表示该商品的价格构成因素。这两者是紧密相关的。

综上所述，贸易术语是在长期的国际贸易实践中产生的，用来表明商品的价格构成，说明货物交接过程中有关的风险、责任和费用划分问题的专门用语。

二、贸易术语的作用

贸易术语在国际贸易中的作用可以归纳为以下几点：

(1) 每种贸易术语都有其特定的含义，一些国际惯例对各种贸易术语也作了统一的解释和规定，这些解释与规定在国际上被广泛接受，成为从事国际贸易的行为准则。因此，买卖双方只要商定按何种贸易术语成交，即可明确彼此在货物交接方面所应承担的风险、责任和费用。这就大大简化了交易手续，缩短了洽商时间，从而节约了费用开支。

(2) 由于贸易术语可以表示商品的价格构成因素，所以，买卖双方确定成交价格时必然要考虑采用的贸易术语中包含哪些从属费用，如运费、保险费、装卸费、关税、增值税和其他费用，这就有利于交易双方进行比价和加强成本核算。

(3) 买卖双方签约时，可能对某些涉及权利和义务的问题规定得不明确，致使履约中产生的争议不能依据合同的规定解决，这种情况下，可以援引有关贸易术语的一般解释来处理。所以，熟练掌握国际贸易中的各种贸易术语，有利于妥善解决贸易争端。

三、国际贸易惯例

(一) 国际贸易惯例的产生

贸易术语是在国际贸易实践中逐渐形成的，在相当长的时间内，在国际上没有形成对各种贸易术语的统一解释。不同国家和地区在使用贸易术语和规定交货条件时，有着各种不同的解释和做法。这样一来，一个合同的当事人往往不甚了解对方国家的习惯解释，这就会引起当事人之间的误解、争议和诉讼，既浪费了各自的时间和金钱，也影响了国际贸易的发展。为了解决这一问题，国际商会、国际法协会等国际组织以及美国一些著名商业团体经过长期的努力，分别制定了解释国际贸易术语的规则，这些规则在国际上被广泛采用，因而形成一般的国际贸易惯例。

有关贸易术语的国际贸易惯例主要有三种，即《华沙—牛津规则》《1990 年美国对外贸易定义修订本》和《2010 年国际贸易术语解释通则》。其中，《华沙—牛津规则》是国际法协会专门为解释 CIF 合同而制定的，不涉及其他术语，因而适用面较窄。

《1990 年美国对外贸易定义修订本》是由美国几个商业团体制定的，所解释的贸易术语只有 6 种，而且基本包含在国际商会制定的《2010 年国际贸易术语解释通则》之中。另外，近年来，美国许多贸易界人士呼吁放弃《1990 年美国对外贸易定义修订本》，而采用国际上更通行的《2010 年国际贸易术语解释通则》。基于以上原因，在本书中只介绍《2010 年国际贸易术语解释通则》中所包括的 11 种贸易术语，而不再涉及其他有关贸易术语的国际惯例。

（二）《2010 年国际贸易术语解释通则》概况

《国际贸易术语解释通则》（以下简称《通则》）英文为 International Rules for the Interpretation of Trade Terms，简称 INCOTERMS，它是国际商会为了统一对各种贸易术语的解释而制定的。最早的《通则》产生于 1936 年，后来进行过多次修订（分别于 1953 年、1967 年、1976 年、1980 年、1990 年、2000 年和 2010 年进行修订）。现行的《2010 通则》是在《2000 通则》的基础上，于 2010 年 10 月修订完成，并于 2011 年 1 月 1 日起生效。这次修订的主要目的是扩大《通则》的适用范围。国际商会注意到近年来贸易发展的一个重要趋势，即许多国家的企业将原本只适用于国际贸易的贸易术语大量运用在国内贸易中。国际商会决定接受这一现实，在修订时对术语的解释作了相应的调整。另外，《2010 通则》还根据各国代表的意见，对《2000 通则》中的贸易术语的种类进行了整合，对术语的内容进一步完善，使之更方便使用。贸易术语分类表如表 3—1 所示。

表 3—1　贸易术语分类表

分类	术语	含义
适用于各种运输方式的贸易术语	EXW：Ex Works	工厂交货
	FCA：Free Carrier	货交承运人
	CPT：Carriage Paid To	运费付至
	CIP：Carriage and Insurance Paid To	运费、保险费付至
	DAT：Delivered At Terminal	运输终端交货
	DAP：Delivered At Place	目的地交货
	DDP：Delivered Duty Paid	完税后交货
仅适用于水上运输方式的贸易术语	FAS：Free Alongside Ship	船边交货
	FOB：Free On Board	船上交货
	CFR：Cost and Freight	成本加运费
	CIF：Cost Insurance and Freight	成本、保险费加运费

《2000 通则》将每种贸易术语项下卖方和买方各自应承担的义务相互交叉对比，纵向排列，即在规定卖方每一项义务后，紧接着规定买方相对应的义务。《2010 通则》则改为《1990 通则》的表述方式，不再纵向交叉对比，而是横向比较，如表 3—2 所示。

表 3—2　《2010 通则》规定的买卖双方义务对照表

A 卖方义务（The Seller's Obligations）	B 买方义务（The Buyer's Obligations）
A1 卖方一般义务	B1 买方一般义务
A2 许可证、授权、安检通关和其他手续	B2 许可证、授权、安检通关和其他手续
A3 运输合同与保险合同	B3 运输合同与保险合同

续前表

A 卖方义务（The Seller's Obligations）	B 买方义务（The Buyer's Obligations）
A4 交货	B4 受领货物
A5 风险转移	B5 风险转移
A6 费用划分	B6 费用划分
A7 通知买方	B7 通知卖方
A8 交货凭证	B8 交货证据
A9 核查—包装—标记	B9 货物检验
A10 协助提供信息及相关费用	B10 协助提供信息及相关费用

在进行国际贸易时，当事人除了订立买卖合同外，还往往要涉及运输合同、保险合同、融资合同等。这些合同相互关联、互相影响，但《2010 通则》只限于对货物买卖合同中交易双方权利义务的规定。作为买卖合同的卖方，其基本义务可概括为交货、交单和转移货物的所有权，而《2010 通则》也仅仅涉及前两项内容，而且它不涉及货物的价格和所有权问题，也不涉及违约和它产生的后果问题。对于后面这些问题，当事人可以在合同中作出明确具体的规定。另外，国际商会还提醒交易的当事人注意地方法规的强制性规定，因为它们有时会导致合同条款以及所选择的通则失效。

在有关贸易术语的国际贸易惯例中，《通则》在世界范围内的影响越来越大，因此，在进行最近的修订时力图保持它的相对稳定性。另外，要注意《2010 通则》实施之后并非《2000 通则》就自动废止，当事人在订立贸易合同时仍然可以选择适用《2000 通则》甚至《1990 通则》。

国际商会在推出《2010 通则》时还提醒贸易界人士，由于《通则》已多次变更，如果当事人愿意采纳《2010 通则》，应在合同中特别注明："本合同受《2010 通则》的管辖。"例如，在合同的相关条款中规定："FOB TIANJIN，CHINA，INCOTERMS 2010"。

（三）国际贸易惯例的性质和作用

前已述及，国际贸易惯例是国际组织或权威机构为了减少贸易争端，规范贸易行为，在长期、大量的贸易实践的基础上制定出来的。由此可见，贸易惯例与习惯做法是有区别的。国际贸易业务中反复实践的习惯做法经过权威机构加以总结、编纂与解释，从而形成国际贸易惯例。美国《统一商法典》对惯例的解释是："一项贸易惯例是在某一地方、某一行业或贸易中所惯常奉行的某种做法或方法，并以之判定发生争议的交易中应予奉行的所期望的行为模式。"

国际贸易惯例的适用是以当事人的意思自治为基础的，因为，惯例本身不是法律，它对贸易双方不具有强制性约束力，故买卖双方有权在合同中作出与某项惯例不符的规定。只要合同有效成立，双方均要履行合同规定的义务，一旦发生争议，法院和仲裁机构也要维护合同的有效性。但是，国际贸易惯例对贸易实践仍具有重要的规范作用。这体现在：一方面，如果双方都同意采用某种惯例来约束该项交易，并在合同中作出明确规定时，那么这项约定的惯例就具有强制性。国际商会在《2010 通则》的引言中指出，如果想在合同中使用《2010 通则》，应在合同中用类似词语作出明确表示，“所选用的国际贸易术语，包括写明地点，标明国际贸易术语解释通则 2010”。许多大宗交易的合同中也都作出采用何种规则的规定，这有助于避免对贸易术语的不同解释而引起的争议。另一方面，如果双方在合同中既未排除，也未注明该合同适用某项惯例，在合同执行中发生争议时，受理该争议案的司法和仲裁机构也往往会引用某一国际贸易惯例进行判决或裁决。对此，《联合国国际货物销售合同公约》中指出：（1）双方当事人业已同意的任何惯例和之间确立的任何习惯做法，对双方当事人有约束力；（2）除非另有协议，双方当事人应视为默示地同意对他们的合同或合同的订立适用双方当事人已经知道或理应知道的惯例。而这种惯例，在国际贸易中，已为有关特定贸易所涉同类合同的当事人所广泛知道并为他们所经常遵守。

由此可见，国际贸易惯例虽然不具有强制性，但它对国际贸易实践的规范作用却不容忽视。不少贸易惯例被广泛采纳、沿用，说明它们是行之有效的。在我国的对外贸易中，在平等互利的前提下，适当采用这些惯例，有利于外贸业务的开展。而且，通过学习掌握有关国际贸易惯例的知识，可以帮助我们避免或减少贸易争端。即使在发生争议时，也可以引用某项惯例，争取有利地位，减少不必要的损失。

第二节 适用于各种运输方式的贸易术语

前已述及，《2010 通则》将 11 种贸易术语分为两类，一类适用于各种运输方式，另一类仅适用于水上运输方式。适用于各种运输方式的术语包括 7 种，即 EXW、FCA、CPT、CIP、DAT、DAP 和 DDP。

一、EXW 术语

（一）EXW 术语的含义

在《2010 通则》中，EXW 的英文全文为 Ex Works（insert named place of delivery），中文意思是“工厂交货（插入指定交货地点）”。

这一贸易术语代表了在商品的产地或所在地交货条件。当卖方在合同约定的交货时间内在其所在地或其他指定地点，如工厂、矿山或仓库等，将合同规定的货物置于买方的处置之下时，完成交货。

（二）关于买卖双方义务的规定

采用 EXW 术语成交时，买卖双方承担的义务简单归纳如下：

（1）卖方必须提交符合合同规定的货物和商业发票或电子记录。

（2）卖方承担将货物交给买方控制之前的风险，买方承担货物交给其控制之后的风险。

（3）买方自负风险和费用，取得出口和进口许可证或其他官方批准证件，并且办理货物出口和进口所需的一切海关手续。

（4）卖方对于买方无订立运输合同和保险合同的义务。

（5）买方必须支付装船前检验的费用，出口国强制检验的费用。

（6）卖方和买方均有义务向对方发出关于交货和收取货物的通知。

（三）采用 EXW 术语时应注意的问题

（1）按这一贸易术语达成的交易，可以是国内贸易，也可以是国际贸易。因为卖方一般是在本国的内地完成交货，其所承担的风险、责任和费用也都局限于出口国内，即使是在国际贸易中，卖方也不必过问货物出境、入境及运输、保险等事项，由买方自己安排车辆或其他运输工具到约定的交货地点接运货物。所以，在卖方与买方达成的契约中可不涉及运输和保险的问题。而且，除非合同中有相反规定，卖方一般无义务提供出口包装，也不负责将货物装上买方安排的运输工具。如果签约时已明确该货物是供出口的，并对包装的要求作出了规定，卖方则应按规定提供符合出口需要的包装。由此可见，按 EXW 术语成交时，卖方承担的风险、责任以及费用都是最小的。在交单方面，卖方只需提供商业发票或电子数据，如合同有要求，须提供证明所交货物与合同规定相符的证据。至于货物出境所需的出口许可证或其他官方证件，卖方无义务提供。但在买方的要求下，并由买方承担风险和费用的情况下，卖方也可协助买方取得上述证件。

（2）货物的交接。买卖双方在订约时，一般要对交货的时间和地点作出规定。为了做好货物的交接，卖方在货物备妥后，还应就货物将在什么具体时间和地点交给买方支配问题，向买方发出通知。如果双方约定，买方有权确定在一个规定的时间和/或地点受领货物时，买方应及时通知卖方，以免延误交货或引起其他差错。如果买方没有能够在规定的时间、地点受领货物，或者在他有权确定受领货物的时间、地点时，没有能够及时给予适当通知，那么，只要货物已被特定化为本合同项下的货物，买方就要承担由此产生的额外费用和风险。

（3）办理出口手续。在工厂交货条件下，如果货物是用于出口的，办理货物出口手续的责任也在买方，尽管有时可要求卖方代办，但货物被禁止出口的风险还是由买方承担的。因此，在成交之前，买方应了解出口国政府的有关规定，例如，是否允许在该国无常驻机构的当事人在该国办理出口结关手续。当买方无法做到直接或间接办理货物的出境手续时，则不应采用这一贸易术语成交。在这种情况下，按照《2010 通则》的解释，最好采用 FCA 术语。

二、FCA 术语

（一）FCA 术语的含义

FCA 的英文全文为 Free Carrier（insert named place of delivery），中文意思是“货交承运人（插入指定交货地点）”。

根据《2010 通则》的解释，按 FCA 条件成交时，卖方是合同中约定的日期或期限内在其所在地或其他约定地点把货物交给买方指定的承运人完成其交货义务。

（二）关于买卖双方义务的规定

采用 FCA 术语时，双方承担的义务可简单概括如下：

（1）卖方必须提交符合合同规定的货物和商业发票或电子记录。

（2）卖方承担将货物交给买方指定的承运人控制之前的风险，买方承担货物交给该承运人控制之后的风险。

（3）卖方自负风险和费用，取得出口许可证或其他官方批准证件，并且办理货物出口所需的一切海关手续。买方自负风险和费用，取得进口许可证或其他官方批准证件，并且办理货物进口所需的一切海关手续。

（4）卖方对买方无订立运输合同的义务。买方负责订立运输合同，安排好自指定交货地点至目的地的运输，并通知卖方。

（5）卖方对买方无订立保险合同的义务。但应买方的要求，并由其承担风险和费用的情况下，卖方必须向买方提供其办理保险所需的信息。

（三）使用 FCA 术语时应注意的问题

1. 承运人和交货地点

FCA 条件下，通常是由买方安排承运人，与其订立运输合同，并将承运人的情况通知卖方。这里所说的承运人可以是拥有运输工具的实际承运人，也可以是运输代理人或其他人。另外，如果买方有要求，并由买方承担风险和费用的情况下，卖方也可以代替买方指定承运人并订立运输合同。当然，卖方也可以拒绝订立运输合同，如果拒绝，应立即通知买方，以便买方另行安排。

按照《2010 通则》的解释，如果双方约定的交货地点是在卖方所在地，卖方要负责把货物装上买方安排的承运人提供的运输工具；如果交货地点是在其他地方，卖方只需将货物运交给承运人，在自己所提供的运输工具上完成交货义务。《2010 通则》特别建议交易双方尽可能清楚地写明指定交货地内的交付点。如果在约定地点没有明确具体的交货点，或者有几个交货点可供选择，卖方可以从中选择完成交货义务最适宜的交货点。

2. 有关责任和费用的划分

FCA 适用于包括多式联运在内的各种运输方式，卖方交货的地点也因采用的运输方式不同而异。有时，卖方须在出口国的内陆，如车站、机场或内河港口，办理交货。不论在何处交货，根据《2010 通则》的解释，卖方都要自负风险和费用，取得出口许可证或其他官方批准证件，并办理货物出口所需的一切海关手续。这一规定对于一些出口国的内地口岸就地交货和交单结汇的做法是十分适宜的。

三、CPT 术语

（一）CPT 术语的含义

CPT 的英文全文是 Carriage Paid To (insert named place of destination)，中文意思是“运费付至（插入指定目的地）”。

根据《2010 通则》的解释，按 CPT 条件成交时，卖方要在合同中约定的日期或期限内，将合同中规定的货物交给卖方自己指定的承运人或第一承运人，完成其交货义务。

（二）关于买卖双方义务的规定

采用 CPT 术语时，双方承担的义务可简单概括如下：

（1）卖方必须提交符合合同规定的货物和商业发票或电子记录。

（2）卖方承担将货物交给自己指定的承运人控制之前的风险，买方承担货物交给该承运人控制之后的风险。

（3）卖方自负风险和费用，取得出口许可证或其他官方批准证件，并且办理货物出口所需的一切海关手续。买方自负风险和费用，取得进口许可证或其他官方批准证件，并且办理货物进口所需的一切海关手续。

(4) 卖方有义务按照通常条件订立运输合同，将货物从交货地点运送到约定的目的地，并通知买方。

(5) 卖方对买方无订立保险合同的义务。但应买方的要求，并由其承担风险和费用的情况下，卖方必须向买方提供其办理保险所需的信息。

(三) 使用CPT术语时应注意的问题

1. 风险划分的界限

按照CPT术语成交，虽然卖方要负责订立从启运地到指定目的地的运输合同，并支付运费，但是卖方承担的风险并没有延伸至目的地。按照《2010通则》的解释，CPT条件下，存在两个关键点，即风险转移点和费用转移点。风险转移点在先，而费用转移点在后。所以，货物自交货地点至目的地的运输途中的风险由买方承担，而不是卖方，卖方只承担货物交给承运人控制之前的风险。在多式联运情况下，卖方承担的风险自货物交给第一承运人控制时即转移给买方。

2. 责任和费用的划分

采用CPT术语时，买卖双方要在合同中规定装运期和目的地，以便于卖方选定承运人，自费订立运输合同，将货物由通常路线和惯常方式运往指定的目的地。如果买方有权决定发货时间或决定目的地时，买方要及时通知卖方，以便于卖方交货。卖方将货物交给承运人之后，应向买方发出货已交付通知，以便于买方在目的地受领货物。如果双方未能确定目的地买方受领货物的具体地点，卖方可以在目的地选择最适合其要求的地点。

四、CIP术语

(一) CIP术语的含义

CIP的英文全文为Carriage and Insurance Paid to (insert named place of destination)，中文意思是“运费保险费付至(插入指定目的地)”。

根据《2010通则》的解释，按CIP条件成交时，卖方要在合同中约定的日期或期限内，将合同中规定的货物交给卖方自己指定的承运人或第一承运人，完成其交货义务。除此之外，卖方还必须为买方订立货物运输的保险合同。

(二) 关于买卖双方义务的规定

采用CIP术语时，双方承担的义务可简单概括如下：

(1) 卖方必须提交符合合同规定的货物和商业发票或电子记录。

(2) 卖方承担将货物交给自己指定的承运人控制之前的风险，买方承担货物交给该承运人控制之后的风险。

(3) 卖方自负风险和费用，取得出口许可证或其他官方批准证件，并且办理货物出口所需的一切海关手续。买方自负风险和费用，取得进口许可证或其他官方批准证件，并且办理货物进口所需的一切海关手续。

(4) 卖方有义务按照通常条件订立运输合同，将货物从交货地点运送到约定的目的地，并通知买方。

(5) 卖方有义务为买方订立有关货物运输的保险合同，并承担办理货运保险时须交纳

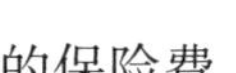

的保险费。

（三）使用 CIP 术语时应注意的问题

1. 正确理解风险和保险

按 CIP 术语成交的合同，卖方要负责办理货运保险，并支付保险费，但货物从交货地运往目的地的运输途中的风险由买方承担。所以，卖方的投保仍属于代办性质。根据《2010 通则》的解释，一般情况下，卖方要按双方协商确定的险别投保。但如果双方未在合同中规定应投保的险别，则由卖方按惯例投保最低的险别，保险金额一般是在合同价格的基础上加成 10%，并采用合同货币。如果买方有要求并且能够提供卖方所需的信息时，卖方应获取并向买方提供额外的保险保障，由买方承担费用。

2. 了解 CIP 与 FCA 和 CPT 之间的关系

CIP 与前面所讲的 FCA 和 CPT 有许多相同之处，它们在交货地点、风险划分界限以及适用的运输方式方面都是相同的。它们之间的区别主要在于买卖双方承担的责任和费用方面。按照从 FCA、CPT 到 CIP 的顺序排列，卖方所承担的责任和费用是由小到大。与 FCA 相比，采用 CPT 术语成交时，卖方增加了办理运输的责任和费用。而采用 CIP 时，卖方又增加了办理保险的责任和费用。当事人在订立合同时，应根据交易的具体情况，进行适当的选择。

五、DAT 术语

（一）DAT 术语的含义

在《2010 通则》中，DAT 的英文全文为 Delivered At Terminal（insert named terminal at port or place of destination），中文意思是“运输终端交货（插入指定港口或目的地的运输终端）”。

在 DAT 项下，卖方在合同中约定的日期或期限内将货物运到合同规定的港口或目的地的约定运输终端，并将货物从抵达的载货运输工具上卸下，交给买方处置时即完成交货。

（二）关于买卖双方义务的规定

采用 DAT 术语时，双方承担的义务可简单概括如下：

（1）卖方必须提交符合合同规定的货物和商业发票或电子记录。

（2）卖方承担将货物交给买方控制之前的风险，买方承担货物交给其控制之后的风险。

（3）卖方自负风险和费用，取得出口许可证或其他官方批准证件，并且办理货物出口所需的一切海关手续。买方自负风险和费用，取得进口许可证或其他官方批准证件，并且办理货物进口所需的一切海关手续。

（4）卖方负责订立运输合同，将货物运至约定港口或目的地的指定运输终端，如对运输终端未作具体规定，卖方可选择在约定港口或目的地最合适的运输终端。

（5）卖方对买方无订立保险合同的义务。但应买方的要求，并由其承担风险和费用的情况下，卖方必须向买方提供其办理保险所需的信息。

（三）使用DAT术语时应注意的问题

1. 正确理解“运输终端”的含义

根据《2010通则》的解释，“运输终端”意味着任何地点，而不论该地点是否有遮盖，例如码头、仓库、集装箱堆积场或公路、铁路、空运货站。这就说明它的范围很宽泛，而且可以在露天，也可在室内。为了避免不必要的纠纷，《2010通则》建议当事双方在订立买卖合同时尽可能地约定运输终端的名称和具体位置，并且在运输合同中作出相应的规定。

2. 注意卖方责任的限度

DAT的产生旨在替代《2000通则》中DEQ术语。DEQ术语是在目的港码头交货，卖方承担的责任仅限于将货物运至目的港，并卸至码头，而不负责再将货物由码头搬运到其他地方。DAT的交货地点不再受码头的限制，但卖方承担的责任仍只是将货物交到合同规定的运输终端。如果双方希望由卖方再将货物从运输终端搬运到另外的地点，并承担其间的风险和费用，则应当使用后面要讲到的DAP或DDP术语。

六、DAP术语

（一）DAP术语的含义

DAP的英文全文为Delivered At Place (insert named place of destination)，中文意思是“在目的地交货（插入指定目的地）”。

在DAP项下，卖方要在合同中约定的日期或期限内，将货物运到合同规定的目的地的约定地点，并将货物置于买方的控制之下，在卸货之前即完成交货。

（二）关于买卖双方义务的规定

采用DAT术语时，双方承担的义务可简单概括如下：

（1）卖方必须提交符合合同规定的货物和商业发票或电子记录。

（2）卖方承担将货物交给买方控制之前的风险，买方承担货物交给其控制之后的风险。

（3）卖方自负风险和费用，取得出口许可证或其他官方批准证件，并且办理货物出口所需的一切海关手续。买方自负风险和费用，取得进口许可证或其他官方批准证件，并且办理货物进口所需的一切海关手续。

（4）卖方负责订立运输合同，将货物运至合同约定的目的地的特定交货地点，如对特定交货地点未作具体规定，卖方可在指定目的地内选择最合适的交货地点。

（5）卖方对买方无订立保险合同的义务。但应买方的要求，并由其承担风险和费用的情况下，卖方必须向买方提供其办理保险所需的信息。

（三）使用DAP术语时应注意的问题

1. 认真了解DAP的具体含义

DAP是《2010通则》新推出的贸易术语，根据国际商会的解释，它旨在替代《2000通则》中的DAF、DES和DDU术语。这就是说，DAP的交货地点既可以是在两国的边境指定地点，也可以是在目的港的船上，还可以是在进口国内的某一地点。所以，它的应用范围很宽。但要注意的是，即使是在进口国的目的港或最终目的地交货，没有相反的规定，卖方也不负担卸货费用和进口通关的费用及关税。DAP与DAT的一个重要区别是后者卖方要负担卸货费用，而前者无须负担。为了避免纠纷，《2010通则》建议在采用DAP术语成交时，“卖方订立的运输合同应能与所做选择确切吻合。如果卖方按照运输合同在目的地发生了卸货费用，除非双方另有约定，卖方无权向买方要求偿付”。

2. 注意DAP与CIP的异同点

根据《2010通则》的解释，CIP条件下，卖方要将合同规定的货物运到目的地的指定地点，这个地点可以是在两国的边境指定地点，也可以是在目的港的船上，还可以是在进口国内的某一地点。看起来这与DAP条件十分相似，但要注意，二者的交货地点并不相同：采用CIP时，卖方只是承担责任和费用，将货物运到目的地指定地点，风险却是在将货物交给承运人即转移给买方；而采用DAP时，卖方的交货地点即在目的地的约定地点，卖方承担的风险也是在该地点实际交货时才转移给买方。另外，采用CIP时，卖方有义务按合同的约定自负风险和费用，办理货物运输保险；而在采用DAP时，货运途中的风险是由卖方自己承担，保险也是为了自己的利益，所以，卖方并不对买方承担必须办理保险的义务。

七、DDP术语

（一）DDP术语的含义

DDP的英文全文为Delivered Duty Paid (insert named place of destination)，中文意思是“完税后交货（插入指定目的地）”。

在DDP项下，卖方要在合同中约定的日期或期限内，将货物运到合同规定的目的地的约定地点，并且完成进口清关手续后，在运输工具上将货物置于买方的控制之下，即完成交货。

（二）关于买卖双方义务的规定

采用DDP术语时，双方承担的义务可简单概括如下：

（1）卖方必须提交符合合同规定的货物和商业发票或电子记录。

（2）卖方在进口国内的交货地点完成交货时，风险转移。

（3）卖方自负风险和费用，取得出口和进口许可证或其他官方批准证件，并且办理货物出口和进口所需的一切海关手续。

（4）卖方负责订立运输合同，将货物运至合同约定的目的地的特定交货地点，如对特定交货地点未作具体规定，卖方可在指定目的地内选择最合适的交货地点。

（5）卖方对买方无订立保险合同的义务。但应买方的要求，并由其承担风险和费用的情况下，卖方必须向买方提供其办理保险所需的信息。

（三）使用DDP术语时应注意的问题

1. 妥善办理投保事项

DDP是《2010年通则》中包含的11条贸易术语中卖方承担风险、责任和费用最大的一种术语。按照这一术语成交，卖方要负责将货物从启运地一直运到合同规定的进口国内的指定目的地，把货物实际交到买方手中，才算完成交货。根据国际贸易惯例，按照DDP术语成交时，卖方对买方并无义务订立保险合同，但由于卖方要承担较大的风险，为了能在货物受损或灭失时及时得到经济补偿，一般情况下，卖方应办理货运保险。在选择投保的险别时，应根据货物的性质、运输方式及运输路线来灵活决定。

2. 其他注意事项

在DDP交货条件下，卖方是在办理了进口结关手续后在指定目的地交货的，这实际上是卖方已将货物运进了进口方的国内市场。如果卖方直接办理进口手续有困难，也可要求买方协助办理。如果卖方不能直接或间接地取得进口许可证，则不应使用DDP术语。如果双方希望买方承担所有进口清关的风险和费用，则应采用DAP术语。如果双方当事人同意在卖方承担的义务中排除货物进口时应支付的某些费用（如增值税），应写明“Delivered Duty Paid，VAT Unpaid”，即“完税后交货，增值税未付”。否则，任何增值税或其他应付的进口税款都由卖方承担。

第三节 适用于水上运输方式的贸易术语

根据《2010通则》的解释，FAS、FOB、CFR和CIF四种术语仅适用于水上运输方式，即适用于海运和内河水运方式。而在现代的国际贸易业务中，这些术语采用比较普遍，特别是后面三种术语被各国的贸易界人士广泛采用，并被称为常用贸易术语。

一、FAS术语

（一）FAS术语的含义

FAS的英文全文是Free Alongside Ship（insert named port of shipment），中文意思是“船边交货（插入指定装运港）”。

FAS术语通常称作装运港船边交货。在FAS项下，卖方要在合同中约定的日期或期限内，将货物运到合同规定的装运港口，并交到买方指派的船只的旁边，即完成其交货义务。

（二）关于买卖双方义务的规定

采用FAS术语时，双方承担的义务可简单概括如下：

（1）卖方必须提交符合合同规定的货物和商业发票或电子记录。

（2）卖方在装运港船边完成交货义务时，风险由卖方转移给买方。

（3）卖方自负风险和费用，取得出口许可证或其他官方批准证件，并且办理货物出口所需的一切海关手续。买方自负风险和费用，取得进口许可证或其他官方批准证件，并且办理货物进口所需的一切海关手续。

（4）卖方对买方无订立运输合同的义务，但如果买方有要求，或按照商业习惯，在由买方承担风险和费用的情况下，卖方也可以按照通常条件订立运输合同。

（5）卖方对买方无订立保险合同的义务。但应买方的要求，并由其承担风险和费用的情况下，卖方必须向买方提供其办理保险所需的信息。

（三）使用FAS术语时应注意的问题

1. 不同的运输包装方式

在选择FAS术语时，当事人应考虑到具体交易中采用的运输包装方式。按照《2010

通则》的解释，如果货物采用的是集装箱运输方式，通常是由卖方将该货物运到集装箱货运站，交给买方指定的承运人，而不是交到装运港船边。所以，在采用集装箱运输的情况下，不适宜选用 FAS 术语，而应选用前面已介绍的 FCA 贸易术语。

2. 船货衔接

在 FAS 条件下，从装运港至目的港的运输合同要由买方负责订立，买方要及时将船名和要求装货的具体时间、地点通知卖方，以便卖方按时做好备货出运工作。卖方也应将货物交至船边的情况及时通知买方，以利于买方办理装船事项。如果买方指派的船只未按时到港接受货物，或者比规定的时间提前停止装货，或者买方未能及时发出派船通知，只要货物已被清楚地划出，或以其他方式确定为本合同项下的货物，由此而产生的风险和损失均由买方承担。另外，如果买方所派的船只不能靠岸，卖方则要负责用驳船把货物运至船边，仍在船边交货，装船的责任和费用由买方负担。

二、FOB 术语

（一）FOB 术语的含义

FOB 的英文全文是 Free on Board（insert named port of shipment），中文意思是“船上交货（插入指定装运港）”。

FOB 习惯称为装运港船上交货。装运港船上交货是国际贸易中常用的贸易术语之一。在 FOB 项下，卖方要在合同中约定的日期或期限内，将货物运到合同规定的装运港口，并交到买方指派的船只的船上，即完成其交货义务。

（二）关于买卖双方义务的规定

采用 FOB 术语时，双方承担的义务可简单概括如下：

（1）卖方必须提交符合合同规定的货物和商业发票或电子记录。

（2）卖方在装运港船上完成交货义务时，风险由卖方转移给买方。

（3）卖方自负风险和费用，取得出口许可证或其他官方批准证件，并且办理货物出口所需的一切海关手续。买方自负风险和费用，取得进口许可证或其他官方批准证件，并且办理货物进口所需的一切海关手续。

（4）卖方对买方无订立运输合同的义务，但如果买方有要求，或按照商业习惯，在由买方承担风险和费用的情况下，卖方也可以按照通常条件订立运输合同。

（5）卖方对买方无订立保险合同的义务。但应买方的要求，并由其承担风险和费用的情况下，卖方必须向买方提供其办理保险所需的信息。

（三）使用 FOB 术语时应注意的问题

1. 风险划分界限的变更

在《2000 通则》及以前的《通则》中都规定，FOB 是以装运港船舷作为划分风险的界限。“船舷为界”表明货物在装船时越过船舷之前的风险，包括在装船时货物跌落码头或海中所造成的损失，均由卖方承担。货物越过船舷装上船之后，包括在起航前和在运输过程中所发生的损坏或灭失，则由买方承担。但考虑到在现代的装运作业中，货物由起重机械吊装上船的比例逐渐减少，以及“链式销售”，如卖方出售的是业已装上船或在途运输的货物的情况不断增加，《2010 通则》中关于 FOB 条件下风险划分的界限问题，不再规定以“船舷为界”，而规定以货物装到船上，风险才由卖方转移给买方。这是需要当事人引起注意的。

2. 派船和装货

按照FOB术语成交的合同属于装运合同，这类合同中卖方的一项基本义务是按照规定的时间和地点完成装运。然而由于FOB条件下是由买方负责安排运输工具，即租船订舱，所以，这就存在一个船货衔接的问题。如果处理不当，自然会影响到合同的顺利执行。根据有关法律和惯例，如果买方未能按时派船，这包括未经对方同意提前将船派到和延迟派到装运港，卖方都有权拒绝交货，而且由此产生的各种损失，如空舱费（dead freight）、滞期费（demurrage）及卖方增加的仓储费等，均由买方负担。如果买方指派的船只按时到达装运港，而卖方却未能备妥货物，那么，由此产生的上述费用则由卖方承担。有时双方按FOB价格成交，而后来买方又委托卖方办理租船订舱，卖方也可酌情接受。但这属于代办性质，其风险和费用仍由买方承担，就是说运费和手续费由买方支付，而且如果卖方租不到船，其不承担后果，买方无权撤销合同或索赔。总之，按FOB术语成交，对于装运期和装运港要慎重规定，签约之后，有关备货和派船事宜也要加强联系、密切配合，保证船货衔接。

三、CFR术语

（一）CFR术语的含义

CFR的英文全文是Cost and Freight（insert named port of destination），中文意思是“成本加运费（插入指定目的港）”。

成本加运费，又称运费在内价，也是国际贸易中常用的贸易术语之一。在CFR项下，卖方要在合同中约定的日期或期限内，将货物运到合同规定的装运港口，并交到自己安排的船只上，或者以取得已装船货物的方式完成其交货义务。

（二）关于买卖双方义务的规定

采用CFR术语时，双方承担的义务可简单概括如下：

（1）卖方必须提交符合合同规定的货物和商业发票或电子记录。

（2）卖方在装运港船上完成交货义务时，风险由卖方转移给买方。

（3）卖方自负风险和费用，取得出口许可证或其他官方批准证件，并且办理货物出口所需的一切海关手续。买方自负风险和费用，取得进口许可证或其他官方批准证件，并且办理货物进口所需的一切海关手续。

（4）卖方必须按照通常条件订立或取得运输合同，将货物运到合同约定的目的港。

（5）卖方对买方无订立保险合同的义务。但应买方的要求，并由其承担风险和费用的情况下，卖方必须向买方提供其办理保险所需的信息。

（三）使用CFR术语时应注意的问题

1. 了解CFR与FOB的异同点

CFR与FOB术语都是在装运港交货，风险划分均以货物在装运港装上船为界，都适用于水上运输方式，都是由卖方负责办理出口手续，买方负责办理进口手续。它们的主要区别在于办理从装运港至目的港的运输责任和费用的承担方不同：FOB条件下，由买方订立运输合同并承担相关费用；而在 CFR 条件下，则由卖方订立运输合同并承担相关费用。所以，在采用 CFR 术语成交时，当装运期一经确定，卖方就应及时租船订舱和备货，并按规定的期限发运货物。卖方延迟装运或者提前装运都是违反合同的行为，并要承担违约的责任。

2. 装船通知的重要作用

按照 CFR 条件达成的交易，卖方需要特别注意的问题是，货物装船后必须及时向买方发出装船通知，以便买方收取货物和办理投保手续。根据一般的国际贸易惯例以及有些国家的法律，如英国《1893 年货物买卖法》（1979 年修订）中规定："如果卖方未向买方发出装船通知，致使买方未能办理货物保险，那么，货物在海运途中的风险被视为卖方负担。"这就是说，如果货物在运输途中遭受损失或灭失，由于卖方未发出通知而使买方漏保，那么卖方就不能以风险在装运港船上转移为由免除责任。由此可见，尽管在 FOB 和 CIF 条件下，卖方装船后也应向买方发出通知，但 CFR 条件下的装船通知，具有更为重要的意义。

四、CIF 术语

（一）CIF 术语的含义

CIF 的英文全文是 Cost Insurance and Freight（insert named port of destination），中文意思是"成本加保险费、运费（插入指定目的港）"。

CIF 又称运费保险费在内价，也是国际贸易中常用的贸易术语之一。在 CIF 项下，卖方要在合同中约定的日期或期限内，将货物运到合同规定的装运港口，并交到自己安排的船只的船上，或者以取得已装船货物的方式完成其交货义务。另外，卖方还要为买方办理海运货物保险。

（二）关于买卖双方义务的规定

采用 CIF 术语时，双方承担的义务可简单概括如下：

（1）卖方必须提交符合合同规定的货物和商业发票或电子记录。

（2）卖方在装运港船上完成交货义务时，风险由卖方转移给买方。

（3）卖方自负风险和费用，取得出口许可证或其他官方批准证件，并且办理货物出口所需的一切海关手续。买方自负风险和费用，取得进口许可证或其他官方批准证件，并且办理货物进口所需的一切海关手续。

（4）卖方必须按照通常条件订立或取得运输合同，将货物运到合同约定的目的港。

（5）卖方对买方有义务签订保险合同。保险合同应与信誉良好的保险公司订立。

（三）使用 CIF 术语时应注意的问题

1. 保险险别

CIF 术语中的"I"表示 insurance，即保险。从价格构成来讲，这是指保险费，就是说货价中包括了保险费；从卖方的责任讲，其要负责办理货运保险。办理保险须明确险别，不同险别，保险人承担的责任范围不同，收取的保险费率也不同。按 CIF 术语成交，一般在签订买卖合同时，在合同的保险条款中，明确规定保险险别、保险金额等内容，这样，卖方就应按照合同的规定办理投保。但如果合同中未能就保险险别等问题作出具体规定，那就根据有关惯例来处理。按照《2010 通则》对 CIF 的解释，“该保险需至少符合《协会货物保险条款》的 C 款（Clause C）或类似条款的最低险别”。但在买方要求时，并由买方提供所需信息和承担费用的情况下，可加保任何附加险别。

2. 租船订舱

采用 CIF 术语成交，卖方的基本义务之一是租船订舱，办理从装运港至目的港的运输事项。关于运输问题，各个惯例的规定也不尽相同。《2010 通则》的解释是，卖方“按照通常条件自行负担费用订立运输合同，将货物按惯常路线用通常类型可供装载该合同货物的海上航行船只（或适当的内河运输船只）装运至指定目的港。”这就是说，如果没有相反的约定，卖方只是负责按通常条件和惯驶航线，租用适当船舶将货物运往目的港。因此，对于在业务中有时买方提出的关于限制船舶的国籍、船型、船龄、船级以及指定装载某班轮公司的船只等项要求，卖方均有权拒绝接受。但卖方也可放弃这一权利，可根据具体情况给予通融。就是说，对于买方提出的上述要求，如果卖方能办到又不会增加额外开支，也可以接受。一旦在合同中作出明确规定，就必须严格照办。

3. 象征性交货

从交货方式来看，CIF 是一种典型的象征性交货（symbolic delivery）。所谓象征性交货是针对实际交货（physical delivery）而言。前者指卖方只要按期在约定地点完成装运，并向买方提交合同规定的包括物权凭证在内的有关单证，就算完成了交货义务，而无须保证到货；后者则是指卖方要在规定的时间和地点，将符合合同规定的货物提交给买方或其指定人，而不能以交单代替交货。可见，在象征性交货方式下，卖方是凭单交货，买方是凭单付款，只要卖方如期向买方提交了合同规定的全套合格单据（名称、内容和份数相符的单据），即使货物在运输途中损坏或灭失，买方也必须履行付款义务；反之，如果卖方提交的单据不符合要求，即使货物完好无损地运达目的地，买方仍有权拒绝付款。但是，必须指出，按 CIF 术语成交，卖方履行其交单义务，只是得到买方付款的前提条件，除此之外，他还必须履行交货义务。如果卖方提交的货物不符合要求，买方即使已经付款，仍然可以根据合同的规定向卖方提出索赔。

第四节　常用贸易术语的变形

国际贸易中使用最多的贸易术语是装运港交货的 FOB、CFR 和 CIF 术语。按照 FOB 术语成交时有关装船费用的负担问题，以及按照 CFR 和 CIF 术语成交时由谁负担卸货费用问题，各国的惯例或习惯做法并不完全一致。如件杂货一般采用班轮运输，船方管装管卸，装卸费打入班轮运费之中，自然由负责洽租班轮的一方承担；而大宗货物通常采用程租船运输，船方一般不负担装卸费用，这就必须明确装卸费用应由谁负担。为了明确责任、避免争执，在实际业务中，通常都是在常用贸易术语之后加列装货费或卸货费由何方负担的附加条件，即以贸易术语的变形来解决这一问题。

关于贸易术语的变形是否应在《通则》中加以明确规定的问题，在之前两次《通则》的修改过程中，已经提出过，未获得通过。这次修订《2000 通则》时，又提了出来，但仍未达成协议。国际商会的最终意见是《2010 通则》中不作具体规定，但也不反对当事人使用变形，如使用时建议在合同中作出明确规定。如果变形涉及风险和费用的变化，应在合同中加以具体说明，以避免误解。以下介绍的是实际业务中常见的贸易术语的几种变形。

一、FOB 的变形

FOB 的变形是为了解决装船费用由谁负担的问题，按照过去的做法主要包括以下几种。

（一）FOB Liner Terms（FOB 班轮条件）

这一变形是指装船费用按照班轮的做法处理，即由船方或买方承担。所以，采用这一变形，卖方不负担装船的有关费用。

（二）FOB Under Tackle（FOB 吊钩下交货）

这一变形是指卖方负担费用将货物交到买方指定船只的吊钩所及之处，而吊装入舱以及其他各项费用，概由买方负担。

（三）FOB Stowed（FOB 理舱费在内）

这一变形是指卖方负责将货物装入船舱并承担包括理舱费在内的装船费用。理舱费是指货物入舱后进行安置和整理的费用。

（四）FOB Trimmed（FOB 平舱费在内）

这一变形是指卖方负责将货物装入船舱并承担包括平舱费在内的装船费用。平舱费是指对装入船舱的散装货物进行平整所需的费用。

二、CFR 的变形

CFR 的变形不同于 FOB 的变形，是为了解决大宗货物的租船运输中的卸货费用负担问题。业务中常见的变形有以下几种。

（一）CFR Liner Terms（CFR 班轮条件）

这一变形是指卸货费按班轮做法办理，即买方不负担卸货费。

（二）CFR Landed（CFR 卸至码头）

这一变形是指由卖方承担卸货费，包括可能涉及的驳船费在内。

（三）CFR Ex Tackle（CFR 吊钩下交接）

这一变形是指卖方负责将货物从船舱吊起一直卸到吊钩所及之处（码头上或驳船上）的费用，船舶不能靠岸时，驳船费用由买方负担。

（四）CFR Ex Ship's Hold（CFR 舱底交接）

按此条件成交，船到目的港在船上办理交接后，由买方自行启舱，并负担货物由舱底卸至码头的费用。

三、CIF 的变形

CIF 的变形与 CFR 的变形完全相同，都是为了解决大宗货物的租船运输中的卸货费负担问题。主要有：CIF Liner Terms、CIF Landed、CIF Ex Tackle、CIF Ex Ship's Hold 四种。具体含义与 CFR 的变形相同，不再重复。

综上所述，贸易术语的变形是为了解决装卸费用的负担问题，至于这些变形会不会影响到风险划分的问题，传统的说法是，贸易术语的变形只是用以解决装卸费用的负担问题，并不改变交货地点和风险划分的界限。但在实际业务中，由于一些当事人理解和掌握上的偏差，往往为此引起争执。所以，国际商会在《2010 通则》的引言中指出，在签订买卖合同时，有必要明确规定，贸易术语的变形是仅仅限于费用的划分，还是包括风险在内。应该说，这是一种较为稳妥的做法。

第五节　与交货有关的其他问题

一、贸易术语与合同性质的关系

贸易术语是确定买卖合同性质的一个重要因素。一般来说，采用何种贸易术语成交，则买卖合同的性质也相应可以确定。因此，业务中通常以贸易术语的名称来给买卖合同命名，如对采用 FOB 术语成交的合同称作 FOB 合同，对采用 CIF 术语成交的合同称作 CIF 合同等。一般情况下，贸易术语的性质与买卖合同的性质是相吻合的。按 EXW 术语成交，卖方在产地交货，故其签订的合同为产地交货合同。按 FAS、FOB、CFR、CIF、FCA、CPT 和 CIP 术语成交时，卖方都是在启运国或装船国履行其交货义务，都具有装运地或装运港交货的性质，因此，按这些术语签订的买卖合同，其性质都属于装运合同。但是，按以 D 字母开头的术语成交时，卖方必须承担货物运至目的地的所有费用和风险，即在到达地点履行其交货义务，故按这些术语签订的买卖合同，其性质属于到达合同的类别。

贸易术语是确定买卖合同性质的重要因素，但它并不是决定合同性质唯一的因素。例如，交易双方在签订合同时使用了 CIF 术语，但同时又约定“以货物到达目的港作为支付货款的前提条件”。结果，货物在中途遇到海难，没有按合同的规定到达目的港。买方拒绝支付货款，双方引起诉讼。法官审理后认为，按此条件签订的合同，不是装运合同，而是到达合同，因此判定卖方没有履行其交货义务，买方有权拒绝付款。在这一案例中，可以说支付条件是确定合同性质的决定因素。由此可见，确定买卖合同的性质，不能单纯看采用何种贸易术语，还应看买卖合同中的其他条件是如何规定的。

二、风险的提前转移问题

一般来讲，卖方承担的风险是在双方约定的交货地点的特定界限，随着交货义务的完成而转移的。也就是说，卖方交货后，货物损坏或灭失的风险，以及负担与货物有关的费用的义务便从卖方转移到买方。通常情况下，买方不承担交货之前所发生的货物损坏或灭失的风险以及相关的费用。但是，各种贸易术语下都规定了当买方没有按约定受领货物或没有给予卖方完成交货义务的必要指示，例如，给予装船时间或交货地点的通知，那么，风险和费用的转移可以提前到交货之前。

风险的提前转移有一个前提条件，那就是货物必须已正式划归合同项下，即清楚地划出或以其他方式确定为该合同项下的货物。这也就是通常所说的特定化问题。如果货物尚未特定化，风险就不能提前转移。

三、包装和检验问题

国际贸易中的大多数商品需要一定的包装，然而，包装的用料和方式等却因商品的性质和采用的运输方式的不同有着很大差异。为了切实起到保护商品的作用，避免事后的争端，《2010 通则》在每一术语的卖方义务第 9 条中都规定：卖方必须自负费用提供按照卖方在订立合同前已知的有关该货物运输（如运输方式、目的地）所要求的包装（除非按照相关行业惯例，合同项下的货物通常无须包装）。包装应作适当标记。这一规定只限于在订立合同前卖方已知道有关运输的情况。《联合国国际货物销售合同公约》对此也有类似的规定，即货物包装必须适用于订立合同时曾明示或默示地通知卖方的任何特定目的，除非情况表明买方并不依赖卖方的技能和判断力，或者这种依赖是不合理的。

关于货物的检验问题，《2010 通则》中也规定，除了采用 DDP 术语成交外，货物在装运前的检验费用均由买方负担，因为这是为了买方的利益而进行的。但如果是出口国的有关当局强制进行的检验，那么除在 EXW 条件下，仍由买方承担检验费用，在其他术语下，则由卖方负担。

四、选用贸易术语应考虑的主要因素

在国际贸易中，贸易术语是确定合同性质、决定交货条件的重要因素，选定适当的贸易术语对促进合同的订立和履行，提高企业的经济效益具有重要的意义。作为交易的当事人，在选择贸易术语时主要应考虑以下因素。

（一）运输条件

买卖双方采用何种贸易术语，首先应考虑采用何种运输方式运送。在本身有足够运输能力或安排运输无困难，而且经济上又合算的情况下，可争取按由自身安排运输的条件成交（如按 FCA、FAS 或 FOB 进口，按 CFR、CIF、CPT 或 CIP 出口）。否则，则应酌情争取按由对方安排运输的条件成交（如按 FCA、FAS 或 FOB 出口，按 CFR、CIF、CPT 或 CIP 进口）。

（二）货源情况

国际贸易中货物品种很多，不同类别的货物具有不同的特点，它们在运输方面各有不同要求，故安排运输的难易不同，运费开支大小也有差异。这是选用贸易术语应考虑的因素。此外，成交量的大小，也直接涉及安排运输是否有困难和经济上是否合算的问题。当成交量太小，又无班轮通航的情况下，负责安排运输的一方势必会增加运输成本，故选用贸易术语时也应予以考虑。

（三）运费因素

运费是货价构成因素之一，在选用贸易术语时，应考虑货物经由路线的运费收取情况和运价变动趋势。一般来说，当运价看涨时，为了避免承担运价上涨的风险，可以选用由对方安排运输的贸易术语成交，如按 CFR、CIF、CPT 或 CIP 进口，按 FCA、FAS 或 FOB 术语出口。在运价看涨的情况下，如因某种原因不得不采用按自身安排运输的条件成交，则应将运价上涨的风险考虑到货价中去，以免遭受运价变动的损失。

（四）运输途中的风险

在国际贸易中，交易的商品一般需要通过长途运输，货物在运输过程中可能遇到各种自然灾害、意外事故等风险，特别是在遇到战争或正常的国际贸易遭到人为障碍与破坏的时期和地区，则运输途中的风险更大。因此，买卖双方洽商交易时，必须根据不同时期、不同地区、不同运输路线和运输方式的风险情况，并结合购销意图来选用适当的贸易术语。

（五）办理进出口货物结关手续有无困难

在国际贸易中，关于进出口货物的结关手续，有些国家规定只能由结关所在国的当事人安排或代为办理，有些国家则无此项限制。因此，当按照某出口国政府规定，买方不能直接或间接办理出口结关手续，则不宜按 EXW 条件成交，而应选用 FCA 条件成交；若按照进口国当局的规定，卖方不能直接或间接办理进口结关手续，此时则不宜采用 DDP，而应选用其他贸易术语成交。

[本章小结]

1. 贸易术语是在长期的国际贸易实践中产生的，用来表明商品的价格构成，说明货物交接过程中有关的风险、责任和费用划分问题的专门用语。

2. 为了统一不同国家和地区对贸易术语的不同解释，避免不必要的争端，一些国际组织和权威机构经过长期的努力，分别制定了解释国际贸易术语的规则，这些规则在国际上被广泛采用，因而形成一般的国际贸易惯例。

3.《2010 年国际贸易术语解释通则》是由国际商会在《2000 年通则》的基础上制定的最新惯例，也是在国际上影响最大的有关贸易术语的国际惯例。它包含了 11 种贸易术语，按照适用的运输方式分为两大类。

4. 国际贸易惯例本身不是法律，它对贸易双方不具有强制性约束力，故买卖双方有权在合同中作出与惯例不符的规定。但是，国际贸易惯例对贸易实践仍具有重要的规范作用。

5.《2010 年通则》包括的 11 种贸易术语中有 7 种术语适合于各种运输方式，它们是 EXW、FCA、CPT、CIP、DAT、DAP 和 DDP。它们既有共同点，又在交货地点、风险转移以及责任费用的划分等方面存在区别。

6. 根据《2010 通则》的解释，FAS、FOB、CFR 和 CIF 4 种术语仅适用于水上运输方式。在现代的国际贸易业务中，这些术语采用比较普遍，特别是后面 3 种术语被各国的贸易界人士广泛采用，并被称为常用贸易术语。

7. 常用贸易术语的变形中，FOB 的变形是为了解决大宗货物的租船运输中装船费用由谁负担的问题；而 CFR 和 CIF 的变形则是为了解决卸货费用的负担问题。

8. 了解合同的性质具有重要意义。贸易术语是确定买卖合同性质的重要因素，但它并不是决定合同性质唯一的因素。另外，还应学会根据实际需要合理正确地选用各种贸易术语，以提高企业的经济效益。

[重要概念]

1.《2010 通则》

2. FOB Stowed
3. FOB Trimmed
4. CFR Liner Terms
5. CFR Landed
6. CIF Ex Tackle
7. CIF Ex Ship's Hold
8. 实际交货
9. 象征性交货
10. 装运合同
11. 到达合同

[思考题]

1. 试举例说明贸易术语在国际贸易业务中的作用。
2. 你如何理解国际贸易惯例对合同当事人的约束力问题？
3. 简要说明采用 EXW 术语成交时，买卖双方承担的基本义务。
4. 请比较 FCA、CPT 和 CIP 的异同点。
5. 在实际业务中 DAT 术语主要在何种条件下运用？
6. 采用 DDP 术语时应注意哪些问题？
7. FCA、FAS 和 FOB 这三种贸易术语有何共同特点？
8. 请比较 FOB、CFR 和 CIF 的异同点。
9. FOB 的变形是怎样产生的？常用的变形有哪几种？
10. CFR 和 CIF 条件成交，如卖方不愿承担卸货费可选用哪种变形？
11. 举例说明风险的提前转移和货物的特定化问题。
12. 什么是到达合同？它与装运合同有何区别？
13. 在国际贸易中如何确定合同性质？确定合同性质的意义何在？

案例分析

一、FOB 合同争议案

1. 案情简介

卖方 A 向买方 B 出口一批柠檬酸，按 FOB 条件签订了合同。该产品属于食品添加剂，常温下呈散状细小的结晶体。合同规定，采用两层包装，内层为不透气的密实塑料袋，外层为编织袋。卖方在规定的装运期内按质、按量备妥了货物，取得了合格的商检证书，并按时装上买方安排的船只。货物抵达目的港后，买方卸货时却发现一部分货物已结成硬块，导致质量发生变化。买方就此向卖方提出索赔。卖方则拒绝赔偿，理由是货物在装船前是合格的，装船后品质变化的风险应由买方承担。然而，争议交付仲裁后，仲裁庭却支持了买方的主张，裁决卖方赔偿买方的损失。

2. 案例分析

本案中，合同规定柠檬酸内层用不透气的密实塑料袋包装，是由于该货物具有很强的吸湿性，一旦吸入空气中的水分，就会结块，并影响使用价值。而本案中，柠檬酸结块的原因正是由于部分塑料袋没有密封好，在长距离的运输途中货物吸入了货舱中的水气所造成的。这就说明虽然货物的品质变化发生在装船之后的运输途中，但导致损失的原因却是在装船之前已经存在，货物的品质变化已带有必然性，因此，卖方应承担责任。

二、CIF合同争议案

1. 案情简介

法国某卖方按照CIF条件向英国某买方出口一批货物，装运港为法国的加来，目的港在英国的多佛尔。卖方在合同规定的装运期备妥了货物并安排好了船只。但在办理装运时，卖方考虑到装运港到目的港距离很近，风平浪静，估计不会发生什么意外，就没有办理保险。载货船舶起航后也很快平安抵达目的港。当卖方通过银行向买方提示单据，要求买方付款赎单时，买方发现其中缺少保险单，就以此为由拒绝接受单据和支付货款。卖方则以货物完全合格，且安全抵达，保险单已失去效用为由进行抗辩。

2. 案例分析

本案交易双方采用CIF术语成交，根据国际贸易惯例，卖方的基本义务之一就是自负风险和费用办理从装运港到目的港的海运货物保险，而卖方实际没有办理货运保险，显然构成重大违约。另外，CIF属于象征性交货方式，即卖方凭单交货，买方凭单付款。也就是说，衡量卖方完成交货义务与否的标准不是货物，而是单据。通常在合同的相关条款中，都要规定卖方须提交合格的保险单，特别是在信用证支付方式下。即使非信用证支付方式，或者合同中未明确规定须提交保险单，卖方也有义务办理保险，并提交相关的保险单。所以说，卖方的抗辩没有道理。

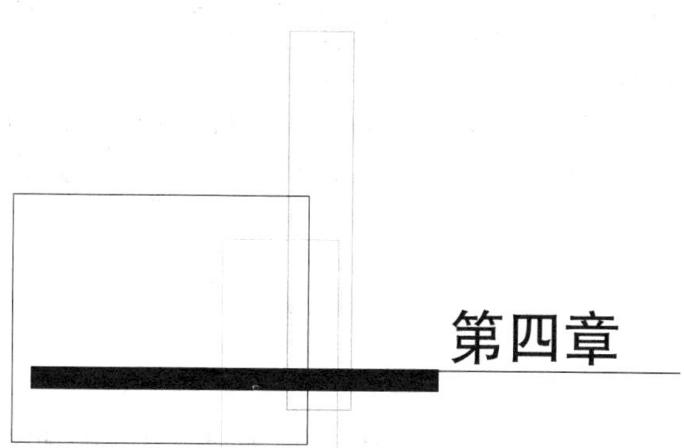

第四章

国际货物运输与交接

［学习目标］

在国际货物贸易中，卖方出售的货物只有通过运输才能到达买方手中，可见国际货物运输是国际货物贸易中不可缺少的一个重要环节。在“一带一路”的建设中，交通运输也是优先发展的领域。由于国际货物运输涉及的问题很多，其中包括：由何方负责安排运输与支付运输费用，采用何种运输方式，如何确定货物装运和交接的时间与地点，可否分批装运或中途转运，装卸时间、装卸率和滞期速遣费如何规定，以及如何发出装运通知和提供装运单据等。所有这些问题，交易双方多应事先谈妥，并在买卖合同中作出明确具体的规定，以利于合同当事人按约定条件发送或接运货物以及办理货物交接等有关事项。由此可见，学习本章内容，不仅有利于商订合同，而且也有利于履行合同。

第一节　运输方式

一、约定运输方式的意义

国际货物运输包括海洋运输、铁路运输、航空运输、邮包运输、集装箱运输与国际多式联运以及国际江河运输、公路运输与管道运输等。这些运输方式都有各自的特点及其独特的经营方式，因此，买卖双方商定合同时，必须从实际需要出发，在权衡利弊的基础上，约定适当的运输方式，以利于完成进出口运输任务，从而确保进出口合同的顺利履行。

在这里还需要注意的是，选择运输方式同选择贸易术语有关。各种贸易术语都分别使用一定的运输方式，如 FAS、FOB、CFR、CIF 这几种贸易术语，只适用于海运和江河运输，而 EXW、FCA、CPT、CIP 等其他贸易术语，则适用于各种运输方式，包括公路、铁路、江河、航空运输以及多式联运等。由此可见，在约定运输方式时，应一并考虑使用何种贸易术语，而在选用贸易术语时，也应同时考虑选用何种运输方式。只有这样，才能使约定的运输方式与合同中的其他交货条件相吻合，而不会出现相互矛盾的情况。

鉴于运输方式的选择与运用关系到运输任务的完成和进出口合同的履行，故约定运输方式前，应对各种运输方式的特点及其营运的相关知识有所了解，以利于合理地约定适当的运输方式。

二、运输方式的类别

（一）海洋运输

海洋运输在国际货运总量中占80%以上，这是因为，海洋运输通过能力大，船舶载运量高于其他运输工具，且运费相对较低。但海洋运输也有不足之处，例如，海洋运输受气候和自然条件的影响较大，航期不易准确，且风险较大，货运速度也相对较慢。

按照海洋运输船舶经营方式的不同，可分为班轮运输（liner transport）和租船运输（shipping by chartering）。

1. 班轮运输

（1）特点。班轮运输又称定期船运输，它具有下列特点：

1）船舶按照固定的船期表（sailing schedule）、沿着固定的航线和港口来往运输，并按相对固定的运费率收取运费，因此，它具有“四固定”的基本特点。

2）由船方负责配载装卸，装卸费包括在运费中，货方不再另付装卸费，船、货双方也不计算滞期费和速遣费。

3）船、货双方的权利、义务与责任豁免，以船方签发的提单条款为依据。

4）班轮承运货物的品种、数量比较灵活，货运质量较有保证，且一般采取在码头仓库交接货物，故为货主提供了较便利的条件。

（2）运费。班轮公司运输货物所收取的运送费用，是按照班轮运价表（liner's freight tariff）的规定计收的。不同的班轮公司或班轮公会各有不同的班轮运价表。在班轮运价表中，一般包括货物分级表、各航线费率表、附加费率表、冷藏货及活牲畜费率表等。

班轮运费包括基本运费和附加费两部分。前者是指货物从装运港到卸货港所应收取的基本运费，它是构成全程运费的主要部分；后者是指对一些需要特殊处理的货物，或者由于突然事件的发生或客观情况变化等原因，而需另外加收的费用。

1）基本运费按班轮运价表规定的计收标准收取。在班轮运价表中，根据不同的商品，对运费的计收标准，通常采用下列几种：

一是按货物毛重，又称重量吨（weight ton）计收运费，运价表内用“W”表示。

二是按货物的体积/容积，又称尺码吨（measurement ton）计收，运价表中用“M”表示。

三是按毛重或体积计收，由船公司选择其中收费较高的作为计费吨，运价表中以“W/M”表示。

四是按商品价格计收，又称为从价运费，运价表内用“A. V.”或“Ad. Val.”表示。从价运费一般按货物的FOB价格的百分之几收取。

五是在货物重量、尺码或价值三者中选择最高的一种计收，运价表中用“W/M or

Ad. VaL.”表示。

六是按货物重量或尺码选择其高者，再加上从价运费计算，运价表中以“W/M plus Ad. Val.”表示。

七是按每件货物作为一个计费单位收费，如活牲畜按“每头”（per head），车辆按“每辆”（per unit）收费。

八是临时议定价格，即指由货主和船公司临时协商议定。通常适用于承运粮食、豆类、矿石、煤炭等运量较大、货值较低、装卸容易、装卸速度快的农、副产品和矿产品。议价货物的运费率一般较低。

在实际业务中，基本运费的计算标准，以按货物的毛重（“W”）和按货物的体积（“M”）或按重量、体积选择（“W/M”）的方式为多。贵重物品则多按货物的 FOB 总值（“A. V.”）计收。

上述计算运费的重量吨和尺码吨，统称为运费吨（freight ton），又称计费吨。现在国际上一般都采用公制（米制），其重量单位为公吨（metric ton，缩写为 M/T），尺码单位为立方米（cubic metre，缩写为 M）。计算运费时，1 立方米作为 1 尺码吨。

2）附加费是指除基本运费外，另外加收的各种费用。附加费的计算办法有若干种，有的是在基本运费的基础上加收一定百分比；有的是按每运费吨加收一个绝对数计算。附加费名目繁多，而且会随着航运情况的变化而变动。在班轮运输中，常见的附加费有下列几种：

一是超重附加费。即指由于货物单件重量超过一定限度加收的一种附加费。

二是超长附加费。即指由于单件货物的长度超过一定限度而加收的一种附加费。

三是选卸附加费。由于选卸货物需要在积载方面给以特殊的安排，势必增加一定的手续费和风险，从而需要追加费用，故加收选卸附加费。

四是直航附加费。当一批货物达到规定的数量，托运人要求将该批货物直接运达非基本港口卸货，船公司为此加收的费用，称为直航附加费。

五是转船附加费。当货物需要转船运输时，船公司必须在转船港口办理换装和转船手续，由此增加的费用，称为转船附加费。

六是港口附加费。由于某些港口的情况比较复杂，装卸效率较低，或港口收费较高等原因，船公司特此加收一定的费用，称为港口附加费。

除上述各种附加费外，船公司有时还根据各种不同情况临时决定增收某种费用，如燃油附加费、货币贬值附加费、绕航附加费等。

3）班轮运费的具体计算方法是：先根据货物的英文名称，从货物分级表中查出有关货物的计费等级及其计算标准；然后从航线费率表中，查出有关货物的基本费率；最后加上各项需支付的附加费率，其所得的总和，就是有关货物的单位运费（每重量吨或每尺码吨的运费），再乘以计费重量吨或尺码吨，即得该批货物的运费总额。如果是从价运费，则按规定的百分率乘 FOB 货值即可。

2. 租船运输

租船运输，又称不定期船（tramp）运输。在租船运输业务中，没有预定的船期表，船舶经由航线和停靠的港口也不固定，有关船舶的航线和停靠的港口、运输货物的种类以及航行时间等，都按承租人的要求，由船舶所有人确认而定，运费或租金也由双方根据租船市场行市在租船合同中加以约定。

租船运输的方式有如下几种:

(1) 定程租船(voyage charter),又称航次租船。是指由船舶所有人负责提供船舶,在指定港口之间进行一个航次或数个航次,承运指定货物的租船运输。定程租船就其租赁方式的不同可分为单程或单航次租船、来回航次租船、连续航次租船和包运合同四种方式。

(2) 定期租船(time charter)。是指由船舶所有人将船舶出租给承租人,供其使用一定时期的租船运输。承租人也可将此期租船充作班轮或程租船使用。

定程租船与定期租船的不同之处,主要表现如下:

第一,定程租船是按航程租赁船舶,而定期租船则是按期限租赁船舶。关于船、租双方的责任和义务,前者以定程租船合同为准,后者以定期租船合同为准。

第二,定程租船的船方直接负责船舶的经营管理,他除负责船舶航行驾驶和管理外,还应对货物运输负责。但定期租船的船方,仅对船舶的维护、修理、机器正常运转和船员工资与给养负责,而船舶的调度、货物运输,以及船舶在租期内的营运管理和日常开支,如燃料费、港口费、税捐以及货物装卸、搬运、理舱、平舱等费用,均由租船方负责。

第三,定程租船的租金或运费,一般按装运货物的数量计算,也有按航次包租总金额计算的。而定期租船的租金一般是按租期每月每吨若干金额计算。采用定程租船时,要规定装卸期限和装卸率,凭此计算滞期费和速遣费;而采用定期租船时,则船、租双方不规定装卸率和滞期、速遣费。

租船运输通常适用于大宗货物的运输,因此,我国进出口大宗货物如粮食、油料、矿产品和工业原料等,通常多采用租船运输方式。就我国外贸企业来说,使用较多的租船方式为定程租船。

定程租船的运费计算方式与支付时间以及装卸费的负担,均由租船人与船方在租船合同中具体注明。定租租船的运费计算方式有两种:一种是按运费率(rate freight),即规定每单位重量或单位体积的运费额,同时规定按装船时的货物重量或按卸船时的货物重量来计算总运费;另一种是整船报价,即规定一笔整船运费,船东保证船舶能提供的载货重量和容积,不管对方实际装货多少,一律照整船包价付费。

在定程租船情况下,有关货物装卸费的负担,通常有下列几种规定办法:一是按班轮条件(liner terms),装卸费均由船方负担;二是船方只负担装货费而不管卸货费(free out,简称FO);三是船方只负担卸货费而不管装货费(free in,简称FI);四是船方不负担装卸费(free in and out,简称FIO),此种规定办法,一般适用于散装货。采用此种规定,有时还需明确平舱费和理舱费由谁负担。

在这里还需要指出的是,在定程租船装运的情况下,船方为了促进租船人尽快装卸,以加速船舶的周转,故在租船合同中,除约定装卸时间外,还往往约定了奖励与处罚的措施。

(二) 铁路运输

铁路运输具有运量较大、运输速度较快、运途风险较小并有高度的连续性等特点。此外,收发货人可在就近的车站托运和提货,办理货运的手续也较海洋运输简便。因此,在国际货运总量中，铁路货运量仅次于海洋货运量。

铁路货物运输包括国内铁路货物运输和国际铁路货物联运两种，现分别介绍如下。

1. 国内铁路货物运输

国内铁路货物运输是指在本国范围内按《铁路货物运输规程》的规定办理的货物运输。我国出口货物运到港口装船和进口货物从口岸输运到内地用货部门，往往离不开铁路运输。我国内地经由铁路供应港澳的货物，也属国内铁路货物运输的范畴。

2. 国际铁路货物联运

凡是使用一份统一的国际联运票据，由铁路负责经过两国或两国以上铁路的全程运送，并且由一国铁路向另一国铁路移交货物时不需发货人和收货人参加，这种运输称为国际铁路货物联运。

采用国际铁路货物联运，有关当事国事先必须有书面的约定。欧洲国家的铁路联运工作开始较早，许多欧洲国家先后参加了《国际铁路货物运送公约》（简称《国际货约》），又称《伯尔尼货运公约》。从 1951 年 4 月 1 日起，我国参加了《国际铁路货物联运协定》（简称《国际货协》），开办了国际铁路联运。接着朝鲜、蒙古和越南也参加了国际铁路联运。目前，我国对朝鲜、蒙古和俄罗斯等有铁路相通连的国家的许多出口货物，都是采用国际铁路联运的方式运送的。在实行国际铁路联运的情况下，从参加国际铁路货物联运的国家向未参加国际铁路货物联运的国家或相反方向运送货物，均可办理联运，这就为进出口货物通过国际铁路运输提供了非常便利的条件。

（三）航空运输

航空运输是一种现代化的运输方式，它与海洋运输、铁路运输相比，具有运输快、货运质量高，且不受地面条件的限制等优点。此外，航空运输货物，还能节省包装费与保险费，并因运行速度快而便于货物抢行应市和卖上好价。因此，航空运输最适宜运送急需物资、鲜活商品、精密仪器和贵重物品。近年来，随着国际贸易的迅速发展以及国际货物运输技术的不断现代化，采用空运方式也日趋普遍。国际空运货物的运输方式主要有以下几种。

1. 班机运输

班机是指有固定时间、固定始发站和目的站的飞机，通常班机是使用客货混合型飞机，一些大的航空公司也有开辟定期全货机航班的。班机因有定时、定航班、定航站等特点，因此适用于运送急需物品、鲜活商品以及节令性商品。但因其多使用客货混合型飞机，舱容有限，不能满足大批量的货物运输需求。

2. 包机运输

包机是指包租整架飞机或由几个发货人（或航空货运代理公司）联合包租一架飞机来运送货物。因此，包机又分为整包机和部分包机两种形式，前者适用于运送数量较大的商品，后者适用于多个发货人但货物到达站又是同一地点的货物运输。

3. 集中托运

集中托运是指航空货运公司把若干单独发运的货物（每一货主货物要出具一份航空运单）组成一整批货物，用一份总运单（附分运单）整批发运到预定目的地，由航空公司在那里的代理人收货、报关、分拨后交给实际收货人。集中托运的运价比国际空运协会公布的班机运价低一些，故发货人比较愿意将货物交给航空货运公司安排。

4. 航空急件传送

航空急件传送是目前国际航空运输中最快捷的运输方式。它不同于航空邮寄和航空货运，而是有一个专门经营此项业务的机构与航空公司密切合作，是专人用最快的速度在货主、机场、收件人之间传送急件，特别适用于急需的药品、医疗器械、贵重物品、图纸资料、货样及单证等的传送，被称为“桌到桌运输”(desk to desk service)。

国际货物通过飞机来运输，其运输成本一般高于其他运输方式。航空运输货物的运价是从启运机场至目的机场的运价，不包括其他额外费用（如提货、仓储费等）。空运货物的运价一般是按重量或体积计算，并以其中收费较高者为准。空运货物是按一般货物、特种货物和货物的等级规定运价标准的。

（四）集装箱运输和国际多式联运

1. 集装箱运输

集装箱运输是以集装箱作为运输单位进行货物运输的一种现代化运输方式，它可适用于海洋运输、铁路运输及国际多式联运等。集装箱运输与传统运输方式相比，具有下列特点：

(1) 集装箱运输使用各种运输方式，从而使传统单一的运输变为连贯的成组运输。

(2) 由于集装箱货物交接为“堆场到堆场”“货站到货站”或“门到门”，从而大大简化了货运手续，为交接货物提供了方便。

(3) 采用集装箱运输有利于提高运输质量、保证货物安全并减少货损货差。

(4) 集装箱运输的装卸效率高，有利于加速车船周转和降低运输成本。

办理集装箱运输时，有整箱货和拼箱货之分。整箱货由货方在工厂或仓库进行装箱，并于装箱后直接运交集装箱堆场等待装运，货物运到目的地（港）后，收货人可直接从目的地（港）集装箱堆场提走。拼箱货是指货量不足一整箱，需由承运人在集装箱货运站负责将不同的少量物品装在一个集装箱内，或到目的地（港）后由承运人拆箱将箱内货物分别交给各收货人。

采用集装箱运输时，其费用构成和计算方法与传统的运输方式有所不同，除装运地（港）至目的地（港）的基本运费外，还包括内陆或装运港市内运费、拼箱服务费、堆场服务费、集装箱及其设备使用费等。

集装箱海运运费由船舶运费和一些有关的杂费所组成，其计收运杂费用的方法有两种：一种是按件杂货基本费率以每运费吨为计算单位，再加收一定的附加费；另一种是按包箱费率（以每个集装箱为计费单位），包箱费率视船公司和航线等不同因素而有所不同。

此外，还需要指出，船公司为了保证其营运收入不低于成本，往往还有最低运费（即起码运费）的规定。在拼箱货的情况下，任何一批货运，其运费金额如低于规定的最低运费额时，则按最低运费额计收。在整箱货的情况下，各船公司都分别按重量吨或尺码吨给不同类型与用途的集装箱规定了最低的装箱吨数，并以其中的高者作为装箱货物的最低运费吨。所装箱内货物没有达到规定的最低计费标准时，亏舱损失由货主自行负担。由此可见，提高集装箱内的积载技术和充分利用集装箱容积，有利于节省运输费用。

2. 国际多式联运

国际多式联运是在集装箱运输的基础上产生和发展起来的一种综合性的连贯运输方

式，它一般是以集装箱为媒介，把海、陆、空各种传统的单一运输方式有机地结合起来，组成一种国际连贯运输。按《联合国国际货物多式联运公约》的解释："国际多式联运是指按照多式联运合同，以至少两种不同的运输方式，由多式联运经营人将货物从一国境内接管货物的地点运至另一国境内指定交付货物的地点。"根据此项解释，说明构成国际多式联运应具备下列条件：

（1）有一个多式联运合同，合同中明确规定多式联运经营人和托运人之间的权利、义务、责任和豁免。

（2）必须是两种或两种以上不同国际运输方式的连贯运输。

（3）使用一份包括全程的多式联运单据，并有多式联运经营人对全程运输负总的责任。

（4）必须是全程单一运费费率，其中包括全程各段运费的总和、经营管理费用和合理利润。

开展国际多式联运是实现"门到门"运输的有效途径。它简化了手续，减少了中间环节，加快了货运速度，降低了运输成本，并提高了货运质量。

（五）其他运输

1. 邮件运输

邮件运输是一种较简便的运输方式。各国邮政部门之间通过相互签订的协定和公约，可以互相传递邮件包裹，从而形成国际邮件运输网。

国际邮件运输具有国际多式联运和"门到门"运输的性质，托运人只需按邮局章程一次托运并付清足额邮资，取得邮件包裹收据（parcel post receipt），即算完成交货手续。邮件在国际的传递，则由各有关国家的邮政部门负责办理。邮件到达目的地后，收件人可凭邮局到件通知向有关邮局提取。由于此种运输手续简便，费用也不高，故其成为国际贸易中普遍采用的运输方式之一，重量轻、体积小的货物均适于邮件运输。近年来，随着民航快递服务和特快专递业务的迅速发展，世界许多国家和地区都设有专递公司的机构，传递范围遍及全球各地。

2. 公路运输

公路运输是一种现代化的运输方式，它具有机动灵活、速度快和方便等优点，但公路运输也有不足之处，如载货量有限、运输成本高、容易发生货损事故。

公路运输在我国进出口货物运输中占有日益重要的地位，它担负着我国港口、车站和机场集散进出口货物的任务。我国同许多周边国有公路相通连，同这些国家的进出口货物可以经由公路运输，我国内地同港澳地区的部分进出口货物也是通过公路运输的。随着我国公路建设的扩展，特别是高速公路的增加，公路运输在实现多式联运和"门到门"运输中，将担负更重要的角色，在现代物流中也发挥着重要的作用。

3. 江河运输

江河运输是水上运输的重要组成部分，它是连接内陆腹地与沿海地区的纽带，在运输和集散进出口货物中起着重要的作用。

我国拥有四通八达的江河航运网，长江、珠江等主要河流中的许多港口已对外开放，我国同一些邻国还有国际河流相通连，这就为我国进出口货物通过江河运输和集散提供了十分有利的条件。

4. 管道运输

管道运输是运输通道和运输工具合而为一的一种特殊的运输方式，它借助高压气泵的压力将液体或气体货物输往目的地。这种方式不受地面气候影响，可以连续作业，并具有运量大、速度快、运输成本低、货损货差小的优越性。但是管道运输设施的固定投资大。

管道运输在美国、欧洲的许多国家以及石油输出国组织的石油运输方面起到了积极的作用。我国管道运输起步较晚，但随着石油工业的发展，为石油运输服务的石油管道也逐步发展起来。我国不少油田均有输油管道直通海港。我国至朝鲜也早已铺设有管道，我国向朝鲜出口的石油主要是通过管道运输。随着我国对石油需求的不断增长和石油工业的继续发展，管道运输在我国国民经济和对外贸易中将起着日益重要的作用。

三、约定运输方式的注意事项

为了合理地选择和运用运输方式，以利于进出口合同的履行，在约定运输方式条款时，一般应考虑下列事项。

（一）各种运输方式的特点

各种运输方都有其自身的优越性和不足之处，在洽商运输方式时，应注意比较各种运输方式的优缺点，综合考虑，权衡利弊，力求使约定的运输方式合理而有利。

（二）成交商品的种类及其特点

商品种类繁多，它们各有自身的特性，因而对运输的要求也不相同。例如，有些商品系危险货物，需要具备专门的防护设施和特定的运输条件；有些商品属易腐货物，除需要有专门的防护设施外，在途时间也不宜过长，以免中途腐烂变质；如此等等。因此，在洽商运输方式时，必须注意成交商品的种类和特性，以确保货物在运输过程中的安全。

（三）成交商品数量的大小

成交商品数量的大小与选用的运输方式有关。如系大宗交易，货运量很大，一般适于采用海洋运输或铁路运输，以降低运输成本；如系小额贸易，成交量很少，也可酌情选用其他适当的运输方式。

（四）运输距离的远近

货物运输距离的远近，关系运送时间的长短，而运送时间的长短，又与采用的运输方式有关。由于运送距离是固定的，而运送速度是可变的，因此，在实际业务中，应根据运输距离并结合运送速度酌情选用适当的运输方式。

（五）轻重缓急

各种运输方式的运送速度不一，一般来说，除管道运输外，航空运输速度最快，公路和铁路运输次之，海洋运输速度较慢，江河运输速度最慢。因此，在选用运输方式时，应注意轻重缓急，如系抢行应市的急需商品，或运输时间不宜长的鲜活商品以及易腐货物，则应采取快速的运输方式。

（六）运费因素

各种运输方式的运输成本高低不一。一般来说，航空运输成本最高，公路运输次之，铁路运输和江河运输成本相对较低，海洋运输最低。运输成本的高低，对货物运输费用的收取有直接影响。因此，在洽商运输方式时，应当考虑运费因素，认真核算运费，并预测市场运价变动的趋势。在这里还应当指出，由于航空运输计收运费的方法不同于海运等其他运输方式，因此，有些体积大而运量小的货物，采用航空运输，其运费反而比海运运费低。

（七）货运安全

各种运输方式的风险大小和货运安全程度不同，例如，海洋运输易受狂风巨浪的袭击，江河运输相对平稳，铁路和公路运输的货物易受车辆振动的影响而招致破损。因此，在选用运输方式时，必须考虑货运安全。

除上述应当考虑的各种因素外，装卸地的情况、气候与自然条件、经营意图以及国际局势的变化等，也是选择运输方式应当注意的问题。

总之，在洽商运输方式时，需要考虑的因素是多方面的。为了合理地约定运输方式，合同当事人必须根据其经营意图，权衡得失，审慎地作出适当的抉择。

第二节　装运期与交货期

一、装运期与交货期的含义及其区别

装运期（time of shipment）与交货期（time of delivery）是两个不同的概念。前者是指卖方在约定的装运地点，将其出售的货物装上运输工具或交给承运人装运的时间；后者是指卖方在约定的交货地点将货物交给买方处置的时间。在买卖双方签订装运合同（如CIF合同）的情况下，卖方在约定的装运地和装运时间将货物装上运输工具或交给承运人监管，就算完成了交货义务，如单就时间概念而言，装运期与交货期是一致的。因此，有些人便在装运合同中将“装运期”与“交货期”这两个术语视为同义语而混同使用。但是，在买卖双方签订到达合同（如DES合同）的情况下，装运期是仅指卖方在装运港装运货物的时间，而交货期则指卖方把货运达目的港交给买方的时间，二者相差一个航程，其区别是极为明显的。为了避免引起误解，作者认为，在装运合同中以统一使用“装运期”这一术语更为合适。

在这里需要指出，关于装运日期，过去一般都是从狭义上理解，但随着国际贸易的发展和运输方式的改变，国际惯例的最新解释是：装箱（loading on board vessel）、发运（despatch）、收妥待运（accepted for carriage）、邮局收据日期（date of post receipt）、收货日期（date of pick-up）等，以及在多式联运方式上承运人的“接受监管”（taking in charge），均可理解为装运日期。

二、约定装运期与交货期的意义

根据国际贸易中有关法律与惯例的解释，装运期与交货期都是买卖合同中的主要条件，如合同一方当事人违反装运期或交货期，另一方当事人有权要求赔偿损失，甚至撤销合同。由此可见，装运期与交货期在合同中占有重要的法律地位，合同当事人必须按约定时间装运或交付货物。

在这里，需要特别指出的是，人们一般认为延迟装运或延迟交货才算违约行为，似乎提前装运或交货不算什么问题，这是一种误解。实际上，提前或延迟装运以及提前或延迟

交货，同样都是违反装运期或交货期的行为。日本学者津田昇在其著述的《〈华沙—牛津规则〉逐条解说》一书中指出："早装（early shipment）或迟装（delay shipment）都是不允许的，发生这种违反合同的情况，买方有权拒绝提货，或者要求赔偿损失。"① 在国际贸易和我国对外贸易实践中，由于卖方提前装运或提前交货致使买方提出索赔甚至拒收货物的情况，也时有发生。对此，卖方应予以重视。

此外，还应当说明，买卖双方约定的装运期或交货期，不单是约束卖方的条款，买方也应密切配合和共同执行。例如，在 FOB 合同项下，卖方应在约定的日期或期限内，在指定的装运港，将货物交到买方指派的船上，与此同时，买方也应在指定的日期或期限内，派船到指定的装运港接运和受领货物。若买方没有及时派船接运货物而出现货等船的情况，则可视为买方违反装运期，买方则应承担违约责任。又如，在到达合同项下，卖方应在约定日期或期限内，将货运抵约定地点，按期向买方交货，否则，卖方应承担违约责任。就买方而言，也应在约定日期或期限内，在约定地点受领货物。总之，装运期与交货期都是合同中的主要条件，而且在装运期与交货期问题上又很容易引起买卖双方之间的争议，因此，无论是买方还是卖方，都应高度重视合同中有关装运期与交货期条款的规定，使其具体明确和切实可行，以利于合同的履行和双方贸易关系的发展。

三、约定装运期与交货期的方法

在装运期与交货期条款中，应当写明成交商品装运与交付的期限。如属装运合同，卖方在装运地或装运港装运货物的时间，都要在合同的装运期栏内列明。关于装运期的规定方法，由买卖双方共同商定，常见的有下列几种。

（一）规定明确、具体的装运期限

这又可分为规定一段时间和规定最后期限两种。例如，"7 月份装运"（shipment during July），"7/8/9 月份装运"（shipment during July/Aug. /Sep. ）；又如，"装运期不迟于 7 月 31 日"（shipment not later than July 31st），"9 月底或以前装运"（shipment at or before the end of Sep. ）。此种规定方法明确、具体，故广为使用。

（二）规定收到信用证后若干天装运

如规定："收到信用证后 30 天内装运"（shipment within 30 days after receipt of L/C）。为防止买方不按时开证，一般还规定"买方必须不迟于某月某日将信用证开到卖方"（the relevant L/C must reach the seller not later than…）的限制性条款。对某些进口管制较严的国家或地区，或专为买方制造的特定商品，或对买方资信不够了解，为防止买方不履行合同而造成损失，可采用此种规定方法。

（三）规定近期装运术语

如规定"立即装运"（immediate shipment）、"即期装运"（prompt shipment）、"尽快装运"（shipment as soon as possible）等。

如买卖双方采用 DAT 或 DAP 等贸易术语达成交易，卖方需要在两国边境或目的港交货，故在到达合同的交货期栏内，要列明卖方交付货物的期限。此项期限的规定方法，也

---

① ［日］津田昇：《〈华沙—牛津规则〉逐条解说》，12 页，北京，对外贸易出版社，1982。

同样须由买卖双方共同商定。

四、约定装运期与交货期的注意事项

（一）应充分考虑货源的供应与需求情况

买卖双方洽商装运期与交货期时，由于彼此考虑问题的角度不同，往往会出现意见不一的情况，这是很正常的。就卖方而言，首先应着重考虑货源情况，在货源未落实的情况下，不能轻易确定装运期或交货期，以免发生到时无货出运与交货落空的危险或出现冬扇、夏炉和雨后送伞的情况；就买方而言，应根据实际需要来确定装运期或交货期，如约定期限过长，势必影响实际需要，如约定期限太短，过早到货，又会增加库存和费用开支。

（二）应充分考虑运输方面的各种因素

在约定装运期或交货期时，负责安排运输的买方或卖方，必须充分考虑运输方面的各种因素，如自身运输能力、市场船源供求情况、安排运输的时间和装卸条件等。这些因素对能否按期装运或交货，都有直接的影响。那种只顾签约成交而不考虑运输可能性的偏向，是十分错误而有害的。

（三）装运期与交货期的长短要适度

装运期与交货期的长短，应视不同商品的产销情况和运输的可能性等因素而定。对货源充沛和船舶来往频繁的港口，或者对急需商品和易腐货物，装运期或交货期可适当短一些；对船舶往来很少的偏僻港口，则装运期或交货期应适当长一些。装运期或交货期如规定过短，势必给组织货源或安排运输带来困难。过去在广交会上曾多次发生过当月成交、当月装运或交货的情况，结果，到时无货可供或临时安排船位有困难，致使装运期或交货期落空，不仅在经济上蒙受损失，而且对外还造成不良影响。

装运期或交货期规定过长也不合适。就买方而言，如装运期或交货期过长，到货太晚，不仅影响使用和承担货价波动的风险，而且还占压其开证资金和增加利息开支；就卖方而言，如装运期或交货期过长，既不能抢行应市和赶上有利的销售时机，又影响买方订购商品的积极性，不利于扩大出口和使出口商品卖上好价。

（四）应注意装运期或交货期同开证日期之间的衔接

在采用信用证付款方式时，装运期与交货期同开证日期是互相关联的，因此，在约定装运期或交货期的同时，应一并约定开证日期，并考虑其与开证日期的相互衔接。一般来说，信用证应在装运期或交货期开始前一个合理的时间开到卖方，以便给卖方留出必要的时间备货和安排运输。如果在约定装运期或交货期时忽略了约定开证日期，或约定的开证日期极不合理，没有给卖方备货和安排运输留出合理的时间，则装运期或交货期就有可能出现落空的危险。

（五）应注意装运期或交货期与信用证有效期之间的间隔

为了便于卖方在装运或交货之后有时间缮制有关单据和向银行办理结汇手续，装运期或交货期与信用证结汇有效期之间应留有合理的间隔时间，一般来说，信用证结汇有效期应比装运期或交货期长半个月至一个月。应当指出，在实际业务中，有的信用证的结汇有效期与装运期或交货期在同一天到期，即出现所谓“双到期”的情况，这是不利于卖方安全收汇的。卖方有权要求买方修改。为了防止出现“双到期”的情况，应事先在买卖合同中约定好“信用证结汇有效期延至装运或交货后××天在卖方所在地到期”的条款。

（六）约定装运期与交货期应考虑装卸地的具体情况和气候条件

世界各地具体情况不同，气候条件差异很大。有些地方节假日很多，在节假日期间停止装卸作业。有些地区有冰冻期间或季风季节，影响船舶通行或无法进行正常的装卸作业。在确定装运期与交货期时，必须考虑这些因素。例如，索马里的摩加迪沙（Mogadiscio）港每年6月至9月为季风季节，严重影响装卸作业，若按FOB条件进口，从该港接运货物，或按CFR或CIF条件出口，到该港卸货，应避开这段不利的时间。又如，对某些容易腐烂发臭的货物，在确定装运期或交货期时，也应尽量避免高温季节。在这方面，我们是有深刻教训的。1975年我国从索马里按FOB条件进口一批兽骨，装运期约定为6月份，因经热带运输，货舱内滋生甲虫，船抵上海，又正值高温季节，商检机构不准进港卸货，货船先停在吴淞口外进行熏蒸8天，后又等候进口检验，前后在港外停留了50天，产生了巨额滞期费，致使该项商品的运杂费等项开支，超过货价本身5倍以上。

（七）约定装运期或交货期应当明确、具体而又留有余地

为了便于按约定期限装运或交货，对装运期或交货期的规定应当明确、具体。但是，由于国际贸易和国际运输情况复杂多变，因此，对装运期或交货期不宜规定过死，而应留有机动余地。例如，我国某出口公司在约定装运期时，曾限定在5月5日这一天装运，这显然不妥，因为影响装运的因素很多，具体要求在哪一天装运确实很难办到。正确的做法应当是将装运期约定为某一段时间，或在某月某日前装运。

（八）某些季节性商品的装运期或交货期可与增减价条款结合使用

某些季节性商品的时间性很强，故对其装运期或交货期的要求非常严格。1973年我国某出口公司向英国出售一批核桃仁，合同规定限11月底到货，后因货到伦敦晚9小时，买方遂拒收货物，致使卖方蒙受巨额损失。后来，该公司在吸取此项教训的基础上，改变了合同条款和实际做法，即将限期到港交货和商品增减价条款结合使用，同时也改进了备货、装运等环节的工作。例如，该出口公司向德国出口核桃，集中在每年12月份，因12月6日为尼古拉斯节，12月25日为圣诞节。为了抢行应市和卖上好价，在合同中规定：“在目的港交货期为11月30日，提前一天，增价1%，提前5天以上，增价5%；错后一天，减价1%。如12月5日不到货，买方可撤销合同。”由于该出口公司与国内有关部门密切协作，把备货、集运等工作做在前，抢收、抢运，环环扣紧，并采用快速、直达船运输，结果提前到货，货价增加5%，从而取得了良好的经济效益。此项经验是可取的。

第三节　装运地（港）与目的地（港）

装运地是指开始装运货的地点，目的地是指最终卸货的地点。在国际货物贸易中，装运地一般由卖方提出，经买方同意后确定；目的地一般由买方提出，经卖方同意后确定。由于国际货物运输中可能采用各种不同的运输方式，因此，装运地和目的地可能包括港口、车站、机场等不同的场所。鉴于国际货物通过海洋运输的比重最大，故本节阐述的装运地和目的地，主要侧重装运港和目的港。

一、约定装运地（港）与目的地（港）的意义

在国际货物贸易中，买卖双方相距遥远，卖方在何处装运其出售的货物、买方在何处受领其购买的货物，涉及合同当事人的利害得失，因而成为合同当事人所关注的重要问题。

在国际货物买卖合同中，约定装运地（港）和目的地（港），既有利于卖方按约定地点组织货源和发运货物，也有利于买方按约定地点接运或受领货物。由此可见，约定装运地（港）和目的地（港）对确保履行进出口合同，具有十分重要的意义。

在这里，需要特别指出，在海洋运输条件下，装运港和目的港在合同中的地位和重要性因成交条件不同而有差异。例如，按 FOB 条件成交，装运港在合同中具有重要地位，它是 FOB 合同中的一项主要条件，交易双方均不得擅自改变约定的装运港。因为，更改装运港，势必导致卖方出运和装船地点的改变，以及买方派船接运货物的航线与装货地点的改变，这就涉及交易双方的利害关系。如果签订合同后任何一方当事人要求变更装运港，必须遵循两项原则：一是必须征得对方的同意，二是必须承担因要求变更港口而引起的额外增加的费用。至于 FOB 合同中的目的港，其地位不如装运港重要，它不是主要条件，因为目的港的变更同卖方没有利害关系，是否需要变更完全由买方自行决定。又如，按 CFR 或 CIF 条件成交时，目的港在合同中占有重要地位，它是合同中的一项主要条件，交易双方均不得擅自更改约定的目的港。因为，更改目的港，势必导致卖方派船送货的运输路线和卸货地点的改变以及买方受领货物地点的改变，这对交易双方显然有利害关系。因此，任何一方要求变更约定的目的港，必须取得对方同意，并应承担相应的责任。当按 CFR 或 CIF 条件成交时，一般来说，装运港的地位不如目的港突出，因此，有人认为装运港不是主要条件，有个别合同甚至出现不标明装运港的情况。不过，绝大多数 CFR 或 CIF 合同中都同时约定了装运港。如属这种情况，则约定的装运港也属合同的主要条件，交易双方均应依约行事，不得擅自变更约定的装运港。

二、约定装运地（港）与目的地（港）的方法

在国际货物买卖合同中，一般对装运地和目的地分别规定各为 1 个，并列明其具体名称。根据实际业务的需要，也可酌情分别规定 1 个以上的装运地或目的地。

就海运港口的规定而言，通常有下列几种规定方法：

（1）分别规定 1 个装运港与 1 个目的港，并分别列明其具体名称。

（2）分别规定 2 个或 2 个以上的装运港或目的港，并分别列明其具体名称。

（3）规定采用选择港（optional ports）的办法，其中可在 2 个或 2 个以上港口中任选一个，也可笼统规定某一航区（如西欧）的主要港口为装运港或目的港。

三、约定装运地（港）与目的地（港）的注意事项

在进出口合同中，规定装运地（港）或目的地（港）条款，通常应从产销情况、装卸条件和运输等因素来考虑，特别是签订 FOB 进口合同和 CIF 或 CFR 出口合同时，对国外装卸港的规定，更应考虑周全，审慎从事。在洽商进出口合同中的装运地（港）和目的地（港）条款时，应当注意下列事项。

（一）装运地（港）与目的地（港）的具体条件

在选择装运地（港）或目的地（港）时，应考虑当地管理制度和办法、社会治安状况、是否堵塞和拥挤、气候变化情况、有无冰封期、有无直达班轮、装卸设施的好坏、装卸效率的高低和运输装卸费用的大小等。注意上述条件，有利于作出正确的抉择和采取相应的对策。

（二）装卸地（港）与目的地（港）有无重名的问题

在世界范围内，海运港口重名的很多。例如，波特兰（Portland）港，在美国和其他国家有同名港，且在美国东部和西部各有 1 个波特兰港；澳大利亚和加拿大均有悉尼（Sydney）港；而维多利亚（Victoria）港，在世界上竟有 12 个之多；在黎巴嫩和利比亚各有 1 个的黎波里（Tripoli）港。为了防止在交接货物中发生差错，在进出口合同中，除列明港口名称外，还应注明该港所在国家和地区的名称。

（三）合理运用选择港办法

当海运进口货物需要运用选择港办法时，其选择的港口应在同一航区、同一航线上，而且不宜过多，一般以不超过 3 个为宜。例如，我国某公司在广交会订立出口合同时，在目的港栏内填写“欧洲主要港口”，而附加条件上竟列出 8 个欧洲港口的名称，至于由何方选择港口和选港费由谁负担，却未明确。又如，有的公司在合同中列明 3 条不同航线的 4 个港口——地中海航线的贝鲁特、拉塔基，红海航线的亚喀巴，澳洲航线的悉尼。这 4 个港口彼此运费相差 0.5 倍～1 倍，而公司出售价格却是一样的。这种做法显然不妥。

另外，有些公司对外签订合同时，由于缺乏国际运输地理知识和专业常识，竟将马来西亚、泰国、毛里求斯等国家的名称当做目的港的名称，也有的误将内陆城市吉隆坡、雅典（希腊首都）、亚的斯亚贝巴（埃塞俄比亚首都）当做沿海港口而确定为目的港。这些错误做法，不仅给履约带来实际困难，而且还要增加不必要的风险和费用开支。

（四）按就近的原则选定装运地（港）与目的地（港）

为了加速货运和节省运输费用，一般来说，装运地（港）应尽可能靠近货源地，目的地（港）应尽可能靠近用货部门，以利于缩短运输里程、节约运输能力、减少中间环节，从而降低运输成本。

（五）装运地（港）与目的地（港）的规定应当明确

在订立海运进出口合同时，常有规定了 2 条不同航线的 3 个目的港却没有明确由谁来选择目的港的情况，致使履行合同受到影响。例如，某公司按 CIF 条件订立的出口合同，上边写 CIF 香港，下边目的港写澳门，这就互相矛盾，给履约带来困难。

第四节　分批装运与中途转运

国际货物买卖合同项下的货物，特别是大宗货物，有时需要分批装运，有的货物则需要中途转换运输工具。为了明确交易双方的责任与义务，需要分别约定分批装运与转运条款。

一、分批装运

（一）分批装运的含义

分批装运是指一个合同项下的货物分若干批装运，故人们通常称其为分批装运（partial shipment）。但是，在不同时间将不同港口的货物装在同一航次、同一条船上，由于这条船上所载的货物同时到达目的港，故不能称其为分批装运。

（二）约定分批装运的意义

国际上对分批装运条款的解释与运用不尽相同。国际商会制定的《跟单信用证统一惯例》规定：除非信用证另有规定，允许分批装运。可是有些国家的法律却规定：如合同未规定允许分批装运，则不得分批装运。为了避免争议，交易双方是否允许分批装运，应在买卖合同中具体注明。一般来说，在国际货物大宗交易中，约定分批装运，对卖方交货比较主动。

（三）规定分批装运的注意事项

交易双方如同意分批装运，应在买卖合同中具体列明每批货物装运的时间和数量。同时，应根据需要和可能来规定分批装运。对每批装运的时间要有适当的间隔。一笔交易的货物，不宜规定在短时间内分若干批装运，以免给安排装运带来实际困难，从而影响整个合同的履行。

（四）有关分批装运的国际惯例

买卖双方一旦约定了分批装运条款，则应严格按该条款的规定分批装运，只要其中任何一批没有按规定装运，根据《跟单信用证统一惯例》的规定，则该批和以后各批均告失效。

二、中途转运

（一）转运的含义

转运（transhipment）是指一个合同项下的货物从装运地运至目的地的运输过程中，中途需要转换运输工具。例如，卖方出售的货物，如没有直达船驶往目的港或船期不固定或航次间隔时间太长，为了便于装运，卖方往往要求在合同中增加允许转运（transhipment to be allowed）的条款。

（二）约定转运条款的意义

《跟单信用证统一惯例》规定，除非信用证另有规定，可准许转运。为了明确责任和便于安排装运，买卖双方是否同意转运，应在合同中注明。一般来说，货物中途转运，既延误时间和增加中转费用，又容易产生货损货差，故买方一般不愿意中途转运，他往往要求在合同中增加"限制转运"的条款。与此相反，卖方为了便于装运，往往要求在买卖合同中增加"允许转运"的条款。

（三）约定转运条款的注意事项

合同当事人约定转运条款时，应当注意下列几点：

（1）载明交易双方同意转运，并对转运的办法和转运费的负担作出明确具体的约定。

（2）转运条款通常是与装运时间条款结合起来规定的。例如，1/2/3 月份装运，允许由香港转运。

（3）合同中是否规定允许转运或不准转运条款，应视具体情况而定。一般来说，不准转运通常都是由买方提出，经卖方同意后确定。但应特别指出的是，在FOB进口合同中，买方则不宜提出不准转船的条款，以免约束自己而导致不利的后果。

第五节 装卸时间、装卸率与滞期、速遣费

在国际货物运输中，当大量货物需要采用程租船运输时，通常在租船合同中约定好装卸时间、装卸率和滞期、速遣费条款，以促使租船人快速装卸。但实际上负责装卸货物的不一定是租船人，而往往是买卖合同的一方当事人。因此，负责安排租船的买方或卖方，为了便于日后签订租船合同，便先在买卖合同中约定装卸时间、装卸率和滞期、速遣费条款。

一、装卸时间、装卸率与滞期、速遣费的含义

装卸时间是指允许完成装卸任务所约定的时间，通常以天数或小时数来表示。装卸率是指每日装卸货物的数量，它是按港口的正常装卸速度来确定。负责装卸的一方未按约定的装卸时间及装卸率完成装卸任务，应向船方支付一定的罚金，称为滞期费（demurrage）；反之，如提前完成装卸任务，可从船方领取一定的奖金，称为速遣费（despatch money）。

二、约定装卸时间、装卸率与滞期、速遣费条款的意义

鉴于大宗货物一般多通过租船运输，而租船合同中都有装卸时间、装卸率和滞期、速遣费条款，故交易双方签订买卖合同时，应考虑随后签订的租船合同的要求，并与之相互衔接，以利于租船合同和买卖合同都切实可行。按FOB条件成交，由买方安排租船，而由卖方负责装货；按CFR或CIF条件成交，则由卖方负责安排租船，由买方负责卸货。为了使负责装货或卸货的一方当事人依约定时间和速度装卸货物，故在买卖合同中对装卸时间、装卸率和滞期、速遣费条款作出明确合理的规定。在买卖合同中约定好此项条款，不仅有利于订立运输合同和确保买卖合同的顺利履行，而且有助于促使早日完成装卸任务、加速船舶周转和提高经济效益。

三、约定装卸时间、装卸率与滞期、速遣费条款的注意事项

（一）装卸时间的约定应明确合理

明确合理地约定装卸时间，有利于滞期费与速遣费的计算与支付。规定装卸时间的方法很多，其中有的对租船人有利，有的则不利。就负责安排租船的买方或卖方而言，应考虑从中选择于己有利的规定方法。例如，按日历日数，即从装货开始到卸货结束的整个天数都算作装卸时间。此种规定，显然对租船人不利。因为，其中有些实际上无法进行装卸作业的时间（如节假日、恶劣天气或发生不可抗力）也算作装卸时间。又如，按港口习惯速度尽快装卸（to load/discharge in customary quick dispatch，简称CQD)，此种规定方法不明确，容易引起争议，一般不宜轻易采用。当前，国际上普遍采用而且比较公平合理的是按连续24小时好天气工作日计算装卸时间。在采用此种规定方法时，对有关装卸港的法定节假日是否计算和如何算法，以及装卸时间的起算和止算时间，也应一并作出明确具体的规定。

（二）约定装卸率应实事求是

滞期费及速遣费与约定的装卸率密切相关。装卸率是指每日装卸货物的数量，一般应按照装卸港的正常装卸速度来确定。如装卸率规定过高，完不成装卸任务，租船人要承担滞期费的损失；反之，规定过低，虽能提前完成装卸任务，可从船方获取速遣费，但船方会因装卸率低影响船舶周转速度而增加出租船舶的租金，反而使租船人得不偿失。因此，约定买卖合同中的装卸率时，要注意遵循实事求是的原则。

（三）滞期费与速遣费的比例应可争取改变

按国际航运一般惯例，速遣费通常为滞期费的一半，这是船方片面维护自身利益的习惯做法，它不符合对等的原则。但是，在船多货少的情况下，这种习惯做法也是可以打破的。租方可以利用租船市场上船源供过于求的有利形势，争取滞期费与速遣费每天金额相等。滞期费与速遣费，通常约定为每天若干金额，不足一天者，按时间比例计算。在这里，需要特别指出的是，有的程租船合同，如 GENCON（金康）标准合同格式中规定，滞期最多为 10 天，若超过 10 天，租方就要负责赔偿船方实际损失，其损失比滞期费高。这一点应当引起大家注意。

以上仅从订立买卖合同中的装卸时间、装卸率与滞期、速遣费条款应当注意的事项作了说明，凡从事贸易的人员订立买卖合同时，应考虑运输方面的要求。但鉴于租船合同是在买卖合同订立后签订的，因此，签订租船合同时，也应当充分考虑买卖合同的规定和要求，使租船合同与买卖合同衔接好，以免出现彼此脱节而蒙受经济损失。在这方面，我们是有深刻教训的。例如，我国按 FOB 条件从斯里兰卡进口大量橡胶时，就曾出现过因租船合同与买卖合同规定不一而导致下列经济损失：

（1）开装时间规定不一导致的损失。

买卖合同规定“船靠码头，开始装货”，而租船合同却规定“船到后，上午通知，下午开始装货”，即不管船舶能否靠码头，都要算作装货时间。由于当时科伦坡港口拥挤，船舶到港后，往往需要等候若干天才能停靠码头，这笔等候码头所发生的滞期费，全由买方承担。

（2）装货率规定不一导致的损失。

买卖合同规定“每天共装 400 吨”，而租船合同却规定“每条船每天装货 500 吨”。结果，买方遭受了双重损失，即买方不仅要向卖方支付速遣费，还要向船方支付滞期费。

（3）计算装卸时间的方法规定不一导致的损失。

买卖合同规定“按工作日计算，即星期日和例假日除外”，而租船合同却规定“接连续日计算”，即按自然日计算，有一天算一天，不扣除星期日和例假日。因此，遇有星期日和例假日时，买方就要承担费用损失。

上述脱节情况导致的经济损失是很大的，其教训是深刻的。约定这些条款时，务必加以注意。

第六节　装运通知

一、约定装运通知的意义

在国际贸易实际业务中，交易双方为了相互配合，共同搞好运输工具与货物的衔接，以及便于交接货物和办理货运保险，彼此都要在事前或事后承担相互通知的义务，以利于合同的履行。因此，装运通知（advice of shipment）就成为运输条款中不可缺少的一项重要内容。在海运进出口业务中，有时将装运通知称作装船通知。

例如，按DES条件成交时，为便于买方及时提货，卖方应将交货日期、货物数量、载货船舶名称和预定到港日期等事先通知买方；反之，按FOB条件成交时，为便于在装运港如期装运货物，买方应将载货船舶名称和船舶预计到港时间事先通知卖方，卖方也应将有关备货事项及时通知买方，以利于双方共同做好船货衔接工作。

特别应当指出的是，根据国际贸易惯例，在按CFR或FOB条件成交时，卖方装船后，应及时向买方发出装船通知，以便买方及时办理货运保险，否则，卖方要承担货物运输途中的风险。

至于CIF条件下的交易，货物一经装船，其风险即转由买方负担，如按英国惯例和判例，卖方发装船通知并非法律上的当然义务。但是，负担风险的买方有可能需要追加保险，如战争险、货价上涨的追加保险等，故就买方而言，当然希望卖方尽快向其发出装船通知，以便及时办理追加保险。因此，《华沙—牛津规则》规定：为使买方有机会自负费用进行追加保险或者投保本规则规定的一切风险不能包括的风险，或者投保增加的价值，卖方装船后，应通知买方，其通知费用应由买方负担。如买方没有收到此项通知，或因偶然疏忽没有通知买方，买方无权拒绝接受卖方提交的单据。

综上所述，买卖双方约定装运通知有着重要的意义。就卖方而言，装运通知除便于交接货物外，主要表明其交付货物的运输风险已转由买方负担。就买方而言，装运通知则更具有多方面的意义：一是便于买方办理货运保险或进行追加保险；二是便于买方早日着手准备提货事宜；三是便于买方预售货物。

二、装运通知的主要内容

装运通知的内容，根据不同的成交条件、不同的运输方式和不同的通知意图而定。按国际贸易实际业务的一般做法，如买卖双方按FOB条件成交时，卖方一般在约定的装运期开始前30天或45天向买方发出货物备妥通知，以便买方派船接运货物，防止出现有货无船或货等船的情况。买方接到此项通知后，应将其所派船舶的名称及到港受载日期等事项及时通知卖方，以便卖方安排装船事宜，防止出现有船无货或船等货的情况。如采用CFR条件成交，卖方按约定时间、地点装船后，应及时将合同项下的货物装载情况向买方发出装船通知，以便买方及时投保货运险，并做好接货准备和安排办理进口通关手续。

三、约定装运通知的注意事项

鉴于装运通知很重要，因此，交易双方在规定装运通知时，应当注意下列问题。

(一) 交易双方彼此都有相互通知的义务

为了便于交易双方在履约过程中互相配合，共同做好车、船、货衔接和货物交接等工作，双方都应承担相互通知的义务。因此，在规定装运通知时，既要考虑卖方通知买方的事项，也要考虑买方通知卖方的事项。

（二）明确装运通知的时间

为了便于顺利履行合同，事先明确相互通知的时间很有必要，以免因装运通知不及时而使车、船、货的衔接与货物的交接出现脱节情况，或者出现来不及投保货运险甚至漏保情况。例如，在FOB合同中，一般都规定：在装运期开始前若干天，卖方应向买方发出货物备妥通知，买方接到通知后，应在若干天内向卖方发出船舶到港受载的通知。当卖方将其出售的货物装上买方指定的船舶，应在装船完毕后若干小时内向买方发出装船通知，以便买方及时投保货运险。特别是在CFR合同中，如卖方装船后未及时向买方发出装船通知，而使买方未能及时投保货运险，按有关法律和惯例规定，由此产生的一切损失，均应由卖方负担。由此可见，装运通知的时间，应当在合同中具体列明，以利于合同的履行。

（三）酌情确定装运通知的内容

装运通知的内容，繁简不一，一般根据实际需要而定。例如，在某机械进出口公司制定的格式合同中，其装运通知栏内载明：卖方应予货物装船完毕后8小时内将合同号、货名、实际数量、毛重总数、发票金额、船名及提单号和装船日期等通知买方。如系超长、超重或超高的货物，还应逐件列明其毛重、长度、宽度和高度。如系危险货物，应将危险物品的性质及处理办法，也一并通知买方。

第七节　其他装运条款

在买卖合同中，根据业务上的实际需要，除上述装运条款外，有时还规定一些与装运有关的其他条款。现列举其中几种介绍如下。

一、划分装卸费负担的条款

大宗货物，一般通过租船运输。船方出租船舶时，有的船主不愿负担装卸费，要求装卸费由租船人负担，因此，负责租船的买方或卖方在订立买卖合同时即应约定装卸费由何方负担，以明确责任。

二、对某些特殊商品规定一些与装运有关的其他条款

冷冻品、危险品和活牲畜等在运输过程中需要有特殊的运输设备和特殊照料，因此，在买卖合同中可增加一些与装运有关的条件。如属冷冻品，可约定“货物须装冷藏舱”。如属危险品，可约定“发货人应在货运单证文件上详细列明危险货物性能及有关装卸注意事项”，并在货物包装上注明国际海运危险品标志，以引起运输装卸、保管人员注意。活牲畜一般装在船舶甲板上，承运人对其灭失、伤亡不负责任，因此，在买卖合同中应注明以装船时的数量或卸船时的数量为准。

三、关于美国OCP运输条款

在同美国进行贸易时，为了取得运费上的优待，可以采用OCP条款。

“OCP”是overland common points的缩写，意为“内陆地区”。所谓“内陆地区”，是根据美国运费率规定，以美国西部9个州为界，也就是以落基山脉为界，其以东地区均

为内陆地区范围。

按 OCP 运输条款达成的交易，出口商不仅可享受美国内陆运输的优惠费率，而且可以享受 OCP 海运的优惠率。因此，对美交易中，采用 OCP 运输条款，对进出口双方均有利。不过，在采用此条款时，必须注意下列问题：

(1) 货物最终目的地必须属于 OCP 地区范围。

(2) 货物必须经由美国西海岸港口中转。因此，签订 CFR 和 CIF 出口合同时，目的港必须是美国西海岸港口。

(3) 提单上必须标明 OCP 字样，并且在提单的目的港一栏中，除填明美国西部海岸港口名称外，还要加注内陆地区的城市名称。

第八节 运输单据

运输单据是承运人收到承运货物后签发给托运人的证明文件，它是交接货物、处理索赔以及向银行结算货款或进行议付的重要单据。在国际货物运输中，运输单据的种类很多，其中包括海运提单、海运单、铁路运输单据、航空运单、多式联运单据和邮件收据等，现将这些主要运输单据分别介绍如下。

一、海运提单

(一) 海运提单的性质和作用

海运提单（ocean bill of lading，简称 B/L）是证明海上运输合同和货物由承运人接管或装船，以及承运人据以保证交付货物的凭证。它的性质和作用体现在下列几个方面。

1. 货物收据

提单是承运人（或其代理人）出具的货物收据，证明承运人已收到或接管提单上所列的货物。

2. 物权凭证

海运提单是货物所有权的凭证，它在法律上具有物权证书的作用，船货抵达目的港后，承运人应向海运提单的合法持有人交付货物。海运提单可以通过背书转让，以实现货物的所有权的转移。

3. 运输契约的证明

海运提单本身并不是运输契约，它只是承运人与托运人之间订立的运输契约的证明。海运提单条款中明确规定了承、托双方之间的权利与义务、责任与豁免，它是处理承运人与托运人之间争议的法律依据。

(二) 海运提单的基本内容

世界各船公司都有自己印就的提单格式，其基本内容大致相同，一般包括提单正面的记载事项和提单背面印就的运输条款。

1. 提单正面记载的内容

提单正面的记载事项，分别由托运人和承运人或其代理人填写，通常包括下列事项：

(1) 托运人；

（2）收货人；

（3）被通知人；

（4）装货港；

（5）卸货港；

（6）船名及航次；

（7）唛头及件号；

（8）货名及件数；

（9）重量与体积；

（10）运费预付或运费到付；

（11）正本提单的份数；

（12）船公司或其代理人的签章；

（13）签发提单的地点及日期。

2. 提单背面印就的条款

在班轮提单背面，通常都有印就的运输条款，这些条款是作为确定承运人与托运人之间以及承运人与收货人及提单持有人之间的权利和义务的主要依据。提单中的运输条款，起初是由船方自行规定的。后来由于船方在提单中加列越来越多的免责条款，使货方的利益失去保障，并降低了提单作为物权凭证的作用，为了缓解船、货双方的矛盾并照顾到船、货双方的利益，国际上为了统一提单背面条款的内容，曾先后签署了有关提单的国际公约，其中包括：

（1）1924 年签署的《关于统一提单的若干法律规则的国际公约》，简称《海牙规则》（The Hague Rules）。

（2）1968 年签署的《布鲁塞尔议定书》，简称《维斯比规则》（The Visby Rules）。

（3）1978 年签署的《联合国海上货物运输公约》，简称《汉堡规则》（The Hamburg Rules）。

由于上述三项公约签署的历史背景不同，内容不一，各国对这些公约所持有的态度也不相同，因此，各国船公司签发的提单背面条款也就互有差异。

（三）海运提单的分类

海运提单可从各种不同的角度分为下列几种。

1. 按货物是否装船分类

按货物是否装船，可分为已装船提单和备运提单。

（1）已装船提单（on board B/L 或 shipped B/L）。这是指承运人已将货物全部装上指定船舶后所签发的提单，其特点是提单上必须以文字表明货物已经装上某船，并载装船日期，同时还应由船长或其代理人签字。根据《跟单信用证统一惯例》的规定，如果信用证要求海运提单作为运输单据，银行将接受指名货物已装船或已装指名船舶的提单。因此，在国际贸易中，一般要求买方提供已装船提单。

（2）备运提单（received for shipment B/L）。这种提单又称收讫代运提单，即指承运人已收到托运货物等待装运期间所签发的提单。在签发备运提单情况下，发货人可在货物装船后凭此调换已装船提单；也可经承运人或其代理人在备运提单上批注货物已装上某具名船舶及装船日期，签署后使之成为已装船提单。

2. 按提单上对货物外表状况有无不良批注分类

根据提单上对货物外表状况有无不良批注可分为清洁提单和不清洁提单。

（1）清洁提单（clean B/L）。指货物在装船时“表面状况良好”，承运人在提单正面没有标明货物及/或包装有缺陷的提单。银行一般只接受清洁提单，因为清洁提单是提单转让时所必备的条件。

（2）不清洁提单（unclean B/L 或 foul B/L）。这是指承运人在签发的提单上带有明确宣称货物及/或包装有缺陷状况的条款或批注的提单。

3. 按提单收货人抬头的不同分类

根据提单收货人抬头的不同可分为记名提单、不记名提单和指示提单。

（1）记名提单（straight B/L）。这是指提单上的收货人栏内填明特定收货人名称，只能由该特定收货人提货。由于这种提单不能经过背书方式转让给第三方，不能流通，故其在国际贸易中很少使用。

（2）不记名提单（bearer B/L）。这是指提单上的收货人栏内没有指明任何收货人，只注明提单持有人（bearer）字样，承运人应将货物交给提单持有人。谁持有提单，谁就可以提货。承运人交货，只凭单，不凭人。不记名提单无须背书转让，流通性极强，采用这种提单风险大，故其在国际贸易中很少使用。

（3）指示提单（order B/L）。这是指提单上的收货人栏填写“凭指定”（to order）或“凭某某人指定”（to order of…）字样。这种提单可经过背书转让，故其在国际贸易中广为使用。背书的方式又有“空白背书”和“记名背书”之分。前者是指背书人（提单转让人）在提单背面签名，而不注明被背书人（提单受让人）名称；后者是指背书人除在提单背面签名外，还列明被背书人名称。记名背书的提单受让人如需再转让，必须再加背书。目前在实际业务中使用最多的是“凭指定”并经“空白背书”的提单，习惯上称其为“空白抬头、空白背书”提单。

4. 按运输方式分类

按运输方式分类，可分为直达提单、转船提单和联运提单。

（1）直达提单（direct B/L）。这是指从装运港装货的轮船中途不经过换船而驶往目的港所签发的提单。凡合同和信用证规定不准转船者，必须使用这种直达提单。

（2）转船提单（transhipment B/L）。这是指从装运港装货的轮船，不直接驶往目的港，而需在中途换装另外船舶所签发的提单。在此种提单上要注明“转船”或“在××港转船”字样。

（3）联运提单（through B/L）。这是指经过海运和其他运输方式联合运输时由第一承运人所签发的包括全程运输的提单。它如同转船提单一样，货物在中途转换运输工具和进行交接，由第一承运人或其代理人向下一承运人办理。应当指出，联运提单虽包括全程运输，但签发联运提单的承运人一般都在提单中规定，只承担他负责运输的一段航程内的货损责任。

5. 按船舶营运方式不同分类

按船舶营运方式的不同，可分为班轮提单和租船提单。

（1）班轮提单（liner B/L）。这是指由班轮公司承运货物后所签发给托运人的提单。

（2）租船提单（charter party B/L）。这是指承运人根据租船合同而签发的提单。这种提单受租船合同条款的约束。银行或买方在接受这种提单时，通常要求买方提供租船合同的副本。

6. 其他种类提单

（1）集装箱提单（container B/L）。这是指由负责集装箱运输的经营人或其代理人，在收到货物后签发给托运人的提单。集装箱提单与传统的海运提单有所不同，其中包括集装箱联运提单（combined transport B/L，简称 CTB/L）及多式联运单据（multimodal transport document，简称 MTD）等。

（2）舱面提单（on deck B/L）。这是指承运货物装在船舶甲板上所签发的提单，故又称为甲板货提单。由于货物装在甲板上风险较大，故托运人一般都向保险公司加保甲板险。承运人在签发提单时加批“货装甲板”字样。《海牙规则》不适用甲板货，除非在提单条款中明确注明。货物装在甲板上受损的风险很大，所以进口商一般不愿意货物装在甲板上，不接受甲板货提单。根据《跟单信用证统一惯例》的规定，除非信用证另有约定，银行不接受甲板货提单。

（3）过期提单（stale B/L）。这是指错过规定的交单日期或者晚于货物到达目的港日期的提单。前者，是指卖方超过提单签发日期后 21 天才交到银行议付的提单。根据《跟单信用证统一惯例》的规定，如信用证无特殊规定，银行将拒绝接受在运输单据签发日后超过 21 天才提交的单据。后者是指在近洋运输时容易出现的情况，故在近洋国家间的贸易合同中，一般都有“过期提单可接受”（stale B/L is acceptable）的条款。

（四）海运提单格式

海运提单格式见表 4—1。

表 4—1　　海运提单格式

<table>
<tr><td colspan="2">托运人
Shipper</td><td colspan="3" rowspan="4">CHINA OCEAN SHIPPING COMPANY
总公司 HEAD OFFICE：北京 BEIJING
分公司 BRANCH OFFICE：上海 SHANGHAI
天津 TIANJIN
广州 GUANGZHOU
电报挂号 CABLE ADDRESS. “COSCO”
提单　正本
BILL OF LADING　ORIGINAL
直运或转船
DIRECT OR WITH TRANSHIPMENT
装货单号　提单号
S/O NO.　B/L NO.</td></tr>
<tr><td>收货人
Consignee</td><td>或受让人
or Assigns</td></tr>
<tr><td colspan="2">通知
Notify</td></tr>
<tr><td>船名
Vessel</td><td>航次
Voyage</td></tr>
<tr><td colspan="2">装货港
Port of Landing</td><td colspan="3">卸货港
Port of Discharge</td></tr>
<tr><td>国籍
Nationality</td><td colspan="2">中华人民共和国
THE PEOPLE'S REPUBLIC OF CHINA</td><td>运费在
Freight</td><td>支付
Payable at</td></tr>
<tr><td colspan="5">托运人所提供的详细情况
Particulars Furnished by the Shipper</td></tr>
<tr><td>标志和号数
Marks and Numbers</td><td>件数
NO. of Packages</td><td>货名
Description of Goods</td><td>毛重
Gross Weight</td><td>尺码
Measurement</td></tr>
<tr><td></td><td></td><td></td><td></td><td></td></tr>
</table>

合计件数（大写）
Total Packages (in words)

上列外表情况良好的货物（另有说明者除外）已装在上列船上并应在上列卸货港或该船所能安全到达并保持浮泊的附近地点卸货。

Shipped on board the vessel named above in apparent good order and condition (unless otherwise indicated) the goods or packages specified herein and to be discharged at the above mentioned port of discharge or as near there to as the vessel may safely get and be always afloat.

重量、尺码、标志、号数、品质、内容和价值是托运人所提供的，承运人在装船时并未核对。

The weight, measure, marks, numbers, quality, contents and value, being particulars furnished by the shipper are not checked by the Carrier on Loading.

托运人、收货人和本提单的持有人兹明白表示接受并同意本提单和它背面所载的一切印刷、书写或打印的规定、免责事项和条件。

The shipper, consignee and the holder of this Bill of Lading hereby expressly accept and agree to all printed, written or stamped provisions, exceptions and conditions of this Bill of Lading, including those on the back hereof.

运费和其他费用 Freight and Changes:	为证明以上各节，承运人或其代理人已签署本提单一式　份，其中一份经完成提货手续后，其余各份失效。 In witness whereof, the Carrier or his Agent has signed Bills of Lading all of this tenor and date, one of which being accomplished, the others to stand void.
请托运人特别注意本提单内与该货保险效力有关的免责事项和条件。 Shippers are requested to note Particularly the exceptions and conditions of this Bill of Lading with reference to the validity of the insurance upon their goods.	签单日期 Dated ______________ at __________ 船长 ______________ For the Master

二、海运单

海运单（sea waybill，ocean waybill）是证明海上运输合同和货物由承运人接管或装船，以及承运人保证据以将货物交付给单证所载明的收货人的一种不可流通的单证，故称“不可转让海运单”(non-negotiable sea waybill)。

海运单与海运提单不同，它不是物权凭证，因而不可转让。收货人不凭海运单提货而是凭到货通知提货。因此，海运单收货人一栏应填写实际收货人的名称和地址，以利于货物到达目的港后通知收货人提货。近年来，欧洲、北美和某些远东、中东地区的贸易界越来越倾向于使用不可转让的海运单，这主要是因为海运单便于进口商及时提货，且简化手续、节省费用，还可以在一定程度上减少以假单据进行诈骗的现象。另外，由于 EDI 技术在国际贸易中的广泛使用，不可转让海运单更适用于电子数据交换信息。1990 年国际海事委员会曾通过《1990 年国际海事委员会海运单统一规则》，该规则适用于不使用可转让提单的运输合同，适用于全部海运的运输合同和含有海运的多式联运合同。

三、铁路运输单据

铁路运输可分为国际铁路联运和国内铁路运输两种方式，前者使用国际铁路联运运单，后者使用国内铁路运单。我国内地通过铁路运输对港澳出口的货物，由于国内铁路运单不能作为对外结汇的凭证，故使用承运货物收据这种特定性质和格式的单据。现将这几种铁路运输单据分别说明如下。

（一）国际铁路联运运单

国际铁路联运运单是国际铁路联运的主要运输单据，它是参加联运的发送国铁路与发货人之间订立的运输契约，其中规定了参加联运的各国铁路和收、发货人的权利与义务。它对收、发货人和铁路都具有法律约束力。当发货人向始发站提交全部货物，并付清应由发货人支付的一切费用，经始发站在运单和运单副本上加盖始发站承运日期戳记，证明货物已被接妥承运后，即认为运输合同已经生效。

运单正本随同货物到达终到站，并交给收货人。它既是铁路承运货物出具的凭证，也是铁路与货主交接货物、核收运杂费和处理索赔与理赔的依据。运单副本于运输合同缔结后交给发货人，它是卖方凭以向收货人结算货款的主要证件。

（二）承运货物收据

承运货物收据（cargo receipt）是在特定运输方式下所使用的一种运输单据，它既是承运人出具的货物收据，也是承运人与托运人签订的运输契约。我国内地通过铁路运往港、澳地区的出口货物，一般多委托中国对外贸易运输公司承办。当出口货物装车发运后，对外贸易运输公司即签发一份承运货物收据给托运人，以作为对外办理结汇的凭证。此外，它还是收货人凭以提货的凭证。

承运货物收据的格式及内容和海运提单基本相同，主要区别是它只有第一联为正本。在该正本的反面印有“承运简章”，载明承运人的责任范围。该简章第二条规定，由该公司承运之货物，在铁路、轮船、公路、航空及其他运输机构范围内，应根据各机构的规章办理。可见，这种承运货物收据不仅适用于铁路运输，也可用于其他运输方式。

四、航空运单

航空运单（air waybill）是承运人与托运人之间签订的运输契约，也是承运人或其代理人签发的货物收据。航空运单还可作为承运人核收运费的依据和海关查验放行的基本单据。但航空运单不是代表货物所有权的凭证，也不能通过背书转让。收货人提货不是凭航空运单，而是凭航空公司的提货通知单。在航空运单的收货人栏内，必须详细填写收货人的全称和地址，而不能做成指示性抬头。

航空运单依签发人的不同可分为主运单（master air waybill）和分运单（house air waybill）。前者是由航空公司签发的，后者是由航空货运代理公司签发的。两者在内容上基本相同，法律效力相当，对于收、发货人而言，只是承担货物运输的当事人不同。

航空运单一套共有 12 联。其中三联正本，六联副本，三联额外副本。其中的正本共有一式三份：第一份正本注明“Original for the Shipper”，应交托运人；第二份正本注明“Original for the Issuing Carrier”，由航空公司留存；第三份正本注明“Orginal for the

Consignee”，由航空公司随机带交收货人。

五、邮件收据

邮件收据（parcel post receipt）是邮件运输的主要单据，是邮局收到寄件人的邮包后所签发的凭证。当邮包发生损坏或丢失时，它还可以作为索赔和理赔的依据，但邮件收据不是物权凭证。

邮寄证明（certificate of posting）是邮局出具的证明文件，据此证实所寄发的单据或邮包确已寄出并作为邮寄日期的证明。有的信用证规定，出口商寄送有关单据、样品或包裹后，除要出具邮件收据外，还要提供邮寄证明，作为结汇的一种单据。

专递收据（courier receipt）是特快专递机构收到寄件人的邮件后签发的凭证。

根据《跟单信用证统一惯例》的规定，如信用证要求邮件收据或邮寄证明，银行在接受的邮件收据或邮寄证明表面注有信用证规定的寄发地处盖戳并加注日期，该日期即为装运或发运日期；如信用证要求专递或快递机构出具的单据，银行对这种快递单据将予以接受。

六、多式联运单据

多式联运单据（multimodal transport document，简称 MTD）是指证明多式联运合同，以及证明多式联运经营人接管货物并负责按照合同条款交付货物的单据。按《联合国国际货物多式联运公约》的规定，多式联运单据是多式联运合同的证明，也是多式联运经营人收到货物的收据和凭以交付货物的凭证，同一多式联运单据须包括全程运输。根据发货人的要求，多式联运单据可以做成可转让的，也可以做成不可转让的。多式联运单据如签发一套一份以上的正本单据，应注明其份数，其中一份完成交货后，其余各份正本即失效。副本单据没有法律效力。为了促进国际多式联运的开展，国际商会曾制定了《联合运输单据统一规则》，该规则对多式联运单据作了明确具体的规定。

[本章小结]

1. 国际货物运输方式很多，每种运输方式都有自己的特点和独特的经营方式。交易双方合理选用并约定好运输方式，有利于完成进出口货运任务。

2. 装运期与交货期是两个不同的概念，它们都是买卖合同中的主要条件，合同当事人应当审慎地予以约定。装运期与交货期约定后，任何一方不得擅自变更，否则，即构成违约。

3. 装运地与目的地可能包括港口、车站或机场，交易双方明确、合理地约定装运地与目的地，有利于顺利办理货物的运输与交接。

4. 国际货物是否需要分批装运，货物装卸时间和装卸率的计算方法，交易双方相互发出有关装运通知的事项，以及与装运有关的其他交易条件，以上这些交易双方都应在买卖合同中一一注明，以明确责任和便于完成进出口货物的运输与交接任务。

5. 国际货物运输单据多种多样，其中主要包括海运提单、铁路运单、航空运单、邮件收据和多式联运单据等。上述这些单据，虽然都由承运人签发，但其性质与作用却不尽相同。例如，海运提单为物权凭证，它可以通过背书转让，而铁路运单、航空运单和邮件收据，则都不是物权凭证，因而不能转让。多式联运单据比较特殊，根据发货人的要求，可以做成可转让的，也可做成不可转让的。

［重要概念］

1. 班轮运输
2. 国际多式联运
3. 装运期与交货期
4. 分批装运
5. 滞期、速遣费条款
6. 海运提单

［思考题］

1. 国际运输方式包括哪些？在选用运输方式时应考虑哪些因素？
2. 班轮公司计收运费的标准和办法有哪些？
3. 在不同租船方式下，船方收取租金的办法是如何规定的？
4. 装运港与目的港在合同中的地位如何？规定装运港与目的港应注意什么问题？
5. 《跟单信用证统一惯例》对分批装运问题有何规定？
6. 海运提单的性质和作用如何？国际上有关海运提单的国际公约有哪些？
7. 海运提单从不同角度可以分为哪几种？在我国出口贸易中通常采用的是什么提单？
8. 国际铁路货物联运单和运单副本的性质和作用如何？
9. 航空运单和邮件收据的性质和作用各如何？它们与海运提单的性质有何区别？

案例分析

一、约定装运期时卖方考虑欠周致损案

1. 案情简介

中国某外贸公司（卖方）曾在广州秋交会上与英国某商人（买方）按CIF伦敦条件签订了一项出口白薯干的合同。由于卖方货源充沛，急于出售，所以当月成交时便约定当月交货。后因卖方临时租不到船，未能按期交货，致使双方产生争议，买方遂提请在中国仲裁。结果，卖方败诉。

2. 案例分析

根据国际贸易惯例，按CIF条件成交，卖方必须自费洽租船舶，并在约定期限内将其出售的货物装上运往指定目的港的船，且向买方提交有关单据，以履行其交货义务。因此，签订CIF合同时，卖方不能只考虑货源，同时还应考虑船源情况。本案合同项下的卖方在签约时只顾成交，不管运输，只考虑手中有货而没有考虑租船是否有困难，就采取当月成交、当月交货的做法，这是导致本案争议产生的主要原因。对此，我们应当引以为戒。

二、买方对装运港约定不当致损案

1. 案情简介

中国某公司曾按FOB条件从北欧进口一批大宗商品。双方约定的装运港原是一个比

较偏僻的小港，大船不能直接进港装货。签约后，买方才了解该港条件，便要求变更装运港，但卖方不同意更改。买方只好租用小船，将货运至汉堡集中，然后再装海洋巨轮运回国内，这不仅延误了时间，而且还增加了运杂费用，给国家和企业造成了不该发生的经济损失。

2. 案例分析

导致本案损失的原因是：签约前买方缺乏调查了解，对装运港的规定有盲目性。按FOB条件进口时，应特别注意国外装运港的条件，以免再出现类似事件。

三、卖方盲目接受不准转船条款致损案

1. 案情简介

某公司曾按CIF条件通过秦皇岛港口向中东地区出口一批为数几百吨的货物，根据买方要求，在合同中约定了不准转船的条款。因当时从秦皇岛港至中东地区没有直达班轮航线，而单为该批零星货物洽租货轮专程运送，则空舱费的损失比该批货物的出售总价款还多，于是卖方便要求买方修改原定不准转船的条款，买方不同意，并以卖方违约为由提出索赔，最后，由卖方赔偿其损失而了结此案。

2. 案例分析

在国际贸易中，货物中途转船，既延误时间和增加费用，又容易产生货损货差，故本案合同的买方要求在合同中订立不准转船条款。据实际情况，中方本来不应接受此项限制性条款，但因其求售心切，便只顾成交，不管运输，不切实际地对外盲目签订合同，结果不仅给国家和本企业带来了不应有的经济损失，而且对外也造成不良的影响。

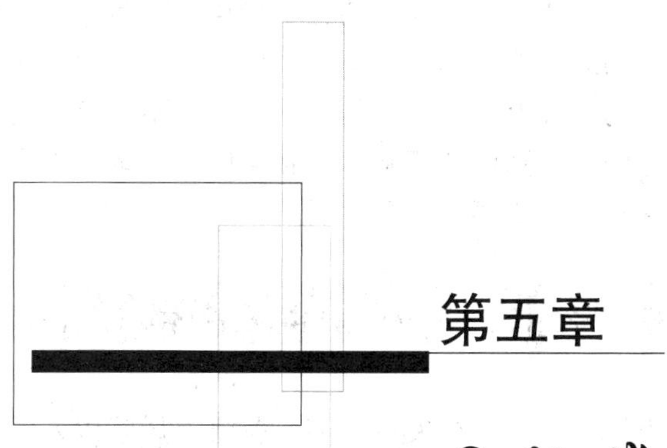

第五章 国际货物运输保险

［学习目标］

国际货物运输风险大，货主为了转嫁运输途中的风险损失，便采取货运保险。为了有效地办理货运保险和正确处理有关货运保险方面的事宜，就必须切实了解本章阐述的有关国际货运保险的基础知识和具体运作实务。

第一节 概 述

在国际货物贸易中，每笔成交的货物，从卖方交至买方手中，一般都要经过长途运输。在此过程中，货物往往会遇到各种各样的自然灾害和意外事故，这就不可避免地会给货物造成损失，货物所有人也会因此而遭受沉重打击，势必影响国际贸易的正常进行。对于这些损失，货物所有人可以通过货物运输保险的形式，把风险转嫁给货物保险人。货物保险在国际货物贸易中起着不可估量的积极作用。

国际货物在海洋运输过程中的损失，有时是承运人不能免责的原因造成的，例如，承运人提供的船舶不适航与不适货，或者承运人没有照管好货物。对于这些货损，货物所有人投保海上货物保险后，可以获得保险人的赔偿，然后，由保险人站在被保险人的地位向对损失负有责任的承运人进行追偿。保险人对货损的主动、及时的补偿，为货主正常进行国际贸易活动提供了最重要的保证。可见，货物运输保险是同自然灾害和意外事故作斗争的一种有效的经济措施。

国际货物运输保险属于财产保险的范畴，它是以运输过程中的各种货物作为保险标的，被保险人（买方或卖方）向保险人（保险公司）按一定金额投保一定的险别，并交纳保险费。保险人承保以后，如果保险标的在运输过程中发生承保范围内的损失，应按照规定给予被保险人经济上的补偿。

国际货物运输保险的种类很多，它包括海上货物运输保险、陆上货物运输保险、航空货物运输保险和邮包运输保险，其中以海上货物运输保险起源最早，历史最久。陆上、航空等货物运输保险，都是在海上货物运输保险的基础上发展起来的。尽管各种不同货物运输保险的具体责任有所不同，但它们的基本原则、险别设计等基本一致。因此，本章以介绍海上货物运输保险为主，对其他货物运输保险仅作简要介绍和说明。

第二节 海上货物运输保险承保的范围

海上货物运输保险承保的范围，包括海上风险、海上损失与费用以及海上风险以外的其他外来原因所造成的风险与损失。正确理解海上货物运输保险的范围，对于我们了解保险条款、选择投保险别以及一旦货物发生损坏和灭失如何正确处理索赔等方面，都具有十分重要的意义。

一、海上风险与损失

（一）海上风险

海上风险是保险业上的专门术语，一般指在海上航行途中发生的或随附海上运输所发生的风险。它包括海上发生的自然灾害和意外事故，但并不包括海上的一切危险。另外，海上风险又不仅仅局限于海上航运过程中发生的风险，它还包括发生在与海上航运相关联的内陆、内河、内湖运输过程中的一些自然灾害和意外事故。

1. 自然灾害

自然灾害是指不以人们意志为转移的自然界力量所引起的灾害。但在海上保险业务中，它并不是泛指一切由于自然力量所造成的灾害。按照我国现行海洋运输货物保险条款的规定，所谓自然灾害仅指恶劣气候、地震、雷电、海啸、洪水五种人力不可抗拒的灾害。而根据1982年伦敦保险人协会《协会货物条款》的规定，属于自然灾害性质的风险有：雷电、地震、火山爆发、浪击落海，以及海水、湖水、河水进入船舶、驳船、运输工具、集装箱、大型海运箱或储存处所等。现将上述自然灾害的基本含义分别说明如下：

(1) 恶劣气候（heavy weather）。一般指海上的飓风、大浪引起的船体颠簸倾斜，并由此造成船体、船舶机器设备的损坏，或者因此而引起的船上所载货物的相互挤压、碰撞所导致的货物的破碎、渗漏、凹瘪等损失。恶劣气候原是英国海上保险早期承保的一项灾难。在1982年伦敦保险人协会的《协会货物条款》中，已不再使用这个术语了，取而代之的是一系列较易理解的列明风险，如搁浅、触礁、沉没、碰撞、倾覆、海啸等。因为恶劣气候造成的船舶颠簸、晃动，以致货物移位受损，往往与船方理舱不当而造成的货物损失不易分清，故其属保险人不承保的损失。

(2) 雷电（lightning）。指被保险货物在海上或陆上运输过程中，由雷电所直接造成的或者由于雷电引起火灾所造成的损害。

(3) 海啸（tsunami）。主要指由于海底地壳发生变异，引发下降或上升，引起剧烈震荡而产生的巨大波浪，致使被保险货物遭受损害或灭失。

（4）地震或火山爆发（earthquake or volcanic eruption）。这是指直接或归因于地震或火山爆发所致被保险货物的损失。

（5）洪水（flood）。指因江河泛滥、洪水暴发、湖水上岸及倒灌、暴雨积水导致保险货物遭受泡损、淹没、冲散等损失。

（6）浪击落海（washing overboard）。通常指存放在舱面上的货物在运输过程中受海浪冲击落海而造成的损失。我国现行海运货物基本险不包括此项风险，该风险在附加险的舱面险中承保。

（7）海水、湖水或河水进入船舶、驳船、运输工具、集装箱、大型海运箱或储存处所等（entry of sea，lake or river water into vessel，craft，hold，conveyance，container，or place of storage）。这种风险不仅包括由于海水而且也包括由于湖水和河水进入船舶等运输工具或储存处所所造成的保险货物的损失。这里对储存处所的范围未加限定，可以理解为包括陆上一切永久性的或临时性的有顶棚或露天的储存处所。

上述自然灾害中，洪水、地震、火山爆发以及湖水、河水进入运输工具或储存处所等风险，并非是真正发生在海上的风险，而是发生在内陆或内河或内湖的风险。但是对于海运货物保险来说，由于这些风险是伴随海上航行而产生的，而且危害往往很大，为了适应被保险人的实际需要，在海上货物运输保险的长期实践中，逐渐地把它们也一并列入海运货物保险承保范围之内。

2. 意外事故

意外事故一般是指由于偶然的非意料中的原因所造成的事故。但在海上保险业务中，所谓意外事故，并不是泛指的海上意外事故。按照我国现行海洋运输货物保险条款的规定，意外事故仅指运输工具遭受搁浅、触礁、沉没、互撞、与流冰或其他物体碰撞以及失火、爆炸等。根据1982年伦敦保险人协会的《协会货物条款》，意外事故，除了船舶、驳船的触礁、搁浅、沉没、倾覆、火灾、爆炸等外，还有陆上运输工具的倾覆或出轨。由此看出，海运货物保险所承保的意外事故，也不限于海上所发生的意外事故。现将这些意外事故及其含义，分别说明如下：

（1）火灾（fire）。是指在航海中，因意外起火失去控制并造成经济损失的燃烧。船舶或其所载货物被火焚毁、烧焦、烟熏、烧裂等的经济损失，以及救火时由于搬移货物、消防灌水等造成水渍或其他损失，都属于火灾的范畴。

考察火灾损失时，需要注意货物是否因自燃引起损失。货物自燃（spontaneous combustion）造成的自身的损失，除非合同有相反的规定，保险人可以免责，因为自燃是由于货物内在缺陷和自然特性引起的，它属于必然的、不可避免的损失。

（2）爆炸（explosion）。一般是指物体内部发生急剧的分解或燃烧，并发出大量的气体和热力，致使物体本身及其周围的其他物体遭受猛烈破坏的现象。

（3）搁浅（grounding）。指船舶在航行中，由于意外或异常的原因，船底与水下障碍物紧密接触，牢牢地被搁住，并且持续一定时间失去进退自由的状态。

若船舶仅从障碍物上或旁边擦过而并未被阻留，或船底与水下障碍物的接触不是偶然的或异常的原因，如规律性的潮水涨落造成船舶被搁浅在沙滩上，不得以搁浅的名义向保险公司索赔。

（4）触礁（stranding）。指船舶在航行中触及海中岩礁或其他障碍物如木桩、渔栅等造成的一种意外事故。船只同沉船的“残骸”相接触，也可以视为“触礁”。

(5) 沉没（sunk）。指船舶因海水侵入，失去动力，船体全部沉入海中，无法继续航行，或者虽未构成船体全部沉没，但已经大大超过船舶规定的吃水标准，由此造成货物的损失，属于沉没责任。如船体的一部分浸入水中或者不继续下沉，海水仍不断渗入舱内，但船只还具有航行能力的，则不能视作沉没。

(6) 碰撞（collision）。货物运输保险承保的碰撞风险，是指载货船舶同水以外的外界物体，如码头、船舶、灯塔、流冰等，发生猛力接触，因此造成船上货物的损失。船只同海水的接触，以及船只停泊在港口内与他船并排停靠码头旁边，因为波动而相互挤擦，均不能作为碰撞。

若发生碰撞的是两条船舶，则碰撞不仅会带来船体及货物的损失，还会产生碰撞的责任损失。碰撞是海上保险中一项主要的承保责任。

(7) 倾覆（overturn）。指船舶在航行中遭受自然灾害或意外事故导致船体翻倒或倾斜，失去正常状态，非经救助不能继续航行，由此造成的保险货物的损失，属于倾覆责任。

3. 其他风险

海上保险传统上还承保一些发生在海上但既不属于自然灾害又不属于意外事故的风险，如下所述：

(1) 海盗（pirates）。海运货物保险单所承保的海盗风险，是指强盗为了个人的目的而无区别地对保险标的进行劫掠所造成的损失，它与某些人为了政治目的而合法或非法地抢劫某一特定国家的财产的行为有别。

(2) 抛弃（jettison）。指人为地、合理地将船上的货物或船上的部分设备抛入海中。抛弃损失是海上保险历史上最早的承保风险。

需要注意的是，装在甲板上的货物，如果没有特别声明按甲板货投保，普通的海上货物保险并不承保甲板货，因而保险人也不负责甲板货的抛弃损失。另外，货物由于其内在缺陷而被抛弃，或货物因不合理地存放在不安全地点而被抛弃，保险人也不负责任。危险品如因其特性被放在甲板上，有时会因其特性被抛弃，被保险人最好在投保时指明要包括抛弃风险，这样才有权对抛弃的损失得到赔偿。

(3) 船长、船员的恶意损害（barratry）。恶意损害是指船长、船员的各项蓄意破坏的行为，损害了船舶所有人或租船人的利益。它是海上保险中传统的承保风险之一。常见的船长、船员的恶意行为有：船长、船员凿船，非法将货物卖掉，故意绕航，船员无故拒绝卸货，船长、船员弃船和船员走私等。

(4) 吊索损害（sling loss）。指被保险货物在起运港、卸货港或转运港进行装载时，从吊钩上摔下而造成保险货物的损失。在中、英两国海运货物保险条款中均承保这种风险，但其具体规定并不完全相同。

（二）海上损失与费用

海上损失与费用，是指被保险货物在海洋运输中因遭受海上风险而引起的损失与费用。按照海运保险业务的一般习惯，海上损失还包括与海运相连接的陆上或内河运输中所发生的损失与费用。

1. 海上损失

在海上保险中，保险标的遭受承保风险而造成的损失，按照损失程度划分，可以分为全部损失和部分损失。现分别说明如下：

(1) 全部损失 (total loss)。简称全损，按其损失情况的不同，又可分为实际全损 (actual total loss) 和推定全损 (constructive total loss) 两种：

1) 实际全损。这是指被保险货物完全灭失或完全变质，或者货物实际上已不可能归还保险人。构成被保险货物“实际全损”的情况有下列几种：

第一，保险标的完全灭失 (physical destruction)。指保险标的实体已经完全毁损或不复存在。如大火烧掉船舶或货物，糖、盐这类易溶货物被海水溶化，船舶遭飓风沉没，船舶碰撞后沉入深海等。

第二，保险标的丧失属性 (loss of specie)。即指保险标的的属性已被彻底改变，不再是投保时所描述的内容，例如货物发生了化学变化使得货物分解，在这类情况下，保险标的丧失商业价值或使用价值，均属于实际全损。但如果货物到达目的地时损失虽然严重，但属性没有改变，经过一定的整理，还可以以原来的商品名义降价处理，那就只是部分损失。

第三，被保险人无法挽回地丧失了保险标的 (irretrievable deprivation)。在这种情况下，保险标的仍然实际存在，可能丝毫没有损失，或者有损失而没有丧失属性，但被保险人已经无可挽回地丧失了对它的有效占有。比如，一根金条掉入了大海，要想收回它是不可能的了。再如，战时保险货物被敌方捕获并宣布为战利品。

第四，保险货物的神秘失踪 (mysterious disappearance)。按照海上保险的惯例，船舶失踪达一定合理的期限，在劳合社就被宣布为失踪船舶 (missing ship)。在和平时期，如无相反的证据，船舶的失踪被认为是由海上风险造成的实际全损。船舶如果失踪，船上所载货物也随之发生“不明原因失踪”，货主可以向货物保险人索赔实际全损。

2) 推定全损。又称商业全损。当保险标的因实际全损不可避免而被放弃，或者为了避免实际全损而花费的费用将超过保险标的本身的价值，就会构成推定全损。具体地说，保险货物构成推定全损，有以下几种情况：

第一，保险标的的实际全损不可避免。如船舶触礁地点在偏远而危险的地方，因气候恶劣，不能进行救助，尽管货物实际全损还没有发生，但实际全损将不可避免地发生；又如货物在运输途中严重受损，虽然当时没有丧失属性，但可以预计到达目的地时丧失属性不可避免。这类情况下被保险人就可以按推定全损索赔。

第二，被保险人丧失对保险标的的实际占有。被保险人丧失对保险标的的实际占有，在合理的时间内不可能收回该标的，或者收回标的的费用要大于标的回收后的价值，就构成推定全损。

第三，保险货物严重受损。保险货物严重受损，其修理、恢复费用和续运费用总和大于货物本身的价值，该批货物就构成了推定全损。

推定全损是介于实际全损和部分损失之间的一种损失。发生了推定全损，可以将其视为部分损失，也可以将其视为全部损失。被保险人有两种选择：一种选择是，被保险人保留保险标的，按照部分损失向保险人要求赔偿，保险人就在保险金额或保险价值的限度内按照实际损失赔偿被保险人；另一种选择是，被保险人放弃保险标的，按照推定全损向保险人索赔，保险人就按照保险单上的保险金额或可保价值对被保险人进行全损赔偿。按全损索赔时，被保险人必须向保险人发出委付通知，声明愿意将保险标的的一切权益包括财产权及一切由此产生的权利与义务转让给保险人，而要求保险人按全损给予赔偿。而按照部分损失索赔时，被保险人无须发出委付通知。因而，被保险人是否及时地发出了有效的委付通知，对于其能否成功地索赔推定全损非常重要。

(2) 部分损失。部分损失是指被保险货物的损失，没有达到全部损失的程度。在部分损失中，包括共同海损（general average）和单独海损（particular average）两种。

1) 共同海损。是指载货的船舶在海上遇到灾害、事故，威胁到船、货等各方的共同安全，为了解除这种威胁，维护船、货安全，或者使航程得以继续完成，由船方有意识地、合理地采取措施，作出了某些特殊牺牲或支出了某些额外费用，这些损失和费用叫共同海损。例如，某一货船从上海驶往马赛，途中遭遇暴风雨，船身严重倾斜，即将倾覆，船长为了避免船只覆没，命令船员抛弃船舱内的一部分货物以保持船身平衡，这种抛弃就是为了避免船、货的全部损失而采取的措施，被抛弃的货物属于特殊牺牲，这项损失应由船、货各利害关系方共同负担。又如，船舶搁浅时，为了使船舶脱险而雇用拖驳强行脱浅的费用，即为共同海损费用。可见，共同海损损失和费用，是采取救难措施所引起的。构成共同海损，应具备以下条件：

第一，必须确实遭遇危难。亦即共同海损的危险，必须是实际存在的，或者是不可避免，而不是主观臆测的。不是所有的海上灾害、事故，都会引起共同海损危险的。只有危险是实际存在的，或者是不可避免会产生时，才构成共同海损。

第二，必须是自动地、有意识地采取合理措施。例如，船身因风暴而严重倾斜时，如不减轻重量，会导致船身沉没。为此，将偏重部分货舱中的物资抛弃一部分入海，以保持船身平衡，这种有意采取合理措施所作出的牺牲，应属共同海损。

第三，必须是为船、货共同安全而采取的措施。采取共同海损的措施，必须是以维护船只和所有载运物资的共同安全为目的。如只是为了船舶或货物单方面的利益而造成的损失，则不能作为共同海损。

第四，必须是属于非常性质的损失。例如，船只搁浅之后，为使船只脱浅，非正常地使用船上轮机，因而使轮机遭受损失，即属于非常性质的损失。

在这里需要说明的是，共同海损发生后，被保险人可根据保险合同向保险人索赔。关于保险人对共同海损的赔偿，通常按下列办法处理：

第一，保险人赔偿的共同海损，必须是承保责任范围内的损失，如果引起共同海损事故的原因不属保险人承保的风险，保险人对因此而引起的共同海损牺牲、费用和分摊当然不承担责任，而由被保险人自己承担。

第二，保险人对共同海损的赔偿是以保险价值作为计算基础的。所以，当保险标的的共同海损分摊价值等于或低于保险价值时，保险人可以按共同海损分摊金额全部赔偿；相反，当共同海损分摊价值高于保险价值时，视同发生了不足额保险，保险人只按保险价值与共同海损分摊价值的比例赔偿，其差额由作为被保险人的船、货和运费各方自行负担。

第三，在保险合同项下，对于保险标的所遭受的共同海损牺牲，被保险人可直接要求保险人全部赔偿，而不必先向有关受益方索取共同海损分摊。保险人赔偿后取得向其他受益方要求分摊的追偿权利。

2) 单独海损。是指除共同海损以外的意外损失，即由于承保范围内的风险所直接导致的船舶或货物的部分损失。该损失仅由各受损者单独负担。例如，某公司出口核桃仁

100 公吨，在海运途中遭受暴风雨，海水浸入舱内，核桃仁受水泡变质，这种损失只是使该公司一家的利益遭受影响，跟同船所装的其他货物的货主和船东利益并没有什么关系，因而属于单独海损。

以上表明，共同海损和单独海损是有区别的，这主要表现在两个方面：

其一，造成海损的原因有别。单独海损，是承保风险所直接导致的船货损失；共同海损，则不是承保风险所直接导致的损失，而是为了解除船、货共同危险而有意采取合理措施所造成的损失。

其二，损失的承担责任有别。单独海损，由受损方自行承担；而共同海损，则应由各受益方按照受益大小的比例共同分摊。

2. 海上费用

海上费用是指保险公司承保的费用。保险货物遭遇保险责任范围内的事故，除了能使货物本身受到损毁导致经济损失外，还会产生费用方面的损失。这些费用，保险人也给予赔偿，其中主要有下列两种费用：

(1) 施救费用（sue and labour expenses)。这是指当保险标的遭遇保险责任范围内的灾害事故时，被保险人或者其代理人、雇佣人和受让人等，为防止损失的扩大而采取抢救措施所支出的合理费用，称为施救费用。保险人对这种施救费用，负责赔偿。保险人对施救费用赔偿的条件如下：

第一，施救费用必须是合理的和必要的。

第二，施救费用必须是为防止或减少承保风险造成的损失所采取的措施而支出的费用。

第三，施救费用是因被保险人及其代理人、雇佣人采取措施而支出的费用。

第四，施救费用的赔偿，并不考虑措施是否成功。

保险人对施救费用赔偿的限度，是在对保险标的的损失赔偿之外另行支付的。保险人对保险标的损失的赔偿，是以保险金额为限；而保险人对施救费用的赔偿责任，也是以保险金额为限。故而保险人对一次保险事故的损失赔偿，可能达到两个保险金额。

(2) 救助费用（salvage charge)。这是指保险标的遭遇保险责任范围内的灾害事故时，由保险人和被保险人以外的第三者采取救助行动，而向其支付的费用。

保险人赔偿救助费用的首要条件是，救助工作必须是为了避免承保风险引起的损失。保险人对救助费用的赔偿限度是：以获救财产的价值为限，救助费用与保险标的本身损失的赔偿相加，不得超过一个保险金额。如果保险标的发生全损，除非另有约定，保险人对于救助费用就不再赔偿了。

根据现行海上货物保险条款，上述施救费用与救助费用是分开承保的，施救费用与救助费用存在下列差别：

1) 采取行为的主体不同。施救费用是由“被保险人及其代理人、雇佣人和受让人”采取行动所发生的费用。而救助费用，则是指保险人和被保险人以外的第三方救助者采取行动所应取得的救助报酬。

2) 保险人赔偿的前提不同。对于施救费用，无论施救行动是否取得效果，保险人对于合理支出的施救费用均予以赔偿。而对救助费用的赔偿，是在救助行为取得效果的前提条件下，由保险人赔偿被保险人所支付的救助报酬。

3）保险人的赔偿限度不同。保险人对施救费用可在赔偿保险货物本身的损失金额以外，最多再赔偿一个保险金额；而保险人对救助费用的赔偿责任是以不超过获救财产的价值为限，也就是说，救助费用与保险货物本身损失的赔偿金额两者相加，不超过货物的保险金额。

4）是否是共同海损费用。救助行为一般总是与共同海损相联系，因而救助费用往往是共同海损费用的一部分，是为了使保险财产及其他财产避免遭受共同危险而自愿且合理地支出的费用；而施救费用的支出往往仅仅是为了被保险人一方的利益。

二、外来风险与损失

外来风险一般是指海上风险以外的其他外来原因所造成的风险。这些外来风险，也可能造成保险标的的全部损失或部分损失，并引起相关的费用损失。外来风险，可分为一般外来风险和特殊外来风险。

（一）一般外来风险与损失

一般外来风险与损失，是指被保险货物在运输途中，由于一般外来原因所造成的偷窃、短量、雨淋、沾污、渗漏、破碎、受热受潮、串味等风险损失。现具体分述如下：

（1）偷窃（theft 或 pilferage）。一般是指暗中的窃取，不包括公开的攻击性的劫夺。

（2）沾污（contamination）。是指货物在运输途中受到其他物质的污染所造成的损失。

（3）渗漏（leakage）。是指流质或者半流质的物质因为容器的破漏引起的损失。

（4）破碎（breakage）。是指易碎物品遭受碰压造成破裂、碎块的损失。

（5）受热受潮（sweating and/or heating）。是指由于气温的骤然变化或者船上的通风设备失灵，使船舱内的水汽凝结，引起发潮、发热而导致货物的损失。

（6）串味（taint of odour）。是指货物受到其他异味物品的影响而引起串味所导致的损失。

（7）生锈（rusting）。是指货物在运输过程中发生锈损现象。

（8）钩损（hook damage）。是指货物在装卸搬运的操作过程中，由于挂钩或用手钩不当而导致货物的损失。

（9）淡水雨淋（fresh and/or rain water damage）。是指由于淡水、雨水或融雪而导致货物水残的损失。

（10）短少和提货不着（short-delivery and non-delivery）。是指货物在运输途中被遗失而未能运到目的地，或运抵目的地发现整件短少，未能交给收货人。

（11）短量（shortage in weight）。是指货物在运输过程中发生重量短少。

（12）碰损（clashing）。主要是指金属及其制品在运输途中因受震动、受挤压而造成变形等损失。

（二）特殊外来风险与损失

特殊外来风险与损失，是指由于军事、政治、国家政策法令以及行政措施等特殊外来原因所造成的风险与损失。例如，战争、罢工、因船舶中途被扣而导致交货不到，以及货物被有关当局拒绝进口或没收而导致的损失等。

第三节 我国海洋货物运输保险的险别

保险险别是保险人对风险和损失的承保责任范围，它是保险人与被保险人履行权利与义务的基础。海洋运输货物保险的险别很多，概括起来，分为基本险别和附加险别两大类。

一、基本险别

根据我国现行海洋货物运输保险条款的规定，在基本险别中，包括平安险（free from particular average，简称 FPA）、水渍险（with particular average，简称 WPA 或 WA）和一切险（all risks）三种。

（一）平安险

平安险这一名称，在我国保险行业中沿用甚久。其英文原意是指单独海损不负责赔偿。现行平安险的责任范围包括：

（1）在运输过程中，由于自然灾害和运输工具发生意外事故，造成被保险货物的实际全损或推定全损。

（2）由于运输工具遭遇搁浅、触礁、沉没、互撞、与流冰或其他物体碰撞以及失火、爆炸等意外事故造成被保险货物的全部或部分损失。

（3）只要运输工具曾经发生搁浅、触礁、沉没、焚毁等意外事故，不论这意外事故发生之前或者以后曾在海上遭遇恶劣气候、雷电、海啸等自然灾害所造成的被保险货物的部分损失。

（4）在装卸转船过程中，被保险货物一件或数件落海所造成的全部损失或部分损失。

（5）被保险人对遭受承保责任内危险的货物采取抢救，防止或减少货损措施而支付的合理费用，但以不超过该批被救货物的保险金额为限。

（6）运输工具遭遇自然灾害或意外事故，需要在中途的港口或者在避难港口停靠，因而引起的卸货、装货、存仓以及运送货物所产生的特别费用。

（7）发生共同海损所引起的牺牲、分摊费和救助费用。

（8）运输契约中有“船舶互撞条款”，按该条款规定应由货方偿还船方的损失。

（二）水渍险

水渍险的责任范围，除包括上列平安险的各项责任外，还负责被保险货物由于恶劣气候、雷电、海啸、地震、洪水等自然灾害所造成的部分损失。

（三）一切险

一切险的责任范围，除包括平安险和水渍险的所有责任外，还包括货物在运输过程中由一般外来原因所造成的被保险货物的全损或部分损失。

上述三种基本险别，被保险人可以从中选择一种投保。

根据我国现行海洋运输货物保险条款的规定，平安险、水渍险和一切险承保责任的起讫，均采用国际保险业中惯用的“仓至仓条款”（warehouse to warehouse，简称 W/W）规定的办法处理。按该条款规定，保险公司所承担的保险责任，是从被保险货物运离保险单所载明的起运港（地）发货人仓库开始，一直到货物到达保险单所载明的目的港（地）收货人的仓库时为止。当货物一进入收货人仓库，保险责任即行终止。但是，当货物从目的港卸离海轮时起算满60天，不论保险货物有没有进入收货人的仓库，保险责任均告终止。例如，100件棉纱从天津出口被运往吉隆坡，海轮于6月1日抵达吉隆坡港，并开始卸货，6月3日全部卸在码头货棚，而未运往收货人仓库，那么，该保险责任到8月2日即告终止。当然，如果在8月2日前这批棉纱运进了收货人仓库，则不论在哪一天进入该仓库，保险责任也告终止。如在上述保险期限内，被保险货物需转运到非保险单所载明的目的地，则以该项货物开始转运时终止。另外，被保险货物在运至保险单所载明的目的港或目的地以前的某一仓库而发生分配、分派的情况，则该仓库就作为被保险人的最后仓库，保险责任也从货物运抵该仓库时终止。

此外，保险人可以要求扩展保险期。例如，对某些内陆国家出口货物，如在港口卸货转运内陆，无法在保险条款规定的保险期限内到达目的地，即可申请扩展。经保险公司出立凭证予以延长，每日加收一定保险费。

不过，在上述三种基本险别中都明确规定了除外责任。所谓除外责任（exclusion），是指保险公司明确规定不予承保的损失或费用。《中国人民保险公司海洋运输货物保险条款》规定，对于下列损失，保险人不负赔偿责任：

（1）被保险人的故意行为或过失所造成的损失。

（2）属于发货人责任所引起的损失。

（3）在保险责任开始前，被保险货物已存在的品质不良或数量短差所造成的损失。

（4）被保险货物的自然损耗、本质缺陷、特性以及市价跌落、运输延迟所引起的损失或费用。

（5）海洋运输货物战争险条款和货物运输罢工险条款规定的责任范围和除外责任。

二、附加险别

海洋运输货物保险的附加险种类繁多，归纳起来，可分为一般附加险和特别附加险两类。

（一）一般附加险

1. 偷窃提货不着险（theft，pilferage and non-delivery，简称 T. P. N. D.）

在保险有效期内，保险货物被偷走或窃走，以及货物运抵目的地以后，货物的全部或整件未交的损失，由保险公司负责赔偿。

2. 淡水雨淋险（fresh water rain damage，简称 F. W. R. D.）

货物在运输中，由于淡水、雨水以及冰雪融化所造成的损失，保险公司都应负责赔偿。淡水包括船上淡水舱、水管漏水以及舱汗等。

3. 短量险（risk of shortage）

指保险人承担承保货物数量和重量发生短少的损失。通常，包装货物的短少，保险公司必须要查清外包装是否发生异常现象，如破口、破袋、扯缝等。如属散装货物，往往以装船重量和卸船重量之间的差额，作为计算短量的依据，但不包括正常运输途中的自然损耗。

4. 混杂、沾污险（risk of intermixture & contamination）

指承保货物在运输过程中混进杂质所造成的损失。

5. 渗漏险（risk of leakage）

指流质、半流质的液体物质和油类物质，在运输过程中，因为容器损坏而引起的渗漏损失。例如，以流体装存的湿肠衣，因为流体渗漏而使肠衣发生腐烂、变质等损失，均由保险公司负责赔偿。

6. 碰损、破碎险（risk of clash & breakage）

指保险人承保货物碰损和破碎的损失。碰损主要是对金属、木质等货物来说的；破碎则主要是对易碎性物质来说的。前者是指在运输途中，因为受到震动、颠簸、挤压而造成货物本身的损失；后者是在运输途中由于装卸野蛮、粗鲁搬运、运输工具的颠震造成货物本身的破裂、断碎的损失。

7. 串味险（risk of odour）

指承保货物在运输途中，因受其他带异味货物的影响而造成串味的损失。例如，茶叶、香料、药材等，在运输途中受到一起堆储的皮张、樟脑等异味的影响，而使其品质受到损失。

8. 受热、受潮险（damage caused by heating & sweating）

指承保货物在运输途中因受气温变化或水蒸气的影响，而使货物发生变质的损失。例如，船舶在航行途中，由于气温骤变，或者因为船上通风设备失灵等，使舱内水汽凝结、发潮、发热引起货物的损失。

9. 钩损险（hook damage）

保险货物在装卸过程中，因为使用手钩、吊钩等工具所造成的损失。例如，粮食包装袋因被吊钩钩坏而造成粮食外漏所造成的损失，保险公司在承保该险别的情况下应予赔偿。

10. 包装破裂险（loss or damage caused by breakage of packing）

指保险人承保因包装破裂造成物资短少、沾污等损失。此外，对于因保险货物在运输过程中续运安全需要而产生的候补包装、调换包装所支付的费用，保险公司也应负担。

11. 锈损险（risk of rust）

指保险公司承保货物在运输过程中因为生锈造成的损失。不过，这种生锈必须在保险期内发生，如原装时就已生锈，保险公司则不负责任。

一般附加险不能独立投保，它只能在投平安险或水渍险的基础上加保。但若投保一切险时，因上述险别均包括在内，故无须加保。

（二）特别附加险

特别附加险是指承保由于军事、政治、国家政策法令以及行政措施等特殊外来原因所引起的风险与损失的险别。中国人民保险公司承保的特别附加险，除包括下列战争险（war risk）和罢工险（strikes risk）以外，还有交货不到险（failure to delivery risks）、进口关税险（import duty risk）、舱面险（on deck risk）、拒收险（rejection risk）、黄曲霉素险（aflatoxin risk）和出口货物到香港（包括九龙在内）或澳门存储仓火险责任扩展条款（fire risk extention clause for storage of cargo at destination Hongkong，including Kowloon or Macao）。

1. 战争险（war risk）

战争险是承保战争或类似战争行为等引起保险货物的直接损失。在我国，战争险不能单独投保，只能在投保一种基本险的基础上加保。保险公司对此种险别的承保责任范围包括：由于战争、类似战争行为和敌对行为、武装冲突或海盗行为以及由此而引起的捕获、拘留、禁制、扣押所造成的损失；或者由于各种常规武器（包括水雷、鱼雷、炸弹）所造成的损失；由于上述原因所引起的共同海损的牺牲、分摊和救助费用。但对原子弹、氢弹等核武器所造成的损失，保险公司不予赔偿。

战争险的责任起讫与平安险、水渍险及一切险的责任起讫不同，它不采用仓至仓条款。战争险的负责期限，仅限于水上危险或运输工具上的危险。例如，海运战争险规定，自保险单所载明的起运港装上海轮或驳船时开始，直到保险单所载明的目的港卸离海轮或驳船时为止。如货物不卸离海轮或驳船，则保险责任最长延至货物到目的港之当日午夜起算15天为止。如在中途港转船，则不论货物在当地卸载与否，保险责任以海轮到达该港或卸货地点的当日午夜起算满15天为止，待再装上续运的海轮时，保险人仍继续负责。

2. 罢工险（strikes risk）

罢工险是保险人承保因罢工者，被迫停工工人，参加工潮、暴动和民众战争的人员采取行动所造成的承保货物的直接损失。对于任何人的恶意行为造成的损失，保险公司也予以赔偿。

目前，我国保险公司可以接受按中国海运货物保险条款和伦敦保险协会货物保险条款承保。但在我国出口业务中，如国外客户要求采用伦敦保险人协会的《协会货物条款》时，我国保险公司也可酌情接受。在这种情况下，保险合同的准据法适用英国的法律与惯例。

第四节　伦敦保险人协会货物保险条款

在世界海上保险业务中，英国是一个具有悠久历史和比较发达的国家。它所制定的保险规章制度，特别是保险单和保险条款，对世界各国影响颇大。目前，世界上大多数国家在海上保险业务中直接采用英国伦敦保险人协会所制定的《协会货物条款》（Institute Cargo Clauses，简称ICC）。

“协会货物条款”最早制定于1912年，在1963年、1982年和2009年经过几次重要的修订。目前，国际市场上1982年和2009年协会货物条款同时使用。2009年版的协会货物条款在1982年版的基础上做了一些调整。本节重点介绍1982年的ICC（A）、(B)、(C)等条款的内容，并就2009版条款的主要变化做出说明。

一、伦敦保险人协会海运货物保险条款的种类

现行ICC条款有6种险别，除恶意损害险外，其他5种险别都是可独立投保的险别，并且在条款的结构和内容上都非常相似，基本包括下列8项内容：

(1) 承保范围（risks covered）；

(2) 除外责任（exclusions）；

(3) 保险期限（duration）；

(4) 索赔（claims）；

(5) 保险利益（benefit of insurance）；

(6) 减少损失（minimizing losses）；

(7) 防止延迟（avoidance of delay）；

(8) 法律与惯例（law and practice）。

现行 ICC 条款与旧条款比照情况如表 5—1 所示。

表 5—1　　现行 ICC 条款与旧条款比照表

1963 年旧条款	1982/2009 年新条款
协会货物一切险条款 Institute Cargo Clauses—All Risks	协会货物条款（A） Institute Cargo Clauses（A），简称 ICC（A）
协会货物水渍险条款 Institute Cargo Clauses—W. A.	协会货物条款（B） Institute Cargo Clauses（B），简称 ICC（B）
协会货物平安险条款 Institute Cargo Clauses—F. P. A.	协会货物条款（C） Institute Cargo Clauses（C），简称 ICC（C）
协会货物战争险条款 Institute War Clauses	协会战争险条款（货物） Institute War Clauses—Cargo
协会罢工、暴动和民变险条款 Institute Strikes Riot&Civil Commotions Clauses	协会罢工险条款（货物） Institute Strikes Clauses—Cargo
	恶意损害险条款（A） Malicious Damage Clauses

二、1982 年协会货物保险主要险别的承保风险与除外责任

（一）ICC（A）条款的承保风险和除外责任

1. ICC（A）的承保风险

根据伦敦保险人协会对新条款的规定，对 ICC（A）采用"一切风险＋除外责任"的办法，即除了"除外责任"项下所列风险保险人不予负责外，其他风险均予负责。

2. ICC（A）的除外责任

（1）一般除外责任。包括：归因于被保险人故意的不法行为造成的损失或费用；自然渗漏、自然损耗、自然磨损、包装不足或不当所造成的损失或费用；保险标的内在缺陷或特性所造成的损失或费用；直接由于延迟所引起的损失或费用；由于船舶所有人、租船人经营破产或不履行债务所造成的损失或费用；由于使用任何原子或核武器所造成的损失或费用。

（2）不适航、不适货除外责任。所谓不适航、不适货除外责任，是指保险标的在装船时，如被保险人或其受雇人已经知道船舶不适航，以及船舶、装运工具、集装箱等不适货，保险人不负赔偿责任。

（3）战争除外责任。包括：由于战争、内战、敌对行为等造成的损失或费用；由于捕获、拘留、扣留等（海盗除外）所造成的损失或费用；由于漂流水雷、鱼雷等造成的损失或费用。

（4）罢工除外责任。罢工者、被迫停工工人造成的损失或费用，以及由于罢工、被迫

停工所造成的损失或费用等。

（二）ICC（B）条款的承保风险和除外责任

1. ICC（B）的承保风险

根据伦敦保险人协会对ICC（B）和ICC（C）险规定，其承保风险的做法是采用“列明风险”的方法，即在条款的首部开宗明义地把保险人所承保的风险一一列出。因此，ICC（B）险的承保风险是灭失或损失合理归因于下列原因之一者：

（1）火灾、爆炸；

（2）船舶或驳船触礁、搁浅、沉没或倾覆；

（3）陆上运输工具倾覆或出轨；

（4）船舶、驳船或运输工具同水以外的外界物体碰撞；

（5）在避难港卸货；

（6）地震、火山爆发、雷电；

（7）共同海损牺牲；

（8）抛货；

（9）浪击落海；

（10）海水、湖水或河水进入船舶、驳船、运输工具、集装箱、大型海运箱或贮存处所；

（11）货物在装卸时落海或摔落造成整件的全损。

2. ICC（B）条款的除外责任

它与ICC（A）条款的除外责任基本相同，但有下列两点区别：

（1）ICC（A）对被保险人的故意不法行为所造成的损失、费用不负赔偿责任外，对于被保险人之外的任何个人或数人故意损害和破坏标的物或其他任何部分的损害要负赔偿责任。但在ICC（B）下，保险人对任何人的故意不法行为所造成的损失不负赔偿责任。

（2）ICC（A）将海盗行为列入保险范围，而ICC（B）对海盗行为不负保险责任。

（三）ICC（C）条款的承保风险和除外责任

1. ICC（C）条款的承保风险

ICC（C）条款的承保风险比ICC（A）和ICC（B）要小得多，它只承保“重大意外事故”，而不承保“自然灾害及非重大意外事故”。其具体承保风险包括：

（1）火灾、爆炸；

（2）船舶或驳船触礁、搁浅、沉没或倾覆；

（3）陆上运输工具倾覆或出轨；

（4）船舶、驳船或运输工具同除水以外的任何外界物体碰撞；

（5）在避难港卸货；

（6）共同海损牺牲；

（7）抛货。

2. ICC（C）条款的除外责任

ICC（C）的除外责任，与ICC（B）完全相同。

综上所述，ICC（A）条款的承保风险类似我国的一切险，ICC（B）条款类似水渍险，ICC（C）条款类似平安险，但比平安险的责任范围要小一些。

为了便于比较和理解，现将中、英主要货物保险条款的内容进行列表，见表5—2～表5—6。

表5—2　ICC（A）与ICC（B）、ICC（C）承保风险的对比

承保风险	ICC（A）	ICC（B）	ICC（C）
（1）火灾、爆炸	√	√	√
（2）船舶、驳船的触礁、搁浅、沉没、倾覆	√	√	√
（3）陆上运输工具的倾覆或出轨	√	√	√
（4）船舶、驳船或运输工具同除水以外的任何外界物体碰撞	√	√	√
（5）在避难港卸货	√	√	√
（6）地震、火山爆发或雷电	√	√	×
（7）共同海损牺牲	√	√	√
（8）共同海损分摊和救助费用	√	√	√
（9）运输合同中有“船舶互撞责任”条款，根据该条款的规定应由货方偿还船方的损失	√	√	√
（10）抛弃	√	√	√
（11）浪击落海	√	√	×
（12）海水、湖水或河水进入船舶、驳船、运输工具、集装箱、大型海运箱或储存处所	√	√	×
（13）货物在船舶或驳船装卸时落海或跌落，造成任何整件的全损	√	√	×
（14）由于被保险人以外的其他人（如船长、船员等）的故意违法行为所造成的损失或费用	√	×	×
（15）海盗行为	√	×	×
（16）由于一般外来原因所造成的损失	√	×	×

表5—3　英、中基本险承保责任的比较——ICC（A）与一切险

险别 内容	1982年ICC（A）	1981年一切险
规定承保责任的方式	一切风险加除外责任方式	列明风险方式
船长船员的恶意损害风险	承保风险	非承保风险
海盗风险	承保风险	非承保风险
吊索损害	承保货物落海和跌落的全部损失	只承保货物落海造成的全部或部分损失
自然灾害	未加特别定义	仅承保恶劣气候、雷电、海啸、地震和洪水造成的损失
	包括海水、湖水和河水造成的损失	未声明包括湖水和河水造成的损失
	有浪击落海	没有浪击落海

续前表

险别 内容	1982 年 ICC (A)	1981 年一切险
意外事故	有运输工具的出轨或倾覆	没有规定
抛弃	包括共同海损抛弃和非共同海损抛弃	仅承保共同海损抛弃

表 5—4　英、中基本险承保责任的比较——ICC (B) 与水渍险

险别 内容	1982 年 ICC (B)	1981 年水渍险
规定承保责任的方式	列明风险方式	列明风险方式
自然灾害	区别见 ICC (A) 与一切险	
意外事故	区别见 ICC (A) 与一切险	
吊索损害	区别见 ICC (A) 与一切险	
抛弃	区别见 ICC (A) 与一切险	

表 5—5　英、中基本险承保责任的比较——ICC (C) 与平安险

险别 内容	1982 年 ICC (C)	1981 年平安险
规定承保责任的方式	列明风险方式	列明风险方式
自然灾害	不承保自然灾害造成的损失	承保单纯由于自然灾害造成的全部损失和运输工具遭遇搁浅等四种意外事故前后因自然灾害造成的部分损失
意外事故	区别见 ICC (A) 与一切险	
吊索损害	区别见 ICC (A) 与一切险	
抛弃	区别见 ICC (A) 与一切险	

表 5—6　英、中货物保险条款除外责任的比较

险别 内容	1982 年 ICC 条款	1981 年中国海运货物保险条款
一般除外责任	不包括被保险人的过失	包括被保险人的过失
	保险标的包装不足或不当	属于发货人的责任
	船舶所有人、经理人等破产或财务困难	没有此项规定
不适航不适货除外责任	只有在被保险人对不适航、不适货知情时，保险人才可以拒绝赔偿货损	没有明确规定

续前表

内容＼险别	1982 年 ICC 条款	1981 年中国海运货物保险条款
战争除外责任	在 ICC（A）中，承保海盗风险。在 ICC（B）和 ICC（C）中均不承保海盗风险	平安险、水渍险和一切险均不承保海盗风险。这一点与 ICC（B）和 ICC（C）相同
罢工除外责任	包括恐怖分子或出于政治动机而行为的人员	没有此项规定

三、1982 年协会货物保险主要险别的保险期限

保险期限（Period of Insurance）亦称保险有效期，是指保险人承担保险责任的起止期限。ICC（A）、（B）、（C）条款与上节所述我国海运货物保险条款对期限的规定大体相同，也是“仓至仓”（warehouse to warehouse），但比我国条款规定更为详细、明确。见表 5—7。

表 5—7　英、中海运货物保险条款责任起讫的比较

内容＼险别	1982 年 ICC 条款	1981 年中国海运货物保险条款
“仓至仓”责任终止之一	在载明目的地交付到收货人的或其他最后仓库或储存处所	货物运达保险单载明目的地收货人的最后仓库或储存处所
如果发生了被保险人无法控制的意外情况	无须通知保险人，责任继续有效	需要通知保险人并可能加缴保险费，责任才继续有效
运输契约终止的情况下	保险责任终止于货物到达该港口或地点满 60 天	保险责任终止于货物在该港口全部卸离海轮后满 60 天

在我国进出口业务中，特别是以 CIF 条件出口时，外商如要求我国出口公司按伦敦保险人协会《协会货物条款》投保，我国出口企业和中国人民保险公司也可通融接受。

四、2009 年协会货物保险条款的主要变化

（一）ICC（A）的主要变化

与 1982 年版 ICC（A）相比，2009 年 ICC（A）条款的变化主要表现在以下几个方面。

1. 承保责任

无重大变化，保持了用“一切险＋除外责任”的方式来规定承保责任。只是在措词上重申了第 4、5、6 和 7 条属于“除外责任”，本保险不保。

2. 除外责任

（1）一般除外责任。

1982 年条款 4.3 中，“包装不足或不当所造成的损失或费用”属于除外责任，而 2009

年条款进一步规定，只有在此种不足或不当包装是在装运之前由被保险人或其雇员造成的情况下，该保险才免除责任。并且，被保险人或其雇员应对包装质量负责，而第三方或独立合同人（如打包公司）不被认为是被保险人的雇员，故而其疏忽或过失导致包装不足、不当引起的损失或费用，该保险还是赔偿的。此规定减少了“包装不足不当”除外责任适用的范围，对被保险人有利。

1982 年条款 4.6 中，“由于船舶所有人、租船人经营破产或不履行债务所造成的损失或费用”属于除外责任，而 2009 年条款进一步规定，只有在货物装船前被保险人在其正常的业务过程中，知道或应当知道船舶所有人、租船人财务困境的情况下，该除外责任才适用。并且，该除外责任并不适用于无辜的货物买方或保单受让人。这一规定减少了该除外责任的适用范围，对被保险人有利。

1982 年条款 4.7 中，“由于使用任何原子或核武器所造成的损失或费用”属于除外责任，而 2009 年条款进一步明确，无论是直接还是间接地由任何原子或热核武器造成的损失或费用，都属于除外责任，并且，这类“武器和装置”都予以除外，包括恐怖分子可能使用“脏弹”所引起的污染和沾污。这个修订扩大了核武器除外责任的适用范围，减少了承保责任。

（2）不适航不适货除外责任。

2009 年条款基本保留了 1982 年第 5 条“不适航不适货”除外责任的主要内容，但是，增加了一个很重要的内容，即该除外责任不适用于无辜的货物买方或保单受让人，因为他们对于船舶和集装箱等运输工具或装置基本没有控制权力。这一规定对被保险人极为有利。

（3）1982 年条款罢工除外责任。

1982 年条款第 7 条规定的罢工除外责任，在 2009 年条款中均被保留。但是该条中涉及的恐怖风险除外责任则被大大地扩展了。在 2009 年条款中，任何人，无论是代表某组织或与之相关，采取了某些暴力行动，旨在颠覆、影响任何无论是否依法成立的政府，均属于除外责任。而任何人出于政治、理想或宗教动机而行动，所造成的保险标的的损失损害和费用亦属于除外责任。此规定扩大了该除外责任的适用范围。

3. 保险期间

2009 年 ICC（A）条款最重大的改动是第 8 条关于“保险期间”的规定。1982 年条款规定，保险责任始于“货物运离载明地点的仓库或贮存处所开始运送”之时。而 2009 年条款则规定，保险责任始于“货物在载明地点的仓库或贮存处所为了装入载货船或其他运输工具且开始运送而在仓库中第一次被移动（first move）”之时。1982 年条款规定保险责任终止情况包括保险标的被运入或交于（on delivery）某些特别定义的仓库，相应地，2009 年条款则规定保险责任止于货物在保单载明的卸载港“全部卸离载货船或其他运输工具（on completion of unloading）”并运入特别定义的仓库。2009 年条款对传统的“仓至仓”规定作了重大修改，采纳了经纪人市场上通常使用的责任扩展，承保了货物在仓库存放期间的一些风险，扩大了承保责任，对被保险人有利。

（二）其他条款的变化

2009 年 ICC 其他条款，包括 ICC（B）、ICC（C）、ICC 战争险和 ICC 罢工险的变化与上述 ICC（A）的变化相同。而 ICC 恶意损害险则没有任何变化，与 1982 年版相同。

第五节 其他运输方式下的货运保险

在国际货物贸易中，不仅海洋运输的货物需办理保险，陆上运输、航空运输、邮包运输的货物也都需要办理保险。保险公司对不同方式运输的货物都订有相应的专门条款。现将中国人民保险公司对其他各种运输方式的货运保险，分别介绍如下。

一、陆上运输货物保险

陆上运输货物保险的险别分为陆运险和陆运一切险两种，其承保的责任范围如下。

（一）陆运险的责任范围

被保险货物在运输途中遭受暴风、雷电、地震、洪水等自然灾害，或由于陆上运输工具（主要是指火车、汽车）遭受碰撞、倾覆或出轨，或在驳运过程中驳运工具搁浅、触礁、沉没，或由于遭受隧道坍塌、崖崩或火灾、爆炸等意外事故，所造成的全部或部分损失。由此可见，保险公司对陆运险的承保范围，大致相当于海运货物保险中的水渍险。

（二）陆运一切险的责任范围

除包括上述陆运险的责任外，保险公司对被保险货物在运输途中由于一般外来原因造成的短少、短量、偷窃、渗漏、碰损、破碎、钩损、雨淋、生锈、受潮、受热、发霉、串味、沾污等全部或部分损失，也负赔偿责任。

（三）陆上运输货物保险的除外责任

（1）被保险人的故意行为或过失所造成的损失。

（2）属于发货人所负责任或被保险货物的自然消耗所引起的损失。

（3）由于战争、工人罢工或运输延迟所造成的损失。

保险责任的起讫期限与海洋运输货物保险的仓至仓条款基本相同，是从被保险货物运离保险单所载明的起运地发货人的仓库或储存处所开始运输时生效。它包括正常陆运和有关水上驳运在内，直到该项货物送交保险单所载明的目的地收货人仓库或储存处所，或被保险人用作分配、分派或非正常运输的其他储存处所为止。但如未运抵上述仓库或储存处所，则以被保险货物到达最后卸载的车站后 60 天为限。

在陆上运输货物保险中，被保险货物在投保陆运险或陆运一切险的基础上，经过协商还可以加保陆上运输货物保险的一种或若干种附加险，如陆运战争险等。陆运战争险与海运战争险，由于运输工具有其本身的特点，具体责任有一些差别，但就战争险的共同负责范围来说，基本上是一致的。即对直接由于战争、类似战争行为以及武装冲突所导致的损失，如货物由于捕获、扣留、拘留、禁制和扣押等行为引起的损失，应由保险公司负责赔偿。

二、航空运输货物保险

航空运输货物保险（air transportation cargo insurance）也分为航空运输险和航空运

输一切险两种。航空运输险的承保责任范围与海运水渍险大体相同；航空运输一切险除包括上述航空运输险的责任外，还包括对被保险货物在运输途中由于外来原因所造成的包括被偷窃、短少等全部或部分损失负赔偿之责。

在此需要指出的是，航空运输货物保险的除外责任，与之前所述的海洋运输货物保险的除外责任相同。

航空运输货物保险的责任，从被保险货物运离保险单所载明的起运地仓库或储存处所开始运输时生效。在正常运输过程中继续有效，直到该项货物抵运保险单所载明的目的地并交到收货人仓库/储存处所或被保险人用作分配、分派/非正常运输的其他储存处所为止。如被保险货物未到达上述仓库或储存处所，则以被保险货物在最后卸货地卸离飞机后满 30 天为止。

与上述陆运货物保险一样，被保险货物在投保航空运输险和航空运输一切险后，还可经协商加保航空运输货物战争险等附加险。

三、邮运包裹保险

邮政包裹保险（parcel post insurance）承保邮包在运输途中因自然灾害、意外事故和外来原因所造成的损失。邮包保险包括邮包险和邮包一切险两种基本险别。其责任起讫是：自被保险邮包离开保险单所载起运地点寄件人的处所运往邮局时开始生效，直至被保险邮包运达保险单所载明的目的地邮局发出通知书给收件人当日午夜起算为止。在投保这两种基本险别之一的基础上，还可酌情加保邮包战争险等附加险。

第六节　保险条款的约定和进出口货物保险实务

一、保险条款的约定

在国际贸易长期实践中逐渐形成的贸易术语，涉及买卖合同当事人的权利、义务，并具体体现买卖双方在货物交接过程中有关责任、费用和风险的划分。

在国际货物买卖合同中，为了明确交易双方在货运保险方面的责任，通常都订有保险条款，其内容繁简不一，主要取决于买卖双方的成交条件和所使用的贸易术语。例如，按 FOB 条件成交，运输途中的风险由买方承担，买方为了转嫁风险，就需要自行办理货运保险，并支付保险费。按 CIF 或 CIP 条件成交时，由于货价构成因素中包括保险费，所以在合同保险条款中必须具体列明下列有关保险事项。

（一）投保金额（或称保险金额）

它是保险人所应承担的最高赔偿金额，也是核算保险费的基础。保险金额一般应由买卖双方经过协商确定，按照国际保险市场习惯，通常按 CIF 或 CIP 总值加 10%计算；其所加的百分率，称为保险加成率，它作为买方的经营管理费用和预期利润加保。在 CIF 或 CIP 出口合同中，如买方要求以较高加成率计算保险金额投保，在保险公司同意承保条件下，卖方也可接受[1]。

（二）投保险别

凡我国出口按 CIF 或 CIP 条件成交的，通常按照中国人民保险公司现行的货物运输的保险险别，并根据商品的特点及风险的程度，由双方约定投保的险别。

（三）以哪一个保险公司的保险条款为准

目前，我国通常采用中国人民保险公司 1981 年 1 月 1 日生效的货物运输保险条款。但有时国外客户要求以英国伦敦保险人协会的《协会货物条款》为准，我方也可以通融接受。

（四）其他保险事项

在保险条款中，除约定上述主要内容外，关于被保险人、起运地和目的地、检验代理人、保险单证等事项，也应一并予以约定。

二、进出口货物保险实务

（一）出口货物保险实务

凡按 CIF 和 CIP 条件成交的出口货物，由出口企业向当地保险公司办理投保手续。在办理时，应根据出口合同或信用证规定，在备妥货物并确定装运日期和运输工具后，按规定格式逐笔填制投保单，具体列明被保险人名称、保险货物项目、数量、包装及标志、保险金额、起止地点、运输工具名称、起止日期和投保险别，送保险公司投保，缴纳保险费，并向保险公司领取保险单证。

保险公司向出口企业收取保险费，是按下列方法计算的：

保险费＝保险金额×保险费率

出口货物运输保险的保险金额，一般是按货物 CIF 发票金额加一成（即加成率为 10％）计算。保险金额的计算公式是：

保险金额＝CIF 价格×（1＋加成率）

［例 5—1］ CIF 价格为 105 美元，加成率为 10％，则：

保险金额＝105×（1＋10％）＝115.5（美元）

保险金额既然以 CIF 价格为基础计算，如果对外报价为 CFR 而对方要求改报 CIF，或者在 CFR 合同下卖方代买方办理保险，都不能以 CFR 价格为基础直接加保险费计算，而应先把 CFR 转化为 CIF 价格再加成计算保险金额。从 CFR 价格换算为 CIF 价格时，应利用下列公式：

$$\text{CIF}=\frac{\text{CFR}}{1-(1+\text{加成率})\times\text{保险费率}}$$

［例 5—2］ 某公司出口一批商品到欧洲某港口，原报 CFR 欧洲某港口，总金额为

---

① 对于加成投保的问题，在《跟单信用证统一惯例》及《2010 年国际贸易术语解释通则》中均有规定。前者的规定是：最低保险金额为“货物的 CIF 或 CIP 金额加 10％”；后者的规定是：最低保险金额为“合同规定的价格另加 10％”。按照后者的规定，保险金额可能高于 CIF 价格另加 10％。例如，买卖合同所采取的贸易术语若为 CIFC 时，保险金额便不是在“成本、运费及保险费”的基础上另加 10％，而是在“成本、运费、保险费及佣金”的基础上另加 10％。

10 000 美元，投保一切险及战争险，一切险费率为 0.6%，战争险费率为 0.04%，保险加成率为 10%，则改报 CIF 价格为：

$$CIF=\frac{10\ 000}{1-(1+10\%)\times(0.6\%+0.04\%)}=10\ 070.90\text{（美元）}$$

如出口按照 CFR 成交，买方要求卖方按照 CIF 价格加成 10%代办投保，可用下列公式直接从 CFR 价格计算保险金额：

$$\text{保险金额}=\frac{\text{CFR 价格}}{1-(1+\text{加成率})\times\text{保险费率}}(1+\text{加成率})$$

［例 5—3］ 如例 5—2，该批货物的保险金额是：

$$\text{保险金额}=\frac{10\ 000}{1-(1+10\%)\times(0.6\%+0.04\%)}\times(1+10\%)$$
$$=11\ 077.99\text{（美元）}$$

保险费率是按照不同货物、不同目的地、不同运输工具和不同投保险别，由保险公司根据货物损失率和赔付率，并参照国际保险费水平，结合我国国情而制定的。

（二）进口货物保险实务

按 FOB、CFR 和 CPT 条件成交的进口货物，均由买方办理保险。为了简化投保手续和防止出现漏保或来不及办理投保等情况，我国进口货物一般采取预约保险的做法。各外贸公司同中国人民保险公司签订有海运、空运、邮运、陆运等不同运输方式的进口预约保险合同。按照预约保险合同的规定，各外贸公司对每批进口货物，无须填制投保单，而仅以国外的装运通知代替投保单，就算办理了投保手续，保险公司则对该批货物负自动承保责任。

我国进口货物以进口货物的 CIF 价格为准，一般不再加成。如果按照 CFR 或 FOB 价格成交，则按照预约保险合同适用的特约保险费率和平均运费率①直接计算保险金额。

（1）按 CFR 进口的计算公式：

保险金额=CFR 价格×（1+特约保险费率）

（2）按 FOB 进口的计算公式：

保险金额=FOB 价格×（1+平均运费率+特约保险费率）

（三）保险单证

保险单证是保险公司和投保人之间订立的保险合同，也是保险公司出具的承保证明，是被保险人凭以向保险公司索赔和保险公司进行理赔的依据。在国际贸易中，保险单证是可以转让的。常用保险单证有下列几种。

1. 保险单（insurance policy）

保险单又称大保单，它是一种正规的保险合同，除载明上述投保单上所述各项内容外，还列有保险公司的责任范围以及保险公司与被保险人双方各自的权利、义务等方面的详细条款。

2. 保险凭证（insurance certificate）

保险凭证，又称小保单，它是一种简化的保险合同，除其背面没有列入详细保险条款

---

① 使用平均运费率是为了简化手续，方便计算。

外，其余内容与保险单相同。保险凭证也具有与保险单同样的法律效力。

此外，为简化手续，我国保险公司也有的只在出口企业的商业发票上加注保险编号、险别和金额，并加盖印戳，作为承保凭证，其他项目以发票所列为准。这种凭证目前仅适用于对我国港澳地区的部分交易。

［本章小结］

1. 国际货物运输保险的种类包括海上货物运输保险、陆上货物运输保险、航空货物运输保险和邮包运输保险，其中以海运货物保险为基础险种。

2. 海运货物保险承保的风险包括自然灾害、意外事故和其他风险。海上风险可以造成保险货物的全部损失或部分损失。海上保险人所承保的费用有施救费用和救助费用。经与保险人约定，海上保险还承保一般外来风险和特殊外来风险造成的保险货物的损失。

中国现行海洋运输货物保险条款包括基本险和附加险两种。基本险又可分为平安险、水渍险和一切险。附加险又包括一般附加险和特别附加险（如战争险等）。基本险的保险责任的起讫为“仓至仓”，而战争险则只负“水上责任”。

伦敦保险人协会《协会货物条款》（ICC）主要有六种险别，即 ICC（A）、ICC（B）、ICC（C）、ICC 战争险、ICC 罢工险和恶意损害险。ICC 条款的保险期间除战争险外均规定为“仓至仓”责任。2009 年 ICC 条款对“保险期间”做了对被保险人有利的调整。

3. 在国际货物贸易中，陆上运输保险的险别有陆运险、陆运一切险和陆运战争险。航空货物保险分为航空运输险、航空运输一切险和航空运输货物战争险。邮包保险则包括邮包运输险、邮包运输一切险和邮包战争险。

4. 在办理进出口货物运输保险时，合理约定买卖合同中的保险条款，并按有关规定正确计算保险金额和保险费，都是很重要的工作。

［重要概念］

1. 海上风险
2. 实际全损
3. 推定全损
4. 委付通知
5. 共同海损
6. 单独海损
7. 施救费用
8. 救助费用
9. 仓至仓条款
10. 保险金额

［思考题］

1. 海运货物保险所承保的风险主要包括哪些？
2. 什么是推定全损？在推定全损下被保险人怎样向保险人索赔？
3. 单独海损和共同海损的主要区别有哪些？

4. 施救费用和救助费用有哪些主要区别?

5. 请比较一切险与水渍险、平安险在承保责任上的区别。

6. 请比较一切险与 ICC(A)、水渍险与 ICC(B)以及平安险与 ICC(C)的主要区别。

7. 请比较 1982 年 ICC 条款与 2009 年 ICC 条款关于保险责任起诉的不同规定。

8. 一批出口货物投保海运货物保险，装载该批货物的货轮在航行途中发生了火灾，船长下令灌入海水灭火。事后查明该批货物损失情况如下:(1)500 箱货物受到严重的水渍损失，无其他损失;(2)400 箱货物有热烤、烟熏痕迹，还遭受水渍损失，但没有火烧痕迹;(3)300 箱货物着火但被扑灭，有严重的水渍损失;(4)200 箱货物被完全烧毁。请问，上述四种货损分别属于什么性质的损失?为什么?

案例分析

一、关于货轮途中遇险致损案

1. 案情简介

"昌隆"号货轮满载货物驶离上海港。开航后不久，由于空气温度过高，导致老化的电线短路引发大火，将装在第一货舱的 1 000 条出口毛毯完全烧毁。船到新加坡港卸货时发现，装在同一货舱中的烟草和茶叶由于羊毛燃烧散发出的焦煳味道而遭受了不同程度的串味损失。其中烟草由于包装较好，串味不是非常严重，经过特殊的加工处理，仍保持了烟草的特性，但是等级已大打折扣，售价下跌三成。而茶叶则完全失去了其特有的芳香，不能当做茶叶出售了，只能按廉价的填充物处理。

船经印度洋时，不幸与另一艘货轮相撞，船舶严重受损，第二货舱破裂，舱内进入大量海水，剧烈的震动和海水浸泡导致舱内装载的精密仪器严重受损。为了救险，船长命令动用亚麻临时堵住漏洞，造成大量亚麻损失。在船舶停靠泰国港避难进行大修时，船方联系了岸上有关专家就受损精密仪器的抢修整理事宜进行了咨询，发现整理恢复费用已经超过了货物的保险价值。为了方便修理船舶，不得不将第三舱和第四舱部分纺织品货物卸下，在卸货时有一部分货物有钩损。试分析上述货物损失各属于什么损失。

2. 案例分析

(1) 第一货舱的货物。1 000 条毛毯的损失是意外事故火灾引起的实际全损，属于实际全损第一种情况——保险标的实体完全灭失。而烟草的串味损失属于火灾引起的部分损失，因为在经过特殊的加工处理后，烟草仍然能保持其属性，可以按"烟草"出售，三成的贬值正是烟草的部分损失。烟草加工处理的费用属于施救费用，保险公司也应予以赔偿。至于茶叶的损失则属于实际全损，因为火灾造成了"保险标的丧失属性"，虽然实体还在，但是已经完全不是投保时所描述的标的内容了。

(2) 第二货舱的货物。精密仪器的损失属于意外事故碰撞所造成的推定全损。根据推定全损的定义，当保险标的实际全损不可避免，或为避免发生实际全损而花费的拯救整理的费用将超过保险标的本身的价值或其保险价值，就会得不偿失，从而构成推定全损。精密仪器的整理恢复费用非常昂贵，大大超过了其保险价值，已经构成推定全损。亚麻的损失是在危急时刻为了避免更多的海水涌入货舱威胁到船货的共同安全而被用来堵塞漏洞所造成的，这种损失属于共同海损，由受益各方共同分摊。

（3）第三货舱的货物。纺织品所遭受的损失，是为了方便共同海损修理而被迫卸下时所造成的，也属于共同海损损失。

二、关于保险公司是否应该负责赔偿的案例

1. 案情简介

某公司向欧洲出口一批器材，投保海运货物平安险。载货轮船在航行途中发生碰撞事故，部分器材受到损失。另外，该公司还向美国出口一批器材，由另一船装运，投保了海运货物水渍险。船舶在运送途中，由于遭遇暴风雨的袭击，船身颠簸，货物相互碰撞，发生部分损失。后船舶不幸又发生搁浅事故，经拖救脱险。试分析上述货物损失是否该由保险公司承担赔偿责任。

2. 案例分析

出口欧洲的器材的部分损失是由运输工具发生碰撞这一意外事故所造成的。根据平安险的承保责任，保险公司负责“由于运输工具遭受搁浅、触礁、沉没、互撞、与流冰或其他物体碰撞以及失火爆炸等意外事故造成货物的全部或部分损失”。上述货物的损失显然属于承保的意外事故所引起的部分损失，理应由保险人负责赔偿。而向美国出口货物的损失，是由于船舶遭受自然灾害——恶劣气候所引起的部分损失，根据平安险承保责任的规定，平安险仅负责自然灾害造成的全部损失，而不负责部分损失。但是平安险承保责任又规定，对于运输工具曾经遭受过搁浅、触礁、沉没、焚毁等意外事故的，在这之前或之后因恶劣气候等自然灾害造成的部分损失，保险公司给予赔偿。所以，出口美国的货物虽然是由于自然灾害造成的部分损失，但因载货船舶在该航程中曾经遭受过搁浅，且船舶搁浅时保险货物仍然装载在船上，因而保险公司对出口美国的货物所遭受的损失也应给予赔偿。

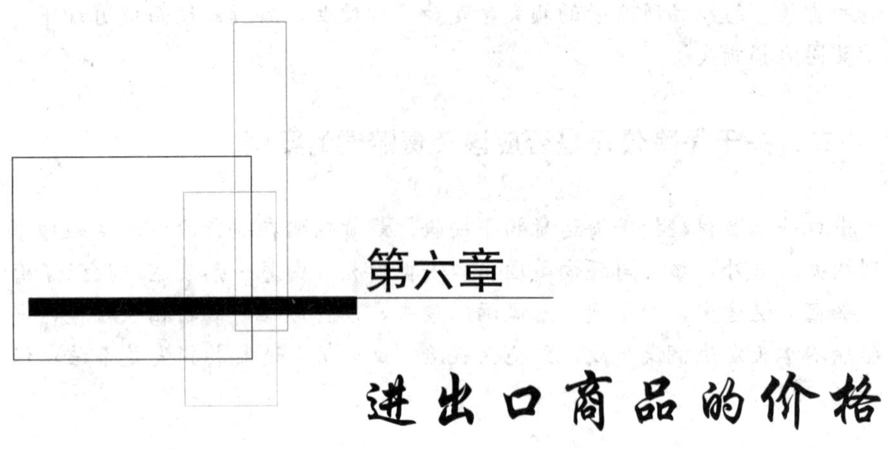

第六章

进出口商品的价格

［学习目标］

在国际货物买卖中，商品价格是买卖合同的核心条款之一，与买卖双方有直接利益关系，是交易双方磋商的一个主要内容。了解定价原则和方法，掌握不同贸易术语之间价格的换算，灵活运用各种作价方法，有利于更好地订立合同中的价格条款，促进交易的达成并使合同顺利履行。

第一节　进出口商品的作价原则及影响因素

进出口商品价格的确定是一项十分复杂的工作，要做好这项工作，必须正确贯彻对外作价原则，了解并充分考虑影响进出口商品价格的各种因素。

一、进出口商品的作价原则

在国际货物买卖中，进出口商品的定价是一项非常重要且复杂的工作，直接关系到交易双方的利益。为加速成交和扩大对外贸易，我国进出口商品作价的基本原则是：在平等互利的基础上，按照国际市场价格水平并根据国际市场供求关系的变化预测国际市场价格变化趋势，结合我国国别（地区）政策及购销意图，确定适当的进出口商品价格。

二、影响进出口商品价格的各种具体因素

影响进出口商品价格的因素主要有以下几方面。

（一）商品的质量和档次

商品本身的质量、包装装潢、式样的新旧及商标、品牌的知名度，都会影响商品在国

际市场上的价格。

（二）运输距离

国际货物的买卖，一般都要经过长途运输。运输距离的远近，影响运费和保险费的开支。因此，应充分考虑商品的运输成本。

（三）交货地点和交货条件

在国际贸易中，交货地点和交货条件不同，买卖双方承担的责任、费用和风险也不同。通常，卖方承担的责任、风险越大，费用越多，货价也就越高。在确定进出口商品价格时，必须考虑这方面因素。

（四）支付条件和汇率变动的风险

支付条件是否有利和汇率变动风险的大小，都影响商品的价格。例如，同一商品在其他交易条件相同的情况下，采取预付货款或凭信用证付款，其价格应当有所区别。同时，确定商品价格时，一般应争取采用对自身有利的货币成交；采用对自身不利的货币成交时，应当把汇率变动的风险考虑到货价中去，即适当提高出售价格或压低购买价格。

（五）季节性需求的变化

对于应季商品，节令前后商品的需求变化往往很大，售价也会相差很大。因此，需根据商品季节性需求的变化适当定价。

此外，成交数量、交货期的远近、市场销售习惯和消费者的爱好等因素，对确定价格也有不同程度的影响，对此必须通盘考虑和正确掌握。

第二节　进出口商品对外报价成本核算

无论是出口还是进口，企业都要注意加强成本核算，防止不计盈亏和单纯追求成交量的现象。尤其是对于出口企业，在国际货物买卖中，不计成本竞销，不仅会冲击我国同类企业产品的国际市场，使国家和企业蒙受经济损失，还会造成国外对我国出口产品采取限制措施，并导致反倾销投诉案件的增多。

在国际货物买卖中，出口盈亏核算可采用的指标主要有三个：出口商品盈亏率、出口商品换汇成本和出口创汇率。

一、出口商品盈亏额与盈亏率

出口盈亏额是指出口销售人民币净收入与出口总成本的差额。若差额为正数，即前者大于后者，则企业盈利；否则亏损。

出口盈亏率是指出口盈亏额与出口总成本的比率，是衡量盈亏程度的一个重要指标。计算公式如下：

$$\text{出口盈亏率（\%）}=\frac{\text{出口盈亏额}}{\text{出口总成本}}=\frac{\text{出口销售人民币净收入}-\text{出口总成本}}{\text{出口总成本}}\times 100\%$$

其中：出口总成本是指出口商品的进货成本加上出口前的一切费用和税金；出口销售人民币净收入是指出口商品的 FOB 价按当时外汇牌价折成人民币的数额。

[例 6—1] 我国某公司按 CIF 价出口某商品，出口总成本为人民币 75 000 元，扣除各种费用后的外汇净收入为 12 500 美元。已知中国银行美元兑人民币外汇牌价为 1∶6.30，则该笔商品的出口盈亏率为：

出口销售人民币净收入＝12 500×6.30＝78 750（元）

出口盈亏额＝出口销售人民币净收入－出口总成本

＝78 750－75 000

＝3 750（元）

出口盈亏率＝（出口盈亏额/出口总成本）×100%

＝（3 750/75 000）×100%

＝5%

所以，该公司此笔业务是盈利的，盈亏率为 5%。

二、出口换汇成本

出口换汇成本又称换汇率，是指出口某商品净收入一个单位的外汇（如一美元）所需的人民币成本，即换回一单位外汇所需的人民币成本。其计算公式如下：

$$\text{出口换汇成本}=\frac{\text{出口总成本（人民币）}}{\text{FOB 价出口销售外汇净收入（外汇）}}$$

出口换汇成本是反映出口商品盈亏的另一个重要指标，用出口换汇成本与银行的外汇牌价比较，就可得出该商品出口的盈亏情况。换汇成本如果高于银行的外汇牌价（买入价），则出口亏损；反之，则出口盈利。

[例 6—2] 某商品成本为人民币 100 000 元，为出口支出的各种费用共计人民币 2 000 元。该商品出口扣除所支出的运费、保险费及银行费用，共计收汇 20 000 美元。则：

该商品出口的换汇成本为：102 000（人民币元)/20 000（美元）＝5.1（人民币元/美元）

假设外汇牌价为＄1＝￥6.3，大于换汇成本，所以出口该商品盈利。

实际业务中，有时也用换汇成本来计算对外报价。尤其是需要面对客户立即报价或短时间内大量报价时，可根据大致预期毛利润及银行公布的外汇牌价，得出一个换汇成本，然后把含税的人民币价格直接除以事先确定的换汇成本即可得出一个大致要报的 FOB 价格。当然，由于报价时可能并不知道所需的银行费用、国内运杂费等费用，所以这个价格只是一个大概的报价，不能精确地算出净利润率。

三、出口创汇率

出口创汇率也称外汇增值率、出口收汇率，是成品出口所得的外汇增值额与原料外汇成本的比率。成品出口所得的外汇净收入减去原料外汇成本即为外汇增值额。其计算公式为：

$$\text{出口创汇率}=\frac{\text{成品出口外汇净收入}-\text{原料外汇成本}}{\text{原料外汇成本}}\times 100\%$$

应注意的是，出口外汇净收入是指出口某商品所得收入扣除运费、保险费等支出后的外汇收入，即按出口商品 FOB 价所得的外汇收入。计算原料外汇成本时，如果为进口原料，要以该原料的 CIF 价作为该原料外汇成本；如果是国产原料，则应以 FOB 价作为该原料外汇成本。

［**例6—3**］　我国某公司与外商签订了一笔进料加工合同，加工后成品以每件CIF欧洲某港口5.5美元出口，共出口50万件。该公司进口原料支出200万美元，支付运费32 150美元，保险费29 000美元。则该笔业务中：

$$出口外汇净收入=5.5\times500\ 000-32\ 150-29\ 000=2\ 688\ 850（美元）$$

$$出口创汇率=\frac{成品出口外汇净收入-原料外汇成本}{原料外汇成本}\times100\%$$

$$=\frac{2\ 688\ 850-2\ 000\ 000}{2\ 000\ 000}\times100\%=34.4\%$$

出口创汇率原本是用来衡量加工贸易的经济效益、核算成品出口盈亏的一项指标，反映了以外汇购买原料、辅料，经加工成为成品后再出口的创汇效果。在采用国产原料的正常出口业务中，也可以通过该指标核算出口企业盈亏。

第三节　几种常用术语价格的换算

在国际贸易中，买卖双方所承担的责任和费用在不同贸易术语下是不同的，而当事方所承担的责任和费用的大小又直接影响着进出口货物价格的高低。因此，在国际货物买卖中，由于使用的贸易术语不同，对商品的报价也不同。在实际业务中，有时一方按某种贸易术语报价（如按CFR报价），对方要求改报其他术语（如CIF）的价格，这就要求从事国际贸易的人员了解贸易术语的价格构成及不同价格之间的换算方法，以避免不必要的损失。

一、常用贸易术语表示的价格构成

（一）FOB、CFR、CIF术语的价格构成

按照《2010通则》的解释，FOB、CFR、CIF是装运港交货的贸易术语，仅适用于水运。其价格构成分别为：

FOB=商品进货成本+国内费用+净利润

CFR=商品进货成本+国内费用+国外运费+净利润

CIF=商品进货成本+国内费用+国外运费+保险费+净利润

国内费用包括：加工整理费；包装费；保管费（仓租、火险等）；国内运输费用（仓库至码头、车站、集装箱堆场等）；取得相关证件的费用（如商检、公证、领事签证、许可证、产地证、报关等费用）；装船费（包括驳船费）；银行费用（贴现利息、手续费等）；预计损耗；通信邮寄费。

（二）FCA、CPT、CIP术语的价格构成

按照《2010通则》的解释，FCA、CPT、CIP是货交承运人的贸易术语，适用于包括国际多式联运在内的各种运输方式，其价格构成与FOB、CFR、CIF相同：

FCA=商品进货成本+国内费用+净利润

CPT=商品进货成本+国内费用+国外运费+净利润

CIP=商品进货成本+国内费用+国外运费+保险费+净利润

二、主要贸易术语的价格换算

从价格构成上看，FOB、CFR、CIF 三者的主要区别在于国外运费（F）和保险费（I），而国外运费可根据已知的商品的情况（毛重、尺码等），以及从运输公司得到的运费费率计算出来。国外保险费也可根据由投保险别所决定的保险费率及双方约定的保险加成率计算而得到，具体计算公式如下：

$$I = (CIF + CIF \times \text{投保加成率}) \times \text{保险费率}$$
$$= CIF \times (1 + \text{投保加成率}) \times \text{保险费率}$$

因此，根据 FOB、CFR、CIF 之间的关系，可以得出：

（1）FOB 换算为其他价格。

$$CFR = FOB + F$$

$$CIF = \frac{FOB + F}{1 - (1 + \text{投保加成率}) \times \text{保险费率}}$$

（2）CFR 换算为其他价格。

$$FOB = CFR - F$$

$$CIF = \frac{CFR}{1 - (1 + \text{投保加成率}) \times \text{保险费率}}$$

（3）CIF 换算为其他价格。

$$FOB = CIF - F - I = CIF \times [1 - (1 + \text{投保加成率}) \times \text{保险费率}] - F$$

$$CFR = CIF - I = CIF - CIF \times (1 + \text{投保加成率}) \times \text{保险费率}$$
$$= CIF \times [1 - (1 + \text{投保加成率}) \times \text{保险费率}]$$

[例 6—4] 某公司对外报价每箱 330 美元 FOB 上海，后对方要求改报 CIF 伦敦价。假设运费每箱 40 美元，保险费率为 0.6%，投保加成率为 10%，则该公司对外报价为：

$$CIF = \frac{FOB + F}{1 - (1 + \text{投保加成率}) \times \text{保险费率}}$$
$$= \frac{330 + 40}{1 - (1 + 10\%) \times 0.6\%}$$
$$= 372.46\ (\text{美元})$$

前已述及，FCA、CPT、CIP 三种术语在价格构成方面与 FOB、CFR、CIF 完全相同，它们之间的换算也与 FOB、CFR、CIF 之间的换算相同，在此不再赘述。

第四节　作价办法

在国际货物买卖中，由于商品价格波动的不同，买卖双方往往采用不同的作价办法。常见的作价方法主要有固定价格和非固定价格两种。

一、固定价格

固定价格是国际上常见的作价方法，是指在双方协商一致的基础上，明确、具体地将计价货币、计价单位、单位金额等内容在合同的价格条款中进行规定。固定价格的做法具有明确、具体、便于核算的特点，通常适用于商品本身价格波动不大、交货期较近、能够较准确预测价格及汇率波动的交易。我国进出口业务中多数采用这种做法。

二、非固定价格

非固定价格，即业务上所说的"活价"。实际业务中，有时商品价格变化难以预测，或合同交货期较长，为了减少风险、提高履约率，交易方会采取这种定价方法。这种定价方法主要有以下几种做法。

（一）具体价格待定

这种定价方法是指在合同的价格条款中，买卖双方不规定一个具体的价格，而只规定定价时间及/或定价方法。具体做法有：

（1）明确规定定价时间和定价方法。例如，"以装船时国际市场价格水平为准，协商议定正式价格"。

（2）只规定作价时间。例如，"由双方××年×月×日协商确定价格"。这种方式由于未规定作价方法，容易产生争议，给合同履行带来很大的不稳定性，因此，一般只适用于双方有长期交往并已形成比较固定的交易习惯的合同。

（二）暂定价格

在合同中先订立一个初步价格，作为开立信用证和初步付款的依据，待双方确定最后价格后再进行清算，多退少补。

（三）部分固定价格，部分非固定价格

对于大宗分批交货的合同，为了解决交易双方在定价方法方面的分歧，可根据交货期的远近采取不同的定价方法：交货期近的部分采用固定价格，交货期远的部分采用非固定价格，在交货前一定期限内作价；也可采用分批作价的办法。

非固定价格的做法，在行情变动较大或双方未能就价格取得一致意见时，有助于暂时解决双方在价格方面的分歧，消除客户对价格风险的顾虑，敢于签订交货期长的合同，从而有利于交易的达成，对买卖双方都有一定好处。但是，非固定价格做法的特点是先订约，然后由双方按一定的方式来具体作价。由于价格是合同的关键条款，这就不可避免地给合同带来较大的不稳定性，存在着双方在作价时不能取得一致意见，而使合同无法执行的可能；或由于对合同作价条款规定不当，使合同失去法律效力的危险。

（四）价格调整条款

在国际货物买卖中，由于通货膨胀的影响，有些商品的交易，尤其是加工周期较长的机器设备等的交易，在合同中除了对商品的作价外，往往还包括一个"价格调整条款"(price adjustment clause)，由双方在订约时规定一个初步价格（initial price)，同时规定，如果原材料、工资等发生变化，最终价格将根据相关变动进行调整，即按原材料价格和工资的变动来计算最后成交价格。

价格调整条款通常使用下列公式：

$$P=P_0\left(A+B\frac{M}{M_0}-C\frac{W}{W_0}\right)$$

其中：

P 表示商品交货时的最后价格；P_0 代表合同初始价格；M 表示计算最后价格时有关

原材料的平均价格或指数；M_0 表示订约时所用的有关原材料的价格或指数；W 表示价格调整时所用的相关工资的平均数或指数；W_0 表示订约时所用的工资平均数或指数；A、B、C 分别表示双方定约时在合同中确定下来的经营管理费用和利润、原材料及工资在价格中所占的比重。

在实际业务中，有时买卖双方也可约定，只有当按上述公式计算出来的最后价格超过初步价格一定范围（如5%）时，才对价格予以调整，否则，仍按订约时的价格执行合同。此外，交易双方有时也用物价指数作为调整价格的依据。如果合同期间的物价指数发生的变动超出一定的范围，价格即作相应调整。

"价格调整条款"的做法已被联合国欧洲经济委员会纳入其所制订的一些"标准合同"之中，其应用范围也已从原来的机械设备交易扩展到一些初级产品交易，因而具有一定的普遍性。

第五节　国际货物买卖中的佣金和折扣

国际货物买卖合同中所规定的价格，有时是不含佣金、折扣等的净价（net price），有时则可能是包含佣金或折扣的价格。在国际贸易中，运用佣金和折扣是普遍现象。正确运用佣金和折扣，可以加强对外竞争，调动经营积极性及扩大销售。

一、佣金（commission）

（一）佣金的含义及规定方法

佣金是商业经纪人、中间商、代理商为买卖双方介绍生意或代买代卖而取得的一定酬金。在业务中，包含佣金的价格被称为"含佣价"。

佣金可采用"明佣"的方法，即在合同价格条款中，直接注明包含佣金及佣金率；也可采用"暗佣"的方式，即在合同价格条款中，不注明佣金率，甚至不标明是否包含佣金。

在商品价格中包括佣金时，对于佣金的规定，通常采用的方法有：

（1）以文字来说明。例如，"US＄200 per M/T CIF San Francisco inclusive of 2% commission"（每公吨200美元CIF旧金山，包括2%佣金）。

（2）在贸易术语后加注"C"和佣金率，其中C为佣金的英文缩写字母。例如："US＄200 per M/T CIFC2% San Francisco"（每公吨200美元CIFC2%旧金山）。

佣金直接关系到商品的价格，货价中是否包括佣金和佣金比例的大小，都影响商品的价格。正确运用佣金，有利于调动中间商的积极性和扩大交易。如果合同价格包含佣金，应合理规定佣金的大小。佣金率一般控制在1%～5%，不宜偏高。

佣金一般由卖方收到货款后，再另行付给中间商。

（二）佣金及含佣价的计算

在国际贸易及我国进出口业务中，计算佣金的方法主要有以下两种。

1. 按成交金额约定的百分比计算

实际业务中大致又有两种做法：

(1) 按发票总金额计算佣金；

(2) 以 FOB 价为基数计算佣金。

2. 按成交商品的数量计算

即按每一单位数量以绝对数来表示并计算佣金，如“每公吨付佣金 25 美元”。

在按成交金额约定的百分比计算佣金时，可用下列计算公式：

$$单位货物佣金额=含佣价\times佣金率$$

根据净价和含佣价的关系，可得到：

$$\begin{aligned}净价&=含佣价-单位货物佣金额\\&=含佣价\times(1-佣金率)\end{aligned}$$

因此，如果已知净价，则：

$$含佣价=\frac{净价}{1-佣金率}$$

[例 6—5] 已知某商品 CIF San Francisco 价格为每公吨 2 000 美元，现外商要求改报 CIFC4% San Francisco。在保持净收入不变的条件下，卖方改报的含佣价应为：

$$含佣价=\frac{净价}{1-佣金率}=\frac{2\ 000}{1-4\%}=2\ 083.33（美元）$$

二、折扣（discount、rebate 或 allowance）

（一）折扣的含义及规定方法

折扣是指卖方给予买方的价格上的优惠，是在原价基础上一定百分比的减让。从性质上看，它是一种价格上的优惠。在国际贸易中使用折扣，主要是基于照顾老客户、确保销售渠道和扩大销售等目的。

国际贸易中使用的折扣有多种，除常见的为扩大销售而使用的数量折扣（quantity discount）外，还有为发展同客户的关系或为实现某种特殊目的而给予的特别折扣（special discount）、年终回扣（turnover bonus）等。

折扣可采用“明扣”或“暗扣”的方法。凡在价格条款中明确规定折扣率的，即为“明扣”；不注明折扣率，甚至不标明是否包含折扣的，即为“暗扣”。

在国际贸易中，折扣通常用文字明确表示出来。例如，“US$200 per Metric ton CIF London including 3% discount”（CIF 伦敦每公吨 200 美元，折扣 3%）；或“US$200 per Metric ton CIF London less US$6 discount per metric ton”（CIF 伦敦每公吨 200 美元，减每公吨 6 美元折扣）。在实际业务中，也有人用在贸易术语后加注折扣的英文缩写“D”或“R”来表示含折扣价，如 FOBD3%、CIFR5%等。由于“D”或“R”在国际贸易中的含义不清，可能引起误解，所以最好不使用这种方式来表示价格中含有折扣。

折扣直接关系到商品的价格，货价中是否包括折扣和折扣率的大小，都影响商品价格，折扣率越高，则价格越低。在国际货物买卖中，正确运用折扣，有利于调动采购商的积极性和扩大销路，是出口商加强对外竞销的一种手段。

（二）折扣的计算与支付方法

在国际贸易中，折扣通常是以成交额或发票金额为基础计算出来的。其计算方法如下：

单位货物折扣额=含折扣价×折扣率

卖方实际净收入=含折扣价−单位货物折扣额

=含折扣价×(1−折扣率)

折扣一般在买方付款时预先扣除。也有的折扣金额不直接从货价中扣除，而按双方暗中达成的协议，以“暗扣”或“回扣”的方式另行支付给买方。

第六节　国际货物买卖合同中的价格条款

一、价格条款的内容

合同中的价格条款，一般包括商品的单价和总值两项基本内容。

（一）单价（unit price）

单价即商品的单位价格，通常由四个必不可少的部分组成：计价货币、单位价格金额、计量单位、贸易术语。

USD	200	per M/T	CIF London
计价货币	单位价格金额	计量单位	贸易术语

应注意的是，如果以重量单位作为计量单位，则合同中需进一步规定计量方式，如按净重、毛重或以毛作净等。

（二）总值（total amount）

总值是指单价金额与成交商品总数量的乘积，即一笔交易的货款总金额。当合同中订有溢短装条款时，需要注意在计算总值时，应将允许多装的部分包括在内。

二、计价货币与支付货币

计价货币（money of account）是指合同中用来计算价格的货币。支付货币（money of payment）又称结算货币，是双方当事人用来支付按计价货币计算的货款的等值货币。计价货币与支付货币可以是出口国或进口国的货币，也可以是第三国货币，或是双方约定的某种记账单位，具体由交易双方协商确定。

在国际货物交易中，价格通常表现为双方约定的一定量的某种货币（如美元、欧元等），如果合同中不再规定支付货币，那么该约定的货币既是计价货币，又是支付货币；如果合同中除规定了计价货币外，还规定了其他货币（如英镑）结算，则英镑即为合同的支付货币。

目前世界各国所使用的货币，有的可以自由兑换，有的不可以自由兑换。此外，世界各国的货币价值也不是一成不变的。在外汇市场上，汇率稳定、坚挺并有上浮趋势的货币通常被称为硬币（hard currency）；而汇率波动不定、疲软并有下浮趋势的货币则被称为软币（soft currency）。

国际货物买卖交货期通常都比较长，在此期间，当计价货币和支付货币的币值发生变化时，尤其是大幅起伏时，其结果必然直接影响进出口双方的经济利益。从理论上说，对于出口交易，采用硬币计价比较有利；而进口合同用软币计价比较合算。在实际业务中，以什么货币作为计价货币，还应视双方的交易习惯、经营意图以及价格而定。

我国在国际货物买卖业务中，为达成交易，有时也采用对我方不利的货币作为计价货币或支付货币。在这种情况下，为避免汇率变动可能带来的损失，通常采用相应的补救措施：

（1）根据该种货币可能的变动幅度，相应调整对外报价，即把所选用的货币币值的变动幅度加入（减出）货价；

（2）争取在合同中订立保值条款。目前，在多数国家使用浮动汇率的情况下，订立合同时，买卖双方可以约定合同货币与另一种货币的汇率；付款时，如果汇率发生变动，即按比例调整合同价格，以此避免计价货币汇率变动的风险。

需要注意的是，货币的“硬”与“软”是相对的，在一定条件下会有所变化。只有正确预测其变动趋势，才能做出正确的选择。

三、规定价格条款的注意事项

为了使价格条款的规定明确合理，必须注意下列事项：

（1）合理确定商品的单价，防止作价偏高或偏低。

（2）根据经营意图和实际情况，选用适当的贸易术语。

（3）单价中涉及的计量单位、计价货币必须正确、具体；如果以重量计量，则应注明采用的计重方法。

（4）如果合同规定有溢短装条款，溢短装部分货物的作价要明确规定。

（5）明确货物的包装费用是否包含在合同价格中；如果另计，则应明确规定相应的作价方法。

（6）争取选择有利的计价货币，以免承担币值变动带来的风险；如果采用不利的计价货币，应当加订保值条款。

（7）灵活运用各种不同的作价办法，以避免价格变动的风险。

（8）参照国际贸易的习惯做法，注意佣金和折扣的合理运用。

[本章小结]

1. 在国际货物买卖中，影响价格的因素有多种，对外报价时，应结合交易的具体情况，综合考虑各种影响因素。此外，还应运用相关指标，做好进出口价格盈亏核算工作。

2. 在实际业务中，有时需要使用不同的贸易术语报价，有时需要报的价格中含有佣金或折扣，这就需要了解不同术语之间的关系及换算，掌握净价、含佣价、含折扣价的计算。

3. 合同中的价格条款包括单价和总值两部分。单价通常由四个部分组成：计价货币、单位价格金额、计量单位、贸易术语。如果以重量单位作为计量单位，还需规定计量方式。总值是指一笔交易的货款总金额。合同中订有溢短装条款时，需将溢短装部分包括在总值内。

[重要概念]

1. 出口盈亏额与盈亏率
2. 出口换汇成本

3. 出口创汇率
4. 固定价格
5. 非固定价格
6. 价格调整条款
7. 佣金
8. 折扣

［思考题］

1. 我国进出口商品的作价原则是什么？在确定进出口商品价格时应考虑哪些因素？

2. 在国际货物买卖中，有哪些定价办法？在选用这些定价办法时应注意哪些事项？

3. 在我国出口贸易中加强成本核算的意义何在？如何计算出口盈亏率、出口换汇成本和出口创汇率？

4. 在我国进出口合同中为什么要正确选择计价货币？

5. 在国际货物贸易中如何正确运用佣金与折扣？

6. 合同的价格条款包括哪些内容？

案例分析

一、错付佣金案

1. 案情简介

中国某公司（卖方）曾向西欧某中间商（买方）出售一批货物，合同规定佣金为5%。卖方按合同规定将货物装运出口后，收到了买方全部货款。卖方经办人员竟误将全部货款当做佣金开具付佣的传票，以便公司财会人员向中国银行开立汇票，该传票虽先后经另一业务员和科领导复核，但均未发现差错。后财会人员核对后，疑有差错，要求重新审核，而复核员答复并无差错。随后，中国银行开汇票时觉得金额过大，怀疑有差错，便向公司复核员提出询问，复核员再次坚持并无差错。于是，中国银行便按原货款金额向国外中间商开出了支付佣金的汇票。外商收到该汇票后，吃惊地发现金额过大，实属错汇，乃将原汇票退回。

2. 案例分析

本案事实表明，该公司经办人员与复核人员工作粗枝大叶，责任心差，特别是当公司财会人员和中国银行工作人员提出质疑后，复核员还一再坚持并无差错。这一事件，幸亏该中间商比较诚实，尚未造成太大经济损失，但对外却造成了不良的影响。错付佣金的这类事件，在过去曾多次发生，值得我们今后注意。

二、发票单价中漏列“CIF”字样致损案

1. 案情简介

中国某出口公司按CIF价格条件和信用证付款方式向中东地区某商人出售一批服装。该公司寄出的结算单据遭开证行拒付，其理由是，在商业发票上所列价格条件仅标明目的港名称，而其前面却漏打“CIF”字样。经与议付行洽商并由议付行向开证行交涉，说明

提单上注明“运费已付”，又有保险单证明已投保货运险，就整套单据而言，是符合CIF价格条件的，但开证行仍坚持拒付，并将不符点通知开证人。开证人则以市况不佳为由，要求减价15%才接受单据。几经交涉之后，开证行通知议付行称：“买方只能按90%付款赎单。”议付行就此与出口公司联系后，先按90%收汇，未收部分则继续与开证行交涉，但终未成功。

2. 案例分析

本案既然是按CIF价格条件和信用证付款方式达成的交易，则价格条件就是商业发票内的主要项目，贸易术语是商品单价的一个组成部分。制单人不应在发票的单价项下漏打“CIF”字样。而且在信用证付款条件下，银行是凭单据付款，制单人漏打“CIF”字样，使单据表面上与信用证规定不符，开证银行有权拒付货款。

本案商业发票上漏打“CIF”字样，虽然未影响开证人的实际利益，但他抓住单证上的问题，有理不饶人，或者拒不付款赎单，或者要挟杀价。由此可见，在制单工作中，必须一丝不苟，慎之又慎，高度注意单证质量。

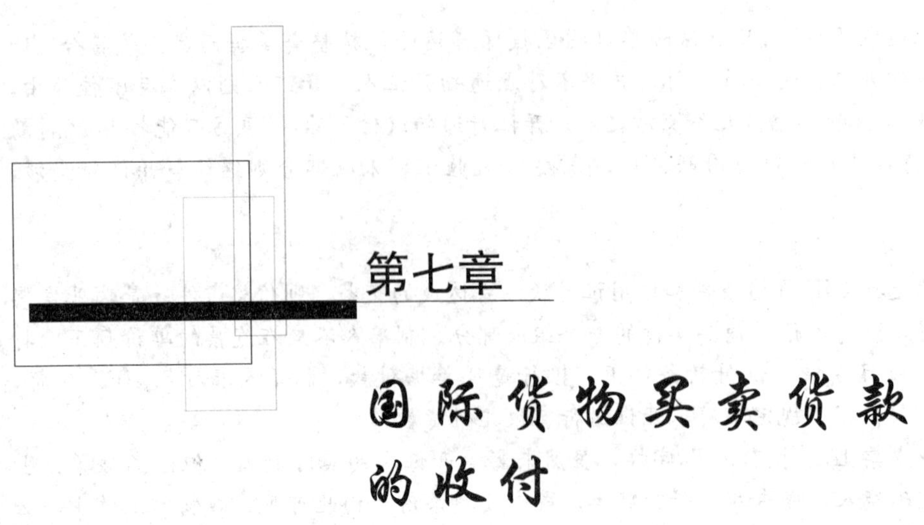

第七章 国际货物买卖货款的收付

[学习目标]

在国际货物买卖中，货款的收付是买卖双方的基本义务和权利之一。根据《联合国国际货物销售合同公约》的规定，卖方交货后，买方有义务按照合同规定支付货款。支付条款是国际货物买卖合同中重要的条款之一，直接关系到交易方所承担的资金风险及费用负担。国际货款的结算，无论是所使用的结算工具还是结算方式，都远比国内贸易复杂得多。在国际货物买卖中，必须了解并掌握国际结算中常用的作为支付工具的票据，充分认识不同支付方式的风险，了解相关惯例的规定，从而在国际贸易中熟练运用各种支付方式。

第一节 国际结算工具——票据

结算工具是指用于清偿债权债务的工具，主要有现金和非现金两大类。在国际货物买卖业务中，由于涉及使用不同国家的货币、交易金额大，因此，较少采用现金结算，大多使用非现金结算，即使用票据来结算。

国际贸易中使用的票据，有广义和狭义之分。狭义的票据主要指金融单据（financial documents），即以支付一定金额为目的的有价凭证，由出票人在票据上签名，命令他人或承诺自己无条件支付确定金额，可流通转让，主要有汇票、本票和支票。广义的票据是指商业上的权利凭证（document of title），包括金融单据和商业单据（commercial documents），如发票、运输单据、保险单据等。

国际贸易中作为非现金结算工具使用的票据，主要是狭义的票据，即金融票据。

一、汇票（bill of exchange、draft）

（一）汇票的含义

《英国票据法》对汇票的定义是：汇票是一个人向另一个人签发的，要求见票时或在将来的固定时间或可以确定的时间，对某人或其指定的人或持票人支付一定金额的无条件的书面支付命令。

我国《票据法》第 19 条规定：汇票是出票人签发的，委托付款人在见票时或者在指定日期无条件支付确定的金额给收款人或持票人的票据。

（二）汇票必须记载的要项

汇票是一种要式单据，必须具备法定的形式要求。按照各国票据法的规定，汇票的要项必须齐全；否则，汇票无效，受票人有权拒付。各国票据法对汇票内容的规定有所不同，但主要应包括下列基本内容：

（1）应注明“汇票”字样。注明“汇票”字样的目的在于与其他支付工具加以区分，有助于明确当事人的权利和义务。《英国票据法》虽无此项要求，但在实际使用汇票的结算业务中一般都会写上。

（2）无条件书面支付命令（order of payment in writing）。汇票的支付不能受到任何限制，也不能附带任何条件。汇票必须做成书面形式，可以打印或手写，但用铅笔填写的汇票无效。

（3）一定金额（a sum certain in money）。汇票上应列明需支付的金额及币种。汇票金额要分别用数字及文字来表示，二者表示的金额要一致，而且必须是一个确定的数目（如：Five Thousand U. S. Dollars Only），不能有“大约”（about，or so）及“不超过、最高”（not exceeding，maximum）等不确定的表述。

（4）付款期限（tenor）。付款期限又称付款时间（time of payment），也有的汇票用付款日期、到期日期（date of payment，date of maturity，due date）等表示付款期限。

（5）出票日期和地点（date and place of issue）。一般标注在汇票的右上角，以示汇票的签发时间和地点。汇票的付款时间有时是根据签发日期来确定的。

（6）受票人名称和付款地点。汇票应载明受票人的姓名、地址，以便于持票人向付款人提示承兑或付款。

（7）受款人。

（8）出票人名称和签字。出票人必须在汇票上签字，以示为有效汇票。

除了上述基本内容外，汇票上还会有一些其他内容，如汇票号码（draft no.）、出票依据（drawn under）等。此外，国际结算中使用的商业汇票，通常开立一式两份，所以汇票一般都注明“first of exchange”或“ original”和“second of exchange”或“duplicate”，或用阿拉伯数字“1”“2”分别表示，并分别写明“付一不付二（second of exchange being unpaid）”，或“付二不付一（first of exchange being unpaid）”。其中一份使用后，另一份自动失效。

（三）汇票的当事人

从票面上看，汇票有三个基本当事人：出票人、受票人和受款人。

1. 出票人（drawer）

即签发汇票命令或委托他人付款的人。在国际货物买卖业务中，汇票出票人通常是出口商或信用证受益人。

2. 受票人（drawee）

又称付款人（payer），是接受支付命令付款的人。在国际货物买卖业务中，汇票受票人通常是进口方或其指定的银行。

3. 受款人（payee）

也称收款人，习惯上称为汇票的"抬头"，是指受领汇票所规定金额的人（债权人）。在进出口业务中，通常是出口人或其指定的银行。

汇票的受款人一般有三种写法：

（1）限制性抬头（restrictive order）：即在汇票受款人一栏中填写"仅付××公司"（pay ×× co. only）或"付××公司，不准转让"（pay ×× co. not transferable/not negotiable ）。这种汇票仅限汇票所规定的收款人使用，不能流通转让。

（2）指示性抬头（to order）：即在收款人一栏中填写"付给××公司或凭其指定"（pay ×× co. or order；pay to the order of ×× co. ）。这种抬头的汇票可以经过背书进行转让。

（3）持票人或来人抬头（to bearer）：即汇票上不指定收款人名称，仅写明"付给来人"或"付给持票人"（pay bearer）。这种抬头的汇票仅凭交付即可自由转让，无须背书。

我国票据法不承认持票人或来人抬头的汇票。汇票格式示例见表 7—1。

表 7—1　　汇票格式示例

Bill of Exchange

No. ________ （汇票号码）

Drawn under ____________ L/C No. dated ________________ （出票依据）

Exchange for ________ （小写金额）　　Beijing，China，________________ （出票时间和地点）

At ________ sight（付款期限）of this FIRST of exchange（the SECOND of the same tenor and date being unpaid）

Pay to ________________________ （受款人）

The sum of ________________________ （大写金额）

To ____________ （受票人）　　For ____________ （出票人）

Signature（出票人签字）

（四）汇票的分类

1. 按照出票人不同

（1）银行汇票（banker's draft）：即出票人和受票人都是银行的汇票。

（2）商业汇票（commercial draft，trade bill）：是指出票人是商号或个人的汇票。商业汇票的受票人可以是商号、个人，也可以是银行。

2. 按照有无随附商业单据

（1）光票（clean bill）：是指不附带商业单据的汇票。银行汇票多是光票。

（2）跟单汇票（documentary bill）：是指附带有商业单据的汇票。商业汇票一般为跟单汇票。

3. 按照付款时间不同

(1) 即期汇票（sight draft, demand draft）：是指在提示或见票时立即付款的汇票。即期汇票的付款时间，可规定为见票即付（at sight or on demand）或提示时即付（on presentation）。

(2) 远期汇票（time bill, usance bill）：是指在一定期限或特定日期付款的汇票。如：见票后若干天付款（at ×× days after sight）、出票后若干天付款（at ×× days after date）、提单签发日后若干天付款（at ×× days after date of bill of lading）或指定一个具体付款日期。

4. 按照承兑人不同

(1) 银行承兑汇票（banker's acceptance bill）：即以银行为承兑人的远期汇票。

(2) 商业承兑汇票（trader's acceptance bill）：指以工商企业或个人为承兑人的远期汇票。

应当指出的是，一张汇票可同时具有几种特点。例如，一张即期汇票同时又可以是商业汇票、跟单汇票。

（五）汇票的使用

不同种类的汇票，其使用也有所不同，一般包括出票、背书、提示、付款等环节。如果是远期汇票，还涉及承兑。汇票遭到拒付时，还涉及做成拒绝证书和行使追索等法律权利。

1. 出票（issue）

即出票人填写汇票，签字并交给受款人的行为。出票包括两个行为：(1) 出票人填写汇票并签字；(2) 将汇票交给受款人。汇票必须经过交付才开始生效。

2. 提示（presentation）

是指持票人将汇票提交受票人，要求承兑或付款的行为。受票人见到汇票叫做见票（sight）。

提示可以分为以下两种：

(1) 付款提示（presentation for payment）：指持票人将即期汇票或到期的远期汇票提交受票人，要求付款的行为。

(2) 承兑提示（presentation for acceptance）：指持票人向受票人提交远期汇票，要求其见票后办理承兑手续，承诺到期时付款的行为。

3. 背书（endorsement）

是转让票据权利的一种行为，即票据持有人在票据背面签上自己的名字，或再加上受让人（endorsee）的名字，并把票据交给受让人的行为。

作为一种流通工具（negotiable instrument），汇票可以在票据市场上流通转让。通过背书，汇票可由背书人转让给被背书人。汇票可以经过背书不断转让下去。对于受让人来说，所有在他以前的背书人（endorser）以及原出票人都是他的“前手”；而对于出让人来说，所有在他让与以后的受让人都是他的“后手”。前手对后手负有担保汇票必然会被承兑或付款的责任。

4. 承兑（acceptance）

是指受票人对远期汇票表示承担到期付款责任的行为。受票人在汇票上写明“承兑”

字样，注明承兑日期，签字后交还持票人。对汇票承兑后，受票人即成为承兑人。承兑人有在远期汇票到期时承担付款的责任。

5. 贴现（discount）

是指远期汇票承兑后，尚未到期，由银行或贴现公司从票面金额中扣减按一定贴现率计算的贴现息后，将余款付给持票人的行为。

6. 付款（payment）

对即期汇票，在持票人提示汇票时，付款人即应付款；对远期汇票，付款人经过承兑后，在汇票到期日付款。付款后，汇票上的一切债务即告终止。

7. 拒付（dishonour）

拒付也称退票，是指持票人提示汇票要求承兑时，遭到拒绝承兑（dishonour by non-acceptance），或持票人提示汇票要求付款时，遭到拒绝付款（dishonour by non-payment）。此外，付款人拒不见票、死亡或宣告破产，以致付款事实上已不可能时，也称拒付。

汇票一旦遭到拒付，持票人立即享有追索权（right of recourse）。所谓追索权，是指汇票遭到拒付，持票人对其"前手"（背书人、出票人）有请求其偿还汇票金额及费用的权利。

按照有些国家票据法的规定，持票人为了行使追索权，应及时取得或做出拒付证书（protest）。拒付证书是由付款地的法定公证人或其他依法有权做出证书的机构（如法院、银行、公会、邮局等）做出的证明拒付事实的文件，是持票人向其"前手"行使追索权的法律依据。如果拒付的汇票已经承兑，出票人可向法院起诉，要求承兑汇票的承兑人付款。

汇票的出票人或背书人为了避免承担被追索的责任，可在出票时或背书时加注"不受追索"（without recourse）字样。凡加注"不受追索"字样的汇票，在市场上难以流通。

二、本票（promissory note）

（一）本票的含义与主要内容

根据《英国票据法》的规定，本票是一个人向另一个人签发的，保证于见票时或定期或在可以确定的将来的时间，对某人或其指定人或持票人支付一定金额的无条件的书面承诺。

我国《票据法》第73条规定：本票是出票人签发的，承诺自己在见票时无条件支付确定的金额给收款人或者持票人的票据。

本票也是一种要式证券，必须满足法定形式的要求。各国票据法对本票内容的规定有所不同。我国《票据法》规定，本票必须记载的要项包括：（1）表明"本票"的字样；（2）无条件的支付承诺；（3）确定的金额；（4）收款人的名称；（5）出票日期；（6）出票人签章。

（二）本票的分类

1. 按照出票人不同

（1）一般本票（general promissory note）：是指由企业或个人签发的本票。

（2）银行本票（banker's promissory note，cashier's order）：即由银行签发的本票。

在国际贸易结算中使用的本票，大都是银行本票。

2. 按照付款时间

（1）即期本票：指见票即付的本票。

（2）远期本票：指在一定期限或特定日期付款的本票。

一般本票可为即期本票或远期本票，银行本票则都是即期本票。

三、支票（check）

（一）支票的含义与记载要项

根据《英国票据法》的规定，支票是以银行为付款人的即期汇票。即支票是存款人对银行的无条件支付一定金额的委托或命令。

我国《票据法》第 81 条规定：支票是出票人签发的，委托办理支票存款业务的银行或者其他金融机构在见票时无条件支付确定的金额给收款人或持票人的票据。

支票的出票人一定是在受票银行有足够资金的存款人。如果出票人开出的支票金额超出其在付款银行的存款，这种支票即为空头支票，付款银行有权拒付，开出空头支票的出票人要负法律上的责任。为避免空头支票，美国相关法律规定，受票银行可按照出票人的请求，对汇票进行保付，即在汇票上注明“证明（certified）”并签章，这种支票即为保付支票（certified check）。

支票也需满足法定形式的要求。根据我国《票据法》第 84 条的规定，支票必须记载下列事项：（1）表明“支票”的字样；（2）无条件支付的委托；（3）确定的金额；（4）付款人名称；（5）出票日期；（6）出票人签章。支票上未记载规定要项之一的，支票无效。

需要注意的是，支票的使用有一定的有效期。由于支票是代替现金的即期支付工具，所以有效期较短。我国《票据法》规定，支票的持票人应当自出票日起 10 日内提示付款；异地使用的支票，其提示付款的期限由中国人民银行另行规定。超过提示付款期限的，付款人可以不予付款；付款人不予付款的，出票人仍应当对持票人承担票据责任。

（二）支票的分类

支票可大致分为以下几种。

1. 记名支票（check payable to order）

是指写明收款人姓名的支票。如：“支付××或指定人”（pay ×× or order）。记名支票取款时，需有收款人签章方能支取。

2. 不记名支票（check payable to bearer）

又称空白支票，指不写明收款人姓名，只注明“付来人”（pay bearer）的支票。

3. 划线支票（crossed check）

是指在支票正面划有两道平行线的支票。划线支票不同于一般未划线支票。未划线支票的收款人既可通过自己的往来银行代为收款转账，也可自己到付款银行提取现款。划线支票则必须通过银行领取款项，收款人只能委托银行转账代为收款入账。使用划线支票的目的是在支票遗失、被冒领时，可以通过银行代收的线索追回票款。

第二节 汇付与托收

在国际货物买卖业务中，常见的支付方式有三种：汇付、托收和信用证。根据资金的流向与支付工具的传递方向是否相同，支付方式可以分为顺汇和逆汇两种。按照承担付款保证的是商号、个人还是银行，支付方式可分为商业信用和银行信用。汇付采用的是顺汇方法，托收和信用证采用的是逆汇方法。汇付和托收属于商业信用，信用证业务属于银行信用。

一、汇付（remittance）

（一）汇付的含义及当事人

汇付又称汇款，指付款人主动通过银行或其他途径将款项汇交收款人的支付方式。

在汇付业务中，通常涉及四个当事人：

（1）汇款人（remitter）：即付款人，是通过银行或其他途径汇出款项的人。在进出口业务中，汇款人通常是进口方。

（2）收款人（payee or beneficiary）：即收取款项的人。在进出口业务中，收款人通常是出口方。

（3）汇出行（remitting bank）：即受汇款人的委托汇出款项的银行，通常是进口地的银行。

（4）汇入行（paying bank）：又称解付行，指受汇出行委托解付汇款的银行，通常是出口地的银行。

汇款人在委托汇出行办理汇款时，要出具汇款申请书。该申请书是汇款人和汇出行之间的一种契约。汇出行一经接受申请，就有义务按照汇款申请书的指示通知汇入行。汇出行与汇入行之间事先订有代理合同，在代理合同规定的范围内，汇入行对汇出行承担解付汇款的义务。

（二）汇付的分类

汇付方式可分信汇、电汇和票汇三种。

1. 信汇（mail transfer，M/T）

汇款人（进口商）将货款交给本地银行（汇出行），由汇出行将信汇委托书（M/T advice）或支付通知书（payment order）邮寄给出口地银行（汇入行），指示其解付一定金额给收款人（出口商）的一种汇款方式。

2. 电汇（telegraphic transfer，T/T）

汇出行应汇款人的申请，拍发加押电报、电传或 SWIFT 给汇入行，指示其解付一定金额给收款人的一种汇款方式。目前，电报方式已基本淘汰，业务中多采用电传或 SWIFT 方式指示付款。

信汇和电汇业务流程的主要区别在于汇出行通知汇入行的方式不同（见图 7—1）。信汇方式的优点是费用较为低廉，但收款人收到汇款的时间较迟；电汇方式的优点是收款人可迅速收到汇款，但费用较高（SWIFT 方式除外）。

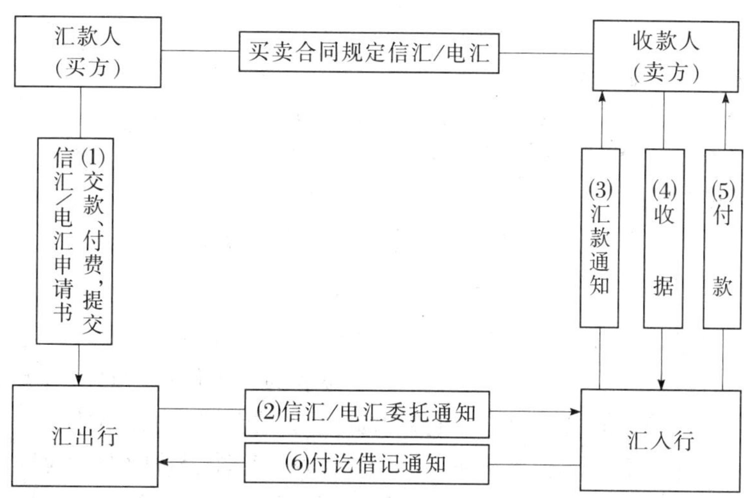

图 7—1 信汇、电汇业务流程示意图

3. 票汇（remittance by banker's demand draft，D/D）

票汇业务利用银行汇票进行汇款。具体做法是：由汇款人向当地的汇出行购买由汇出行开出的以其分行或代理行（汇入行）为受票人的银行即期汇票（banker's demand draft），然后由汇款人将汇票寄交出口商，出口商凭以向当地的付款行提示汇票，从而取得款项（见图 7—2）。

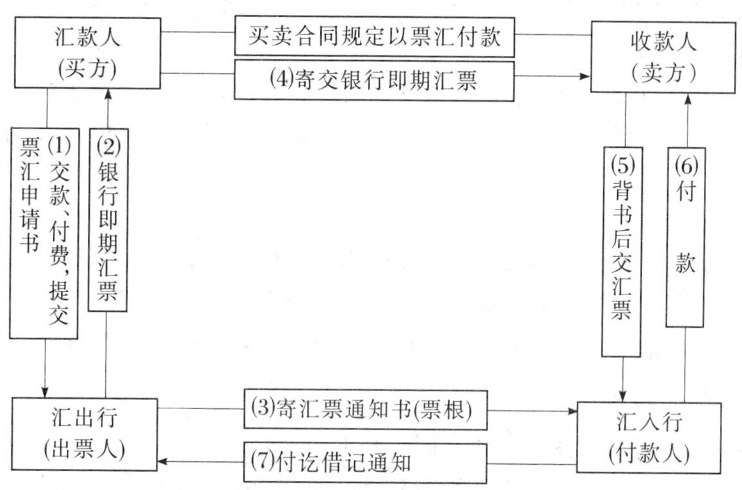

图 7—2 票汇业务流程示意图

票汇业务下，除非使用有限制转让和流通规定的汇票，收款人一般可将汇票背书转让。

（三）汇付方式在国际贸易中的应用

根据付款时间的不同，汇付在国际贸易中通常用于货到付款和预付货款等业务。

1. 预付货款（payment in advance）

常见的预付货款形式有随订单付现（cash with order）和交货前汇付货款，即进口方先将部分或全部货款汇付给出口方，出口方收到货款后再发货。

2. 货到付款（payment after arrival of the goods）

货到付款是一种赊账业务（open account transaction，O/A），是出口方在没有收到货款以前，先发货或交出代表物权的单据，然后由进口方汇付货款的方法。

国际货物买卖业务中，还有一种介于预付和货到付款之间的汇付方式，即“现付”，也称为“交货付现”（cash on delivery，COD）、“交单付现”（cash against documents，CAD），是指出口方办理交货后提交指定单据时，买方付款。

（四）汇付方式对买卖双方的利弊

汇付业务的优点是手续比较简单，银行的手续费用也较少。但是，在汇付方式下，无论是先付款还是后付款，对买卖双方总有一方是不利的。预付货款对出口方有利，但对进口方来说非常不利，其不但要承担过早地垫出资金的负担，还面临出口方延迟交货和不交货的风险；货到付款对出口方非常不利，出口方在发货后能否按时顺利收回货款，取决于进口方的信用，有货款两空或晚收款的风险。而且，出口方还要占压资金，影响资金周转。

因此，实际业务中，汇付方式的使用有一定的局限性，不易被普遍接受，多用于支付定金、运杂费、佣金、小额货款或者货款尾数。此外，在交易双方相互信任的情况下，或在跨国公司的各子公司之间的结算中，一般也采用汇付方式。

二、托收（collection）

（一）托收的含义

托收方式一般都通过银行办理，所以又叫银行托收。根据国际商会制定的《托收统一规则》(《URC522》)的定义：托收是指由接到托收指示的银行，根据所收到的指示处理金融单据和/或商业单据以便取得付款/承兑，或凭付款/承兑交出商业单据，或凭其他条款或条件交出单据。

在国际货物买卖中，托收的基本做法是：出口人根据买卖合同先行发运货物，然后开立汇票（或不开汇票）连同商业单据，向出口地银行提出托收申请，委托出口地银行（托收行）通过其在进口地的代理行或往来银行（代收行）向进口人收取货款。

（二）托收业务的当事方

根据《URC522》，托收业务主要有四个基本当事方：

(1) 委托人（principal）：指委托银行办理托收业务的人，通常是出口人。

(2) 托收银行（remitting bank）：指接受委托人的委托，办理托收业务的银行，一般为出口地银行。

(3) 代收银行（collecting bank）：指接受托收行的委托向付款人收取票款的进口地银行，通常是托收银行的国外分行或代理行。

(4) 付款人（drawee）：即债务人，如果使用汇票，即为汇票的受票人，通常为进口方。

有的托收业务还可能涉及提示银行（presenting bank），即向付款人作出提示汇票和/或单据的银行。提示银行可以是代收银行委托与付款人有往来账户关系的银行，也可以由代收银行自己兼任。

（三）托收的性质

托收业务属于商业信用。出口方在委托银行办理托收时，须附具一份托收指示书（collection instruction），在指示书中对办理托收的有关事项做出完整、明确指示。托收银行接受托收后，只是按照出口方的指示办事，不承担付款的责任，不负责单据的真伪，不负责因委托人的指示而利用国外代收行所发生的一切费用和风险。如无特殊约定，对已运到目的地的货物也不负提货和看管责任。出口方交货后，能否收回货款完全取决于进口方的信誉。所以，托收方式是建立在商业信用基础上的。

（四）托收的利弊

托收方式的特点是先发货后收款，因此，对于出口方来说是非常不利的。

首先，出口方面临的风险大。如前分析，托收业务虽然通过银行办理，但银行仅提供服务，不承担任何信用和担保。出口方能否按时收回全部货款，完全取决于进口方。如果进口方倒闭，丧失付款能力，或因为行市下跌，拒不履行合同，出口方不但要承担无法收回或不能按时收回货款的损失，而且要承担货物到达目的地后提货、存仓、变质、转售以致被当地政府贱价拍卖等损失。在承兑交单的情况下，出口方还有可能遭受钱货两空的损失。

其次，出口方资金占压。托收方式下，出口方先发货后收款，如果是远期托收，还可能要在货到后才能收回货款，这实际上是向进口方提供信用。在承兑交单的情况下，进口方仅凭在汇票上承兑即可取得单据，先行提货出售，然后在汇票到期日再付款，这实际上是出口方给予进口方的融资。

托收方式对买方较为有利，可以减少费用支出，有利于资金融通。在出口业务中采用托收，有利于调动买方采购货物的积极性，从而促进成交和扩大出口。因此，在竞争日益激烈的国际市场，许多卖方都把采用托收方式作为推销库存和加强对外竞争的手段。

（五）托收的分类

托收可分为光票托收和跟单托收两类。

1. 光票托收（clean collection，collection on clean bill）

是指委托人仅提交金融单据不附有商业单据，委托银行代为收款的托收。

2. 跟单托收（documentary collection）

是指金融单据附有商业单据，或不附有金融单据的商业单据的托收。国际货物买卖中使用的托收大多是跟单托收。

按照向进口人交单条件的不同，跟单托收又可分为以下两种：

（1）付款交单（documents against payment，D/P）：即向进口人的交单以进口人付清货款为条件，受托银行只有在进口人付清货款后，才能把商业单据交给进口人。

按付款时间的不同，付款交单又分为两种：

一种是即期付款交单（documents against payment at sight，D/P at sight）：是指出口人发货后，凭商业单据或连同即期汇票，通过银行向进口人提示，进口人审单无误后立即付清货款，以换取商业单据。即期付款交单程序示意图见图 7—3。

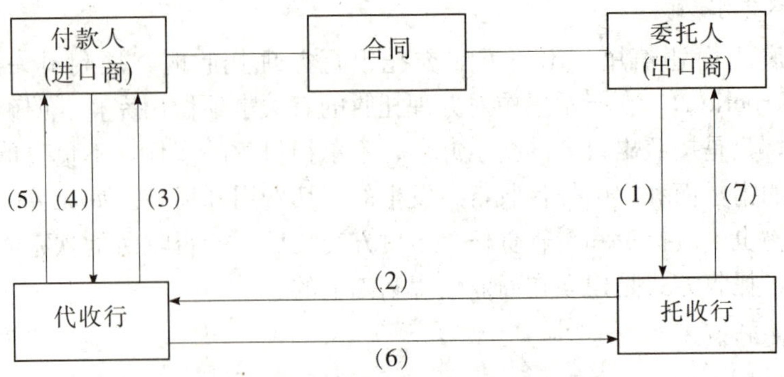

图 7—3　即期付款交单程序示意图

(1) 出口商按合同规定装货后，填写托收申请书，开立即期汇票，连同货运单据（或不开立汇票，仅将货运单据）交托收行委托代收货款；(2) 托收行根据托收申请书缮制托收指示（collection instruction），连同汇票（或没有汇票）、货运单据寄交进口地代收银行委托代收；(3) 代收行按照托收指示向进口商提示汇票与单据（或仅提示单据）；(4) 进口商审单无误后付款；(5) 代收行交单；(6) 代收行办理转账并通知托收行款已收妥；(7) 托收行向出口商交款。

另一种是远期付款交单（documents against payment after sight，D/P after sight）：是指出口人发货后，开具远期汇票连同商业单据，通过银行向进口人提示，进口人审核无误后即在汇票上进行承兑，于汇票到期日付清货款后赎回商业单据。远期付款交单程序示意图见图 7—4。

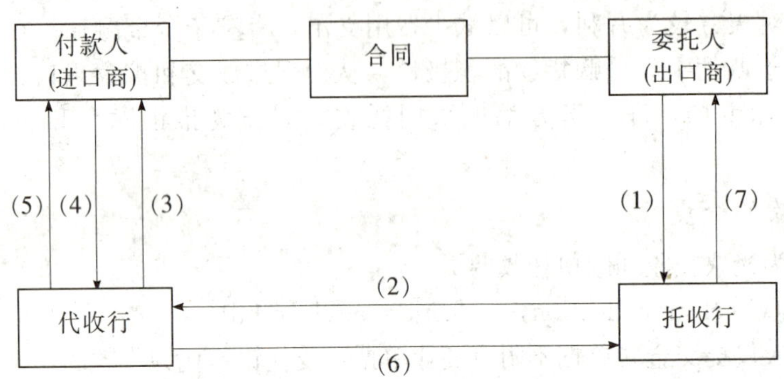

图 7—4　远期付款交单程序示意图

(1) 出口商按合同规定装货后，填写托收申请书，开立远期汇票，连同货运单据交托收行，委托代收货款；(2) 托收行根据托收申请书缮制托收指示，连同汇票、货运单据寄交代收行委托代收；(3) 代收行按照托收指示向进口商提示汇票与单据，进口商经审核无误在汇票上承兑后，代收行收回汇票与单据；(4) 进口商到期付款；(5) 代收行交单；(6) 代收行办理转账并通知托收行款已收到；(7) 托收行向出口商交款。

远期付款交单的采用，实际上是给予进口方的一种资金融通。实际业务中，远期付款交单的付款期限应与货物运输的航程一致，通常应短于航程时间。若货物早于付款日到达，为及时取得货物，进口方可以采取两种做法：

一是在付款到期日之前提前付款赎单，由银行扣除提前付款日至原付款到期日之间的利息，作为进口方享受的一种提前付款的现金折扣；

二是由代收行凭进口方的信托收据先行借单，等规定付款日到了再由进口方向银行付清货款。

所谓信托收据（trust receipt），就是进口人借单时提供的一种书面信用担保文件，表示愿意以代收行的委托人身份代为提货、报关、存仓、保险或出售，并承认货物所有权仍属银行。货物售出后所得的货款，应于汇票到期时交银行。

远期付款交单方式下，如果代收行自行凭信托收据向进口方借单，进口方到期拒付的一切后果由代收行承担。有时，出口方主动授权银行凭信托收据借单给进口人，采用所谓"远期付款交单凭信托收据借单"（D/P·T/R）方式。这种情况下，如果代收行按照托收指示书的指示，凭信托收据先行借单给进口方提货，则进口方到期拒付的风险完全由出口方承担。

（2）承兑交单（documents against acceptance，D/A）：是指在进口方承兑远期汇票后，代收行即将商业单据交给进口方，在汇票到期时，由进口方履行付款义务。承兑交单程序示意图见图 7—5。

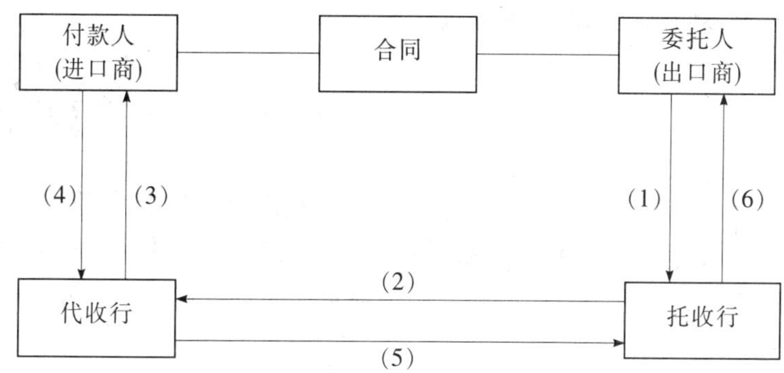

图 7—5　承兑交单程序示意图

（1）出口商按合同规定装货后填写托收申请书，开立汇票，连同货运单据交托收行，委托代收货款；（2）托收行根据托收申请书缮制托收指示，连同汇票、货运单据寄交代收行，委托代收货款；（3）代收行按照托收指示，向进口商提示汇票和单据，进口商在汇票上承兑，代收行在收回汇票的同时，将货运单据交给进口商；（4）进口商到期付款；（5）代收行办理转账并通知托收行款已收到；（6）托收行向出口商交款。

承兑交单由于是在进口方付款前就交出物权凭证，因此对于出口方来说，不仅占用资金，而且有可能蒙受货物与货款两空的损失。所以，承兑交单的风险远大于付款交单。

（六）托收的注意事项

在我国的出口业务中，为加强对外竞争力和扩大出口，可针对不同商品、不同贸易对象和不同国家与地区的习惯，适当和慎重地使用托收方式。但是，在使用此种方式出口时，应注意下列问题：

（1）认真调查进口方的资信情况，并根据其信用程度妥善掌握成交金额。

（2）对于贸易管理和外汇管制较严的进口国家和地区不宜使用托收方式，以免货到目的地后，由于不准进口或收不到外汇而造成损失。

（3）避免采用 D/A 方式；在采用远期 D/P 时，一定要注意了解进口国家的商业惯例，比如欧洲大陆国家有些银行不办理远期 D/P，有些拉美国家的银行把远期 D/P 按 D/A 处理，以免影响及时、安全收汇。

(4) 争取按 CIF 或 CIP 条件成交，由出口方自己办理货运保险；在不采用 CIF 或 CIP 条件时，应投保卖方利益险。

(5) 必要时投保短期出口信用险。

(6) 要建立健全管理制度，定期检查，及时催收清理，发现问题应迅速采取措施，以避免或减少可能发生的损失。

(七) 关于托收的国际惯例

实际业务中，各国银行对于托收业务的做法有所不同。为促进国际贸易和金融活动的开展，国际商会早在 1958 年即草拟了《商业单据托收统一规则》，对托收业务中各方的权利、义务及相关银行的责任进行解释，并建议各国银行采用该规则。后几经修订，国际商会在 1995 年公布了其第 522 号出版物，即新的《托收统一规则》(The Uniform Rules for Collection，ICC Publication No. 522 ，简称《URC522》)，并于 1996 年 1 月 1 日生效。该规则是国际托收业务中重要的国际惯例，已被各国银行采纳和使用。我国银行在办理国际托收业务时，也参照该规则的解释办理。

第三节　信用证

信用证 (letter of credit，L/C) 业务是在托收基础上发展起来的较完善的结算方式。在这种方式下，由银行提供保证以及融通资金，一定程度上解决了汇付和托收方式下进出口双方互不信任的矛盾及资金占压问题，是国际贸易中普遍采用的一种结算方式。

一、信用证的含义、特点及作用

(一) 信用证的含义

根据国际商会《跟单信用证统一惯例》(2007 年修订本，简称《UCP600》) 第 2 条，信用证是指一项不可撤销的安排，无论其名称或描述如何，该项安排构成开证行对相符交单 (complying presentation) 予以承付 (honour) 的确定承诺。

简言之，信用证是银行向受益人开立的有条件的书面付款保证，该条件即为“相符交单”。

(二) 信用证的特点

1. 信用证是一种银行信用

在信用证支付方式下，开证行处于第一付款人的地位，对受益人承担的是一种独立的责任。受益人只要提交符合规定的各种单据，开证行就要保证付款。这是与建立在商业信用基础上的汇付、托收的本质区别。

2. 信用证是独立于其他合同之外的自主的文件

信用证的开立以进出口双方签订的买卖合同或其他合同为基础，但信用证一经开出，即独立于这些合同之外。这就是信用证的自主原则。《UCP600》第 4 条解释了信用证与其他合同的这种关系：就性质而言，信用证与可能作为其开立基础的销售合同或其他合同是相互独立的交易。

因此，在信用证交易中，开证行和参与信用证业务的其他银行只按信用证的规定办事，不受买卖合同或其他合同的约束，银行也不关心买卖合同。即使信用证中含有对此类合同的任何援引，例如，有的信用证规定："other terms as per sales contract No. ×× dated ××××××（年月日）"（其他条款参见×年×月×日订立的第××号售货合同），银行也不受其约束。并且，"银行关于承付、议付或履行信用证项下其他义务的承诺，不受申请人基于其开证行或与受益人之间在已有关系而产生的任何请求或抗辩的影响"（《UCP600》第4条）。

3. 信用证是一种单据的买卖业务

在信用证方式之下，实行的是凭单付款的原则。信用证业务中，"银行处理的是单据，而不是单据可能涉及的货物、服务及/或履约行为"（《UCP600》第5条）。所以，信用证业务是一种纯粹的单据业务。

银行虽有义务审核单据，但这种审核，"仅基于单据本身"从而确定单据是否"在表面上构成相符交单"（《UCP600》第14条）。对任何单据的形式、完整性、准确性、真实性、伪造或法律效力，或单据上规定的或附加的一般和/或特殊条件，银行概不负责。

由此可见，信用证付款方式下，单据处于非常重要的地位。出口方不得以交货代替交单，而且，只要单据表面正确，即使交货方面有缺陷，银行也无权拒付。

《UCP600》第2条对相符交单进行了明确规定：凡"与信用证条款、本惯例的相关适用条款以及国际标准银行实务相一致的交单"即为相符交单，并进一步规定，在此条件下，单据中的数据，"无须与该单据本身中的数据、其他要求的单据或信用证中的数据等同一致，但不得矛盾"（《UCP600》第14条）。

（三）信用证的作用

信用证支付方式给进、出口双方以及银行都带来一定的好处。信用证在国际贸易结算中的作用主要表现在以下几方面。

1. 对出口方的作用

（1）保证出口方凭单取得货款。信用证是银行信用，由银行承担第一付款责任，出口方交货后只要相符交单，银行就有义务保证支付货款。因此，信用证支付为出口方提供了较为安全的收汇保障。

（2）提供资金融通。出口方可在交货前，凭进口方开来的信用证作抵押，向出口地银行借取打包贷款（packing credit），用以收购、加工、生产出口货物和打包装船；或在装运货物后，提交汇票和信用证规定的各种单据，向银行押汇取得货款。这是出口地银行对出口方提供的资金融通，有利于出口方资金周转。

2. 对进口方的作用

（1）可约束出口方按合同约定履行交货义务。信用证方式下，开证银行和参与信用证业务的其他银行都要对单据进行审核，只有在相符交单的条件下，才议付或付款。进口方申请开证时，可以通过信用证中的单据条款，如规定最迟装运期、要求出口方提交信誉良好的公证机构出具的品质、数量/重量检验证书等，以保证出口方按合同的规定交货。

（2）提供资金融通。进口方在申请开证时，通常不需付100%货款，只需交一定押金及手续费。如果开证行认为进口方资信较好，或开证金额低于进口方在开证行的受信额度，进口方还有可能少交或免交押金。如果采用远期信用证，进口方还可以凭信托收据向银行借单，先行提货、转售，到期再付款。这些都为进口方提供了资金融通的便利。

3. 对银行的作用

开证行开立信用证，贷给进口方的是信用而不是资金，因此，不会资金占压。通过要求进口方在申请开证时交付一定的押金或担保品，银行可一定程度上规避信用证业务下银行承担的第一付款人责任的风险，同时也为银行利用资金提供便利。此外，在信用证业务中，银行还可从其提供的服务中收取各种费用，如开证费、通知费、议付费、保兑费、改证费等。因此，承办信用证业务是各银行的业务之一。

二、信用证涉及的当事人

信用证支付方式所涉及的当事人较多，通常有以下几个：

(1) 开证申请人（applicant）：指向银行申请开立信用证的人。国际货物买卖业务中，开证申请人一般是进口商。此外，一些跨国公司日益集贸易与金融于一体，因此，《UCP500》和《UCP600》都允许银行以自己的名义主动开立信用证。

(2) 开证银行（opening bank，issuing bank）：指接受开证申请人的委托，开立信用证的银行。开证银行一般是进口方所在地银行。

(3) 通知银行（advising bank，notifying bank）：是指受开证银行的委托，将信用证转交出口方的银行。通知银行一般为出口方所在地的银行，其义务仅在于鉴别信用证的表面真实性并通知传递信用证及单据，不承担其他义务。

(4) 受益人（beneficiary）：指信用证上所指定的有权使用该证的人。国际货物买卖业务中，受益人通常是出口方或实际供货方。

(5) 议付银行（negotiating bank）：是指根据开证银行的授权买入或贴现受益人开立和提交的符合信用证规定的汇票或单据的银行。在遭到开证银行拒付时，对已经议付的货款，议付银行有权行使追索权。

(6) 付款银行（paying bank，drawee bank）：是指开证银行指定代行信用证项下付款或充当汇票付款人的银行，一般是开证银行，也可以是开证银行指定的另一家银行，由信用证条款进行规定。

(7) 保兑银行（confirming bank）：是指根据开证银行的请求在信用证上加具保兑的银行。

(8) 偿付银行（reimbursement bank）：又称清算银行（clearing bank），是指接受开证银行的指示或授权，代开证银行偿还垫款的第三国银行，即开证银行指定的对议付银行或代付银行进行偿付的代理人（reimbursing agent）。

偿付银行没有审核单据的义务，其偿付具有追索权。

三、信用证的主要内容及开立的形式

（一）信用证的主要内容

各国银行所使用的信用证并无统一的格式，其内容因信用证种类的不同而有所区别。

信用证所包括的基本内容主要有以下几方面：

（1）对信用证本身的说明：包括信用证的种类、信用证号码、开证日期、信用证金额、有效期和到期地点、交单期限等。

（2）信用证当事方：必须记载的当事方有开证申请人、受益人、开证行、通知行。根据信用证种类的不同，还可能涉及的当事方有保兑行、议付行、付款行、偿付行等。

（3）对汇票的说明：如果使用汇票，要明确汇票的出票人、受票人、受款人、汇票金额、汇票期限等内容。

（4）对货物的说明：包括货物名称、规格、数量、单价等，且这些内容应与买卖合同规定一致。

（5）对运输的说明：信用证中应列明装运港（地）、目的港（地）、装运期限、可否分批、能否转运等。

（6）单据条款：列明受益人所需提交的货运单据（如商业发票、运输单据、保险单）及其他单据的种类、份数、内容要求等。

（7）其他事项：包括开证行对议付行的指示条款；信用证交单期；开证行责任文句，通常说明根据《跟单信用证统一惯例》开立以及开证行保证付款的承诺，但电开信用证可以省略；其他特殊条款，例如限制由××银行议付、限制船舶国籍和船舶年龄、限制航线和港口等。这些特殊条款根据进口国政治经济情况的变动可以有所不同。

（二）信用证开立的形式

信用证开立的形式主要有信开本和电开本两种。

1. 信开本（to open by airmail）

指开证行采用印就的信函格式的信用证，开证后以空邮寄送通知行。这种形式现已很少使用。

2. 电开本（to open by cable）

指开证行使用电报、电传、传真、SWIFT 等各种电信方法将信用证条款传达给通知行。电开本又可分为以下几种：

（1）简电本（brief cable）。即开证行只是将信用证主要内容，如信用证号码、受益人名称和地址、开证人名称、金额、货物名称、数量、价格、装运期及信用证有效期等预先通告通知行，详细条款将另航寄通知行。

简电本的作用仅在于通知已经开证，其内容简单，在法律上不是有效的信用证文件，不足以作为交单要求付款的依据。简电本有时注明“详情后告”（full details to follow）等类似词语，这种简电本通知只能作为参考，开证行应立即寄送有效的信用证文件。

（2）全电本（full cable）。即开证行以电信方式开证，把信用证全部条款传达给通知行。全电本是一个内容完整的信用证，因此是交单议付的依据。

（3）SWIFT 信用证。即通过 SWIFT 开立或通知的信用证，又称为“全银电协信用证”。SWIFT 是“全球银行金融电信协会”（society for worldwide interbank financial telecommunication）的简称，于 1973 年在比利时布鲁塞尔成立，设有自动化的国际金融电信网，其成员银行可以通过该电信网办理信用证业务以及外汇买卖、证券交易、托收等。凡参加 SWIFT 组织的成员银行，均可使用 SWIFT 办理信用证业务。

采用 SWIFT 信用证，必须遵守 SWIFT 使用手册的规定，利用 SWIFT 系统设计的特殊格式，使用SWIFT手册规定的代号（tag），通过SWIFT系统传递信用证的信息。在信用证中可以省去银行的承诺条款，但不能免去银行所应承担的义务。目前开立SWIFT信用证的格式代号为MT700和MT701，如果对开出的SWIFT信用证进行修改，则采用MT707标准格式传递信息。

SWIFT信用证具有标准化、固定化和统一格式的特性，且传递速度快、成本低、安全性高，目前已被全球大多数国家与地区的银行广泛使用。中国银行于1983年加入SWIFT，是SWIFT组织的第1 034家成员行，并于1985年5月正式开通使用，成为我国与国际金融标准接轨的重要里程碑。之后，我国的各专业银行及上海和深圳的证券交易所也先后加入SWIFT。我国银行在电开信用证或收到的信用证电开本中，多数是SWIFT信用证。

四、信用证的分类

国际货物买卖中所使用的信用证，大部分是跟单信用证（documentary credit），即开证行凭跟单汇票或仅凭商业单据付款的信用证。国际贸易中使用的跟单信用证，可分为以下几种。

（一）跟单信用证和光票信用证

根据信用证项下是否附有商业单据，信用证可以分为跟单信用证和光票信用证。

跟单信用证（documentary credit）是指开证行凭跟单汇票或仅凭商业单据付款的信用证。国际贸易中使用的信用证，大多是跟单信用证。

光票信用证（clean credit）是指开证行仅凭受益人开具的汇票或简单收据付款的信用证。光票信用证在国际贸易中使用不多，主要用于贸易总公司和各分公司之间的货款清偿以及贸易从属费用和非贸易费用的结算。

（二）不可撤销信用证

不可撤销信用证（irrevocable letter of credit）是指信用证一经开出，在有效期内，未经受益人及有关当事人同意，不得修改和撤销的信用证。

不可撤销信用证对受益人比较有保障，只要受益人相符交单，开证行必须履行承付义务。因此，在国际贸易中使用最为广泛。为了强调信用证业务银行信用的特点，国际商会在《UCP600》中明确规定，信用证是“一项不可撤销的安排”，“信用证是不可撤销的，即使未如此表明”。

（三）保兑信用证

按有没有另一银行加以保证兑付，信用证可分为保兑信用证和不保兑信用证。

保兑信用证（confirmed letter of credit）是指开证行开出的信用证，由另一银行保证对符合信用证条款规定的单据履行付款义务。对信用证加保兑的银行，称为保兑行（confirming bank）。不保兑信用证（unconfirmed letter of credit）是指开证行开出的信用证没有经另一家银行保兑。

保兑信用证中要注明开证行、保兑行。保兑行通常是通知行，有时也可以是出口地的其他银行或第三国银行。保兑一般是由保兑行在信用证上加列下述保兑文句：“兹对此证加具保兑并保证于提示符合此证条款的单据时履行付款。”

保兑行在信用证上加具保兑后，即对信用证独立负责，与开证行承担同样的第一性付款责任，并且对做出的承付或议付没有追索权。所以，这种有双重付款保证的信用证对出口方最为有利。但是，由于保兑信用证的费用较高，因此，在开证行资信较好、开证行所在地政局稳定、成交金额不太大的情况下，出口方一般不要求采用这种信用证。

（四）付款信用证、承兑信用证和议付信用证

根据《UCP600》的规定，任何信用证均须明确表示其适用于何种兑现方式，可有以下几种情况。

1. 即期付款信用证（sight payment credit）

即注明“即期付款兑现”（available by payment at sight）的信用证，一般列有“当受益人提交规定单据时，即行付款”的保证文句。

即期付款信用证可要求汇票，也可不要求汇票。实际业务中，为了逃避有些国家对票据征收的印花税，即期付款信用证往往不使用汇票，付款行或开证行只凭货运单据付款。

2. 延期付款信用证（deferred payment credit）

是指注明“延期付款兑现”（available by deferred payment）的信用证。例如，信用证中规定“Available with ×× Bank（即指定付款行）by deferred payment against the documents specified herein”。

为逃避印花税，或者由于一些国家对远期汇票的期限有所限制，这种信用证一般不要求远期汇票，因此，必须在证中明确付款时间，如“装运日后 45 天付款”或“交单日后 30 天付款”。而且，延期付款信用证下，出口方不能利用贴现汇票进行融资，只能自行垫款或向银行借款。

3. 承兑信用证（acceptance credit）

即注明“承兑兑现”（available by acceptance）的信用证，当受益人向指定银行开具远期汇票并提示时，指定银行即行承兑，并于汇票到期日履行付款。

这种信用证又称为银行承兑信用证（banker's acceptance L/C），要求受益人提交以开证行或被指定的其他银行为付款人的远期汇票。《UCP600》第 6 条规定：“信用证不得（must not）开成凭以申请人为付款人的汇票兑用。”因此，承兑信用证的付款人仅限于指定银行，而不能是进口方或其他非银行机构。

承兑信用证用于远期付款的交易。有时，信用证规定出口方开立远期汇票，但按即期收汇，相关贴现费用由进口方支付。例如，信用证中规定“Usance drafts to be negotiated at sight basis and discounted by us (Issuing Bank), discount charges and acceptance commission are for Importer's account”[远期汇票即期议付，由本银行（开证银行）贴现，贴现及承兑费由进口方承担]。

这种做法对于进口方来说，可便于融资或利用银行承兑汇票以取得比银行放款利率低的优惠贴现率；对于受益人来说，其虽然开出的是远期汇票，但却能即期收到全部货款。所以，这种信用证在业务中被称为“假远期信用证”（usance L/C payable at sight）。

4. 议付信用证（negotiation L/C）

是指注明“议付兑现”（available by negotiation）的信用证，即允许受益人向某一指定银行或任何银行交单议付的信用证。通常在单据符合信用证条款的条件下，议付银行扣除利息和手续费后将票款付给受益人。

根据《UCP600》第 2 条的规定，议付是指“指定银行在相符交单下，在其应获偿付的银行工作日当天或之前向受益人预付或者同意预付款项，从而购买汇票（其付款人为指定银行以外的其他银行）及/或单据的行为”。《UCP600》明确了议付是对汇票及/或单据的一种买入行为，并且明确议付信用证的融资功能对受益人的融资——预付或承诺预付。

议付信用证又可分为公开议付信用证和限制议付信用证。前者指任何银行均可按信用证条款自由议付的信用证，后者是指开证行指定某一银行或开证行自己进行议付的信用证。公开议付信用证和限制议付信用证的到期地点都在议付行所在地。

值得注意的是，议付行（保兑行除外）有议付的权利，但没有议付的义务。如果被拒付，有权对受益人行使追索权。

（五）可转让信用证和不可转让信用证

根据受益人对信用证的权利可否转让，分为可转让信用证和不可转让信用证。

1. 可转让信用证（transferable credit）

指信用证的受益人（第一受益人）可以要求授权付款、承担延期付款责任、承兑或议付的银行（统称“转让银行”），或当信用证是自由议付时，可以要求信用证中特别授权的转让银行，将信用证全部或部分转让给一个或数个受益人（第二受益人）使用的信用证。

《UCP600》规定，只有开证行在信用证中明确注明“可转让”（transferable），信用证方可转让。

除非信用证另有规定，可转让信用证只能转让一次，即只能由第一受益人转让给第二受益人，第二受益人不得要求将信用证转让给其后的第三受益人。但若再转让给第一受益人，不属于被禁止转让的范畴。如果信用证不禁止分批装运，在总和不超过信用证金额的前提下，可分别按若干部分办理转让，该项转让的总和将被认为只构成信用证的一次转让。

信用证只能按原证规定条款转让，但信用证金额、商品的单价、到期日、交单日及最迟装运日期可以减少或缩短，保险加成比例可以增加。信用证申请人可以变动。信用证在转让后，第一受益人有权以自身的发票（和汇票）替换第二受益人的发票（和汇票），其金额不得超过信用证规定的原金额。如果信用证规定了单价，应按原单价开立。在替换发票（和汇票）时，第一受益人可在信用证项下取得自身发票和第二受益人发票之间的差额。

在实际业务中，要求开立可转让信用证的第一受益人通常是中间商。为了赚取差额利润，中间商要将信用证转让给实际供货人，由供货人办理出运手续。但信用证的转让并不等于买卖合同的转让，如果第二受益人不能按时交货或单据有问题，第一受益人（原出口方）仍要负买卖合同上的卖方责任。

2. 不可转让信用证（non-transferable Credit）

不可转让信用证是指受益人不能将信用证的权利转让给他人的信用证。凡信用证中未注明“可转让”的，就是不可转让信用证。

（六）其他种类的信用证

1. 循环信用证（revolving credit）

是指信用证全部或部分使用后，其金额又恢复到原金额，可再次使用，直至达到规定的次数或总金额为止。

循环信用证又分为按时间循环信用证和按金额循环信用证。

循环信用证可多次循环使用，进口方可以不必多次开证，从而节省开证费用，同时也可简化出口方的审证、改证等手续，有利于合同的履行。这种信用证通常在买卖双方订立了长期合同、分批均匀交货的情况下采用，适用于定时、定量、定品种且只向同一贸易伙伴提供同一货物的交易情况。

2. 对开信用证（reciprocal credit）

是指两张信用证的开证申请人互以对方为受益人而开立的信用证，第一张信用证的受益人（出口人）和开证申请人（进口人）就是第二张信用证的开证申请人和受益人，第一张信用证的通知行通常就是第二张信用证的开证行。两张信用证的金额相等或大体相等，两证可同时开立、同时生效，也可先后开立、分别生效。

对开信用证多用于易货交易或来料加工和补偿贸易业务。

3. 对背信用证（back to back credit）

又称转开信用证，是指受益人要求原证的通知行或其他银行以原证为基础，另开一张内容相似的新信用证。

对背信用证的开证银行只能根据不可撤销信用证来开立。对背信用证一经开立，即与原证完全独立，两者同时存在。对背信用证涉及的各当事方也是独立的，其受益人不能获得原证开证行的付款保证，而只能得到对背信用证开证行的付款保证。对背信用证如果经通知行开立，则其地位即改变为对背信用证的开证行，就要承担在相符交单的条件下保证付款的义务。

对背信用证通常产生于中间交易，为中间商提供便利，或者两国不能直接办理进出口贸易时，通过第三者以此种方法来沟通贸易。

4. 预支信用证（anticipatory L/C）

又称“红条款信用证”（red clause L/C），是指允许受益人在货物装运交单前预支全部或部分货款的信用证。

预支信用证最初用在向澳洲、新西兰购买羊毛等商品的交易中。为引人注目，这种预支货款的条款常用红字，故习称“红条款信用证”。但现在实际业务中，信用证的预支条款并非都用红字表示，其效力相同。

五、信用证业务的一般流程

信用证业务涉及的当事方较多，业务流程也比较复杂。不同种类的信用证，尽管具体环节有所不同，但基本流程大致相同。图 7—6 是议付信用证的使用流程。

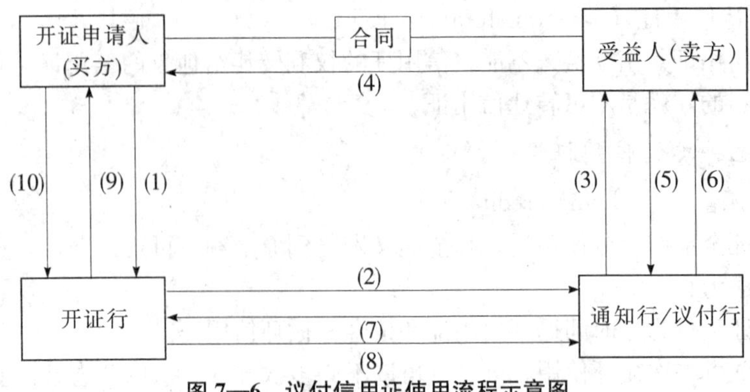

图 7—6　议付信用证使用流程示意图

(1) 买方根据买卖合同，填写申请开证书，向开证行申请开立以卖方为受益人的信用证并交纳押金及相关费用；

(2) 开证行根据开证申请书的内容开出信用证，并寄交卖方所在地的通知行；

(3) 通知行鉴定信用证真伪，向受益人发出通知并转递信用证；

(4) 受益人审核信用证条款与买卖合同无误后，按照合同和信用证规定发运货物；

(5) 受益人根据信用证的规定缮制单据及汇票，并在规定的交单期内向议付行提示；

(6) 议付行按照信用证条款审核单据无误后，扣除相关利息及手续费，将余款垫付受益人；

(7) 议付行将单据寄交开证行索偿；

(8) 开证行按照信用证条款审核单据无误后，向议付行付款；

(9) 开证行通知开证申请人付款赎单；

(10) 买方审单无误后付款赎单，然后凭相关单据提货。

六、关于信用证的国际惯例——《跟单信用证统一惯例》

自 19 世纪开始使用信用证以来，随着国际贸易的发展，信用证逐渐成为国际贸易中通常使用的一种支付方式。为了减少各国银行由于各自习惯的不同而引起的争端，国际商会早在 1930 年就拟订了《商业跟单信用证统一惯例》(Uniform Customs and Practice for Commercial Documentary Credits)，并于 1933 年正式公布。随着国际贸易的发展变化，国际商会又分别于 1951 年、1962 年、1974 年、1983 年、1993 年、2005 年先后对该惯例进行了修订，并在 1962 年将规则名称改为《跟单信用证统一惯例》。目前使用的是 2007 年 7 月 1 日开始实施的《跟单信用证统一惯例》(2007 年修订本)，即《UCP600》。

《跟单信用证统一惯例》并不是国际性的法律，但成为各国银行普遍接受和使用的国际惯例，有些国家的法院甚至把《跟单信用证统一惯例》作为裁决跟单信用证纠纷的依据或准则。为了得到法律上的保护，开证行在所开出的信用证上必须注明："本证根据国际商会《跟单信用证统一惯例》(2007 年修订本)，即《UCP600》开立。"

七、使用信用证应注意的问题

(1) 在买卖合同中，应明确所采用的信用证的种类。

(2) 在合同中明确规定开证日期，并同时规定，不按时开证的一切后果由进口方承担。进口方按时开证是出口方履行合同的前提条件。

(3) 正确处理信用证与合同的关系。信用证的开出是以合同为基础的，二者不符，受益人有权提出修改。若不提出，会影响受益人安全收汇及按合同履约。

(4) 做好单证工作，做到“相符交单”，这是L/C付款的基本原则。

(5) 处理好开证日期、装运日期、信用证结汇有效期、交单日期四者的关系。

1) 开证日期与装运日期：开证应早于装运日半个月至一个月。

2) 装运日期与信用证结汇有效期：信用证结汇有效期一般比装运期晚半个月至一个月，以便于出口方发货后有充分的时间缮制信用证规定的各种单据并向银行交单。

3) 交单日期与信用证结汇有效期：根据《UCP600》的规定，除非信用证另有规定，交单应在提单签发日起21天内，但无论如何不能超过信用证有效期。

(6) 关于信用证的修改。根据《UCP600》第10条的规定，除可转让信用证另有规定外，未经开证行、保兑行（如有）及受益人同意，信用证既不得修改，也不得撤销。对于信用证修改通知，受益人可以明确表示接受或拒绝，但也可以不明确表示，而是以交单时的交单来表示其是否接受信用证修改通知，但受益人沉默并不构成接受修改。开证行自发出修改之时起，即不可撤销地受其约束。如果保兑行将其保兑扩展至修改，则自通知该修改之时，也不可撤销地受其约束。这些规定，极大保护了受益人的自主权益。根据《UCP600》，“对同一修改的内容不允许部分接受，部分接受将被视为拒绝修改的通知”。

(7) 开证行、保兑行、指定银行在收到单据后的处理时间。根据《UCP600》的规定，银行应在“从交单次日起的至多5个银行工作日”处理单据，否则，即丧失拒付的权利。

第四节　备用信用证与银行保函

在国际贸易中，有时交易双方不愿采用跟单信用证，或交易情况不适合采用跟单信用证，可通过银行开立备用信用证或银行保函的做法，解决双方互不信任的矛盾，从而便于交易的达成。备用信用证和银行保函适用的范围比一般的跟单信用证要广。

一、备用信用证（standby letter of credit）

（一）备用信用证的含义及性质

备用信用证又称商业票据信用证（commercial paper letter of credit），在美国称为担保信用证或保证信用证（guarantee letter of credit），是指开证行根据开证申请人的请求对受益人开立的承诺承担某项义务的凭证。开证行保证在开证申请人并未履行其应履行的义务时，受益人只要凭备用信用证的规定向开证行开具汇票（或不开汇票），并提交开证申请人未履行义务的声明或证明文件，即可取得开证行的偿付。

备用信用证最早产生于19世纪的美国，当时美国法律不允许其国内商业银行开立保函，故银行采用保函性质的备用信用证作为替代。备用信用证的发展历史虽短，但由于其独立性、单据化和见索即付等特点，备用信用证自第二次世界大战后开始在世界范围内广泛应用。近年来，一些国家已开始把备用信用证用于买卖合同项下货款的支付。

备用信用证属于银行信用，采用“凭单付款”的原则，即开证银行一般凭受益人出具的备用信用证规定的汇票及/或说明开证申请人未能履约的证明文件即行付款。因此，对受益人来说，备用信用证是备用于开证申请人发生毁约时，取得补偿的一种方式。

备用信用证并无统一格式，其内容与银行保函基本相似。

（二）备用信用证与商业信用证的异同

根据《跟单信用证统一惯例》的规定，备用信用证和一般的商业信用证都属于跟单信用证，因此，二者都适用于《跟单信用证统一惯例》。二者都是银行开给受益人的保证付款的证明，都属于银行信用。但备用信用证和商业信用证又有所不同，主要有以下几方面。

1. 备用信用证是备而不用，而商业信用证则是每笔交易必用

在商业信用证下，受益人只要履行了合同，提交了符合信用证规定的单据，开证行即有义务保证承付；在备用信用证下，只有在开证申请人未履行约定义务时，受益人才能凭相符单据向开证行索偿。如果开证申请人履行了约定的义务，则备用信用证就成为备而不用的文件。

2. 适用情况不同

商业信用证一般只适用于货物的买卖；而备用信用证的作用类似于银行保函，在国际贸易中可适用于货物买卖以外的多方面交易，如投标、还款或履约保证、预付货款和赊销等业务。

根据用途，备用信用证有履约备用信用证（performance standby L/C）、投标备用信用证（tender bond standby L/C）、预付款备用信用证（advance payment standby L/C）、融资备用信用证（financial standby L/C）、直接付款备用信用证（direct payment standby L/C）等。

3. 要求的付款单据不同

商业信用证一般以符合信用证规定的货运单据为付款依据；而备用信用证一般只凭受益人出具的证明开证申请人违约的相关文件及索偿书，开证行即保证付款。

（三）关于备用信用证的国际惯例

国际商会在《跟单信用证统一惯例》1983年修订本（《UCP400》）中，首次明确规定该惯例的条文也适用于备用信用证，在以后的修订版本（《UCP500》《UCP600》）中也明确了该适用范围。

但是，由于《跟单信用证统一惯例》的多数条款（如关于货物运输及货运单据等方面的条款）并不适用于备用信用证，为了便于商订备用信用证条款和解决备用信用证业务涉及的争议问题，参照《UCP500》，由美国国际银行法律与惯例研究所起草、经国际商会银行委员会等机构审查认可后，国际商会于1998年10月推出其第590号出版物：《1998年国际备用信用证惯例》（International Standby Practices，简称《ISP98》）。该惯例于1999年1月1日起实施，是结合备用信用证的特点而制定的规范备用信用证业务的一项专门的国际惯例。

《ISP98》并不是法律规定，只有明确注明依据《ISP98》开立时，备用信用证的使用才受该惯例的管辖。

二、银行保函（banker's letter of guarantee）

（一）银行保函的含义及性质

保函（letter of guarantee，简称L/G）又称保证书，是指银行、保险公司、担保公司

或个人（担保人）开立的一种担保凭证。保函均为不可撤销的书面文件。

银行保函（banker's letter of guarantee）又称银行保证书，是银行应申请人（委托人）的请求，向第三方（受益人）开立的一种书面信用担保凭证，保证在申请人未能按双方协议履行其责任或义务时，由担保人代其履行一定金额、一定期限范围内的某种支付责任或经济赔偿责任。

开出保函的银行承担绝对的付款责任，因此，银行保函一般为见索即付保函（demand guarantees），即"任何保证、担保或其他付款承诺，这些保证、担保或付款承诺是由银行、保险公司或其他组织或个人出具的，以书面形式表示在交来符合保函条款的索赔书或保函中规定的其他文件（诸如工艺师或工程师出具的证明书、法院判决书或仲裁裁决书）时，承担付款责任的承诺文件"（《见索即付保函统一规则》即《UDG458》第 2 条）。

由此可见，银行保函属于银行信用。

（二）银行保函的当事人

银行保函的基本当事人有三个：

（1）申请人（applicant）：又称委托人（principal），即向银行提出申请，要求银行开立保函的一方。如投标保函下的投标人、出口履约保函下的出口方、进口履约保函中的进口方等。

（2）受益人（beneficiary）：即收到保函并有权按保函规定的条款凭以向银行提出索赔的一方。如投标保函下的招标人、承包工程履约保函和预付款保函下的工程业主等。

（3）担保人（guarantor）：又称保证人，即开立保函的银行或其他金融机构。担保人在收到索赔书和保函中规定的表面上与保函要求相符的其他文件后，即向受益人付款。

此外，根据具体情况，银行保函还可能涉及以下几个当事人：

（1）通知行（advising bank）：又称转递行（transmitting bank），即根据开立保函的担保银行的要求和委托，将保函通知给受益人的银行。通常为受益人所在地的银行，只负责核对保函的签字或密押，不承担其他付款责任。

（2）保兑行（confirming bank）：又称第二担保人，即根据担保人的要求在保函上加以保兑的银行。保兑行通常为受益人所在地信誉良好的银行。如果担保银行的资信能力较差或属于外汇紧缺国家的银行，受益人可要求在担保行出具的保函上由一家国际上公认的资信好的大银行加具保兑。到时如果担保人未按保函规定履行赔付义务，保兑行应代其履行付款义务。

（3）转开行（reissuing bank）：指接受担保银行的要求，凭担保人的反担保向受益人开出保函的银行。转开行通常是受益人所在地银行。转开行如果接受担保人请求转开的委托，就必须及时开出保函。保函一经开出，转开行即变成担保人，承担担保人的责任、义务。

（三）银行保函的种类

在实际业务中，银行保函的应用非常广，常见的种类有以下几种。

1. 履约保函（performance guarantee/bond）

在国际货物买卖业务中，履约保函又可分为进口履约保函和出口履约保函。

（1）进口履约保函。

进口履约保函是指担保人应申请人（进口人）的申请开给受益人（出口人）的保证承

诺。保函规定，如果出口人按期交货后，进口人未按合同规定付款，则由担保人负责偿还。这种履约保函对出口人来说，是一种简便、及时和确定的保障。

(2) 出口履约保函。

出口履约保函是指担保人应申请人（出口人）的申请开给受益人（进口人）的保证承诺。保函规定，如果出口人未能按合同规定交货，担保人负责赔偿进口人的损失。这种履约保函对进口人有一定的保障。

2. 还款保函（repayment guarantee）

还款保函又称预付款保函（advanced payment guarantee）或定金保函（down payment guarantee），是指担保人应合同一方当事人的申请，向合同另一方当事人开立的保函。保函规定，如果申请人不履行其与受益人所订立合同的义务，不将受益人预付或支付的款项退还或还款给受益人，担保人向受益人退还或支付款项。

在成套设备及大型交通工具（飞机、轮船）的交易中，出口方往往在备货生产前，要求进口方支付一定比例的货款作为定金，以避免进口方不履约造成的损失。这种情况下，进口方会要求出口方提供还款保函，保证在出口方不履行或不按合同履约时，出口人或担保银行将及时偿还进口人已预付款项的本金及所产生的利息。

除上述保函外，在国际贸易中，根据业务的不同，还有一些其他种类的保函，如投标保函、补偿贸易保函、来料加工保函、技术引进保函、维修保函、融资租赁保函、借款保函等。

（四）关于银行保函的国际惯例

为了明确银行保函的性质和有关当事人的权利与义务，为了规范国际贸易实践中保函的操作，国际商会于1978年6月颁布了第325号出版物《合同保函统一规则》（Uniform Rules for Contract Guarantees，简称《URCG325》）。由于该规则过多维护了委托人的利益，因而在国际上未被广泛接受。1992年4月，国际商会又颁布了第458号出版物《见索即付保函统一规则》（Uniform Rules for Demand Guarantees，简称《URCG458》）。但由于条款过于笼统，《URCG458》在实际业务中缺乏可操作性。国际商会宣布于2010年7月1日起实施第758号出版物，即《2010年见索即付保函统一规则》（简称《URCG758》）。

《URCG758》不具有强制性，只有明确表示受其约束的保函才适用相关规定。

第五节 各种支付方式的选用

在国际货物买卖业务中，交易双方通常根据交易的具体情况，争取选择对自己有利的支付方式。在买卖合同中，双方可以选择采用某一种支付方式，也可以将几种不同的支付方式结合起来使用，如将信用证与汇付、托收以及备用信用证、银行保函等结合使用。

一、影响支付方式选择的因素

在国际货物买卖业务中，常用的支付方式为汇付、托收和信用证。前已述及，这三种支付方式对各方当事人，尤其是买卖双方，各有利弊。而支付方式又是买卖合同中关键条款之一，直接影响双方的资金负担和承担的风险大小。因此，在一笔交易中，选择合适的支付方式对交易双方至关重要。

实际业务中，在选择支付方式时，双方当事人考虑的因素主要有以下几方面。

（一）当事人所在国家或地区的政治、经济环境

当事人所在国家或地区的政局等是否稳定，在一定程度上会影响合同的履行。因此，如果与政局不稳、经济环境不好的国家或地区有交易，应事先采取相应的防范措施，选择不受或少受当地局势影响的支付方式。

（二）客户资信

国际货物买卖合同能否顺利履行，很大程度上取决于客户资信的好坏。因此，在国际贸易中，必须对客户的资信进行调查，根据客户资信的情况选择不同的支付方式。

（三）交易金额

交易金额的大小决定了一方违约对另一方造成的损失的程度，因此，交易金额是交易双方在选择支付方式时需要考虑的因素之一。

（四）交易的商品及交易目的

当事人往往根据交易的商品在国际市场的情况及当事人的目的，选择不同的支付方式。例如，如果交易的商品是为对方特制的，出口方往往要求信用证支付方式，以避免进口方违约，货物无法向别处出售造成的损失。有时，为推销新产品、扩大销售，出口方会考虑给对方比较优惠的支付方式，以提升产品竞争力。

（五）采用的贸易术语及使用的运输单据

不同的贸易术语下，合同的交货方式是不同的，出口方完成交货义务的时间和地点也不同，因此，双方应考虑选用不同的支付方式。

此外，不同的贸易术语适用于不同的运输方式，涉及使用的运输单据也不同。在海洋运输中，出口方发货后通常得到的是代表物权的海运提单，其可通过控制提单来控制货物，因此，可选择托收或信用证方式结算。但在其他运输方式下，所使用的运输单据通常不代表物权，因此，一般不适合做托收。即使在信用证方式下，通常也规定必须以开证行为收货人，以便银行控制货物。

二、各种支付方式的选用

（一）汇付与托收结合

这是指货款的一部分采用汇付预先支付给出口方，余款采用跟单托收的方式通过银行托收结算。

具体做法是，出口方在发货前，要求进口方先以汇付方式预付一定比例的货款作为押金。货物出口后，由出口方将余款采用跟单托收的方式，通过银行托收。对于出口方来说，采用这种做法，可以在进口方拒付的情况下，用对方已预付的货款来补偿自己的部分损失。

（二）信用证与汇付结合

这是指部分货款用信用证支付，余款用汇付方式结算。这种方式常用于一些合同中订有品质机动幅度及/或溢短装条款的初级产品（如粮食、矿砂等）的交易。双方约定：一

定比例的货款（如货款的90%）通过信用证凭规定的单据支付，余款待货到目的地后，根据检验的结果，按实际品质或重量计算出确切的金额，另用汇付方式支付。

实际业务中，对于某些特定产品的交易，为防止进口方不履约造成的严重后果，通常规定由进口方先采用汇付方式预付部分货款，余款发货后采用信用证的方式结清。

（三）信用证与托收结合

这种方式的做法是，由出口方开立两张汇票，一张光票，一张跟单汇票。属于信用证部分的货款凭光票付款，而全套单据附在托收部分汇票项下，按即期或远期付款交单方式托收。合同中通常要订明支付条款，如："买方须在装运月份前××天开出信用证，规定××%发票金额凭即期光票支付，其余××%金额用即期跟单托收方式付款交单。全套货运单据附于托收项下，在买方付清发票的全部金额后交单。若买方不能付清全部发票金额，则货运单据须由开证行掌握，凭卖方指示处理。"

这种做法对进口方来说，可减少开证金额，少付开证押金；对出口方来说，由于部分货款凭信用证支付，托收的部分也采用 D/P 方式，进口方付清款银行才交单，因此，收汇比较安全。

（四）托收与备用信用证或银行保函结合

为避免或减少出口方在托收业务中由于先发货、后收款所面临的风险，在使用跟单托收的同时，规定由进口方向银行申请，开立以出口方为受益人的备用信用证或银行保函，由开证银行进行保证，一旦进口方不付款，出口方可凭光票与声明书向银行收回货款。

在使用这种方式时，备用信用证和银行保函的有效期必须晚于托收付款期限一定时间，以便被拒付后能有足够的时间办理追偿手续。出口方在办理托收手续时，还应在托收申请书中明确规定，在发生拒付时，要求托收银行请代收银行立即用电报或电传通知，以免由于耽误造成备用信用证或银行保函失效，失去追索权。

（五）汇付、信用证与银行保函结合

在成套设备、大型机械产品和交通工具的交易中，因为成交金额较大、产品生产周期较长，一般采取按工程进度和交货进度分若干期付清货款，即分期付款和延期付款的方法，通常需将汇付、信用证与银行保函结合采用结算货款。

在这类交易中，买卖双方在合同中规定，在产品投产前，买方采用汇付方式，先交一定比例的货款作为订金。在此之前，卖方应向买方提供出口许可证影印本和银行保函，保证卖方不履约时退回买方的订金。其余货款，可按不同阶段或工程进度、交货进度等通过即期或远期信用证分期支付。

[本章小结]

1. 在国际货物买卖中，支付条款是合同中重要的条款之一，直接关系到交易方所承担的资金风险及费用负担。

2. 国际货款结算中使用的结算工具及结算方式，远比国内贸易复杂得多。国际贸易大多使用票据进行结算，汇票、本票和支票是国际货物买卖结算业务中常用的三种票据。

3. 在国际货物买卖业务中，常见的支付方式有三种：汇付、托收和信用证。其中，从资金流向与支付工具传递方向是否一致来看，汇付采用的是顺汇方法，托收和信用证采用的是逆汇方法。在这三种支付方式中，由于只有信用证业务属于银行信用，即由开证银行承担保证付款的责任，因此，除了汇付业务中的预付款情况外，相较于其他两种支付方式，信用证支付方式对出口方收汇更有保障。信用证业务下，受益人相符交单是银行履行付款义务的前提条件。

4. 银行保函和备用信用证也常用于国际货物买卖业务中。与商业信用证相比，银行保函和备用信用证的适用范围更广，它们更多地应用于货物买卖之外的其他业务中。

5. 在国际货物买卖业务中，一笔交易可以采用一种结算方式，也可多种结算方式灵活结合使用，由当事人根据交易的情况协商后在合同中明确规定。

[重要概念]

1. 汇票
2. 本票
3. 支票
4. 背书
5. 贴现
6. 承兑
7. 拒付
8. 追索权
9. T/T、D/D、D/P、D/A、D/P·T/R
10. 信用证、不可撤销信用证、可撤销信用证、不可转让信用证、可转让信用证、保兑信用证、备用信用证
11. 相符交单

[思考题]

1. 何谓汇票？汇票有哪些种类？
2. 什么是汇付？有哪些形式？在国际贸易中是如何应用的？
3. 什么是托收？托收有什么特点？付款交单和承兑交单对当事人有哪些影响？
4. 信用证的性质、特点和作用如何？对买卖双方及银行分别有什么作用？
5. 什么是备用信用证？与商业信用证相比有何异同？

案例分析

一、关于买方拒绝向银行付款赎单的争议案

1. 案情简介

中东某商人从西欧购买一项商品，买卖双方约定采用信用证付款方式，并明确分两批交货和分两批开立信用证。第一张信用证开出后，已经顺利结汇。第二张信用证开出后，买方因第一批货物质量有问题，向卖方索赔的事尚未了结，便通知银行停止使用其已开出的第二张不可撤销的信用证，但银行仍凭卖方第二批交货的正确单据付了款。当银行通知买方对第二批交货付款赎单时，遭到买方拒绝，银行遂向法院起诉，结果银行胜诉。

2. 案例分析

本案合同规定按信用证付款方式成交，而信用证是独立于合同之外的一种自足的文件，在信用证付款条件下，银行处于第一付款人的地位，它对受益人承担独立的责任。由于银行开出的是不可撤销的信用证，而且按一般惯例规定，银行只管单证，不管货物，当银行通知买方付款赎单时，只要单证一致，作为开证申请人的买方就必须付款赎单。本案合同项下的买方，以上一批交货质量有争议为由而拒绝向银行付款赎单，是毫无道理的。因此，法院判决是正确的。

二、单证不符和信用证有效期已过而遭银行拒付案

1. 案情简介

美国某商人按 CFR 纽约条件并凭信用证付款方式向意大利某商人购买一批智利产的金鱼粉，买方通过美国银行开出一张不可撤销的信用证，其中规定：在议付单据中，提单必须是空白抬头并注明运费已付，品质证书必须证明含蛋白质不低于70%。但议付时，受益人却提供不可转让的提单，且无“运费已付”字样，品质证书仅注明蛋白质为67%，发票的商品名称是鱼粉，而不是金鱼粉。由于单证不符，遭开证银行拒付。后受益人又补交了符合信用证要求的单据，并要求开证银行凭单付款，但由于单据寄到开证银行时，信用证的有效期已过，故开证银行再次拒受单据和拒付货款。

2. 案例分析

信用证项下的交易，单据十分重要。卖方凭单议付和买方付款赎单，都离不开单据。单据与付款是对流的，银行处理信用证业务，实际上是从事单据的买卖，所以银行议付时必须贯彻单据与信用证“严格相符”的原则。如发现受益人提交的单据表面上与信用证规定不相符，银行即有权拒受单据和拒付货款。本案受益人第二次补交的单据虽符合信用证要求，但交单时信用证有效期已过，按《跟单信用证统一惯例》的规定，开证银行再次拒受单据和拒付货款，也是有理有据的。

三、关于银行拒收单据与拒付货款的争议案

1. 案情简介

在第一次海湾战争爆发前，南京某公司向新加坡某公司出售价值218万美元的2 000吨聚乙烯塑料，双方约定，凭不可撤销的即期信用证付款。合同签订后，卖方收到对方开来的信用证，随即按合同规定发运了货物。出人意料的是，海湾战争并没有使石油产品涨价，反而使价格大幅下降。买方收货后声称：产品质量有问题，并要求每吨降价200美元，否则，即拒付货款。卖方发货后向银行交单时，并不存在“不符点”，银行在收单11天后才表示拒受单据和拒付货款。根据上述情况，卖方选择向法院起诉银行，结果，新加坡高等法院判决卖方胜诉。

2. 案例分析

本案合同规定凭不可撤销的即期信用证付款，根据《跟单信用证统一惯例》的规定，在信用证业务中，银行处理的只是单据，而不是与单据有关的货物，因此，只要单证相符，银行就应凭单付款。本案合同项下的卖方向银行交单时，并不存在不符点，故银行没有理由拒付货款。

根据一般惯例，凡属单证不符情况，银行应尽早通知客户。按新加坡判例，银行拒收单据应在3～4天内通知客户。本案合同项下的单据，银行收到11天后才表示拒受单据和拒付货款，显然，这不符合一般惯例和当地判例。

在这里需要着重指出，本案合同项下的买方，当时以货物品质为由要求降价，并表示如不降价即拒付货款。在此情况下，卖方并未同买方打官司，而是选择起诉银行。由于原告有理有据，结果胜诉。可见，这一决策是明智的，其做法也是行之有效的。

第八章

进出口商品检验

［学习目标］

进出口商品检验是随着国际货物买卖的发展而产生和发展起来的，它在国际货物买卖中占有十分重要的地位。在国际货物买卖中，由于交易双方身处异地，相距遥远，货物在长途运输过程中难免会发生残损、短少甚至灭失，尤其是在凭单证交接货物的象征性交货条件下，买卖双方对所交货物的品质、数量等问题更易产生争议。因此，为了便于查明货损原因、确定责任归属，以利货物的交接和交易的顺利进行，就需要一个公证的第三者，即商品检验机构，对货物进行检验。由此可见，进出口商品检验是国际货物买卖中不可缺少的一个重要环节，做好进出口商品检验工作并在国际货物买卖中约定好商品检验条款，有着非常重要的意义。

本章要重点掌握的内容包括商品检验及订立商品检验条款的重要性，商品检验时间、地点及机构的规定方法，商品检验证书的作用，以及我国《进出口商品检验法（修正）》在哪些方面作了重要修改等。

第一节　商品检验的重要性

国际货物买卖中的商品检验（commodity inspection），简称商检，是指检验机构对进出口的品质、数量、包装、卫生、装运条件以及对涉及人类健康安全、动植物生命和健康保护、环境保护、欺诈行为防止、国家安全维护进行等项检验内容进行检验、鉴定和监督管理。

由于商品检验直接关系到买卖双方在货物交接方面的权利与义务，特别是某些进出口商品的检验工作还直接关系到人类的健康安全、动植物的生命和健康的保护、环境保护、欺诈行为的防止、国家安全的维护以及生产、建设的顺利进行，因此，许多国家的法律和国际公约都对商品的检验问题作了明确规定。

鉴于进出口商品检验如此重要，我国进出口商品通常都要依法进行检验。根据我国商检法的规定，凡列入出入境检验检疫机构“必须实施检验的进出口商品目录”的进出口商品，必须由商检机构按照国家技术规范的强制性要求进行检验；尚未制定国家技术规范的强制性要求的，应当依法及时制定，未制定之前，可以参照国家商检部门指定的国外有关标准进行检验。除非经国家商检部门审查批准免于检验的，进口商品未经检验的，不准销售、使用；出口商品未经检验合格的，不准出口。

从上述各种规定可以看出，它们都体现了一个共同的原则，即除非买卖双方另有规定，买方在接受货物之前应有权对其购买的货物进行检验。但买方对货物的检验权并不是买方接受货物的前提条件。如果买方未利用合理的机会检验货物，那么他就自动放弃了检验货物的权利。另外，如果合同中的检验条款规定，以卖方的检验为准，此时，就排除了买方对货物的检验权。

综上所述，有关商品检验权的规定是直接关系到买卖双方权利与义务的重要问题，因此，交易双方应在买卖合同中对与商品检验有关的问题作出明确具体的规定，这就是合同中的检验条款。国际货物买卖合同中的检验条款，其内容因商品种类和特性的不同而有所差异，但通常都包括检验时间和地点、检验机构、检验证书，检验所依据的标准以及货物与合同规定不符时买方索赔的时限等项内容。下面仅就一般货物的检验条款作简要介绍。

第二节 检验时间和地点

检验时间和地点是指在何时、何地行使对货物的检验权。所谓检验权，是指买方或卖方有权对所交易的货物进行检验，其检验结果即作为交付与接受货物的依据。确定检验的时间和地点，实际上就是确定买卖双方中的哪一方行使对货物的检验权，也就是确定检验结果以哪一方提供的检验证书为准。谁享有对货物的检验权，谁就享有了对货物的品质、数量、包装等项内容进行最后评定的权利。由此可见，如何规定检验时间和地点是直接关系到买卖双方切身利益的重要问题，因而是交易双方商定检验条款时的核心所在。

在国际货物买卖合同中，根据国际贸易习惯做法和我国的业务实践，有关检验时间和地点的规定办法可主要归纳为以下几种：

一、在出口国检验

此种方法又包括产地（工厂）检验和装运港（地）检验两种。

（一）产地（工厂）检验

产地（工厂）检验是指货物在产地出运或工厂出厂前，由产地或工厂的检验部门或买方的验收人员进行检验和验收，并由买卖合同中规定的检验机构出具检验证书，并作为卖方所交货物的品质、数量等项检验内容的最后依据。卖方只承担货物离开产地或工厂前的责任，对于货物在运输途中所发生的一切变化，卖方概不负责。

（二）装运港（地）检验

装运港（地）检验又称“离岸品质、离岸重量”（shipping quality and weight），是指货物在装运港或装运地交货前，由买卖合同中规定的检验机构对货物的品质、重量（数量）等项检验内容进行检验，并以该机构出具的检验证书作为最后依据。卖方对交货后货物所发生的变化不承担责任。

采用上述两种规定办法时，即使买方在货物到达目的港或目的地后，自行委托检验机构对货物进行复验，也无权对商品的品质和重量等项检验内容向卖方提出异议，除非买方能证明，他所收到的与合同规定不符的货物是由于卖方的违约或货物的固有瑕疵所造成的。因此，这两种规定办法从根本上否定了买方的复验权，对买方极为不利。

二、在进口国检验

此种方法又分为目的港（地）检验和买方营业处所（最终用户所在地）检验。

（一）目的港（地）检验

目的港（地）检验习称为"到岸品质、到岸重量"（landed quality and weight），是指货物运达目的港或目的地时，由合同规定的检验机构在规定的时间内，就地对商品进行检验，并以该机构出具的检验证书作为卖方所交货物品质、重量（数量）等项检验内容的最后依据。采用这种方法时，买方有权根据货物运抵目的港或目的地时的检验结果，对属于卖方责任的品质、重量（数量）等项检验内容的不符点，向卖方索赔。

（二）买方营业处所（最终用户所在地）检验

对于一些因使用前不便拆开包装，或因不具备检验条件而不能在目的港或目的地检验的货物，如密封包装货物、精密仪器等，通常都是在买方营业处所或最终用户所在地，由合同规定的检验机构在规定的时间内进行检验。货物的品质和重量（数量）等项检验内容以该检验机构出具的检验证书为准。

采取上述两种做法时，卖方实际上须承担到货品质、重量（数量）等项检验内容的责任。由此可见，这两种方法对卖方极为不利。

三、出口国检验、进口国复验

出口国检验、进口国复验是指卖方在出口国装运货物时，以合同规定的装运港或装运地检验机构出具的检验证书，作为卖方向银行收取货款的凭证之一，货物运抵目的港或目的地后，由双方约定的检验机构在规定的地点和期限内对货物进行复验。复验后，如果货物与合同规定不符，而且属于卖方责任所致，此时，买方有权凭该检验机构出具的检验证书，在合同规定的期限内向卖方索赔。由于这种做法兼顾了买卖双方的利益，较为公平合理，因而它是国际货物买卖中最常见的一种规定检验时间和地点的方法，也是我国进出口业务中最常用的一种方法。

四、装运港（地）检验重量、目的港（地）检验品质

在大宗商品交易的检验中，为了调和买卖双方在商品检验问题上存在的矛盾，常将商品的重量检验和品质检验分别进行，即以装运港或装运地验货后检验机构出具的重量检验证书，作为卖方所交货物重量的最后依据，以目的港或目的地检验机构出具的品质检验证书，作为商品品质的最后依据。货物到达目的港或目的地后，如果货物在品质方面与合同

中规定的不符，而且该不符点是卖方责任所致，则买方可凭品质检验证书，对货物的品质向卖方提出索赔，但买方无权对货物的重量提出异议。这种规定检验时间和地点的方法就是装运港（地）检验重量、目的港（地）检验品质，习称“离岸重量、到岸品质”(shipping weight and landed quality)。

需要指出的是，由于实际业务中检验时间和地点的规定，常常与合同中所采用的贸易术语、商品的特性、检测手段、行业惯例以及进出口国的法律、法规密切相关，因此，在规定商品的检验时间和地点时，应综合考虑上述因素，尤其要考虑合同中所使用的贸易术语。通常情况下，商品的检验工作应在货物交接时进行，即卖方向买方交付货物时，买方随即对货物进行检验。货物经检验合格后，买方即受领货物，卖方在货物风险转移之后，不再承担货物发生品质、数量等变化的责任。这一做法特别适用于以 EXW 和以 D 字母开头的实际交货的贸易术语达成的交易。但如果按装运港交货的 FOB、CFR 和 CIF 贸易术语成交时，情况则大不相同。由于在采用上述三种术语成交的情况下，卖方只要按合同规定在装运港将货物装上船舶，并提交合同规定的单据，就算完成交货义务，货物风险也自货物装上船开始由卖方转移给买方。但此时买方却并没收到货物，自然更无机会检验货物。因此，按装运港交货的贸易术语达成的买卖合同，在规定检验时间和地点时，采用“出口国检验、进口国复验”最为适宜。

第三节 检验机构

在国际货物买卖中，交易双方除了自行对货物进行必要的检验外，通常还要委托独立于买卖双方之外的第三方对货物进行检验。有时，虽然买卖双方未要求对所交易的商品进行检验，但根据有关法律或法规的规定，必须由某机构进行检验，经检验合格后方可出境或入境。这种根据客户的委托或有关法律、法规的规定对进出境商品进行检验、鉴定或监督管理的机构就是进出口商品检验机构，简称检验机构或商检机构。

一、国际上商品检验机构的类型

国际上的商品检验机构，其种类繁多，名称各异，有的称作公证行（authentic surveyor)、宣誓衡量人（swore measurer)，也有的称之为实验室（laboratory)，检验机构的类型大体可归纳为官方检验机构、半官方检验机构和非官方检验机构三种。

（一）官方检验机构

官方检验机构是指由国家或地方政府投资，按照国家有关法律法令对出入境商品实施检验、鉴定我国的和监督管理的机构。例如我国的国家质量监督检验检疫总局，美国的美国食品药物管理局（FDA)、美国动植物检疫署、美国粮谷检验署等。

（二）半官方检验机构

半官方检验机构是指一些有一定权威的、由国家政府授权、代表政府行使某项商品检验或某一方面检验管理工作的民间机构。例如，根据美国政府的规定，凡是进口与防盗信号、化学危险品以及与电器、供暖、防水等有关产品的安全检验和鉴定，必须经美国保险人实验室（Underwriter's Laboratory）这一半官方检验机构检验认证合格，并贴上该实验室的英文缩写标志“UL”后，该产品方可进入美国市场。

（三）非官方检验机构

非官方检验机构主要是指由私人创办的、具有专业检验、鉴定技术能力的公证行或检验公司，如英国劳埃氏公证行（Lloyd's Surveyor），瑞士日内瓦通用公证行（Societe Generale de Surveillance，SGS）等。

二、我国的商品检验机构

中华人民共和国国家质量监督检验检疫总局（以下简称国家质检总局）主管全国进出口商品检验工作。国家质检总局设在省、自治区、直辖市以及进出口商品的口岸、集散地的出入境检验检疫局及其分支机构（以下简称出入境检验检疫机构），管理所负责地区的进出口商品检验工作。

国家质检总局根据保护人类健康和安全、保护动物或者植物的生命和健康、保护环境、防止欺诈行为、维护国家安全的原则，制定、调整必须实施检验的进出口商品目录（以下简称目录）并公布实施。

出入境检验检疫机构对列入目录的进出口商品以及法律、行政法规规定须经出入境检验检疫机构检验的其他进出口商品实施检验（以下称法定检验）。列入目录的进口商品，未经检验的，不准销售、使用；列入目录的出口商品未经检验合格的，不准出口。列入目录的进出口商品符合国家规定的免予检验条件的，由收货人、发货人或者生产企业申请，经国家质检总局审查批准，出入境检验检疫机构免予检验。出入境检验检疫机构对法定检验以外的进出口商品，根据国家规定实施抽查检验。

经国家质检总局和有关主管部门审核批准，获得许可，并依法办理工商登记的检验机构，方可接受委托办理进出口商品检验鉴定业务。国家质检总局和出入境检验检疫机构依法对经许可的检验机构的进出口商品检验鉴定业务活动进行监督，并可对其检验的商品抽查检验。

国家质检总局根据国家统一的认证制度，对有关的进出口商品实施认证管理。出入境检验检疫机构可根据国家质检总局同外国有关机构签订的协议或者接受外国有关机构的委托进行进出口商品质量认证工作，准许在认证合格的进出口商品上使用质量认证标志。

出入境检验检疫机构依照商检法的规定，对实施许可制度和国家规定必须经过认证的进出口商品实行验证管理，查验单证，核对证货是否相符。

第四节 检验证书

检验证书（inspection certificate）是检验机构对进出口商品进行检验后签发的书面证明文件。

一、检验证书的种类

国际货物买卖中的检验证书，其种类繁多，卖方究竟需要提供哪种证书，要根据商品的特性、种类、贸易习惯以及政府的有关法令而定。在实际业务中，常见的检验证书主要有以下几种：

（1）品质检验证书（inspection certificate of quality），是证明进出口商品品质、规格的证书。

（2）数量检验证书（inspection certificate of quantity），是证明进出口商品数量的证书。

（3）重量检验证书（inspection certificate of weight），是证明进出口商品重量的证书。

（4）价值检验证书（inspection certificate of value），是证明出口商品价值的证书，通常用于证明发货人发票所载的商品价值正确、属实。

（5）产地检验证书（inspection certificate of origin），是用于证明出口商品原生产地的证书，通常包括一般产地证、普惠制产地证、野生动物产地证等。

（6）卫生检验证书（sanitary inspection certificate），是证明食用动物产品、食品在出口前已经过卫生检验、可供食用的证书。

（7）兽医检验证书（veterinary inspection certificate），是证明动物产品在出口前已经过兽医检验、符合检疫要求的证书。

（8）消毒检验证书（disinfection inspection certificate），是证明动物产品在出口前已经过消毒处理、符合安全及卫生要求的证书。

（9）验残检验证书（inspection certificate on damaged cargo），是证明进口商品残损情况、估算残损贬值程度、判定致损原因的证书。

此外，常见的检验证书还有植物检疫证明、积货鉴定证书、船舱检验证书、货载衡量检验证书等。

二、检验证书的作用

检验证书的作用主要有以下几点。

（一）检验证书是证明卖方所交货物符合合同规定的依据

检验证书是证明卖方所交货物的品质、数量、包装以及卫生条件等方面符合合同规定的依据。在国际货物买卖中，交付与合同相符的货物是卖方的基本义务之一。因此，合同或信用证中通常都规定，卖方交货时必须提交规定的检验证书，以证明所交货物与合同规定一致。

（二）检验证书是报关验放的有效证件

为维护本国的政治经济利益，许多国家对某些进出口商品的品质、数量、包装、卫生、安全、检疫都制定了严格的法律法规，在有关货物进出口时，当事人必须向海关提交符合规定的检验证书，否则，海关不予放行。检验检疫机构签发的检疫证书、卫生证书、兽医证书、原产地证书等，是进口国海关和卫生、检疫部门准予进口的有效文件凭证。如在我国，凡属法定检验范围的商品，在办理进出口清关手续时，必须向海关提供检验检疫机构签发的检验证书，海关方予验放。

（三）检验证书是买卖双方办理货款结算的依据

当合同或信用证规定在出口国检验，或规定在出口国检验、进口国复验时，一般合同或信用证都规定，卖方须提交规定的检验证书。此种情况下，卖方向银行办理货款结算时，在所提交的单据中，必须包括检验证书。此外，在某些特定商品的交易中，为充分体现公正合理的原则，买卖双方往往以检验证书中所确定的货物等级、规格、重量、数量来计算货款。此时，检验证书是卖方向银行办理货款结算时的必须提交的文件。例如，煤炭、棉花交易以检验证书所确定的公量来计算交接货物的重量及费用；铝矿石、铁矿石交易以检验证书中所验明的含铬（Cr）量、含铁量来确定等级和计价标准。

（四）检验证书是明确责任归属、办理索赔和理赔的依据

当报验货物与合同规定不符时，检验检疫机构签发的有关品质、数量、重量、残损证书是收货人向有关责任方提出索赔和有关责任方办理理赔的重要依据。检验检疫机构应申请人委托，经检验鉴定后出具的货物积载状况证明、监装证明、监卸证明、集装箱的验箱、拆箱证明，对船舱检验提供的验舱证明、封舱证明、舱口检视证明，对散装液体货物提供的油温、空距证明，对冷藏箱或舱的冷藏温度证明、取样和封样证明等，均表明货物在装运和流通过程中的状态，是证明事实状态、明确责任归属的重要依据。

（五）检验证书是解决争议的依据

国际货物买卖中，当交易双方发生争议未能协商解决，而提交仲裁或进行司法诉讼时，检验证书是当事人向仲裁机构或法院举证的重要凭证，也是仲裁机构或法院进行裁决的重要依据。

（六）检验证书是计算关税的依据

出入境检验检疫机构出具的重量、数量证书是海关核查征收进出口货物关税时的重要依据。残损证书所标明的残损、缺少货物是可以作为向海关申请退税的有效凭证。出入境检验检疫机构出具的产地证明书是进口国海关给予差别关税待遇的基本凭证。出入境检验检疫机构签发的一般产地证是取得进口国海关最惠国关税的证明文件，出入境检验检疫机构签发的普惠制原产地证明书是取得给惠国普惠制关税待遇，并享受在最惠国关税基础上进一步减免关税优惠待遇的证明文件。

（七）检验证书是计算运输、仓储等费用的依据

检验的货载衡量所确定的货物重量或体积，既是承运人与托运人间计算运费的有效依据，也是港口仓储运输部门计算栈租、装卸、理货等费用的有效凭证。

在我国，法定检验商品的检验证书由出入境检验检疫机构签发；法定检验以外的商品，如合同或信用证中无相反规定，也可由中国对外贸易促进委员会等机构或生产企业出具。在填制检验证书时，应注意证书的名称和具体内容必须与合同及信用证的规定一致。另外，除非检验时间规定为出口装运后，则检验证书的签发日期不得迟于运输单据签发日期，但也不宜比运输单据签发日期提前过长。

第五节　检验标准

检验标准是表示商品品质的最主要方式，在国际贸易中，检验标准也是商品检验机构对进出口商品实施检验的基本依据。在国际货物买卖合同中，即使是同一种商品，对其实施检验所依据的标准和方法不同，检验结果往往会大不一样。因此，交易双方在签订买卖

合同时，除了规定检验时间和地点、检验机构及检验证书之外，往往还要明确检验所依据的标准。检验标准的具体内容，视商品的种类、特性及进出口国家有关法律或行政法规的规定而定。

一、国际上对标准的分类

在国际货物买卖中，商品的标准可归纳为以下三类。

（一）买卖双方自行商定的具有法律约束力的标准

买卖双方自行商定的具有法律约束力的标准是国际货物买卖中普遍采用的检验标准，其中最常见的是买卖合同和信用证。

（二）贸易有关国家所制定的强制执行的法规标准

贸易有关国家所制定的强制执行的法规标准主要指商品生产国、出口国、进口国、消费国或过境国所制定的法规标准，如货物原产地标准、安全法规标准、卫生法规标准、环保法规标准、动植物检疫法规标准。

（三）权威性标准

权威性标准是指在国际上具有权威性的检验标准，其中又包括国际专业化组织标准、区域性标准化组织标准和某国权威性标准三种。

1. 国际专业化组织标准

国际标准是指国际专业化组织、国际商品行业协会所制定的检验标准，如国际标准化组织、国际电工委员会、国际计量局、国际海事组织、食品法规委员会、国际民航组织、国际法定计量组织、国际羊毛局、国际橡胶协会等制定的标准。

为了促进世界各国产品质量及企业质量管理水平的提高，更好地保护消费者权益，国际标准化组织（The International Organization for Standardization，ISO）在总结传统产品检验、测试及质量控制工作的基础上，于1987年首次发布了ISO 9000质量管理与质量保证系列国际标准，并先后几次修订发布。自发布以来，ISO 9000标准受到国际上的普遍重视并被广泛采用。例如，该标准被ISO的合格评定委员会规定为国际市场商品生产企业质量体系评审的统一标准；欧盟还作出了出口商品生产企业应符合ISO 9000标准要求的规定；我国近些年来也一直在大力推广ISO 9000系列标准。由此可见，对出口商品生产企业进行质量体系评审已成为国际贸易中重要的发展趋势。

2. 区域性标准化组织标准

区域性标准化组织标准是指区域性组织所制定的标准，如欧洲标准化委员会、欧洲电工标准委员会、泛美技术标准委员会等制定的标准。

3. 某国权威性标准

某国权威性标准是指某些国家所制定的具有国际权威性的检验标准，如美国食品与药物管理局标准、美国保险商实验室安全标准、美国公职分析化学家协会标准、美国材料与试验协会标准、英国药典等。

二、我国对标准的分类

根据《中华人民共和国标准化法》（以下简称《标准化法》）和《中华人民共和国标

准化法实施条例》(以下简称《标准化法实施条例》)的规定，商品的标准分为国家标准、行业标准、地方标准和企业标准。

对需要在全国范围内统一的技术要求，应当制定国家标准。国家标准由国务院标准化行政主管部门编制计划，组织草拟，统一审批、编号、发布。

对没有国家标准而又需要在全国某个行业范围内统一的技术要求，可以制定行业标准(含标准样品的制作)。行业标准由国务院有关行政主管部门编制计划，组织草拟，统一审批、编号、发布，并报国务院标准化行政主管部门备案，在公布国家标准之后，该项行业标准即行废止。

对没有国家标准和行业标准而又需要在省、自治区、直辖市范围内统一的工业产品的安全、卫生要求，可以制定地方标准。地方标准由省、自治区、直辖市标准化行政主管部门编制计划，组织草拟，统一审批、编号、发布，并报国务院标准化行政主管部门和国务院有关行政主管部门备案，在公布国家标准或者行政标准之后，该项地方标准即行废止。

企业生产的产品没有国家标准和行业标准的，应当制定企业标准，作为组织生产的依据。企业标准由企业组织制定(农业企业标准制定办法另定)，并报当地政府标准化行政主管部门和有关行政主管部门备案。已有国家标准或者行业标准的，国家鼓励企业制定严于国家标准或者行业标准的企业标准，在企业内部适用。法律对标准的制定另有规定的，依照法律的规定执行。国家鼓励积极采用国际标准。

《标准化法》和《标准化法实施条例》还规定，国家标准、行业标准分为强制标准和推荐性标准。

保障人体健康、人身、财产安全的标准和法律、行政法规规定强制执行的标准是强制标准，例如，药品标准，食品卫生标准，兽药标准；产品及产品生产、储运和使用中的安全、卫生标准，劳动安全、卫生标准，运输安全标准；工程建设的质量、安全、卫生标准及国家需要控制的其他工程建设标准；环境保护的污染物排放标准和环境质量标准；重要的通用技术术语、符号、代号和制图方法；通用的试验、检验方法标准；互换配合标准；国家需要控制的重要产品质量标准(国家需要控制的重要产品目录由国务院标准化行政主管部门会同国务院有关行政主管部门确定)。

强制性标准以外的标准是推荐性标准。

三、我国商检机构对进出口商品实施检验的标准

国家质检总局根据进出口商品检验工作的实际需要和国际标准，可以制定进出口商品检验方法的技术规范和标准。

列入目录的进出口商品符合国家规定的免予检验条件的，由收货人、发货人或者生产企业申请，经国家质检总局审查批准，出入境检验检疫机构免予检验。免予检验的具体办法，由国家质检总局商有关部门制定。

出入境检验检疫机构依照商检法的规定，对实施许可制度和国家规定必须经过认证的进出口商品实行验证管理，查验单证，核对证货是否相符。

国际货物买卖合同中的检验条款除了包括检验时间和地点、检验机构、检验证书以及检验所依据的标准外，有时还需明确买方对不符货物向卖方索赔的具体期限。

第六节　我国进出口商品检验法

一、制定与修改我国进出口商品检验法的意义

为使我国进出口商品检验工作有法可依，规范进出口商品检验行为，并维护社会公共利益和进出口贸易有关各方的合法权益，以促进对外经济贸易关系的顺利发展，我国第七届人大常委会第六次会议审议通过了《中华人民共和国进出口商品检验法》，该法自1989年8月1日实施以来，在保证我国进出口商品质量，保护对外贸易有关各方及消费者的合法权益，促进对外贸易健康发展，维护国家利益等方面，均发挥了重要作用。但随着我国社会主义市场经济的不断发展和完善，国家进出口商品检验管理体制进行了较大的改革和调整，特别是我国加入了世贸组织，原商检法中的一些规定已经不能很好地适应新形势、新情况的要求。

因此，2002年4月28日，我国第九届全国人大常委会第二十七次会议审议通过了关于修改《中华人民共和国进出口商品检验法》的规定，并于2002年10月1日起正式施行，这是我国入世之后全国人大常委会审议通过的第一部法律修正案。这项法律以及2005年12月1日《中华人民共和国进出口商品检验法实施条例》的颁布施行是我国质检法制建设的一个重要标志，它使我国进出口商品检验工作更好地适应加入世贸组织的形势和要求，符合世贸组织的相关规则，做到同国际接轨，有利于我国的贸易做法为国际社会普遍接受。2013年6月29日，我国对《中华人民共和国进出口商品检验法》进行第二次修正。

二、我国现行进出口商品检验法概要

现行商检法包括总则、进口商品的检验、出口商品的检验、监督管理和法律责任等内容。

（一）总则

在商检法总则部分，首先明确了立法的目的与宗旨，规定了主管全国进出口商品检验工作的部门及其设在各地的商检机构的基本职能，强调由国家商检部门制定、调整必须实施检验的进出口商品目录并公布实施。列入目录的进出口商品，由商检机构实施检验。进口商品未经检验的，不准销售、使用；出口商品未经检验合格的，不准出口。凡符合国家规定的免予检验条件的，经国家商检部门审查批准，可以免予检验。凡列入目录的进出口商品，按照国家技术规范的强制性要求进行检验；尚未制定国家技术规范的强制性要求的，应当依法及时制定，未制定之前，可以参照国家商检部门指定的国外有关标准进行检验。经国家商检部门许可的检验机构，可以接受对外贸易关系人或者外国检验机构的委托，办理进出口商品检验鉴定业务。此外还规定，国家商检部门和商检机构的工作人员在履行进出口商品检验的职责中，对所知悉的商业秘密负有保密义务。

（二）进口商品的检验

商检法规定，必须经商检机构检验的进口商品的收货人或者其代理人，应当向报关地的商检机构报检。海关凭商检机构签发的货物通关证明验放。此外，还应在商检机构规定的地点和期限内，接受商检机构对进口商品的检验。商检机构应当在国家商检部门统一规定的期限内检验完毕，并出具检验证单。若收货人发现进口商品质量不合格或者残损短缺，需要由商检机构出证索赔的，应当向商检机构申请检验出证。对重要的进口商品和大型的成套设备，收货人应当依据对外贸易合同约定在出口国装运前进行预检验、监造或者监装，主管部门应当加强监督，商检机构根据需要可以派出检验人员参加。

（三）出口商品的检验

商检法规定，必须经商检机构检验的出口商品的发货人或者其代理人，应当在商检机构规定的地点和期限内，向商检机构报检。商检机构应当在国家商检部门统一规定的期限内检验完毕，并出具检验证单。凡必须实施检验的出口商品，海关凭商检机构签发的货物通关证明验放。经商检机构检验合格发给检验证单的出口商品，应当在商检机构规定的期限内报关出口；超过期限的，应当重新报检。此外还规定，为出口危险货物生产包装容器的企业，必须申请商检机构进行包装容器的性能鉴定。生产出口危险货物的企业，必须申请商检机构进行包装容器的使用鉴定。使用未经鉴定合格的包装容器的危险货物，不准出口。对装运出口易腐烂变质食品的船舱和集装箱，承运人或者装箱单位必须在装货前申请检验。未经检验合格的，不准装运。

（四）监督管理

为了加强对进出口商品检验工作的监督管理，商检机构对依法必须经商检机构检验的进出口商品以外的进出口商品，根据国家规定实施抽查检验；对列入目录的出口商品，进行出厂前的质量监督管理和检验。国家商检部门和商检机构依法对经国家商检部门许可的检验机构的进出口商品检验鉴定业务活动进行监督，可以对其检验的商品抽查检验。国家商检部门根据国家统一的认证制度，对有关的进出口商品实施认证管理。此外还规定了国家商检部门和商检机构监督管理的其他事项。

（五）法律责任

根据商检法规定，必须经商检机构检验的进口商品未报经检验而擅自销售或者使用的，或者将必须经商检机构检验的出口商品未报经检验合格而擅自出口的，由商检机构没收违法所得，并处以相应罚款；构成犯罪的，依法追究刑事责任。未经国家商检部门许可，擅自从事进出口商品检验鉴定业务的，由商检机构责令停止非法经营，没收违法所得，并处以相应罚款。进口或者出口属于掺杂掺假、以假充真、以次充好的商品或者以不合格进出口商品冒充合格进出口商品的，由商检机构责令停止进口或者出口，没收违法所得，并处以相应罚款；构成犯罪的，依法追究刑事责任。伪造、变造、买卖或者盗窃商检单证、印章、标志、封识、质量认证标志的，依法追究刑事责任；尚不够刑事处罚的，由商检机构责令改正，没收违法所得，并处以相应罚款。

此外商检法还规定，国家商检部门、商检机构的工作人员泄露所知悉的商业秘密的，依法给予行政处分，有违法所得的，没收违法所得；构成犯罪的，依法追究刑事责任；滥用职权，故意刁难的，徇私舞弊，伪造检验结果的，或者玩忽职守，延误检验出证的，依法给予行政处分；构成犯罪的，依法追究刑事责任。

[本章小结]

1. 进出口商品检验是国际货物买卖中不可缺少的一个重要环节，它在国际货物买卖中占有十分重要的地位。由于商品检验直接关系到买卖双方在货物交接方面的权利与义务，因此，交易双方根据相关的法律、法规，约定好国际货物买卖合同中的商品检验条款，并协同有关部门做好进出口商品检验工作，对合同的顺利履行以及合同争议的预防和处理，都有着非常重要的意义。

2. 国际货物买卖合同中的检验条款，通常包括检验时间和地点、检验机构、检验证书，以及货物与合同规定不符时买方索赔的时限等项内容。在平等互利的基础上，买卖双方就检验条款作出明确具体的规定，有利于合同的顺利履行和双方的贸易往来。

3. 国内外的商品检验机构的类型大体可归纳为官方检验机构、半官方检验机构和非官方检验机构三种。在我国，中华人民共和国国家质量监督检验检疫总局下设的国家出入境检验检疫局是我国政府主管商品检验检疫工作的行政执法部门。为了适应我国外贸发展的需要，我国成立了中国进出口商品检验公司。该检验公司的成立为进出口商品的顺利交接、结汇以及合理解决索赔争议提供了诸多便利条件。

4. 根据《中华人民共和国标准化法》的规定，商品的标准分为国家标准、行业标准、地方标准和企业标准。国家标准、行业标准分为强制标准和推荐性标准。保障人体健康，人身、财产安全的标准和法律、行政法规规定强制执行的标准是强制标准，其他标准是推荐性标准。为了更好地适应我国“入世”的形势和要求，我国现行商检法规定，凡列入“必须实施检验的进出口商品目录”的进出口商品，必须由商检机构按照国家技术规范的强制性要求进行检验；尚未制定国家技术规范的强制性要求的，应当依法及时制定；未制定之前，可以参照国家商检部门指定的国外有关标准进行检验。

[重要概念]

1. 离岸品质
2. 离岸重量
3. 到岸品质
4. 到岸重量
5. 出口国检验
6. 进口国复验
7. 离岸重量
8. 到岸品质

[思考题]

1. 国际货物买卖合同中为什么要订立商品检验条款？商品检验条款的主要内容有哪些？

2. 关于进出口商品的检验时间和地点通常有哪几种规定办法？

3. 在国际贸易中检验证书的作用主要有哪些？

4. 与1989年8月1日施行的《中华人民共和国进出口商品检验法》相比，2002年的《中华人民共和国进出口商品检验法（修正）》在哪些方面作了重要修改？

5. 我国对商品标准是如何分类的？为了更好地适应我国“入世”的形势和要求，2002年的《中华人民共和国进出口商品检验法（修正）》对检验依据作了哪些规定？

案例分析

一、检验机构与检验报告是否有效争议案

1. 案情简介

在履行某商品买卖合同过程中，买方认为卖方交货品质存在严重质量缺陷，便通告卖方拟聘请国际检验机构，并建议卖方选择劳合社在某国的代理机构对到货进行检测。在卖方未表示同意的情况下，买方擅自聘请劳合社在某港的检验机构进行检测，该机构检测结果指明该批货物“100%不可议付”。而卖方则认为该项检测报告无效，不能作为认定货物品质的依据。因此，买卖双方产生争议，买方遂向国际经济贸易仲裁委员会提请仲裁。仲裁庭在审阅买卖双方提供的资料并经开庭审理后，认为申请人对货物单方面进行检验，不符合合同的规定，其检测报告不能作为认定货物品质的依据。

2. 案例分析

仲裁庭根据合同规定和具体事实，对其仲裁理由作了如下分析：

首先，本案合同规定：“品质异议须于货到目的口岸之日起30日内提出，但须提供经卖方同意的公证行的检验证明。”经仲裁庭查明，作为买方的申请人委托劳合社设在某港的检验机构，并未经过作为卖方的被申请人同意，因而不具有合约的依据。在此应指出的是，当买方提出品质异议时，卖方曾建议由中国商检机构检验，并表示同意全部退货，而买方拒不按照合同规定解决品质异议，却坚持擅自选择检验机构检测，这是对合同的违反。

其次，根据买方单方面委托的劳合社检验机构对本案合同项下货物进行检验的检测结论“100%不可议付”，仲裁庭认为，该结论的含义不明确，它并不表示品质的概念。

基于上述原因，仲裁庭对买方的主张不予支持是有道理的。

二、未按信用证要求提供卫生证明致损案

1. 案情简介

中国某外贸公司曾按信用证付款方式向荷兰鹿特丹出口一批食品，买方开来信用证中要求提供“货物无病毒，适于人类食用”的卫生证明。货物装船后，卖方议付货款时，议付行发现卖方提供的卫生证明中漏写“货物无病毒”字样，实为单证不符，便两次去电开证行征求意见，但开证行始终不予答复。后为了避免开证行拒付，只好由卖方重新按来证要求更换卫生证明，结果，遭受延迟收汇20多天的利息损失。

2. 案例分析

在信用证付款条件下，必须严格遵守“单证一致”的原则，即使单证表面上只有一字或些微差异，都可能遭到开证行的拒付，特别是在各国对卫生检疫商品要求越来越严格的情况下，卖方提交的卫生检疫证明如果不符合进口国家的有关规定，不仅会遭到开证行拒付，还有可能被禁止进口。

第九章

争议的预防与处理

[学习目标]

在国际货物贸易中，交易双方从洽商交易、签订合同到实际履行合同，往往相隔较长时间。在此期间，市场情况变化莫测，价格瞬息万变，金融货币动荡不定，加之国际贸易线长、面广，中间环节多，一旦在生产、收购、运输和资金供应等任何一个环节发生意外，或市场行情发生对一方当事人不利的变化时，就有可能出现一方当事人不履约或违约的情况，使另一方当事人造成损害，从而导致索赔事件的发生，甚至引起贸易纠纷。此外，国际贸易易受政治经济形势变化和自然条件的影响，在履约过程中，有可能发生并非当事人过失造成的意外事件致使合同不能履行或不能如期履行的情况。为了预防、减少贸易纠纷和便于处理合同争议，在国际货物买卖合同中，应该事先约定异议与索赔条款(discrepancy and claim clause)、违约金条款（liquidated damages clause)、不可抗力条款(force majeure clause）和仲裁条款（arbitration clause)。学习本章内容，有利于预防发生争议和依法处理履约过程中发生的贸易纠纷。

第一节　异议与索赔

一、约定异议与索赔条款的意义

国际货物贸易涉及的面很广，情况复杂多变，在履约过程中，如一个环节出问题，就可能导致一方当事人违约或毁约，而给另一方当事人造成损害，受损害的一方为了维护自身权益，便向违约方提出异议，并要求赔偿损失。索赔事件多发生在交货期、交货品质与数量等问题上。一般来说，买方向卖方提出索赔的情况较多。当然，买方不按期接运货物或无理拒收货物与拒付货款的情况也时有发生，因此，也有卖方向买方索赔的情况。在我国进出口业务中，履行出口合同时，外商向我方索赔的情况比较多；履行进口合同时，则由我方向外商索赔的情况比较多。为了便于处理这类问题，在国际货物买卖合同中，通常都应订立异议与索赔条款。约定此项条款，具有双重意义，即一方面有利于促使合同当事人认真履约，另一方面也有利于合同当事人在遇到违约情况时依约处理合同争议。

二、异议与索赔条款的内容

异议与索赔条款的内容，主要包括提出异议与索赔的时限、索赔的依据、索赔金额和违约处理办法等。

(一) 索赔的时限

为了方便处理履约当中出现的违约问题，在异议与索赔条款中，应写明索赔的时限，如守约方超过约定时限提出异议与索赔，即丧失其索赔的权利，违约方可不予受理。索赔时限有约定和法定之分，约定索赔时限的长短，由交易双方酌情商定，对于有质量保证期限的商品，还应加订质量保证期。法定索赔时限，由国家和国际立法确定。一般来说，法定索赔时限较长，如《联合国国际货物销售合同公约》和我国《合同法》都规定为自买方实际收到货物之日起两年之内。[①] 应当指出，法定索赔时限虽一般比约定索赔时限长，但约定索赔时限的效力，在加订质量保证期的情况下，有时可以超过法定索赔时限。法定索赔时限，只有在买卖合同中未约定索赔时限时才起作用。

(二) 索赔的依据

在异议与索赔条款中，一般都规定提出索赔应出具的证据和出证机构。例如，双方约定：货到目的港卸货后，若发现品质、数量或重量与合同规定不符，除应由保险公司或船公司负责外，买方于货到目的港后若干天内，凭双方约定的某商检机构出具的检验证明向卖方提出索赔。

(三) 索赔金额

异议与索赔条款对合同双方当事人都有约束力，不论何方违约，受损害方都有权提出索赔。若买卖合同中有约定损害赔偿的金额或损害赔偿额的计算方法，则按约定的赔偿金额或根据约定的损害赔偿额的计算方法计算出的赔偿金额提出索赔。若合同中事先未作规定，则只能事后酌情确定。一般来说，索赔金额应相当于因当事人违约所造成的损失，其中包括合同履行后守约方的预期利益，但不得超过违约方订立合同时能够预见到或应当预见到的因违约可能造成的损失。

(四) 违约处理办法

在有的异议与索赔条款中，对守约方如何索赔和违约方如何理赔都分别作了具体规定。例如，有的进口合同规定："货到目的港后，买方如发现品质及/或数量/重量与合同规定不符，除属于保险公司及/或船公司的责任外，买方可以凭双方同意的检验机构出具的检验证书向卖方提出异议。品质异议，须于货到目的港之日起 30 天内提出；数量/重量

---

① 参见《联合国国际货物销售合同公约》第 39 条第 2 款和《中华人民共和国合同法》第 158 条。

异议，须于货到目的港之日起15天内提出。卖方收到异议后，20天内答复。”凡有此类规定的，应按约定办法处理。如合同未作具体规定，则应本着实事求是和公平合理的原则，在弄清事实与分清责任的基础上，区别不同情况，有理有据地对违约事件进行适当处理。

三、约定异议与索赔条款的注意事项

鉴于买卖合同中的异议与索赔条款关系到交易双方的利害得失，因此，在约定此项条款时，需要注意下列事项。

（一）合理约定索赔的期限

索赔期的长短，同买卖双方有利害关系。若索赔期规定过长，势必使违约方承担责任的期限也随之延长，从而加重了其负担；如索赔期规定太短，有可能使守约方无法行使索赔权而蒙受更大的损失。因此，交易双方约定索赔期时，必须根据不同种类的商品特点，并结合运输、检验条件和检验所需的时间等因素，酌情作出合理的安排。对于一些性能比较复杂和有质量保证期的机、电、仪等设备的交易，由于在合同中需要加订质量保证期，故其索赔期可适当放长一些。此外，在不影响守约方行使其索赔权的前提下，索赔期可适当缩短一点。

（二）索赔期的约定应明确具体

交易双方约定索赔期限时，不仅要明确表示其时间为多少，而且还应对该期限的起算时间一并作出具体规定。在实际业务中，索赔期限的起算方法通常有下列几种：

（1）货到目的港后若干天起算；

（2）货到目的港卸离海轮后若干天起算；

（3）货到买方营业处所或用户所在地后若干天起算；

（4）货物检验后若干天起算。

（三）索赔条款与检验条款之间的联系

异议与索赔条款同商品检验条款有着密切的联系。例如，买方索赔的期限同买方对货物进行复验的有效期就互相关联，故约定索赔期限时，必须考虑检验条件和期限的长短等因素。为了使这两项条款的约定互相衔接和更加合理，以免出现彼此脱节或互相矛盾的情况，在有些买卖合同中，有时便将这两项条款结合起来订立，即并称为“检验与索赔条款”（inspection & claim clause）。

第二节　违约金与定金

在国际货物买卖合同中，交易双方往往约定了违约金与定金条款，因此，从事国际货物贸易的专业人员对违约金与定金的含义，以及违约金与定金条款的约定办法及其运用问题，应当有所了解，以利于订立、履行进出口合同和处理合同争议。

一、违约金

（一）违约金的含义与性质

违约金是指一方当事人违反合同，依据约定或法律规定向另一方当事人支付一定数额

的金钱的责任。它是违约责任中一种常见的责任形式。违约金有约定和法定之分。在国际货物贸易中，违约金通常多由合同当事人约定。从本质上而言，违约金是法律强制违约方向守约方支付的一笔金钱，它与损害赔偿虽有相同之处，但二者却有区别。违约方支付违约金的责任，并不是以造成守约方损失为前提条件，即使违约结果并未使守约方发生任何实际损害，守约方也可向违约方追究违约责任，以示惩罚，因此，有人便将违约金称为罚金（penalty）。由于违约金数额与实际损失是否存在以及损失的大小无关，故法庭或仲裁庭审理违约争议时，并不要求原告或申请人就实际损失进行举证，这在追索程序上远比赔偿损失简单。

就违约金性质而言，有惩罚性违约金和补偿性违约金之分，世界上大多数国家以违约金的补偿性为原则，以惩罚性为例外。区分违约金性质的意义在于：如属惩罚性违约金，债权人除请求违约金以外，还可请求强制履行主债务或请求损害赔偿；如属补偿性违约金，则在违约金之外不得再请求强制履行主债务或额外请求损害赔偿。根据我国《合同法》第 114 条的规定，当事人可以约定一方违约时应当根据违约情况向对方支付一定数额的违约金。只要一方违约，不论是否给守约方造成损失，违约方都应支付约定的违约金。由此可见，违约金既具有补偿性，也具有惩罚性。具体地说，在一方违约而未给对方造成损失时，违约金是对违约方的惩罚；当一方违约给对方造成的损失超过约定的违约金时，则违约金实际起了一定的补偿作用；当约定的违约金超过守约方所遭受的实际损失时，在此情况下，则违约金同时具有补偿性和惩罚性。

（二）约定违约金条款的意义

交易双方为了确保其订立的合同能得到切实有效的履行，在其签署的进出口合同特别是在大宗商品和机械设备进出口合同中，往往约定了违约金条款。因为，在有违约金条款的情况下，不论何方违约，也不论违约是否给对方造成实际损失，违约方都应向守约方支付约定的违约金。

为了体现公平合理原则，我国《合同法》规定，如果约定的违约金过分低于或高于实际损失，则有关当事人可请求法院或仲裁庭酌情予以适当增加或减少。如果约定的违约金不是过分高于实际损失，则不能请求减少，因为这样做，既体现了违约金的补偿性，又在一定程度上体现了它的惩罚性。此外，如果当事人迟延履行约定违约金的，则违约方支付违约金后，还应当履行债务。

上述规定和做法，既有利于维护合同的严肃性，也有利于促使合同当事人贯彻重合同、守信用的原则。由此可见，在进出口合同中约定违约金条款，具有重要的法律和实践意义。

（三）违约金条款的内容及约定违约金条款的注意事项

违约金条款的内容，主要包括交易双方协商确定的违约金数额，并写明履约过程中若出现当事人违约情况，则违约方应向对方支付约定的违约金数额。有时，甚至因违约产生的损失赔偿额的计算方法，在签约时即已由双方当事人约定。

交易双方约定违约金条款时，需要注意下列事项。

1. 违约金数额的确定应当合理

根据《国际统一私法协会国际商事合同通则》第 7 章第 4 条第 13 款规定："如合同规定不履行方当事人应支付受损害方当事人一笔约定的金额，则受损害方当事人有权获得该笔金额，不管其实际损失如何。但是，如约定金额大大超过因不履行以及其他情况造成的损害，则可将该约定金额减少至一个合理的数目，而不考虑任何与此相反的约定。”由此可见，交易双方应根据公平合理的原则，实事求是地约定一个合理的违约金数额，防止估计过高或过低情况发生。因为，估计过高，无异于加重对违约方的惩罚；估计过低，则不仅对当事人不能有效地起到约束作用，甚至可能出现对违约所造成的实际损失也难以弥补，这与违约金一般以补偿性为原则的做法不符。

2. 违约金条款应明确具体

为便于执行有关违约金的约定，其条款内容不能含糊或笼统，以免引起争议。在国际货物贸易中，有些公司在约定违约金条款方面，积累了实践经验。例如，一份买卖粮食的CIF合同中规定：“装运期为4月份，如卖方迟延装运，每迟延10天，应向买方支付相当于合同总金额1%的违约金，迟延时间不足10天者，按10天计。违约金累计不得超过合同总金额的5%。如卖方逾期2个月仍未装运，则买方有权终止合同。”上述规定是可取的，其内容不仅明确具体、易于执行，而且还体现了合同的严肃性。

二、定金

（一）定金的含义及约定定金条款的意义

定金，是指合同一方当事人按合同约定预先付给另一方当事人一定数额的金钱，以保证合同的订立与合同的成立、担保合同的履行和保留合同的解除权，它是作为债权的担保而存在的。定金与预付款有别，它是对履约作出的具体担保。而预付款则是对合同义务的预先履行。根据我国《合同法》第115条的规定，若给付定金的一方履行合同义务后，定金应当抵作价款或者收回。反之，若给付定金的一方不履行合同义务，则无权要求返回定金。根据对等的原则，若收受定金的一方不履行合同义务，则应当双倍返还定金。在合同中有定金条款的情况下，无论哪一方当事人不履行合同义务，都要损失与定金数额相等的金钱，这就有利于促使合同双方当事人自觉地履行合同义务。由此可见，约定定金条款，从法律和实践的角度来看，都有着积极的意义。

（二）定金条款的内容

定金条款由合同双方当事人约定，其包括的内容如下：

（1）定金的数额及支付定金的时间与方式。

（2）付给定金的一方履行合同义务后，是收回定金还是抵作价款。

（3）定金罚则。即支付定金的一方不履行合同义务的，即丧失定金的所有权，因而无权请求返还定金；收受定金的一方不履行合同义务的，则应双倍返还定金。

（三）约定和运用定金条款的注意事项

（1）合同中是否订立定金条款，由双方当事人根据经营意图自愿酌情商定，任何一方不得强迫对方接受定金条款。

（2）定金条款的内容应当明确具体，以利于合同的履行。

（3）鉴于定金与预付款不同，故约定定金条款时，应就其含义和内容表述清楚，以免引起误解。

（4）在合同中同时有违约金与定金条款的情况下，一方违约时，另一方可以选择适用违约金条款或定金条款，即只能选择其中之一适用，不能二者同时适用。

第三节　不可抗力

在国际货物贸易中，由于自然原因或社会原因引起的人力不可抗拒的事件致使买卖双方签署的合同不能履行或不能如期履行，这种情况下，按照国际贸易有关法律和惯例，可以免除合同当事人的责任。为了明确责任，在国际货物买卖合同中，一般都约定了此项免责条款，即所谓不可抗力条款。

一、约定不可抗力条款的意义

国际上对不可抗力的含义及其称呼并不统一。在英美法中，有“合同落空”之说；在大陆法中，有“情势变迁”或“契约失效”之说；按《联合国国际货物销售合同公约》的解释是，合同签订后，发生了合同当事人订约时无法预见和事后不能控制的障碍，以致不能履行合同义务。尽管上述称呼和解释不一，但其基本精神和处理原则大体相同，即：合同签订后，发生了当事人无法预见、无法预防和无法控制的意外事件，致使合同不能履行，可以免除当事人的责任。鉴于国际上对不可抗力事件及其引起的法律后果并无统一规定，为防止合同当事人对不可抗力事件的性质、范围作随意解释，或提出不合理的要求，或无理拒绝对方的合理要求，故有必要在买卖合同中订立不可抗力条款，明确约定不可抗力事件的性质、范围、处理原则和办法，以免引起不必要的争议，并有利于合同的履行。由此可见，在买卖合同中约定不可抗力条款，有着重要的法律和实践意义。

二、不可抗力条款的主要内容

不可抗力条款的约定繁简不一，也并无统一的格式和规定，但归纳起来一般包括下列内容。

(一) 不可抗力事件的性质与范围

不可抗力事件有其特定的解释，并不是任何一种意外事件都可随意称作不可抗力事件。不可抗力事件的范围较广，它包括自然力量引起的水灾、旱灾、冰灾、雪灾、雷电、暴风雨、地震、海啸等和社会原因引起的战争、暴动、骚乱、政府颁布禁令、封锁禁运和调整政策制度等。关于不可抗力事件的性质与范围，交易双方商定合同时应达成共识，并具体写明，以免事后引起争议。

(二) 不可抗力事件的通知与证明

不可抗力事件发生后如影响合同履行，发生事件的一方当事人，应按约定的通知期限和通知方式，将事件情况如实通知对方，对方在接到通知后，应及时答复，如有异议也应及时提出。此外，发生事件的一方当事人还应按约定办法出具证明文件，作为发生不可抗力事件的证据。在国外，这种证明文件一般由当地的商会或法定公证机构出具。在我国，由中国国际贸易促进委员会出具。

（三）不可抗力事件的处理原则与办法

发生不可抗力事件后，应按约定的处理原则和办法及时进行处理。不可抗力的后果有两种：一是解除合同；二是延期履行合同。究竟如何处理，应视事故的原因、性质、规模及其对履行合同所产生的实际影响程度，由双方当事人酌情依约处理。

鉴于在实践中往往会出现一旦发生不可抗力事件一方就提出解除合同的问题，且合同是否延期执行或解除直接关系到交易双方的经济利益，故在不可抗力条款中，应就不可抗力所引起的法律后果作出明确规定，以利于执行。例如，我国进出口合同一般都规定，因不可抗力事件的影响而不能履行合同时，可根据实际所受影响的时间延期履行合同的期限；如因不可抗力事件延迟履行合同达若干天（如 60 天或 90 天），双方应就履行合同的有关问题进行协商。按照这样的规定，当发生不可抗力事件时，可先推迟履行合同的期限；只有当不可抗力事件持续下去超过合同规定的期限以后，才能通过双方协商，最后决定是否解除合同。

三、约定不可抗力条款的注意事项

（一）对不可抗力事件性质与范围的约定办法要合理

关于不可抗力事件的性质与范围，通常有下列几种约定办法，我们应在权衡利弊的基础上，选用其中有利的一种。

1. 概括规定

在合同中不具体规定哪些事件属于不可抗力事件，而只是笼统地规定："由于公认的不可抗力的原因，致使卖方不能交货或延期交货，卖方不负责任"；或"由于不可抗力事件使合同不能履行，发生事件的一方可据此免除责任"。这类规定办法，过于笼统，含义模糊，解释伸缩性大，容易引起争议，合同中不宜采用。

2. 具体规定

即在合同中详列不可抗力事件。这种一一列举的办法，虽然明确具体，但文字繁琐，且可能出现遗漏情况，因此也不是最好的办法。

3. 综合规定

列明经常可能发生的不可抗力事件（如战争、洪水、地震、火灾等）的同时，再加上"以及双方同意的其他不可抗力事件"的文句。这种规定办法，既明确具体，又有一定的灵活性，是一种可取的办法。在我国进出口合同中，一般都采取这种规定办法。

（二）约定不可抗力条款应体现公平合理原则

不可抗力条款应对买卖双方都有约束力，任何一方当事人因发生不可抗力事件，以致不能履行合同义务，均可免除责任。过去我国某外贸公司从国外订购货物时，在进口合同中仅片面约定"如卖方发生不可抗力事件可免除责任"的条款，这种显失公平的规定是极不合理的。

（三）不可抗力条款的内容应当完备

为了便于履行合同和按约定办法及时处理不可抗力事件，故不可抗力条款的内容应当完备。在实际业务中，有的合同只约定了不可抗力事件的性质和范围，而对不可抗力事件的通知、出证和如何处理等事项，却缺乏明确具体的规定，以致影响对不可抗力事件作出及时妥善的处理。

第四节 仲裁

在国际货物贸易中，情况错综复杂，市场变化多端，因此，交易双方签订合同后，常常由于种种原因，合同没有履行，因而引起交易双方当事人之间的争议。为了解决合同争议，交易双方一般都习惯于采用仲裁（arbitration）的方式。

一、买卖双方解决合同争议的途径

（一）友好协商

争议双方本着公平合理的原则，通过友好协商，达成和解，这是解决合同争议的好办法。但是，遇到与合同当事人有较大利害关系的争议时，争议双方往往各持己见，难以达成共识，故此种解决争议的办法有一定的局限性。

（二）调解

若争议双方通过友好协商不能达成和解，则可在争议双方自愿的基础上，由第三者出面从中调解。调解应在确定事实、分清是非和责任的基础上，尊重合同规定，依照法律，参照国际惯例，根据客观公正和公平合理的原则进行，以促使当事人互谅互让，达成和解。实践表明，这也是解决争议的一种好办法。多年来，我国仲裁机构首创的“调解与仲裁相结合”的做法，体现出奠基于我国优秀文化传统之上的、以高度合一为向导的中国仲裁制度的特点，这种做法已收到了良好的效果。其具体做法是：结合仲裁的优势和调解的长处，在仲裁程序开始之前或之后，仲裁庭可以在当事人自愿的基础上，对受理的争议进行调解解决，如调解失败，仲裁庭仍按照仲裁规则的规定继续进行仲裁，直到作出终局裁决。

（三）仲裁

国际货物贸易中的争议，如经友好协商与调解都未成功，而当事人又不愿意诉诸法院解决，则可采用仲裁办法。仲裁已成为国际上解决这种争议普遍采用的方式。仲裁的优势在于其程序简便，结案较快，费用开支较少，且能独立、公正和迅速地解决争议，给予当事人以充分的自治权。此外，仲裁还具有灵活性、保密性、终局性和裁决易于得到执行等优点。

（四）诉讼

争议双方经过友好协商与调解，都未达成和解，而他们又不愿采取仲裁方式，则可通过诉讼途径解决争端。诉讼具有下列特点：

（1）诉讼带有强制性，只要一方当事人向有管辖权的法院起诉，另一方就必须应诉，争议双方都无权选择法官。

（2）诉讼程序复杂，处理问题比仲裁慢。

（3）诉讼处理争议，双方当事人关系比较紧张，有伤和气，不利于以后贸易关系的继续发展。

（4）诉讼费用较高。

综上所述，友好协商与调解的使用都有一定的局限性，而诉讼也不是理想的途径，所以仲裁就成为解决合同争议广泛采用的一种行之有效的重要方式。

在此需要强调指出的是，我国一向提倡并鼓励以仲裁的方式解决国际商事争议。早在1956年，我国便已成立了涉外商事仲裁机构。60年来，该机构在审理案件中，坚持根据事实，依照法律和合同规定，参照国际惯例，公平合理地处理争议和作出裁决，其裁决的公正性得到国内外的一致公认，我国现已成为当今世界上主要的国际商事仲裁中心之一。在我国进出口合同中，一般都订立了仲裁条款，以便在发生争议时通过仲裁方式解决争端。

二、仲裁协议的形式

（一）仲裁协议的形式及其法律效力

在国际货物贸易中，仲裁协议是指合同当事人或争议双方达成的有关解决彼此争议的一种书面协议。它主要包括下列两种形式：

一种是在争议发生之前订立的，它通常作为合同中的一项仲裁条款（arbitration clause）出现，在绝大多数国际货物买卖合同中都有此项条款。

另一种是在争议发生之后订立的，它是把已经发生的争议提交仲裁的协议（submission）。

（二）仲裁协议的法律效力

上述两种形式的仲裁协议，其法律效力是相同的，而且它们都具有独立性。根据我国仲裁规则规定，合同中的仲裁条款，应视为与合同其他条款分离地、独立地存在的条款，附属于合同的仲裁协议也视为与合同其他条款分离地、独立地存在的一部分；合同的变更、解除、终止、失效或无效以及存在与否，均不影响仲裁条款或仲裁协议的效力①。

根据我国法律，有效的仲裁协议必须载有请求仲裁的意思表示、选定的仲裁委员会和约定仲裁事项（该仲裁事项依法应具有可仲裁性）；必须是书面的；当事人具有签订仲裁协议的行为能力；形式和内容合法。否则，依中国法律，该仲裁协议无效。若当事人对仲裁协议的效力有异议，应在仲裁庭首次开庭前提出②。

三、仲裁协议的作用

仲裁协议的作用，包括下列三个方面：

第一，约束双方当事人只能以仲裁方式解决争议，不得向法院起诉。

第二，排除法院对有关案件的管辖权。如果一方违背仲裁协议，自行向法院起诉，另一方可根据仲裁协议要求法院不予受理，并将争议案件退交仲裁庭裁断。

第三，使仲裁机构取得对争议案件的管辖权。

---

① 参见2000年10月1日起施行的《中国国际经济贸易仲裁委员会仲裁规则》第5条。

② 参见《中华人民共和国仲裁法》第16、17、20条。

这里需要强调说明的是，在上述三项作用中，最关键的是排除法院对争议案件的管辖权。因此，若双方当事人不愿将其争议提交法院审理，就应在争议发生前在合同中约定仲裁条款，以免将来发生争议后，由于达不成仲裁协议而不得不诉诸法院。

四、仲裁条款的基本内容

国际货物买卖合同中的仲裁条款，通常包括仲裁地点、仲裁机构、仲裁规则、仲裁裁决的效力和仲裁费的负担。现分别介绍和说明如下。

（一）仲裁地点

交易双方磋商仲裁条款时，都极为关心仲裁地点的确定，这是因为，仲裁地点与仲裁所适用的法律密切相关。按各有关国家的法律规定，凡属程序方面的问题，除非仲裁条款（或协议）另有规定，一般都适用审判地法律，即在哪个国家仲裁，就往往适用哪个国家的仲裁法规。至于确定合同当事人权利、义务的实体法，如在合同中未具体约定，一般则由仲裁庭按仲裁地点所在国的法律冲突规则予以确定。

鉴于仲裁地点是买卖双方共同关心的一个十分重要的问题，故在仲裁条款中必须作出明确具体的规定。在我国进出口合同中，关于仲裁地点通常有三种规定办法：一是约定在中国仲裁；二是约定在被申请人所在国仲裁；三是约定在双方同意的第三国仲裁。

（二）仲裁机构

国际上的仲裁机构很多，其中有常设的仲裁机构，也有由双方当事人共同指定仲裁员临时组成的仲裁庭。

在国际上，有些国际组织和许多国家或地区，都分别成立了常设仲裁机构。例如，除设在巴黎的国际商会仲裁院外，还有英国伦敦仲裁院、瑞典斯德哥尔摩商会仲裁院、瑞士苏黎世商会仲裁院、美国仲裁协会、日本国际商事仲裁协会等。我国常设的涉外仲裁机构主要是中国国际经济贸易仲裁委员会和中国海事仲裁委员会。根据业务发展的需要，中国国际经济贸易仲裁委员会在上海和深圳分别设有分会。此外，我国有些省市和地区，近年来还按实际需要酌情设立了若干地区性的仲裁机构。

鉴于国际上的仲裁机构很多，甚至在一个国家或地区就有多个仲裁机构，合同当事人究竟选用哪个仲裁机构，应在合同仲裁条款中具体列明。

专为审理某争议案而临时组成的仲裁庭，待案件审理完毕，即自动解散，因此，在采取此种办法处理争议时，买卖双方应在合同仲裁条款（或协议）中，就临时仲裁庭的组庭人数、是否需要首席仲裁员和指定仲裁员的办法等作出明确规定。

（三）仲裁规则

各国仲裁机构一般都制定了自己的仲裁规则，按照国际仲裁的通常做法，原则上都采用仲裁所在地的仲裁规则，但值得注意的是，在法律上也允许根据双方当事人的约定采用仲裁地点以外的其他国家（或地区）仲裁机构所制定的仲裁规则进行仲裁。在中国仲裁时，双方当事人通常都约定适用《中国国际经济贸易仲裁委员会仲裁规则》。根据中国现行仲裁规则的规定，凡当事人同意将争议提交仲裁委员会仲裁的，均视为同意按照该仲裁规则进行仲裁。在此需要指出，如果当事人约定适用其他仲裁规则，并征得仲裁委员会同意的，原则上也可适用其他仲裁规则①。

（四）仲裁裁决的效力

仲裁庭依法作出的裁决，通常都是终局性的，对争议双方当事人均具有法律效力，任何一方都必须依照执行，并不得向法院起诉要求变更裁决。即使当事人向法院起诉，法院一般也只是审查程序，而不审查实体，即只审查仲裁裁决在法律手续上是否完备、有无违反程序上的问题，而不审查裁决本身是否正确。若法院查出仲裁程序上确有问题，则可宣布仲裁裁决无效。

由于仲裁是建立在双方当事人自愿基础上的，因此，仲裁庭作出的裁决，如仲裁程序上没有问题，双方当事人应当承认和执行。若败诉方不执行裁决，胜诉方有权向有关法院起诉，请求法院强制执行，以维护自身的合法权益。若仲裁裁决的承认与执行涉及一个国家的仲裁机构所作出的裁决要由另一个国家的当事人去执行的问题，在此情况下，若国外当事人拒不执行仲裁裁决，则可依据国际双边协议或多边国际公约的规定来解决。例如，按 1958 年各国在纽约签订的《承认与执行外国仲裁裁决公约》第 2 条、第 3 条的规定，双方当事人所签订的仲裁协议有效，根据仲裁协议所作出的仲裁裁决，缔约国应承认其效力并有义务执行。

为了明确仲裁裁决的效力，以利于执行裁决，在订立合同中的仲裁条款时，应明确规定“仲裁裁决是终局性的，对双方当事人均有约束力”的条文。

（五）仲裁费的负担

仲裁费由谁负担，通常都在仲裁条款中予以约定，以明确责任。根据双方当事人的意愿，有的约定由败诉方承担，也有的约定由仲裁庭裁决确定。

五、我国通常采用的仲裁条款格式

为了体现上述仲裁条款的基本内容和便于约定好仲裁条款，我国各进出口公司通常采用中国国际经济贸易仲裁委员会向合同当事人推荐的下列几种示范仲裁条款格式。

（一）在中国仲裁的条款格式

“凡因本合同引起的或与本合同有关的任何争议，双方应当通过友好协商的办法解决；如果协商不能解决，均应提交中国国际经济贸易仲裁委员会，按照申请仲裁时该会现行有效的仲裁规则进行仲裁。仲裁裁决是终局的，对双方都有约束力。”

（二）在被申请人所在国仲裁的条款格式

“凡因本合同引起或与本合同有关的任何争议，双方应通过友好协商来解决；如果协商不能解决，应提交仲裁，仲裁在被申请人所在国进行。在中国，由中国国际经济贸易仲裁委员会根据申请仲裁时该会的仲裁规则进行仲裁。如在××国（被申请人所在国名称）由××国××仲裁机构（被申请人所在国的仲裁机构的名称）根据该组织的仲裁程序规则进行仲裁。现行有效的仲裁裁决是终局的，对双方都有约束力。”

（三）在第三国仲裁的条款格式

“凡因本合同引起的或与本合同有关的任何争议，双方应通过友好协商来解决，如果

---

① 参见 2000 年 10 月 1 日起施行的《中国国际经济贸易仲裁委员会仲裁规则》第 7 条。

协商不能解决，应按××国××地××仲裁机构根据该仲裁机构现行有效的仲裁程序规则进行仲裁。仲裁裁决是终局的，对双方都有约束力。”

合同当事人除酌情分别采用上述仲裁条款外，还可以在仲裁条款（或仲裁协议）中对仲裁员人数、国籍、开庭地点、普通程序或简易程序、适用法律及仲裁语言等事项作出约定，或者在仲裁条款（或仲裁协议）达成之后，争议提交仲裁之前或者仲裁程序开始之前，以书面补充协议的形式进行补充约定。

六、约定仲裁条款的注意事项

交易双方商定买卖合同时，为了明确合理地约定仲裁条款，必须注意下列事项。

（一）选择合适的仲裁地点

因仲裁地点的约定与双方当事人有利害关系，故在商定仲裁地点时，应考虑适用的法律与费用负担等问题。

众所周知，仲裁地点不同，适用的法律则不同，不同法律对同一问题的解释与处理结果也往往有别，因此，交易双方都希望选择法律环境比较利于己方的地点仲裁。同时，仲裁地点与合同当事人所在地距离的远近以及在该处仲裁所花费的开支大小等，也是需要考虑的因素。若争议金额不大，一般应选择与自身距离近的地点仲裁，最好争取在本国仲裁，以利于节省开支和避免出现得不偿失的情况。

此外，交易双方如约定在双方同意的第三国仲裁，则应选择允许受理双方当事人都不是本国公民的争议案的仲裁机构，而且是态度比较公正并具有一定的业务能力的机构。

（二）择优选择适当的仲裁机构

国际上常设的仲裁机构很多，它们的情况很不一致，因此，需要根据择优选择的原则约定适当的机构。选择时，要考虑成交金额的大小，并考虑下列各种因素：该机构的历史沿革和背景，审理案件的态度是否公正，办案效率和业务水平的高低，裁决的权威性和对外影响程度等。

（三）合理约定仲裁费的负担

在仲裁条款中，关于仲裁费由何方负担有各种不同的规定，有的只约定由败诉方负担，也有的约定由仲裁庭决定。鉴于有时出现争议双方均有违约情况，双方都负有不同程度的责任，有时虽属一方违约引起争议，但由于胜诉方“狮子大开口”，索赔金额过高，而仲裁费是按索赔金额计收的，加之某些费用开支又不合理，致使仲裁费用加大，若这些不合理的加大部分费用，也由败诉方负担，显失公平。因此，在约定仲裁费用的负担时，最好同时约定：由败诉方承担或由仲裁庭酌情决定相互承担的比率。这种约定办法，既符合实事求是的原则，也体现尊重仲裁庭的裁量权。

（四）仲裁条款的规定应当明确具体

约定仲裁条款应当明确具体，以利于争议的解决。例如，有的合同在约定仲裁地点时，规定“在中国或外国仲裁”，或者规定“在进口国或出口国仲裁”；有的合同约定“由中国国际经济贸易仲裁委员会仲裁”，同时又约定“在香港仲裁”；有的合同规定“发生争议在中国的仲裁机构或法院依法解决”；还有的合同约定“若双方发生争议，通过仲裁解决”，但仲裁地点、仲裁机构和仲裁规则等内容，都未具体规定。上述这些模棱两可或含糊其辞的规定，都不利于解决争议。因此，订立合同中的仲裁条款或签订仲裁协议，应使其内容明确具体，以利于及时解决争议。

七、仲裁裁决的承认与执行

仲裁裁决是终局性裁决，仲裁裁决对双方当事人都具有法律上的约束力，当事人必须执行。双方当事人都在本国的情况下，如一方不执行裁决，另一方可请求法院强制执行。如一方当事人在国外，则涉及一个国家的仲裁机构所作出的裁决要由另一个国家的当事人去执行的问题。在此情况下，如国外当事人拒不执行裁决，则只有到国外法院去申请执行，或通过外交途径要求对方国家有关主管部门或社会团体（如商会、同业公会）协助执行。为了解决在执行外国仲裁裁决问题上的困难，国际上除通过双边协定就相互承认与执行仲裁裁决问题作出规定外，还订立了多边国际公约，1958 年 6 月 10 日联合国在纽约召开了国际商事仲裁会议，签订了《承认与执行外国仲裁裁决公约》（Convention on the Recognition and Enforcement of Foreign Arbitral Award，简称《1958 年纽约公约》）。该公约强调了两点：一是承认双方当事人所签订的仲裁协议有效；二是根据仲裁协议所作出的仲裁裁决，缔约国应承认其效力并有义务执行。只有在特定的条件下，才根据被诉人的请求拒绝承认与执行仲裁裁决。例如，裁决涉及仲裁协议未提到的或不包括在仲裁协议之内的一些争议；仲裁庭的组成或仲裁程序与当事人所签仲裁协议不符等。

1986 年 12 月我国第 6 届全国人民代表大会常务委员会第 18 次会议决定中华人民共和国加入上述《1958 年纽约公约》，并同时作出下列两点声明：

第一，中华人民共和国只在互惠的基础上对在另一缔约国领土内作出的仲裁裁决的承认和执行适用该公约；

第二，中华人民共和国只对根据中华人民共和国法律认定为属于契约性和非契约性商事法律关系所引起的争议适用该公约。

我国政府对上述公约的加入和所作的声明，不仅为我国承认与执行外国仲裁裁决提供了法律依据，而且也有利于我国仲裁机构所作出的裁决在国外公约成员国内的执行。

[本章小结]

为了预防、减少贸易纠纷和依约妥善处理合同争议，交易双方需在买卖合同中约定异议与索赔、违约金与定金、不可抗力和仲裁条款。约定这些条款，一方面体现了合同的严肃性，有利于促使合同当事人认真履约；另一方面，若出现了合同因故未能履行或发生当事人违约情况，也有利于有关方面根据事实、分清是非、明确责任和依法妥善处理履约过程中发生的争议。

[重要概念]

1. 违约金
2. 定金
3. 不可抗力
4. 仲裁

[思考题]

1. 在国际货物买卖合同中为什么要订立索赔条款?《联合国国际货物销售合同公约》对货物的索赔期限是怎样规定的?

2. 在国际货物买卖合同中规定违约金条款有何意义?规定和运用该条款应注意哪些事项?

3. 在国际货物贸易中,规定和运用定金条款应注意哪些事项?

4. 何谓不可抗力?在国际货物买卖合同中规定不可抗力条款应注意哪些事项?

5. 为什么仲裁是解决国际经贸争议的重要方式?国际货物买卖合同中的仲裁条款应包括哪些主要内容?

6. 我国仲裁机构审理国际经贸仲裁案件遵循哪些原则?

7. 我国参加《承认与执行外国仲裁裁决公约》的意义何在?该公约包括哪些基本内容?

案例分析

一、返还定金与支付违约金争议案

1. 案情简介

买卖双方签订一份价款为 10 万美元的购销合同,合同规定,签约后一周内,买方向卖方支付 1 万美元定金,卖方在收到定金后 4 个月内交付约定的货物。同时双方还约定了违约金条款,规定任何一方违约,须向对方支付相当于合同价款 8%的违约金。合同签订后,买方依约交付了定金,卖方收到定金后,因市场变化和经营状况不佳,不能依约交货,买方遂向卖方要求双倍返还定金并赔偿约定的违约金,卖方只同意支付违约金和退回原收入的 1 万美元定金,双方因此产生争议。买方便向某法律专家咨询,准备提请仲裁。后经这位专家解释我国《合同法》的有关规定①之后,买方遂改变主意,仅要求卖方双倍返还定金,不再提赔偿违约金的要求,卖方对此表示同意,于是双方友好地解决了本合同项下的争议。

2. 案例分析

本案交易双方签订的购销合同中,同时约定了定金条款和违约金条款。约定定金条款是为了对履约提供具体担保,若支付定金的一方违约,他无权收回定金,根据对等的原则,若收受定金的一方违约,他应当双倍返还定金,这是公平合理的。收受定金的违约方双倍返还了定金,就体现了对其违约的惩罚,在这种情况下,即使合同还订立有违约金条款,违约方也可拒付违约金。根据我国《合同法》的规定,当合同中同时订有定金和违约金时,一方违约,另一方只能选择其中之一适用。所以本合同项下的买方起初的赔偿要求,在法律上是行不通的。后经专家提示,他终于改变主意,从而使双方达成和解协议,这种依法处理合同争议的做法是明智的。

① 参见《中华人民共和国合同法》第 116 条。

二、承运人中途转船延误时间引起的索赔案

1. 案情简介

买卖双方按 CIF 鹿特丹、即期信用证付款条件达成交易，在合同和信用证中规定："不准转船。"卖方按合同和信用证规定，及时将其出售的货物装上直达鹿特丹的班轮，并凭直达提单等装运单据办理了货款的议付。船方为了装载其他货物，中途擅自将卖方托运的货物换装其他船续运至鹿特丹。因其中途转船延误了时间，致使货物晚到 1 个月，买方便向卖方索赔，卖方拒赔。后买方提请仲裁，结果被仲裁庭予以驳回。

2. 案例分析

本案合同和信用证都规定"不准转船"，卖方按此规定及时将货装上直达约定目的港的班轮，并凭直达提单议付了货款，故卖方没有违约。至于船方中途擅自转船造成货物晚到，应由船方负责，买方可凭直达提单向船方索赔。买方在未分清责任的情况下，误向卖方索赔，卖方当然有权拒赔。后买方就此提请仲裁，仲裁庭予以驳回是正确的。

三、凭仲裁条款排除法院管辖权的案例

1. 案情简介

中国某公司曾与美国某商人签订一项买卖机械设备零件的合同，合同背面载有仲裁条款。后在履约过程中，双方发生争议，美国商人遂向美国法院起诉中方公司。该法院受理此案后，即向中方公司发出传票，中方公司以合同背面载明的仲裁条款为证，提出抗辩，要求美国法院不予受理。美国法院核实材料后，承认它对本案无管辖权。本争议案仍按双方约定的仲裁条款，通过仲裁途径解决。

2. 案例分析

仲裁协议最主要的作用就是排除了法院对本争议案的管辖权，并使约定的仲裁机构取得对本争议案的管辖权。因此，在本案合同约定了仲裁条款的情况下，争议双方均不得就彼此间的争议诉诸法院，法院也无权受理本争议案，本案争议只能由双方约定的仲裁机构来解决。本案合同项下的申请人向美国法院起诉，不仅违反双方协议，而且也有悖国际贸易法律的一般规定，中方及时就此提出抗辩，以维护自身的合法权益，是十分必要的。

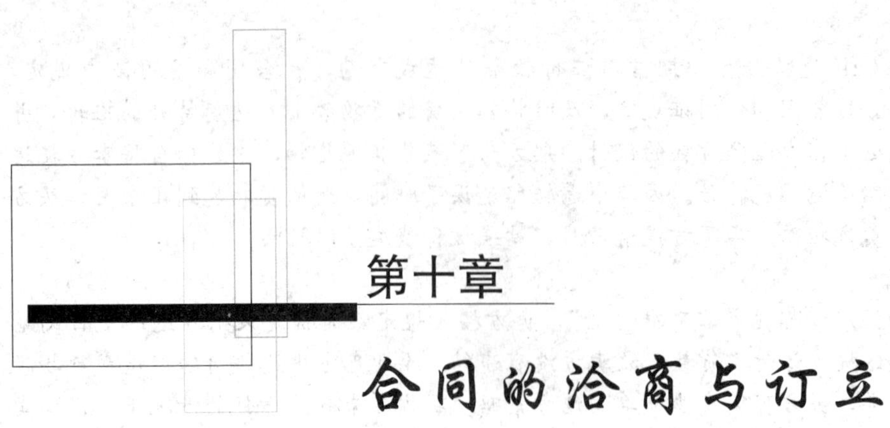

第十章 合同的洽商与订立

［学习目标］

在国际货物贸易中，交易双方按照各自的经营计划和购销意图，在平等互利的基础上，通过彼此反复洽商，就各项交易条件达成共识后，一般来说，双方即可依法签订正式书面合同。而洽商交易与订立合同乃是国际货物贸易十分重要的环节，它涉及交易前的准备、洽商交易的原则、步骤与洽谈技巧，合同成立的时间与生效的条件以及合同的形式与内容等。为了有效地达成交易、订好合同和确保所签合同的顺利履行，就必须事先认真学习本章所阐述的下列有关内容。

第一节　洽商交易前的准备

一、洽商交易

洽商交易是指交易双方就交易条件进行洽商，以求达成一致协议的具体过程，它是签订买卖合同的必经阶段。洽商交易的内容包括各项交易条件，它关系到买卖双方的经济利益，这是因为，洽商交易的结果决定着合同条款的具体内容，从而确定了合同双方当事人的权利和义务。所以，买卖双方都应高度重视洽商交易环节的工作。

洽商交易不仅包括商务和技术方面的问题，也包括法律和政策问题。它是一项政策性、策略性、技术性和专业性都很强的工作，这就要求参加洽商的人员必须具有较高的政策水平、丰富的商品知识以及有关商务、法律和金融等方面的专业知识。洽商过程实际上是对上述各种知识的综合运用，而且运用本身又是一种艺术。可见，参加洽商交易的人员，不仅要具有多方面的基础知识，而且还要善于把原则性和灵活性结合起来，采取灵活机智的策略和洽谈技巧。这样才能立于不败之地，并使洽商交易达到预期的最佳效果。

在国际货物贸易中，洽商交易是一项很复杂的工作。交易双方分属不同的国家和地区，彼此有着不同的社会制度、政治制度、法律体系、经济体制和贸易习惯，有着不同的文化背景、价值观念、信仰和民族习惯，而且还有语言和文字沟通方面的困难。可见，国际货物贸易中的洽商交易远比国内贸易中的洽谈交易复杂和困难得多。

在对外洽商交易过程中，由于交易双方的立场及其追求的具体目标各不相同，所以洽商交易的过程往往充满尖锐复杂的利害冲突和反复的讨价还价。实际上，洽商交易是对外开展商务活动的一个重要阶段。参加洽商交易人员的任务是：根据购销意图，针对交易对手的具体情况，采取各种行之有效的策略，正确处理和解决彼此间的冲突和矛盾，谋求一致，达成一项双方都能接受的公平合理的协议。由于交易双方达成的协议不仅直接关系着双方当事人的利害得失，而且具有法律上的约束力，不得轻易改变，所以，是否拍板成交和达成协议，彼此都应持慎重态度。如由于洽商失误而导致交易失败，就会失掉成交的机会。如由于我方人员急于求成、疏忽大意或其他原因，作了不应有的让步，或接受了不合理的成交条件和有悖于法律规定的条款，致使交易洽商中出现一些错误和隐患，不但事后往往难以补救，而且会使我方在经济上蒙受不应有的损失，并还可能给履约造成困难，进而影响双方关系，对外造成不良的政治影响。

综上所述，洽商交易是一项很重要的工作，做好这个环节的工作，妥善处理洽商交易中出现的各种问题，以达成公平合理和切实可行的协议，具有十分重要的意义。

二、洽商交易前的准备事项

在国际货物贸易中，为了做好洽商交易这项艰难复杂而又十分重要的工作，事前必须充分做好各项准备工作，有备无患，不打无准备之仗。

在洽商交易之前，需要准备的事项很多，其中主要包括下列事项。

（一）选配合适的洽谈人员

在洽商交易过程中，买卖双方在确定价格和各种交易条件以及拟定合同条款方面，往往因利害关系不同而存在分歧和争论，有时这种分歧和争论甚至是十分激烈的。在洽商过程中还可能出现种种预先没有估计到的变化。为了保证洽商交易的顺利进行，事先应选配精明能干的洽谈人员，尤其是对一些大型的和内容复杂的交易，更要组织一个强有力的谈判班子。这个谈判班子中须包括熟悉商务、技术、法律和财务方面的人员，应具有较高的整体素质，要善于应战、善于应变，并善于谋求一致，这是确保交易成功的关键。

参加洽商交易的人员，一般应当具备以下几个条件：

（1）必须熟悉我国对外经济贸易方面的方针政策，并了解国家关于对外经济贸易方面的具体政策措施。

（2）必须掌握洽商交易过程中可能涉及的各种商务知识，如商品知识、市场知识、金融知识和运输、保险等方面的知识。

（3）必须熟悉我国颁布的有关涉外法律、法令与规则，并了解有关国际贸易、国际技术转让和国际运输等方面的法律、惯例以及有关国家的外汇管制法和税法等方面的知识。

（4）应当熟练地掌握外语，要求能处理外文函电并用外语直接洽谈交易。

（5）具有较高的政策水平、策略水平和较好的心理素质，并善于机动灵活地处理洽商过程中出现的各种问题。

（二）选择适当的目标市场

在洽商交易前，必须从调查研究入手，通过各种途径广泛收集市场资料，加强对国外市场供销状况、价格动态、政策法令措施和贸易习惯等方面情况的调查研究，以便择优选择适当的目标市场和合理确定市场布局。在选择国外目标市场时，应当注意以下两个问题：

（1）在考虑贯彻国家对外贸易方针政策和国别（地区）政策的同时，应尽量考虑经济效益问题，力争做到政治上和经济上都有利。

（2）应根据购销意图，合理选择国外销售市场和采购市场。在安排销售市场时，应当分清主次，并要有发展的观点，即：在安排主销市场的同时，也要考虑辅销市场；在考虑市场现状的同时，也要考虑市场将来的发展趋势；在巩固原有传统市场的同时，还应不断开拓新市场，以利于扩大销路。在安排采购市场时，既要考虑择优选择，也要防止过分集中在某个或少数几个市场；在同等条件下，应尽量从友好国家订购商品；应考虑多从与我国有贸易顺差的国家订购商品，以利于贸易上的平衡。

（三）选择相宜的交易对象

在洽商交易之前，必须通过各种途径对客户的政治、文化背景、资信情况、经营范围、经营能力和经营作风等方面的情况进行了解和分析。为了正确地选择和利用客户，需要建立和健全客户档案，以便对各种不同类型的客户进行分类排队，做到心中有数，并实行区别对待的政策。要正确对待和妥善处理大、小客户和新、老客户的关系，充分利用和调动专营进出口商、中间代理商和实销户推销我方出口商品的积极性。向国外订货时，要做到“货比三家”，并区别不同情况，择优选择，以维护我方的利益。

（四）制定洽商交易的方案

洽商交易的方案，是指为了完成某种或某类商品的进出口任务而确定的经营意图、需要达到的最高或最低目标，以及为实现该目标所应采取的策略、步骤和做法。它是对外洽谈人员遵循的依据。方案的内容繁简不一。为大宗进出口商品交易所拟定的经营方案，一般比较详细具体，尤其是制定某些大宗交易或重点商品的谈判方案时，更要考虑周全，因为洽谈方案的完善与否是决定交易成败的关键。在谈判方案中，对需要谈判的问题，应分清主次，合理安排谈判的先后顺序，明确对每一主要问题应当掌握的分寸和尺度，以及准备好在谈判中出现某些变化时所应采取的对策和应变措施，力争取得最佳的效果。对一般中、小商品的进出口，则只要拟定简单的价格方案即可。

第二节　洽商交易的原则与注意事项

买卖双方洽商交易时，应在平等互利的基础上，力求实现双赢。为此，洽商交易的人员，必须正确运用各种行之有效的洽谈方式与技巧，以期达到最理想的结果。

一、洽商交易的原则

国际商务洽商交易的环境与对象，不同于国内商务洽谈，它涉及的问题远比国内商务洽谈复杂。在洽商交易过程中，除当事人之间本已存在商业习惯、法律制度和文化背景等方面的差异外，还存在商业利益上的矛盾和冲突。尽管如此，从事国际商务洽谈的当事人都有着追求商业利益的共同愿望，他们都希望通过相互交易实现各自的经营意图和商业目标，因此，所有商务洽谈人员都应本着求同存异的精神，千方百计化解彼此间的矛盾和冲突，寻找符合双方利益而彼此都能接受的交易条件，即达到最佳的洽谈效果，实现双赢。实践经验反复证明，双赢的原则是国际商务洽谈行之有效的基本原则。

在洽商交易过程中，有时双方达成共识，取得一致的协议，但这种协议可能不是最佳方案，并不一定对双方都是利益最大化。在此情况下，洽谈人员应从全局的角度出发，力争充分创造价值，反复比较、衡量各种方案，寻求实现双方最大利益的最佳方案，使双方都对达成的协议感到十分满意，都有达到"赢"的感觉，这是实现"双赢"的最佳做法。

在这里需要强调指出的是，洽商交易的双方都应首先树立"双赢"的观念，这才能使彼此间的贸易关系持续发展。在洽商交易中，如果一方或双方片面强调"我赢你输"，甚至不择手段来对付谈判对手，一味追求单方面取胜的所谓"技巧"，这种做法很难达成协议，并有可能导致洽商失败而失去商机。即使这种做法偶然达到目的，由于它不符合双赢的原则，彼此间的贸易关系也是不可能持续发展的，这种短视的做法，无异于搞一锤子买卖，是不可取的。

二、洽商交易的注意事项

（一）运用正确的洽谈方式

洽商交易有各种不同的方式，一般来说，应采取实质利益洽谈的方式，尽量避免采取立场争辩式的洽谈方式，因为这两种洽谈方式会得出不同的结果。

在采取实质利益洽谈方式时，虽然有时也存在各自利益上的矛盾和冲突，但实质上还可能存在共同利益或彼此兼容的利益，任何一方当事人在考虑自身利益的同时，也要设身处地考虑对方利益，尽量寻找符合双方利益的方案，以期达成双方都能接受的协议。实践表明，这是行之有效的符合双赢原则的最基本的洽谈方式。

反之，如采用立场争辩式的洽谈方式，各方当事人都只单纯重视自身的利益和坚持各自的立场，而忽视对方的实际利益和潜在的需要，且在洽谈过程中固执己见，争辩不休，既浪费时间，又伤害相互间的友好合作关系。实践表明，这种徒劳无益的做法是不可取的。

（二）以诚相待，互相沟通

在洽商交易中出现僵局或导致失败的原因很多，其中一方或双方在洽谈过程中缺乏诚意、相互沟通不够或决策不当，是产生这种结果的主要原因。为防止出现此类情况，洽商交易的各方当事人彼此都应以诚相待，充分沟通各自的利益需要，任何一方既要想方设法弄清对方的实际需要，也要酌情声明自身的利益所在。只有这样，彼此才能考虑满足对方的要求，才能有助于双方达成共识和取得一致的协议。

但是，在实际洽商交易过程中，有些商务洽谈人员却故意迷惑对方，让对方不知洽谈对手的真正需要和利益所在，甚至想方设法故意误导对方，这样做不符合以诚相待的原则，从长远来看，只能是损人又害己，不利于双方商务合作关系的发展。

（三）灵活运用商务洽谈技巧

在洽商交易过程中，有时由于双方对某些交易条件的洽商难以达成共识，使洽谈出现僵局，在这种情况下，为便于化解彼此间的矛盾与利益冲突，参与洽谈的人员就应根据总的经营意图，并结合矛盾的焦点，酌情采取机动灵活的策略与技巧，并本着求同存异的精神，把原则性与灵活性结合起来，善于随机应变，善于识别利益因素，善于权衡利益的轻重，善于妥协和处理利益交换，如用对自身并非重要的条件去交换对方无所谓但对自身却比较重要的条件等。总之，要善于灵活运用各种洽谈技巧来缓和矛盾，化解冲突，达成共识，以期取得双方都满意的结果。

第三节 洽商交易的步骤

洽商交易可通过来往函电进行，也可以通过彼此面谈。一般来说，洽商交易有可能出现询盘（inquiry）、发盘（offer）、还盘（counter offer）和接受（acceptance）四个环节，其中，发盘和接受是每笔交易达成与合同成立不可缺少的两个基本环节和必经的法律步骤。

一、询盘

询盘是准备购买或出售商品的人向潜在的供货人或买主探询该商品的成交条件或交易的可能性的业务行为，它不具有法律上的约束力。

询盘的内容可以涉及某种商品的品质、规格、数量、包装、价格和装运等成交条件，也可以索取样品，其中多数是询问成交价格，因此在实际业务中也有人把询盘称作询价。如果发出询盘的一方只是想探询价格，并希望对方开出估价单（estimate），则对方根据询价要求所开出的估价单只是参考价格，它并不是正式的报价，因而也不具备发盘的条件。

在国际贸易业务中，发出询盘的目的，除了探询价格或有关交易条件外，有时还表达了与对方进行交易的愿望，希望对方接到询盘后及时作出发盘，以便考虑接受与否。这种询盘实际上属于邀请发盘。

询盘不是每笔交易必经的程序，如交易双方彼此都了解情况，不需要向对方探询成交条件或交易的可能性，则不必使用询盘，可直接向对方作出发盘。

二、发盘

（一）发盘的含义与应具备的条件

发盘又称发价或报价，在法律上称为要约。根据《联合国国际货物销售合同公约》第14条第1款的规定："向一个或一个以上特定的人提出的订立合同的建议，如果十分确定并且表明发价人在得到接受时承受约束的意旨，即构成发价。"发盘既可由卖方提出，也可由买方提出，因此，有卖方发盘和买方发盘之分。后者习惯上称为递盘（bid）。根据上述解释，构成一项发盘，必须具备下列各项条件。

1. 发盘应向一个或一个以上特定的人提出

向特定的人提出，即指向有名有姓的公司或个人提出。提出此项要求的目的，在于把发盘同普通商业广告及向广大公众散发的商品价目单等行为区别开来。对广大公众发出的商业广告是否构成发盘的问题，各国法律规定不一。大陆法规定，发盘需向一个或一个以上特定的人提出，凡向公众发出的商业广告，不得视为发盘。如北欧各国认为，向广大公众发出的商业广告，原则上不能作为发盘，而只是邀请看到广告的公众向登广告的人提出发盘。英美法的规定则有所不同，如英国有的判例认为，向公众作出的商业广告，只要内容确定，在某些场合下也可视为发盘。《联合国国际货物销售合同公约》对此问题持折中态度，该公约第 14 条第 2 款规定："非向一个或一个以上特定的人提出的建议，仅应视为邀请作出发价，除非提出建议的人明确地表示相反的意向。"根据此项规定，商业广告本身并不是一项发盘，通常只能视为邀请对方提出发盘。但是，假如商业广告的内容符合发盘的条件，而且登此广告的人明确表示它是作为一项发盘提出来的，例如在广告中注明"本广告构成发盘"或"广告项下的商品将售给最先支付货款或最先开来信用证的人"等，则此类广告也可作为一项发盘。

鉴于《联合国国际货物销售合同公约》对发盘的上述规定既原则又具体，且有一定的灵活性，加之世界各国对发盘又有不同的理解，因此，在实际应用时要特别小心。我方对外做广告宣传和寄发商品价目单时，不要使对方理解我方有"一经接受，即受约束"的含义。在寄发商品价目单时，最好在其中注明"可随时调整，恕不通知"或"须经我方最后确认"等字样。

2. 发盘内容必须十分确定

根据《联合国国际货物销售合同公约》第 14 条第 1 款的规定，发盘的内容必须十分确定。所谓"十分确定"，指在提出的订约建议中，至少应包括下列三个基本要素：(1) 标明货物的名称；(2) 明示或默示地规定货物的数量或规定确定数量的方法；(3) 明示或默示地规定货物的价格或规定确定价格的方法。凡包含上述三项基本因素的订约建议，即可构成一项发盘。如该发盘被对方接受，买卖合同即告成立。

在实际业务中，发盘人发盘时，如能明确标明要出售或要购买的货物的价格和数量，当然是最好的处理办法。但是，合同项下货物的数量、价格，有时只能由当事人酌情处理或只能在交货时具体确定。例如，某商人向对方提出，在一年内向对方提供或购买一年生产的某项产品，可以认为在数量问题上是十分确定的。同样，确定价格也是如此。例如，在远期交货的情况下，交易双方为了避免承担价格波动的风险，可采取较为灵活的作价办法，即不规定具体价格，只规定一个确定价格的办法，如规定按交货时某个市场的价格水平来确定该货物的价格。

在这里需要特别指出的是，订约建议中虽然没有提到关于交货时间、地点及付款时间、地点等其他内容，但并不妨碍它作为一项发盘，因而也不妨碍合同的成立。因为，发盘中没有提到的其他条件，在合同成立后，可以由双方当事人建立的习惯做法及采用的惯例予以补充，或者按《联合国国际货物销售合同公约》中关于货物销售部分的有关规定予以补充。

构成一项发盘应包括的内容，各国的法律规定不尽相同。有些国家的法律要求对合同的主要条件，如品名、品质、数量、包装、价格、交货时间与地点以及支付办法等，都要有完整、明确、肯定的规定，并不得附有任何保留条件，以便受盘人一旦接受即可签订一项对买卖双方均有约束力的合同。《联合国国际货物销售合同公约》关于发盘内容的上述规定，只是对构成发盘的起码要求。在实际业务中，如发盘的交易条件太少或过于简单，会给合同的履行带来困难，甚至容易引起争议。因此，在对外发盘时，最好将品名、品质、数量、包装、价格、交货时间、交货地点和支付办法等主要交易条件一一列明。

3. 必须表明发盘人对其发盘一旦被受盘人接受即受约束的意思

发盘是订立合同的建议，这个意思应当体现在发盘之中，如发盘人只是就某些交易条件建议同对方进行磋商，而根本没有受其建议约束的意思，则此项建议不能被认为是一项发盘。例如，发盘人在其提出的订约建议中加注诸如“仅供参考”“须以发盘人的最后确认为准”或其他保留条件，这样的订约建议就不是发盘，而只是邀请对方发盘。

（二）发盘的有效期

在通常情况下，发盘都具体规定一个有效期，作为对方表示接受的时间限制。超过发盘规定的时限，发盘人即不受约束。当发盘未具体列明有效期时，受盘人应在合理时间内接受才能有效。何谓“合理时间”，需根据具体情况而定。根据《联合国国际货物销售合同公约》的规定，采用口头发盘时，除发盘人发盘时另有声明外，受盘人只能当场表示接受方为有效。

采用函电成交时，发盘人一般都明确规定发盘的有效期，其规定方法有以下几种。

1. 规定最迟接受的期限

例如，“限5月6日复”，或“限5月6日复到此地”。当规定“限5月6日复”时，按有些国家的法律解释，受盘人只要在当地时间5月6日24点以前将表示接受的通知投邮或向电报局交发即可。但在国际贸易中，由于交易双方所在地的时间大多存在差异，所以发盘人往往采取以接受通知送达发盘人为准的规定方法。按此规定，受盘人的接受通知不得迟于5月6日内送达发盘人。

2. 规定一段接受的期限

例如，“发盘有效期为5天”，或“发盘限8天内复”。采取此类规定方法，按《联合国国际货物销售合同公约》的规定，这个期限应从电报交发时刻或信上载明的发信日期起算。如信上未载明发信日期，则从邮戳的日期起算。采用电话、电传发盘时，则从发盘送达受盘人时起算。如果由于时限的最后一天在发盘人营业地是正式假日或非营业日，则应顺延至下一个营业日。

此外，发盘规定有效期时，还应考虑交易双方营业地点不同而产生的时差问题。

（三）发盘生效的时间和发盘的撤回与撤销

1. 发盘生效的时间

根据《联合国国际货物销售合同公约》第15条的规定，发盘送达受盘人时生效。明确发盘生效的时间，具有重要的法律和实践意义，这主要表现在下列两个方面：

（1）关系到受盘人能否表示接受。一项发盘只有送达受盘人时才能发生法律效力。也就是说，只有当受盘人收到发盘之后，即发盘生效之后，受盘人才能表示接受，从而导致合同的成立。在受盘人收到发盘之前（发盘生效之前），即使受盘人通过其他途径已经知道发盘的发出及发盘的内容，也不能作出接受。

（2）关系到发盘人何时可以撤回发盘或修改其内容。一项发盘，即使是不可撤销的，只要在发盘生效之前，发盘人仍可随时撤回或修改其内容，但撤回通知或更改其内容的通知，必须在受盘人收到发盘之前或同时送达受盘人。如发盘一旦生效，那就不是撤回发盘的问题，而是撤销发盘的问题。发盘的撤回（withdrawal）与撤销（revocation）是两个不同的概念，前者是指在发盘送达受盘人之前，将其追回，以阻止其生效；后者是指发盘已送达受盘人，即发盘生效之后将发盘取消，使其失去效力。

2. 发盘的撤回

根据《联合国国际货物销售合同公约》的规定，一项发盘（包括注明不可撤销的发盘），只要在其尚未生效以前，都是可以修改或撤回的。因此，如果发盘人因发盘内容有误或因其他原因想改变主意，可以用更迅速的通信方法，将发盘的撤回或更改通知赶在受盘人收到该发盘之前或同时送达受盘人，则发盘即可撤回或修改。了解这一点，对我国从事进出口业务的工作人员具有实际意义，假如想撤回或修改已经发出的发盘，就必须要有准确的时间概念，例如发盘是何时发出的、预计何时可送达对方，然后再考虑采取最快的通信方法是否可以撤回或修改发盘。

3. 发盘的撤销

关于发盘能否撤销的问题，英美法与大陆法存在严重的分歧。英美法认为，在受盘人表示接受之前，即使发盘中规定了有效期，发盘人也可以随时予以撤销，这显然对发盘人片面有利。这种观点，在英美法系国家中也不断受到责难。有的国家在制定或修改法律时，实际上已在不同程度上放弃了这种观点。大陆法对此问题的看法与之相反，认为发盘人原则上应受发盘的约束，不得随意将其发盘撤销。例如，德国法律规定，发盘在有效期内，或没有规定有效期，则依通常情况在可望得到答复之前不得将其撤销，法国的法律虽规定发盘在受盘人接受之前可以撤销，但若撤销不当，发盘人应承担损害赔偿的责任。

为了调和上述两大法系在发盘可否撤销问题上的分歧，《联合国国际货物销售合同公约》采取了折中的办法。该公约第 16 条规定，在发盘已送达受盘人，即发盘已经生效，但受盘人尚未表示接受之前这一段时间内，只要发盘人及时将撤销通知送达受盘人，仍可将其发盘撤销。如一旦受盘人发出接受通知，则发盘人无权撤销该发盘。

此外，《联合国国际货物销售合同公约》还规定，并不是所有的发盘都可以撤销，下列两种情况下的发盘，一旦生效，则不得撤销：

（1）在发盘中规定了有效期，或以其他方式表示该发盘是不可撤销的；

（2）受盘人有理由信赖该发盘是不可撤销的，并本着对该发盘的信赖采取了行动。

（四）发盘效力的终止

任何一项发盘，其效力均可在一定条件下终止。发盘效力终止的原因，一般有以下几个方面：

（1）在发盘规定的有效期内未被接受，或虽未规定有效期，但在合理时间内未被接受，则发盘的效力即告终止。

（2）发盘被发盘人依法撤销。

（3）被受盘人拒绝或还盘之后，即拒绝或还盘通知送达发盘人时，发盘的效力即告终止。

（4）发盘人发盘之后，发生了不可抗力事件，如所在国政府对发盘中的商品或所需外汇发布禁令等。在这种情况下，按出现不可抗力可免除责任的一般原则，发盘的效力即告终止。

（5）发盘人或受盘人在发盘被接受前丧失行为能力（如患精神病等），则该发盘的效力也可终止。

三、还盘

还盘又称还价，在法律上称为反要约。还盘是指受盘人不同意或不完全同意发盘提出的各项条件，并提出了修改意见，建议原发盘人考虑，即还盘是对发盘条件进行添加、限制或其他更改的答复。受盘人的答复如果在实质上变更了发盘条件，就构成对发盘的拒绝，其法律后果是否定了原发盘，原发盘即告失效，原发盘人就不再受其约束。根据《联合国国际货物销售合同公约》的规定，受盘人对货物的价格、付款、品质、数量、交货时间与地点、一方当事人对另一方当事人的赔偿责任范围或解决争端的办法等条件提出添加或更改，均视为实质性变更发盘条件。

此外，对发盘表示有条件的接受，也是还盘的一种形式。例如，受盘人在答复发盘人时，附加有“以最后确认为准”“未售有效”等规定或类似的附加条件，这种答复只能视作还盘或邀请发盘。还盘的内容，凡不具备发盘条件，即为“邀请发盘”。如还盘的内容具备发盘条件，就构成一个新的发盘，还盘人成为新发盘人，原发盘人成为新受盘人，他有对新发盘作出接受、拒绝或再还盘的权利。

四、接受

（一）接受的含义与应具备的条件

1. 接受的含义

接受在法律上称为承诺，是指受盘人在发盘规定的时限内，以声明或行为表示同意发盘提出的各项条件。可见，接受的实质是对发盘表示同意。这种同意，通常应以某种方式向发盘人表示出来。根据《联合国国际货物销售合同公约》的规定，受盘人对发盘表示接受，既可以通过口头或书面向发盘人发表声明表示接受，也可以通过其他实际行动来表示接受。沉默或不行为本身，并不等于接受，如果受盘人收到发盘后，不采取任何行动对发盘作出反应，而只是保持缄默，则不能认为是对发盘表示接受。因为，从法律责任来看，受盘人一般并不承担对发盘必须进行答复的义务。但是，如沉默或不行为与其他因素结合在一起，足以使对方确信沉默或不行为是同意的一种表示，即可构成接受。假定交易双方有协议或按业已确认的惯例与习惯做法，受盘人的缄默也可以变成接受。例如，交易双方均为老客户，根据原定协议、惯例或习惯做法，几年来卖方一直按买方的定期订货单发货，并不需要另行通知对方表示接受其订货单。若卖方收到买方订货单后，既不发货，也不通知买方表示拒绝其订货单，则卖方的缄默就等于接受，买方就可以控告卖方违约。

2. 接受应具备的条件

构成一项有效的接受，必须具备下列各项条件：

（1）接受必须由受盘人作出。发盘是向特定的人提出的，因此，只有特定的人才能对发盘作出接受。由第三者作出的接受，不能视为有效的接受，只能作为一项新的发盘。

（2）接受必须是同意发盘所提出的交易条件。根据《联合国国际货物销售合同公约》的规定，一项有效的接受必须是同意发盘所提出的交易条件；只接受发盘中的部分内容，或对发盘条件提出实质性的修改，或提出有条件的接受，均不能构成接受，而只能视作还盘。但是，若受盘人在表示接受时，对发盘内容提出某些非实质性的添加、限制和更改（如要求增加重量单、装箱单、原产地证明或某些单据的份数等），除发盘人在不过分迟延的时间内表示反对其间的差异外，仍可构成有效的接受，从而使合同得以成立。在此情况下，合同的条件就以该项发盘的条件以及接受中所提出的某些更改为准。

（3）接受必须在发盘规定的时限内作出。当发盘规定了接受的时限时，受盘人必须在发盘规定的时限内作出接受，方为有效；如发盘没有规定接受的时限，则受盘人应在合理时间内表示接受。对何谓“合理时间”，往往有不同的理解。为了避免争议，最好在发盘中明确规定接受的具体时限。

(4) 接受的传递方式应符合发盘的要求。发盘人发盘时，有的具体规定接受的传递方式，也有未作规定的。如发盘没有规定传递方式，则受盘人可采用发盘所采用的或比其更快的传递方式将接受通知送达发盘人。

（二）接受生效的时间

接受是一种法律行为，这种法律行为何时生效，各国法律有不同的规定。在接受生效的时间问题上，英美法与大陆法存在着严重分歧。英美法采用“投邮生效”的原则，即接受通知一经投邮或交给电报局发出，则立即生效；大陆法采用“到达生效”的原则，即接受通知必须送达发盘人时才能生效。《联合国国际货物销售合同公约》第 18 条第 2 款明确规定，接受通知送达发盘人时生效。如接受通知未在发盘规定的时限内送达发盘人，或者发盘没有规定时限，且在合理时间内未曾送达发盘人，则该项接受称作逾期接受（late acceptance）。按各国法律规定，逾期接受不是有效的接受。由此可见，接受时间对双方当事人都很重要。

此外，接受还可以在受盘人采取某种行为时生效。《联合国国际货物销售合同公约》第 18 条第 3 款规定，如根据发盘或依照当事人业已确定的习惯做法或惯例，受盘人可以做出某种行为来表示接受，而无须向发盘人发出接受通知。例如，发盘人在发盘中要求“立即装运”，受盘人可做出立即发运货物的行为对发盘表示同意，而且这种以行为表示的接受在装运货物时立即生效，合同即告成立，发盘人就应受其约束。

（三）逾期接受

逾期接受又称迟到的接受。虽然各国法律一般认为逾期接受无效，它只能视为一个新的发盘，但《联合国国际货物销售合同公约》对这个问题作了灵活的处理。该公约第 21 条第 1 款规定，只要发盘人毫不迟延地用口头或书面通知受盘人，认为该项逾期的接受可以有效，愿意承受逾期接受的约束，合同仍可于接受通知送达发盘人时成立。如果发盘人对逾期的接受表示拒绝或不立即向受盘人发出上述通知，则该项逾期的接受无效，合同不能成立。该公约第 21 条第 2 款还规定，如果载有逾期接受的信件或其他书面文件显示，依照当时寄发情况，只要传递正常，它本来是能够及时送达发盘人的，则此项逾期的接受应当有效，合同于接受通知送达发盘人时成立，除非发盘人毫不迟延地用口头或书面通知受盘人，认为其发盘因逾期接受而失效。以上表明，逾期接受是否有效，关键要看发盘人如何表态。

（四）接受的撤回或修改

在接受的撤回或修改问题上，《联合国国际货物销售合同公约》采取了大陆法“送达生效”的原则。该公约第 22 条规定，如果撤回通知于接受原发盘应生效之前或同时送达发盘人，接受得予撤回。由于接受在送达发盘人时才产生法律效力，故撤回或修改接受的通知，只要先于原接受通知或与原接受通知同时送达发盘人，则接受可以撤回或修改。如接受已送达发盘人，即接受一旦生效，合同即告成立，就不得撤回接受或修改其内容，因为这样做无异于撤销或修改合同。

需要指出的是，在当前通信设施非常发达和各国普遍采用现代化通信手段的条件下，当发现接受中存在问题而想撤回或修改时，往往已来不及了。为了防止出现差错和避免发生不必要的损失，在实际业务中，应当审慎行事。

第四节 合同的成立

在国际货物贸易中，当买卖双方就交易条件经过磋商达成协议后，合同即告成立。由于买卖合同是调整交易双方经济关系和规定交易双方当事人权利与义务的法律文件，涉及买卖双方的切身利害关系，所以对合同成立的时间、合同成立的有效条件都应有所了解。

一、合同成立的时间

在国际贸易中，买卖合同于何时订立是一个十分重要的问题。根据《联合国国际货物销售合同公约》的规定，接受送达发盘人时生效。接受生效的时间实际上就是合同成立的时间，合同一经订立，买卖双方即存在合同关系，彼此就应受到合同的约束。

在实际业务中，有时双方当事人在洽商交易时约定，合同成立的时间以订约时合同上所写明的日期为准，或以收到对方确认合同的日期为准。在这两种情况下，双方的合同关系即在签订正式书面合同时成立。

此外，根据我国法律和行政法规规定，应当由国家批准的合同，在获得批准时方才成立。

二、合同成立的有效条件

买卖双方就各项交易条件达成协议后，并不意味着此项合同一定有效。根据各国合同法规定，一项合同，除买卖双方就交易条件通过发盘和接受达成协议外，还需具备下列有效条件，才是一项有法律约束力的合同。

（一）当事人必须具有签约能力

签订买卖合同的当事人主要为自然人或法人。按各国法律的一般规定，自然人签订合同的行为能力，是指精神正常的成年人才能订立合同，未成年人、精神病人、禁治产人订立合同必须受到限制。关于法人签订合同的行为能力，各国法律一般认为，法人必须通过其代理人在法人的经营范围内签订合同，越权的合同不能发生法律效力。

（二）合同必须有对价或约因

英美法认为，对价（consideration）是指当事人为了取得合同利益所付出的代价。法国法认为，约因（cause）是指当事人签订合同所追求的直接目的。按照英美法和法国法的规定，合同只有在有对价或约因时，才是法律上有效的合同，无对价或无约因的合同，是得不到法律保障的。

（三）合同的内容必须合法

许多国家往往从广义上解释“合同内容必须合法”，其中包括不得违反法律、不得违反公共秩序或公共政策以及不得违反善良风俗和道德三个方面。

（四）合同必须符合法定形式

世界上大多数国家，只对少数合同才要求必须按法律规定的特定形式订立，而对大多数合同，一般不从法律上规定应当采取的形式。

（五）合同当事人的意思表示必须真实

各国法律都认为，合同当事人的意思必须是真实的意思才能成为一项有约束力的合同。否则，这种合同无效或可以撤销。

第五节　合同的形式与内容

一、合同的形式

在国际贸易中，订立合同的形式有三种：书面形式，口头形式，以行为表示。随着国际贸易的迅速发展和国际通讯技术的不断改进，当前国际货物买卖合同一般都是通过现代化的通讯方法达成的，在此情况下，很难要求一定要用书面形式订立合同。为了加速成交和简化订立合同的手续，许多国家对于国际货物买卖合同一般不作形式上的要求，即使要求书面形式，也只是起证据作用。

根据国际贸易的一般习惯做法，交易双方通过口头或来往函电磋商达成协议后，多数情况下还签订一定格式的正式书面合同。签订书面合同具有以下三方面的意义。

（一）合同成立的证据

合同是否成立，必须要有证明，而书面合同即可以作为合同成立的证明。

（二）合同生效的条件

交易双方在发盘或接受时，如声明以签订一定格式的正式书面合同为准，则在正式签订书面合同时合同方为成立。

（三）合同履行的依据

交易双方通过口头谈判或函电磋商达成交易后，把彼此磋商一致的内容集中订入一定格式的书面合同中，双方当事人可以以此书面合同为准，作为合同履行的依据。

在我国对外贸易实践中，书面合同的形式包括合同（contract）、确认书（confirmation）和协议书（agreement）等，其中以采用“合同”和“确认书”两种形式的居多。从法律效力来看，这两种形式的书面合同没有区别，所不同的只是格式和内容的繁简有所差异。合同又可分为销售合同（sales contract）和购买合同（purchase contract）。前者是指卖方草拟提出的合同；后者是指买方草拟提出的合同。确认书是合同的简化形式，它又分为售货确认书（sales confirmation）和购买确认书（purchase confirmation）。前者是卖方出具的确认书，后者是买方出具的确认书。

在我国对外贸易业务中，合同或确认书通常一式两份，由双方合法代表分别签字后各执一份，作为合同订立的证据和履行合同的依据。

二、合同的内容

我国对外贸易企业与外商签订的买卖合同，不论采取哪种形式，都是调整交易双方经济关系和规定彼此权利与义务的法律文件。其内容通常包括约首、基本条款和约尾三部分。

（一）约首

一般包括合同名称、合同编号、缔约双方名称和地址、电报挂号、电传号码等项内容。

（二）基本条款

这是合同的主要内容，它包括品名、品质规格、数量（或重量）、包装、价格、交货条件、运输、保险、支付、检验、索赔、不可抗力和仲裁等项内容。商定合同，主要是指洽商如何约定这些基本条款。

（三）约尾

一般包括订约日期、订约地点和双方当事人签字等项内容。

为了提高履约率，在规定合同内容时应考虑周全，力求使合同中的条款明确、具体、严密和相互衔接，且与洽商的内容一致，以利于合同的履行。

综上所述，国际货物买卖合同的商定是一项十分重要的工作。要做好此项工作，洽商交易的人员必须具有良好的政治、业务素质，事前应充分做好各项准备，在洽商交易的过程中，要善于应变，多谋善断，争取在平等互利的基础上达成协议和签订书面合同，并使约定的合同条款既公平合理又切实可行。

三、合同的格式

在国际货物贸易中，合同的名称与格式并无统一规定，合同格式的繁简程度也不一致，究竟采用何种格式，取决于贸易习惯做法和交易双方的意愿。现就售货确认书和买卖合同格式，分别表示如下。

（一）售货确认书格式

该确认书以单据的形式表达，具体见表10—1。

表 10—1

售货确认书

SALES CONFIRMATION NO.

编号

NO. ________

商号 日期

Messrs. ________ Date ________

签约地点

Signed at ________

去函 来电

Our letter(s)/Cable(s)

来函 去电

Dear Sirs Your letter(s)/Cable(s)

兹确认于________按下列条件售予你号下述货物：

We hereby confirm having sold to you on ________ the following goods on terms and conditions as set forth below：

货名

Commodity

规格

Specification

数量

Quantity

单价

Unit Price

总值

Total Value

装运期

Shipment

付款条件：保兑、不可撤销、全部发票金额之即期汇票信用证，在天津议付，有效期须延至装运日期后第十五天在中国到期。该信用证不得迟于＿＿＿＿＿开抵卖方。

Terms of Payment: By confirmed and irrevocable L/C, for full invoice value. Available by draft at sight. Negotiable in TIANJIN. Valid in CHINA Until the 15th (fifteenth) day after date of shipment. The L/C to reach sellers not later than ＿＿＿＿＿ .

包装 唛头

Packing Mark & Nos.

保险

Insurance

备注

Remarks

1. 装运品质及重量，以天津商品检验局出具之检验证书为证明并作为最后依据。

Shipping weight and quality to be certified by and subject to the inspection certificate issued by TianJin commodity inspection bureau.

2. 许可较所订数量溢短装5%依成交价格计算。

Delivery of 5% more or less than the total contract quantity shall be allowed and settled at the contract price.

3. 全部交易条款以本售货确认书内所规定者为最后依据，信用证内规定之条款及词句必须与此确认书内所规定者相符。

All the terms contained in this S/C are to be deemed as final and the terms as well, as wordings to be specified in the L/C shall be strictly in conformity with those as designated in this sales confirmation.

（二）买卖合同格式

买卖合同格式具体如表10—2所示。

表10—2

正本

(ORIGINAL) 合同 NO.

CONTRACT

Date:

卖方 中国矿产进出口公司

The Sellers: CHINA NATIONAL MINERALS IMPORT & EXPORT CORPORATION

北京二里沟 电报挂号

Er Li Gou, Beijing Cable Address: MINMETALS BEIJI NG

Tel: 22773 MIMET CN 22241 MIMET CN

22774 MIMET CN 22190 MIMET CN

FAX: 8315079

买方 Cable Address:

The Buyers: Telex:

双方同意按下列条款由卖方出售，买方购进下列货物：

The sellers agree to sell and the buyers agree to buy the undermentioned goods on the terms and conditions stated below:

(1) 货物名称、规格、包装及唛头 Name of Commodity, Specification, Packing Terms and Shipping Mark 检验：以中国商品检验局出具的品质重量证书作为付款依据。 Inspection: The certificates of quality and weight issued by the China commodity inspection bureau are to be taken as the basis for effecting payment.	(2) 数量 Quantity	(3) 单价 Unit Price	(4) 总值 Total Value
	卖方有权在 %内多装或少装 Shipment %more or less at Sellers' option		

(5) 装运期限

Time of Shipment

(6) 装运口岸

Port of Loading

(7) 目的口岸

Port of Destination

(8) 保险：由卖方按发票金额110%投保。

Insurance: To be effected by the sellers for 110% of invoice value covering.

(9) 付款条件：凭保兑的、不可撤销的、可转让的、可分割的即期信用证在中国见单付款。信用证以卖方为受益人，并允许分批装运和转船，该信用证必须在装运月________天前开到卖方，并在装船后在上述装运港继续有效15天。否则卖方无须通知即可有权取消本销售合同，并向买方索赔因此而发生的一切损失。

Terms of Payment: By confirmed, irrevocable, transferable and divisible letter of credit in favour of the sellers payable at sight against presentation of shipping documents in China, with partial shipments and transhipment allowed. The covering letter of credit must reach the sellers ________ days before the contracted month of shipment and remain valid in the above loading port until the 15th day after shipment, failing which the sellers reserve the right to cancel the contract without further notice and to claim against the buyers for any loss resulting there from.

(10) 单据：卖方应向议付银行提供已装船清洁提单、发票、中国商品检验局或工厂出具的品质证明、中国商品检验局出具的数/重量鉴定书。如果本合同按CIF条件，应再提供可转让的保险单或保险凭证。

Documents: The sellers shall present to the negotiating bank, clean on board bill of lading, invoice, quality certificate issued by the China commodity inspection bureau or the manufacturers, survey report on quantity/weight issued by the China commodity inspection bureau, and transferable insurance policy or insurance certificate when this contract is made on CIF basis.

(11) 装运条件：载运船只由卖方安排，允许分批装运并允许转船。卖方于货物装船后，应将合同号码、品名、数量、船名、装船日期以电报通知买方。

Terms of Shipment: The carrying vessel shall be provided by the sellers. Partial shipments and transhipment are allowed. After loading is completed, the sellers shall notify the buyers by cable of the contract number, name of commodity, quantity, name of the carrying vessel and date of shipment.

(12) 品质与数量、重量的异议与索赔：货到目的口岸后，买方如发现货物品质及/或数量/重量与合同规定不符，除属于保险公司及/或船公司的责任外，买方可以凭双方同意的检验机构出具的检验证书向卖方提出异议。品质异议须于货到目的口岸之日起30天内提出，数量/重量异议须于货到目的口岸之日起15天内提出。卖方应于收到异议后30天内答复买方。

Quality/Quantity Discrepancy and Claim: In case the quality and/or quantity/weight are found by the buyers to be not in conformity with the contract after arrival of the goods at the port of destination, the buyers may lodge claim with the sellers supported by survey report issued by an inspection organisation agreed upon by both parties, with the exception, however, of those claims for which the insurance company and/or the shipping company are to be held responsible, claim for quality discrepancy should be filed by the buyers within 30 days after arrival of the goods at the port of destination, while for quantity/weight discrepancy claim should be filed by the buyers within 15 days after arrival of the goods at the port of destination. The sellers shall, within 30 days after receipt of the notification of the claim, send reply to the buyers.

(13) 人力不可抗拒：由于人力不可抗拒事故，使卖方不能在本合同规定期限内交货或者不能交货，卖方不负责任。但卖方必须立即以电报通知买方。如买方提出要求，卖方应以挂号函向买方提供由中国国际贸易促进委员会或有关机构出具的发生事故的证明文件。

Force Majeure: In case of force majeure, the sellers shall not be held responsible for late delivery or non-delivery of the goods but shall notify the buyers by cable. The sellers shall deliver to the buyers by registered mail, if so requested by the buyers, a certificate issued by the China Council for the Promotion of International Trade or/and competent authorities.

(14) 仲裁：凡因执行本合同或与本合同有关事项所发生的一切争执，应由双方通过友好方式协商解决。如果不能取得协议时，则在被告国家根据被告仲裁机构的仲裁程序规则进行仲裁，仲裁决定是终局的，对双方具有同等的约束力。仲裁费用除非仲裁机构另有决定外，均由败诉一方负担。

Arbitration: All disputes in connection with this contract or the execution thereof shall be settled by negotiation between two parties. If no settlement can be reached, the case in dispute shall then be submitted for arbitration in the country of defendant in accordance with the arbitration regulations of the arbitration organisation of the defendant country. The decision made by the arbitration organisation shall be taken as final and binding upon both parties. The arbitration expenses shall be borne by the losing party unless otherwise awarded by the arbitration organisation.

(15) 备注：

Remarks:

卖方	买方
Sellers:	Buyers:

[本章小结]

1. 洽商交易是国际货物买卖过程中不可缺少的重要环节，洽商交易的内容包括各项交易条件，它关系到交易双方在经济上的利害得失，故交易双方都非常重视这项极其重要的工作。为了做好这项艰难复杂的重要工作，交易双方事先都应在调查研究的基础上充分做好各种准备，以利于洽商交易的顺利进行，并取得预期的效果。

2. 在洽商交易过程中，双方都应在平等互利的基础上，本着求同存异的精神，巧妙地运用各种行之有效的洽谈策略与技巧，善于化解矛盾和冲突，尽量寻找双方都能接受的方案，争取达成共识，以实现双赢。

3. 洽商交易时，可能出现询盘、发盘、还盘和接受的环节，其中，发盘和接受是每笔交易达成和订立合同不可缺少的必经的法定步骤。因此，了解发盘与接受的含义及其应具备的条件、发盘与接受生效的时间、发盘效力的终止和逾期接受的处理以及发盘与接受的撤回或修改等，都有着重要的法律和实践意义。

4. 交易双方就各项交易条件经洽商达成协议后，即可订立合同。但合同成立是有条件的。一项合同，只有符合合同成立的有效条件，才能成为有法律约束力的合同。

5. 订立合同的形式，包括书面形式、口头形式和以行为表示三种，其中采用书面形式的最多。合同的名称、内容和格式并无统一规定，究竟如何确定，取决于双方当事人的意愿。

[重要概念]

1. 双赢原则
2. 发盘
3. 还盘
4. 接受
5. 对价

[思考题]

1. 洽商交易前应做哪些准备工作？

2. 为什么实现双赢是洽商交易的基本原则？要实现双赢需要注意哪些事项？

3. 何谓发盘？构成发盘需哪些条件？《联合国国际货物销售合同公约》关于发盘的撤销问题是怎样规定的？

4. 何谓接受？构成接受应具备哪些条件？《联合国国际货物销售合同公约》对逾期接受以及接受的撤回与修改问题分别有何规定？

5. 一项有法律约束力的合同应具备哪些条件？

案例分析

一、合同是否成立和被申请人是否为合同当事人的争议案

1. 案情简介

2009 年 6 月 7 日，买方接到卖方按 FOB 条件和信用证付款方式出售菜子的发盘，即要求卖方将合同和信用证条款传真给买方。卖方于 2009 年 6 月 9 日将盖有公章的 SF0610 号售货合同传真给买方，买方收到卖方传真的售货合同后，删除了合同中“不接受超过 20 年船龄的船舶”的要求，并将“运费已付”修改成“运费按租船合同支付”。买方委托意大利米兰公司签字盖章后，于当天立即传真给卖方。后双方对于合同的成立与履行产生争议，经协商未果，买方遂依约向中国国际经济贸易仲裁委员会提请仲裁，要求卖方承担因其违约而给买方造成的各种损失。本案合同双方当事人营业地所在国都是《联合国国际货物销售合同公约》成员国。

在庭审过程中，作为申请人的买方诉称，2009 年 6 月 9 日，买方对合同中关于船龄及运费支付问题的修改与卖方无关，也不构成对合同条款的实质变更，且当时卖方也未立即表示反对，而是拖到 2009 年 6 月 14 日才表示不予确认。2009 年 6 月 22 日，卖方又致函买方称，双方已达成的合同为无效合同，买方开出的信用证作废。在卖方违约的情况下，买方为了履行其与下家意大利买方所签订的转售协议，不得不以每吨 98.50 美元的价格从新加坡某公司处购买替代货物。这些替代货物的品质与原合同约定的品质相同，而购买价格也低于当时国际市场同类货物的价格，买方所采取的这项措施完全合理。而作为被申请人的卖方答辩称：这笔业务是被申请人代理某委托人出口，被申请人只是代理，与申请人之间没有关系，申请人应直接与某委托人联系，由某委托人出面处理本案纠纷。

仲裁庭根据庭审情况和上述事实，认定被申请人与某委托人之间是另一法律关系，不

属本案审理范围。申请人与被申请人签订的本案合同已经成立并生效。被申请人是本案合同当事人，理应受合同约束，并承担因其违约而给申请人造成的经济损失。

2. 案例分析

根据《联合国国际货物销售合同公约》的有关规定，本案合同已经成立并生效。这是因为，申请人收到被申请人的发盘后，已表示接受，并将接受通知立即传真给被申请人；接受通知送达发盘人时，接受生效；接受生效，即表明合同成立。申请人作为FOB条件下的买方，在表示接受的同时虽提到船龄和运费的修改问题，但按国际商会2000年制定的《国际贸易术语解释通则》的规定，这一修改并不影响被申请人的权利与义务，也不构成对发盘内容的实质性变更，何况被申请人收到接受通知时并未立即表示反对。

本案被申请人在其答辩中声称自己只是某委托人的代理，而不承认自己是本案合同当事人。这种主张显然不能成立。鉴于被申请人以自己的名义在本案合同上签字，而且被申请人并未举证证明曾向申请人披露过他与某委托人之间的关系，仲裁庭对被申请人与某委托人之间的关系不予审理，而认定被申请人是本案合同当事人，是有事实和合同依据的。

二、引进设备合同的多项条款规定不当致损案

1. 案情简介

中国某外贸公司曾代国内某用户引进一套榨菜子油的设备，合同总金额为14 778 515德国马克。合同规定："主要设备在瑞士、联邦德国、奥地利、瑞典及其他卖方选择的国家制造。""卖方保证供应的设备都是新的和现代化的，以及在植物油工业中都具有先进技术标准。卖方保证该设备能够达到国际标准。""保证期限将限于开工后12个月或设备装运后20个月，哪一个发生在先，便以哪一个为准。"在检验、索赔条款中规定："货物运抵后……买方应请求中国商品检验局作初步检验。若买方提出索赔，卖方有权自费指派（国外检验机构）SGS检验员证实有关索赔。检验员的检验结果为最终的，对双方具有约束力。"在支付条款中规定："为了保证××本金和利息的偿还，买方应按卖方指定××形式开出5份本票，应由中国银行无条件并不可撤销的以××形式（保函）给予保证。"在仲裁条款中规定："执行本合同发生的一切争执，应通过友好协商解决，如不能……任何一方都可提交RD王国国际商会仲裁院进行仲裁。仲裁员将采用RD王国实体法。仲裁是终局的，对双方有约束力。"后来，购进的设备经过安装、调试和试车发现，部分设备不能正常运转。买方即凭中国商检机构出具的品质检验证书向外商索赔，但经过多次交涉，均未获结果，致使买方遭受无法补救的经济损失。

2. 案例分析

本案合同中的多项条款规定不当，是导致买方损失的主要原因。

第一，在设备品质条款中，既未规定设备品质的具体质量指标和具体内容，也未规定卖方在交货品质方面应承担的具体责任。这种对卖方有利的不公正条款，存在很大的片面性、随意性和可变性，给卖方以可乘之机，以致出现设备质量保证期已过而仍不能正常开工的被动局面。

第二，检验、索赔条款中的不合理规定，不仅限制了中国商检机构检验出证的法律效力，使买方失去了凭中国商检局出具的证明向外商索赔的权利，而且还要受外商片面指定的外国检验员检验结果的约束，这明显有失公平原则。

第三，支付条款的规定不合理，它实质上是一种无条件的不可撤销的延期计息现汇付款的支付方式。外商利用此项对其片面有利的付款条件，在推卸其一切责任的情况下，按期得到货款，而我方却难以采取有效的补救措施。

第四，合同中的仲裁条款内容，无论是就仲裁地点的选择抑或是适用法律的规定，对买方都是不利的。

总之，由于本案合同中的多项条款都规定不当，使我方遭受巨额经济损失。我们一方面应从中吸取深刻的教训，另一方面，要大力提高我国外经贸人员素质，学会做生意，力求约定好合同条款，以维护国家和企业的正当权益。

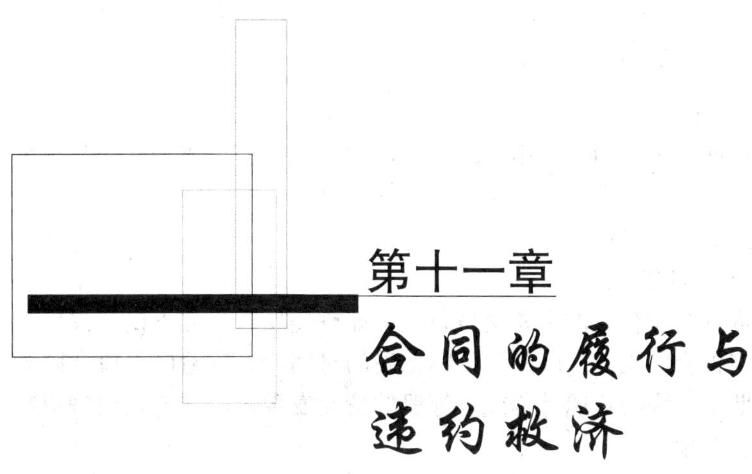

第十一章 合同的履行与违约救济

［学习目标］

合同能否得到顺利执行，关系到当事人的切身利益。在国际贸易合同的履行过程中涉及许多实务问题和法律问题。通过本章的学习，使学生了解常见类型的出口和进口合同履行的基本程序、应注意的问题以及相关的法律、法规和惯例的规定。知道在发生纠纷时如何正确处理索赔和理赔事项。另外，还应熟悉主要国家法律对于违约的不同规定，掌握违约救济的基本方法，以及它们之间的联系与区别。

第一节　出口合同的履行

在我国出口贸易中，除大宗交易有时采用 FOB 条件成交外，多数采用 CIF 与 CFR 条件成交，并按信用证支付方式收款。履行此类出口合同，涉及面广，工作环节多，手续繁杂，且影响履约的因素很多。为了提高履约率，各出口企业必须加强同有关部门的协作与配合，力求把各项工作做到精确细致，尽量避免出现脱节情况，做到环环扣紧，井然有序。

履行出口合同的程序，一般包括备货、催证、审证、改证、租船、订舱、报关、报验、保险、装船、制单、结汇等工作环节。在这些工作环节中，以货（备货）、证（催证、审证和改证）、船（租船、订舱）、款（制单、结汇）四个环节的工作最为重要。只有做好这些环节的工作，才能防止出现“有货无证”“有证无货”“有货无船”“有船无货”“单证不符”或违反装运期等情况。根据我国实践的经验，在履行出口合同时，一般应做好下列各环节的工作。

一、备货与报验

为了保证按时、按质、按量交付约定的货物，在订立合同之后，卖方必须及时落实货源，备妥应交的货物，并做好出口货物的报验工作。

（一）备货

备货工作的内容，主要包括：按合同和信用证的要求，向生产、加工或仓储部门组织货源和催交货物，核实货物的加工、整理、包装和刷唛情况，对应交的货物进行验收和清点。在备货工作中，应侧重注意下列事项。

1. 按约定的装运期限的要求备货

交货期与装运期是国际货物买卖合同的主要交易条件，如有违反，买方不仅有权拒收货物并提出索赔，甚至还可宣告合同无效。因此，货物备妥的时间，必须适应出口合同与信用证规定的交货期和装运期限。为防止船等货或货等船的情况发生，应结合船期将拟装运的货物备妥，并应适当留有余地。

凡出口合同规定收到买方信用证后若干天内装运的，为保证按时履行合同、避免被动，应督促买方按合同规定期限开到信用证。卖方收到信用证后，应抓紧时间审核，如认可，则及时安排生产、组织进货和办理装运。

至于是将合同货物全部一次装运，还是分期、分批装运，也必须按合同规定办理。一般理解是，除非合同另有规定，卖方必须将合同货物全部一次装运。但是，有时由于交易数量较大，为便于卖方备货、安排装运和适应买方使用或转销的需要，在买卖合同中已经约定在一定期限内授权卖方酌情掌握是否分期或分批装运，或者具体规定了分期或分批装运的时间和方法，卖方就必须按合同规定的分期时间和每批数量装运。如卖方对其中任何一期或多期不按合同规定履行装运义务，买方就可根据合同条款和卖方违约的具体情况，要求损害赔偿和/或对某一期交货的合同宣告无效，或对该期以及以后未交各期的合同宣告无效。如果各批货物（例如成套机械设备）是相互依存的，不能单独用于双方当事人在订立合同时所设想的目的，则买方可对已交和未交各期的整个合同宣告无效。在此情况下，对已交付的货物买方有权退货，对已付的货款也可向卖方收回。

2. 按约定的品质备货

货物品质是国际货物买卖合同的主要交易条件，故卖方必须按合同品质条款的规定备货。凡凭规格、等级、标准等文字说明达成的合同，交付货物的品质必须与合同规定的规格、等级、标准等文字说明相符。如系凭样品成交，则必须与样品相一致。如既凭文字说明又凭样品达成的交易，则两者均须相符。否则，买方有权拒收货物，提出索赔，甚至撤销合同。

在凭文字说明达成的交易中，有时对商品质量仅作简化的规定，如仅列明货号、型号、商标牌名、产地名称等，则卖方有责任交付合同规定的货号、型号、商标牌名或产地名称等所应该具备的、为买卖双方所共知的或为同行业所公认的品质的货物。值得注意的是，卖方如在订约前向买方散发过各种宣传品介绍合同商品的品质，则此种介绍的品质也将成为对合同品质简化规定的补充，故卖方所交货物的品质也应与这些宣传品中介绍的相符。

在这里需要特别指出的是，卖方备货的实际品质，不得低于合同规定，但也不宜高于合同规定。低于合同规定是违约行为，高于合同规定有时也可能构成违约。

3. 所备货物要适合通常的用途和特定的使用目的

按照国际贸易法律的一般规则，卖方所备的货物要适合通常用途和订立合同时买方通知的特定用途，这是卖方应承担的两项极为重要的默示责任。《联合国国际货物销售合同公约》第35条就明确规定：除双方当事人业已另有协议外，卖方交付的货物要适用于同一规格货物通常使用的目的；或者适用于订立合同时曾明示或默示地通知卖方的任何特定目的。否则，即为货物与合同不符，买方就有权拒收货物，并提出索赔。我国《合同法》也作了类似规定[①]。所谓适合通常的用途，是指交付的货物具有"可销性"或"可转销性"，也就是具有"商销性"或符合"商销品质"。关于适用特定的使用目的，一般情况下，必须有待买方的事先通知，若卖方不能满足此项要求，也应在订约时告知买方，或在合同中写明排除此项特定用途。

4. 按合同约定的数量备货

货物的数量是国际货物买卖合同中的主要交货条件之一。按约定数量交货，是卖方的重要义务。如卖方不能按约定数量交货，将直接影响买方的利益，因此，《联合国国际货物销售合同公约》和各国法律对此都作了较严格的规定。为确保按合同规定的数量交货，在备货过程中，如发现货物数量不符合合同需要，应及时采取有效措施予以补足。为便于补充储存中的自然损耗和搬运装货过程中的损耗，以及适应溢短装条款中溢装的需要，备货数量应略有富余为宜。此外，还要注意合同规定采用何种度量衡制度和计量方法，如按重量计量而合同中未写明采用何种方法计算重量的，则按惯例以净重计重。

5. 按约定的包装条件备货

在国际货物买卖中，包装是货物说明的组成部分，包装条款是买卖合同中的主要条款，因此，卖方必须按约定的包装方式备货。在备货过程中，对货物的内、外包装和装潢，均须认真进行核对和检查，如发现包装不良或有破损情况，应及时进行修整或更换包装，以利于取得清洁提单和顺利收汇。包装标志也应按合同规定或客户要求刷制。运输标志（唛头）的式样，如合同有规定或客户另有指定的，则应按合同规定或客户指定的办理；如合同未规定而客户对此又无要求的，则卖方可自行选定刷制。自行选定的运输标志，一般应包括收（发）货人缩写、目的港、件号等内容。如进口国有关当局规定包装标志必须使用特定文字的（如海湾国家要求用阿拉伯文），一般应予照办。标志的刷写部位和文字大小要适当，图案字迹要清楚，使用的颜料要不易褪色。在保护商品质量和不违反合同规定的前提下，还应尽可能压缩货物包装体积或降低包装的重量，以节省运输费用。

6. 所备货物必须符合法律的要求

《联合国国际货物销售合同公约》第41条规定，卖方所交的货物，必须是第三方不能提出任何权利或要求的货物。我国《合同法》第132条也规定，卖方出售的货物，应当属于卖方所有或者卖方有权处分，即卖方负有保证第三者不得向买方主张任何权利的义务。因此，备货时要切实注意所备的货物是否符合有关法律的要求。

（二）报验

凡属法定检验的出口货物，必须根据国家有关进出口商品检验检疫方面的法规，在规定的时间和地点，持出口合同、信用证副本、发票、装箱单等有关单证向检验检疫机构报

---

① 参见《中华人民共和国合同法》第62条第1款。

验，经检验检疫合格后，由检验检疫机构发给检验证书。出口方应在检验证书规定的有效期限内将货物装运出口。一般货物的检验证书从发证日起两个月内有效，鲜果、鲜蛋类的检验证书两个星期内有效，动植物检疫证书 20 天内有效，鲜活商品证书 14 天内有效。如果超过有效期装运出口，应向检验检疫机构申请展期，由检验检疫机构复验合格后，才能出口。

我国自 2000 年 1 月 1 日起全面实施先报验、后报关的通关模式。对实施检验检疫的货物，必须先在入境货物通关单和出境货物通关单上加盖"检验检疫专用章"，海关凭此放行货物。

凡不属于法定检验范围的出口货物，如出口合同约定由检验检疫机构检验的，需按合同规定，持买卖合同等有关单证向检验检疫机构报验；经检验合格并获得能证明货物符合约定的证书之后，方可凭以向买方收取货款，并以此作为交接货物的依据。不属于法定检验范围的出口货物，出口合同也未约定由检验检疫机构出证的，则应视不同情况，分别采取委托检验检疫机构检验、由生产部门和供货部门进行检验、由外贸企业自行检验的方式检验，检验合格后，方可装运出口。

凡属危险货物的，其包装容器，应由生产该容器的企业向检验检疫机构申请包装容器的性能鉴定。包装容器经检验检疫机构鉴定合格并取得性能鉴定证书，方可用于包装危险货物。生产出口危险货物的企业，必须向检验检疫机构申请危险货物包装容器的使用鉴定。如使用未经鉴定合格的包装容器的危险货物，不准出口。

对装运出口易腐货物、冷冻品的船舱、集装箱等运载工具，承运人、装箱单位或其代理人，必须在装运前向检验检疫机构申请清洁、卫生、冷藏、密固等适载检验，经检验合格并取得证书后，方可装运出口。

出口动植物及其产品，凡有检疫要求的，出口企业或其代理人应事先填具报检单，向检验检疫机构申请检疫，经检疫合格并取得检疫证书，方可出口。如经检疫发现有害病虫的，则不准出口。

应当指出，凡经检验检疫机构检验合格的出口货物，发货人应当在有效期限内报运出口。逾期报运出口的，必须重新向检验检疫机构报验，取得合格证书后，方可出口。

二、落实信用证

在凭信用证付款的交易中，落实信用证即催证、审证和改证，就成为履行出口合同的重要环节。如信用证较早开到，且其内容又与合同一致，或稍有出入而卖方认为无关紧要，也可不必修改信用证。但审证工作在任何情况下都是一项不可缺少的、必须认真对待的重要工作。现将催证、审证和改证工作分别说明如下。

（一）催证

在按信用证付款条件成交时，买方按约定时间开证是卖方履行合同的前提条件。尤其是大宗交易或按买方要求而特制的商品交易，买方及时开证更为必要；否则，卖方无法安排生产和组织货源。在实际业务中，由于种种原因买方不能按时开证的情况时有发生，因此，卖方应结合备货情况认真做好催证工作，及时提请买方按约定时间办理开证手续，必要时，也可请驻外机构或有关银行协助代为催证，以利于出口合同的履行。

（二）审证

信用证是根据买卖合同内容开立的，信用证内容应该与买卖合同条款保持一致。但在实际业务中，由于种种原因，如工作的疏忽、电文传递错误、贸易习惯不同、市场行情发生变化或买方有意利用开证的主动权加列一些对其有利的条款，常出现开立的信用证条款与合同规定不符或在信用证中加列一些实际上是无法满足信用证付款条件的“软条款”等的情况。为了确保安全收汇和顺利履行合同，以免造成不应有的损失，出口企业和有关银行应在国家对外政策的指导下，区别不同国家和地区以及不同银行的来证，依据合同进行认真的核对和审查，共同完成审证任务。就银行而言，要侧重审核信用证的真实性和开证行的政治背景、资信能力、付款责任以及索汇路线等方面的内容。银行对其审核无误的真实的信用证，即打上类似“印鉴相符”的字样。卖方收到银行转来的信用证后，则着重审核信用证内容与买卖合同是否一致。但为了安全起见，卖方也应尽可能地对信用证内容进行全面审核或复核性审查。在审证时，应着重注意下列事项：

（1）政治性、政策性审查。在我国对外政策的指导下，对不同国家和不同地区的来证从政治上、政策上进行审查，如来证国家同我国有无经济贸易往来关系、来证内容是否符合政府间的支付协定等。

（2）开证行与保兑行的资信情况。为了确保安全收汇，对开证行和保兑行所在国的政治、经济状况和开证行、保兑行的资信及其经营作风等，都应注意审查，如发现有问题，则应酌情采取适当的措施。

（3）开证行对付款的责任。要注意审查：信用证是否生效，在证内对开证行的付款责任是否加列了“限制性”条款或其他“保留”条件。

（4）信用证金额及其采用的货币。信用证金额应与合同金额一致。如合同订有溢短装条款，则信用证金额还应包括溢短装部分的金额。来证采用的货币应与合同规定的货币一致。

（5）有关货物的记载。来证中对有关品名、数量或重量、规格、包装和单价等项内容的记载是否与合同的规定相符，有无附加特殊条款。如发现信用证与合同规定不符，应酌情作出是否接受或修改的决策。

（6）信用证中应载明所使用的贸易术语，并与买卖合同的规定一致。

（7）有关装运期、信用证有效期和到期地点的规定。按惯例，一切信用证都必须规定一个交单付款、承兑或议付的到期日，未规定到期日的信用证不能使用。通常信用证中规定的到期日是指受益人最迟向出口地银行交单议付的日期。如信用证规定的是在国外交单的到期日，由于寄单费时，且有延误的风险，一般应提请修改。否则，就必须提前交单，以防逾期。装运期必须与合同规定一致，如来证太晚，无法按期装运，应及时申请国外买方延展装运期限。信用证有效期与装运期应有一定的合理间隔，以便在装运货物后有足够的时间办理制单结汇工作。信用证有效期与装运期规定在同一天的，称为“双到期”。应当指出，“双到期”是不合理的。受益人是否就此提出修改，应视具体情况而定。

（8）装运单据。对来证要求提供的单据种类、份数及填制方法等，要仔细审查，如发现有不适当的规定和要求，应酌情作出适当处理。

（9）信用证应表明受国际商会最新出版的现行《跟单信用证统一惯例》的约束。

（10）其他特殊条款。审查来证中有无与合同规定不符的其他特殊条款，如发现有对我方不利的附加特殊条款，一般不宜接受。如对我方无不利之处，而且也能办到，可酌情灵活掌握。

（三）改证

在审证过程中如发现信用证内容与合同规定不符，应区别问题的性质，分别同有关部门研究，妥善处理。一般来说，如发现有不能接受的条款，应及时提请开证申请人修改。在同一信用证上如有多处需要修改的，应当一次提出。对信用证中可改可不改的，或经过适当努力可以办到而并不造成损失的，则可酌情处理。对通知行转来的修改通知书内容，如经审核不能接受的，应及时表示拒绝。如一份修改通知书中包括多项内容，只能全部接受或全部拒绝，不能只接受其中一部分，而拒绝另一部分。

应当指出，对国外来证不符合同规定的各种情况，还要进行具体分析，不一定坚持全都办理改证手续。只要来证内容不违反政策原则和不影响安全顺利收汇，即可酌情灵活处理。

三、办理货运、报关和投保

（一）办理货运

按CIF或CFR条件成交时，卖方应及时办理租船订舱工作。如系大宗货物，需要办理租船手续；如系一般杂货，则需洽订舱位。在办理国际货运的实际业务中，随着技术的进步和社会分工的细化，出现了越来越多的中介服务机构，除运输工具承运人外，还有专门为船舶与货运服务的船舶代理公司、货运代理公司、储运公司、报关经纪行、卡车运输公司和其他的运输与物流管理公司等，这就为办理货运提供了多种选择的便利。

1. 国际货运机构

在国际上，出口商在办理货物运输时，根据货运公司提供服务的不同，一般会与下列三种不同类型的货运服务机构打交道：

（1）国际储运公司。最初的国际储运公司主要是为等待装运的货物提供仓储服务。出口商通常都是将出口货物在装运前先用卡车或火车运送到离装运地点最近的国际储运公司的仓库中。多数情况是，出口货物在实际装运前要在储运公司的仓库中进行装运前的处理。如果是集装箱货物，国际储运公司要负责货物的拼箱和装箱，然后负责将货物直接运到装运港码头或航空港进行实际装运。许多大的外贸公司有自己的内部储运公司和仓储设施来负责上述工作。

由于受到现代物流管理潮流的影响，现在的国际储运公司，其业务已经不是局限于提供仓储服务或货物的拼箱装箱和装运前的运输，而是也充当了国际货运代理人的角色，即在为进出口商提供仓储服务的同时，也负责办理国际运输。

（2）国际货运代理公司。国际货运代理公司的业务范围通常比国际储运公司的业务范围广阔，它具有国际上四通八达的运输网络的优势，有的在世界各国的港口还有许多代理机构。国际货运代理公司通过为货主提供服务，从货主那里获取报酬。

国际货运代理公司有大有小，大的公司海、陆、空及多式联运货运代理业务齐全；小的公司则专办一项或几项业务。常见的货运代理公司的业务有：租船订舱、货物报关、转运及理货、仓储、集装箱拼箱及拆箱、国际多式联运、物流管理以及运输咨询等。

国际货运代理公司通常都在某个地区或国家具有综合性的运输优势，业务逐渐拓展到全球范围。

（3）国际运输联盟。国际运输联盟是指在国际上具有一定实力的大的货运公司，凭借其在世界各地的运输代理机构，与不同地区的各有优势的货运代理公司结成运输战略联盟。它们的优势是为客户提供复杂、系统的大型工程项目的运输。

由于大型工程项目的运输周期长、货物规格复杂、运输航线不定，这就要求运输公司具有较强的协调能力。国际运输联盟能将许多国际货运代理公司和国际储运公司的优势结合起来，并利用现代信息技术手段来满足各种特殊运输的需要。

上述三类为国际货运服务的公司，其业务内容有交叉，且各有优势和侧重。出口商可根据货运的实际需要和具体情况，从中选择合适的货运服务机构，以有效地完成货运任务。

2. 中国的国际货运企业

中国对外贸易运输集团总公司（简称中外运集团）是我国当前最大的国际货运代理企业，它接受各外贸公司的委托，为各公司提供货运服务，并收取报酬。当各外贸公司需要洽订舱位时，应填写托运单（shipping note）。托运单是按合同和信用证条款内容填写的向船公司或其代理人办理货物托运的单证，船方根据托运单内容，并结合航线、船期和舱位情况，如认为可以承运，即在托运单上签章，留存一份，退回托运人一份，至此，订舱手续即告完成。

船公司或其代理人在接受托运人的托运申请之后，即发给托运人装货单（shipping order），凭以办理装船手续。装货单的作用有三：一是通知托运人已配妥船舶、航次、装货日期，让其备货装船；二是便于托运人向海关办理出口申报手续；三是作为命令船长接受该批货物装船的通知。

货物装船以后，船长或大副则应该签发收货单，即大副收据（mate's receipt），作为货物已装妥的临时收据，托运人凭此收据即可向船公司或其代理人交付运费并换取正式提单。如收货单上有大副批注，换取提单时应将大副批注移注在提单上。

（1）装货单的格式如表 11—1 所示。

表 11—1

中国外轮代理公司
CHINA OCEAN SHIPPING AGENCY
装货单
SHIPPING ORDER

S/O No. ________

船名______________________ 目的港______________________
S/S ______________________ For ______________________
托运人______________________
Shipper ______________________
兹将下列完好状况之货物装船后希签署收货单。
Receive on board the undermentioned goods apparent in good order and condition and sign the accompanying receipt for the same.

标记及号码 Marks & Nos.	件数 Quantity	货名 Description of Goods	毛重量千克 Gross Weight in Kilos

共计件数（大写）
Total Number of Packages in Writing

日期________________ 时间________________
Date ________________ Time ________________
装入何仓________________
Stowed ________________
实收________________
Received ________________
理货员签名________________ 经办员________________
Tallied By ________________ Approved by ________________

（2）收货单样式如表 11—2 所示。

表 11—2

中国外轮代理公司
CHINA OCEAN SHIPPING AGENCY
收货单
MATE'S RECEIPT

S/O No. __________

船名________________ 目的港________________
S/S ________________ For ________________
托运人________________
Shipper ________________
下列完好状况之货物业已收妥无损。
Receive on board the following goods apparent in good order and condition.

标记及号码 Marks & Nos.	件数 Quantity	货名 Description of Goods	毛重量千克 Gross Weight in Kilos

共计件数（大写）
Total Number of Packages in Writing

日期________________ 时间________________
Date ________________ Time ________________
装入何仓________________
Stowed ________________
实收________________
Received ________________
理货员签名________________ 大副________________
Tallied By ________________ Chief Officer ________________

（二）报关

报关是指货物通过关境前向海关办理申报手续。按照我国《海关法》的规定：凡是进出国境的货物，必须经由设有海关的港口、车站、国际航空站进出，并由货物的发货人或其代理人向海关如实申报，交验规定的单据文件，请求办理查验放行手续。经过海关放行后，货物才可提取或装运出口。

目前，我国的出口企业在办理报关时，可以自行办理报关手续，也可以通过专业的报关经纪行或国际货运代理公司来办理。

无论是自行报关，还是由报关行来办理，都必须填写出口货物报关单，必要时，还需提供出口合同副本、发票、装箱单或重量单、商品检验证书及其他有关证件，向海关申报出口。

（三）投保

买卖双方如按 CIF 价格成交，卖方在装船前，须按买卖合同规定和国际贸易惯例，及时向保险公司办理投保手续，填制投保单。出口商品的投保手续，一般都是逐笔办理的。投保人投保时，应将货物名称、保额、运输路线、运输工具、开航日期、投保险别等一一列明。保险公司接受投保后，即签发保险单或保险凭证。

四、信用证项下的制单结汇

出口货物装运之后，出口商即应按信用证要求缮制单据，并在信用证规定的交单有效期内，向有关银行办理议付、结汇手续。

（一）信用证项下的三种结汇方式

出口商通过银行办理信用证项下出口结汇的做法，包括收妥结汇、定期结汇和买单结汇三种，其中，最受出口商欢迎的是买单结汇的方式。

1. 收妥结汇

收妥结汇，又称先收后结或收妥付款，是指信用证议付行收到出口商的出口单据后，经审查无误，将单据寄交国外付款行索取货款的结汇做法。这种方式下，议付行都是待收到付款行的货款后，即从国外付款行收到该行账户的贷记通知书（credit note）时，才按当日外汇牌价，按照出口商的指示，将货款折成人民币拨入出口商的账户。

2. 定期结汇

定期结汇是指议付行根据向国外付款行索偿所需时间，预先确定一个固定的结汇期限，并与出口商约定，该期限到期后，无论是否已经收到国外付款行的货款，都主动将票款金额折成人民币拨交出口商。

3. 买单结汇

买单结汇又称押汇，是指议付行在审单无误的情况下，按信用证条款贴现受益人（出口商）的汇票或者以一定的折扣买入信用证项下的货运单据，从票面金额中扣除从议付日到估计收到票款之日的利息，将余款按议付日外汇牌价折成人民币，拨给出口商。议付行向受益人垫付资金、买入跟单汇票后，即成为汇票持有人，可凭票向付款行索取票款。银行之所以做出口押汇，是为了给出口商提供资金融通的便利，这有利于加速出口商的资金周转。

实践表明，由议付银行买单结汇是一种广为使用的行之有效的结汇方式。按《跟单信用证统一惯例》的规定，银行如仅审核单据，而不付出对价，不能构成议付。应在信用证付款条件下推广议付货款的做法，这有利于发展我国的出口贸易。

（二）信用证项下结汇的主要单据

信用证项下结汇的单据很多，其中主要有下列几种。

1. 汇票

汇票（bill of exchange 或 draft）一般开具一式两份，两份具有同等效力，其中一份付讫，另一份则自动失效。汇票内容应按信用证规定填写。如信用证内没有规定具体文句，可在汇票上注明开证行名称、地点、信用证号码及开证日期。

2. 发票

发票（invoice）种类很多，通常指的是商业发票，此外，还有其他各种发票，如海关发票、领事发票和厂商发票等。

（1）商业发票（commercial invoice）。它是卖方开立的载有货物名称、数量、价格等内容的清单，是买卖双方交接货物和结算货款的主要单证，也是进出口报关完税必不可少的单证之一。

我国各进出口公司的商业发票没有统一格式，但主要项目基本相同，主要包括发票编号、开制日期、数量、包装、单价、总值和支付方式等项内容。在制作发票时应注意下列事项：

第一，对收货人的填写，如属信用证方式，除少数信用证另有规定外，一般均应填写来证的开证申请人。

第二，对货物的名称、规格、数量、单价、包装等项内容的填制，凡属信用证方式，必须与来证所列各项要求完全相符，不能与之抵触，以防国外银行拒付货款。

第三，凡属信用证方式，发票的总值不能超过信用证规定的最高金额。按照银行惯例的解释，开证银行可以拒绝接受超过信用证所许可金额的商业发票。

第四，如信用证内规定“选港费”“港口拥挤费”或“超额保费”等费用应由买方负担，可在发票上将各项有关费用加在总值内，一并向开证银行收款。但是如信用证内未作上述注明，即使合同中有此约定，也不能凭信用证支取。除非国外客户同意并经银行通知在信用证内加列上述条款，否则，上述增加的费用应另制单据通过银行托收解决。

第五，由于各国法令或习惯不同，有的来证要求在发票上加注“证明所列内容真实无误”等证明文句时，应在不违背国家政策、法令情况下，酌情办理。

商业发票格式如表 11—3 所示。

表 11—3

中国轻工业品进出口公司上海分公司
CHINA NATIONAL LIGHT INDUSTRIAL PRODUCTS
IMPORT AND EXPORT CORPORATION

To:
SHANGHAI BRANCH
128, HUCHIU ROAD
SHANGHAI CHINA
CABLE ADD: INDUSTRY
SHANGHAI

发票号码
Invoice Number ______
订单或合约号码
Sales Confirmation No. ______
发票日期
Date of Invoice ______

装船口岸______ 目的地______
From ______ To ______
信用证号数______ 开证银行______
Letter of Credit No. ______ Issued by ______

唛头号码 Marks & Numbers	数量与货品名称 Quantities and Descriptions	总值 Total Amount

(2) 海关发票 (customs invoice)。有些进口国家要求国外出口商按进口国海关规定的格式填写海关发票，以作为估价完税或征收差别待遇关税、征收反倾销税的依据，此外，也可供编制统计资料之用。在填写海关发票时，必须格外注意下列事项：

第一，各国使用的海关发票，都有其特定的格式，不得混用。

第二，凡海关发票与商业发票上共有的项目和内容，必须一致，不得互相矛盾。

第三，对"出口国国内市场价格"一栏，应按有关规定审慎处理，因为其价格的高低是进口国海关作为是否征收反倾销税的重要依据。

第四，如售价中包括运费 (CFR) 或包括运费和保险费 (CIF)，应分别列明 FOB 价、运费、保险费各多少。FOB 价加运费，应与 CFR 货值相等，FOB 价加运费和保险费，应与 CIF 货值相等。

第五，海关发票的签字人和证明人不能为同一个人，他们均以个人身份签字，而且必须手签才有效。

(3) 领事发票 (consular invoice)。有些进口国家要求国外出口商必须向该国海关提供该国领事签证的发票，其作用与海关发票基本相似。各国领事签发领事发票时，均需收取一定的领事签证费。有些国家规定了领事发票的特定格式，也有些国家规定可在出口商的发票上由该国领事签证。

(4) 厂商发票 (manufacturer's invoice)。是出口厂商所出具的以本国货币计算价格、用来证明出口国国内市场的出厂价格的发票，其作用是供进口国海关凭以估价、核税以及征收反倾销税。如国外来证要求提供厂商发票，应参照海关发票有关国内价格的填写办法处理。

3. 提单

提单 (bill of lading) 是各种单据中最重要的单据，是确定承运人和托运人双方权利与义务、责任与豁免的依据。各船公司所印制的提单格式各不相同，但其内容大同小异，其中包括：承运人、托运人、收货人、通知人的名称，船名，装卸港名称，有关货物和运费的记载，以及签发提单的日期、地点及份数等。

4. 保险单

按 CIF 条件成交时，出口商应代为投保并提供保险单 (insurance policy)。保险单的内容应与有关单据的内容衔接。例如，保险险别与保险金额应与信用证的规定相符；保险单上的船名、装运港、目的港、大约开航日期以及有关货物的记载，应与提单内容相符；保险单的签发日期不得晚于提单日期；保险单上的金额，一般应相当于发票金额加成 10% 的金额。

5. 产地证明书

产地证明书 (certificate of origin) 是一种证明货物原产地或制造地的证件。不用海关发票或领事发票的国家，要求提供产地证明，以便确定对货物应征收的税率。有的国家限制从某个国家或地区进口货物，因而要求以产地证明书来证明货物的来源。

产地证明书一般由出口地的公证行或工商团体签发。在我国，可由国家出入境质量监督检验检疫总局或中国国际贸易促进会签发。

6. 普惠制单据

目前，已有新西兰、加拿大、日本、欧盟国家等给予我国以普惠制（generalized system of preferences documents，简称GSP）待遇。对这些国家的出口货物，须提供普惠制单据，作为进口国海关减免关税的依据。因此，填制单据时，务必对单据中的有关内容填写正确，并符合各个项目的要求，一旦填错，就可能丧失享受普惠制待遇的机会。

7. 装箱单和重量单

装箱单和重量单（packing list and weight memo）是用来补充商业发票内容的不足的，便于国外买方在货物到达目的港时供海关检查和核对货物。

装箱单又称花色码单，列明每批货物的逐件花色搭配；重量单则列明每件货物的毛重和净重。

8. 检验证书

各种检验证书分别用以证明货物的品质、数量、重量和卫生条件。在我国，这类证书一般由检验检疫机构出具，如合同或信用证无特别规定，也可以依据不同情况，由进出口公司或生产企业出具。但应注意，证书的名称及所列项目或检验结果，应与合同及信用证规定相同。

（三）缮制结汇单据的注意事项

提高缮制结汇单据的质量，对保证安全、迅速收汇具有十分重要的意义。特别是在信用证付款条件下，实行的是单据与货款对流的原则，因此必须单证一致、单单相符，否则，银行和进口商就有可能拒收单据和拒付货款。

为了确保安全、迅速收汇，缮制单据时，必须体现下列要求。

1. 正确

单据内容必须正确，既要符合信用证的要求，又要能真实反映货物的实际情况，且各单据的内容不能相互矛盾。

2. 完整

单据份数应符合信用证的规定，不能短少。单据本身的内容应当完备，不能出现项目短缺情况。

3. 及时

制单应及时，以免错过交单日期或信用证有效期。

4. 简明

单据内容应按信用证要求和国际惯例填写，力求简明，切勿加列不必要的内容。

5. 整洁

单据的布局要美观大方，缮写或打印的字迹要清楚醒目，不宜轻易更改，尤其对金额、件数和重量等，更不宜改动。

五、非信用证结汇与国际保理业务

关于信用证结算方式下履行出口合同的基本做法，已在前面作了较具体的介绍，这里仅就非信用证结算方式下履行出口合同所涉及的国际保理业务，补充介绍如下。

在出口贸易中，如采用赊账（O/A）、托收（D/P或D/A）方式结算货款，卖方将承担较大的风险。为避免或减少此种风险，可以采用国际保付代理业务，简称保理（factoring）或出口保理，也可称为保付代收或承购应收账款业务。具体地说，它是保理商（factor）向卖方提供的一项包括调查买方资信、风险担保、催收应收账款、财务管理以及融通资金等的综合性财务服务。进行此项业务时，需要担保收款的卖方在与外国买方订立买卖合同前，必须先与出口地保理商联系，将准备达成的买卖合同内容与买方的名称、地址告知保理商，在得到其认可并与其签订保理协议（factoring agreement）后，方可在协议规定的额度内与买方正式订立买卖合同。买卖合同订立后，卖方即可按照买卖合同的规定发运货物，并向出口保理商提交发票、汇票、提单等有关单据，再由出口保理商通过在进口地的保理商向买方收款。进口地保理商则应随时通过出口地保理商向卖方报告收款情况，并将收到的货款及时拨交卖方。如买方不能按时付款或拒付，保理商应负责追偿和索赔，并负责按协议约定的时间向卖方支付。此项支付是无追索权的。

出口保理商为保证自身安全，在与卖方签订保理协议前，应分别对买卖双方的资信情况和经营作风进行全面了解，对资信好的，视具体情况给予卖方一定的信用额度，在此额度内可给予资金融通。保理商与卖方之间，可视情况选择不同做法。卖方既可只要求保收服务，也可要求同时取得资金融通。如只要求保收服务，通常是保理商按推算的平均收款天数确定付款给卖方的日期，卖方则可按期向保理商取得全部有保证的款项。由于保理商对卖方是在无追索权的基础上付款的，因而排除了卖方在一般托收方式下可能收不到款的风险。如卖方要求保理商在提供保收服务外还提供资金融通，则保理商应在卖方提交单据时向其预支一般为全部货款80%～90%的金额，个别情况下也有全额预支的。

保理商在履行协议规定的义务后，视其业务繁简及承担风险程度，向卖方收取总额1%～2%的手续费。如还提供资金融通，则尚需增收融资利息，利率一般比通常利率高1.5%～2%。

上述表明，国际保理业务内容广泛，它包括对进口商的资信调查和担保、应收账款的催收和追偿、财务管理和资金融通。采用保理业务，对卖方来说作用明显，它不仅有助于了解客户资信，可以放手成交，增加交易机会，并加速资金周转，而且收款没有风险，只要卖方认真履约，就没有后顾之忧。至于卖方在保理业务中增加的保理费及利息支出，可以通过免去开立信用证的费用来抵消，也可以通过适当提高售价全部或部分地转嫁给买方。因此，此种业务便成为国际货款结算的一种有益的补充，并在国际货物买卖中被广泛使用。

但是，采用保理方式的出口商，必须注意严格按合同规定交付货物、提交单据，如因卖方违约而导致买方迟延或拒付货款，保理商将不予担保。同时，保理商只承担约定的信用额度内的风险，对超额度发货的部分不予担保。

随着国际保理业务的迅速发展，一种专门提供风险担保的保理公司，作为银行的全资附属机构在世界各地相继成立。机构遍布许多国家和地区的国际保理商联合会（Factors Chain International，简称FCI）也于1968年宣告成立。1993年2月，中国银行作为中资银行首家正式加入该联合会。随后，交通银行和东方保理公司等也相继参加。

目前，我国银行可以向卖方提供保理服务的内容，与上述一般的国际保理业务大体相同。以中国银行为例，其具体做法是：需要采用保理方式的出口商，可与中国银行承办保理业务的部门签订保理合同，并报送信用额度申请表，列明进口商名称地址等情况；申请表由银行转送进口国保理商，进口国保理商对于申请表上所列客户的资信情况进行调查，并在接到申请表后的14天内将是否批准的意见通知中国银行转告出口商；出口商可在批准额度内用托收或其他赊账方式与该进口商成交，有关全部出口单据包括债权转让书交中国银行承办部门，如在付款日期90天尚未收到客户付款，中国银行承办部门应当在第90天向出口商按发票金额全部保付。

采用保理方式成交的出口商可通过下列三种办法从中国银行获得融资便利：

(1) 出口合同抵押贷款。银行在不超过信用额度条件下，按合同金额70%～80%核贷。

(2) 出口商凭运输单据可向银行申请按发票金额80%预垫货款。

(3) 出口商凭汇票和运输单据向银行申请按发票金额贴现（扣除贴现费后付款）。

上述三种融资方式，不论出口商采用其中的哪一种，出口商都要承担相应的融资利息。

在国际货物买卖中，由于国际保理对卖方可以提供上述综合性的金额服务，有利于卖方减少收汇风险、加速资金周转和扩大出口，因此，在希望扩大出口或在遇有出口良机而买方不愿开立信用证的情况下，卖方可以酌情选择国际保理业务。

综上所述，履行出口合同包括许多环节和工作内容，由于每项出口合同的类别和货款支付方式不同，故履行出口合同的环节和工作内容也随之有别。例如，在履行CIF出口合同时，卖方要负责租船订舱和投保；履行CFR出口合同时，卖方则不负责投保；履行FOB出口合同时，卖方既无负担租船订舱的任务，也无投保货运险的责任。在采用汇付或托收方式成交时，卖方就无催证、审证和改证的工作环节，但有可能选择国际保理；而采用信用证支付方式成交时，催证、审证和改证就成为卖方一项十分重要的工作。

此外，在履行出口合同过程中，如因国外买方未按时开证或未按合同规定履行义务，致使卖方遭受损失，卖方应根据不同对象、不同情况及损失程度，有理有据地及时向买方提出索赔，以维护卖方的正当权益。

当买方对卖方交货的品质、数量、包装不符合约定的条件，或卖方未按时装运，致使买方蒙受损失而向卖方提出索赔时，卖方应在调查研究的基础上，查明事实，分清责任，酌情作出适当的处理。如确属卖方责任，卖方应实事求是地予以赔偿。如属买方不合理的要求，卖方应以理拒赔。

在履行出口合同过程中，索赔和理赔的工作不一定发生。在合同正常顺利履行的情况下，它就不会出现。

第二节 进口合同的履行

进口合同依法订立后，买卖双方都应本着重合同、守信用的原则，严格履行约定的义务。根据《联合国国际货物销售合同公约》的规定，买方的主要义务是支付货物的价款和收取货物。为了确保进口合同的履行，买方还应随时注意卖方履约情况，并及时督促卖方按约定条件履行交付货物和有关单据并转移货物所有权的义务。

我国进口货物大多数是按FOB条件并采用信用证付款方式成交。按此条件签订的进口合同，其履行的一般程序包括：开立信用证、租船订舱、接运货物、办理货运保险、审单付款、报关提货、验收与拨交货物和办理索赔等。现分别加以介绍和说明。

一、开立信用证

买方开立信用证是履行合同的前提条件，因此，签订进口合同后，应按合同规定办理开证手续。如合同规定在收到卖方货物备妥通知或在卖方确定装运期后开证，买方应在接到上述通知后及时开证；如合同规定在卖方领到出口许可证或支付履约保证金后开证，买方应在收到对方已领到许可证的通知或银行转知履约保证金已收讫后开证。买方向银行办理开证手续时，必须按合同内容填写开证申请书，银行则按开证申请书内容开立信用证，因此，信用证内容是以合同为依据开立的，它与合同内容应当一致。例如品质、规格、数量、价格、交货期、装货期、装运条件及装运单据等，应以合同为依据，并在信用证中一一作出规定。

信用证的开证时间，应按合同规定办理。如合同规定在卖方确定交货期后开证，买方则应在接到卖方上述通知后开证；如合同规定在卖方领到出口许可证或支付履约保证金后开证，则买方应在收到卖方已领到许可证的通知或银行转知保证金已照收后开证。

卖方收到信用证后，如要求展延装运期、信用证有效期与变更装运港口等，经买方同意，即可向开证银行办理改证手续。

二、租船订舱

进口货物按 FOB 或 FCA 贸易术语成交时，由买方安排运输和订立运输合同。目前，我国大部分进口货物是委托中国对外贸易运输公司、中国租船公司或其他运输代理机构代办运输，也有直接向中国远洋运输公司或其他办理国际货运的实际承运人办理托运手续。由于进口货物大多通过海洋运输并按 FOB 条件成交，故做好租船订舱工作很重要。如合同规定卖方在交货前一定时间内应向买方发出货物备妥通知，则买方在接到该通知后应及时办理租船订舱手续。若卖方未及时发出该项通知，买方应及时催促卖方办理。若进口货物数量不大，但批次较多，为了节省时间和简化手续，也可事先委托卖方代为洽订舱位。

按 CIF 和 CFR 条件进口的货物由卖方负责租船订舱和安排装运，在此情况下，买方也应及时与卖方联系，以掌握对方备货与装运动态。

三、接运货物

当买方办妥租船订舱手续后，为了防止船、货脱节的情况发生，买方应及时催促卖方做好备货装船工作，特别是对于数量大或重要的进口货物，更要抓紧催促卖方按时装船发货，必要时，可请买方驻外机构就地协助了解和督促卖方履约，或派员前往出口地点检验督促，以利于接运工作的顺利进行。

四、办理货运保险

凡由买方办理保险的进口货物，接到卖方的装运通知后，应及时将船名、提单号、开航日期、装运港、目的港以及货物的名称和数量等内容通知有关保险公司，按预约保险合同规定对货物承担自动承保的责任。在买方没有与保险公司签订预约保险合同的情况下，进口货物就得逐笔投保，买方接到卖方的发货通知后就应立即向保险公司办理投保手续，否则，若货物在投保前的运输途中发生损失，保险公司不负赔偿责任。

五、审单付款

货物装船后，卖方即凭提单等有关单据向当地银行议付货款。议付行寄来单据后，经银行审核无误即通知买方付款赎单。如经银行配合审单发现单证不符或单单不符，应分不同情况进行处理。处理办法很多，例如，拒付货款；相符部分付款，不符部分拒付；货到检验合格后再付款；凭卖方或议付行出具担保付款。在付款的同时提出保留索赔权。

六、办理进口报关手续

买方付款赎单后，一俟货物运抵目的港，即应及时向海关办理申报手续。经海关查验有关单据、证件和货物并在提单上签章放行后，即可凭以提货。关于这一环节的工作，主要包括下列事项。

（一）进口货物的申报

进口货物抵达目的港后，收货人或其代理人应向海关交验有关单证，办理进口货物申报手续。未经海关准予注册登记的单位和未经海关考核认可的人员，不得直接向海关办理报关手续。收货人或其代理人向海关申报时，应填写进口货物报关单，并向海关提供各种有效的单据，如提货单、装货单或运单、发票、装箱单、进口货物许可证以及海关认为必须交的其他有关证件。超过法定申报时限（指自运输工具进境之日起 14 天内）未向海关申报的，由海关按日征收进口货物 CIF（或 CIP）价格的 0.5%的滞报金。超过 3 个月未向海关申报的，由海关提取变卖，所得货款在扣除运输、装卸、储存等费用和税款后，余款自变卖之日起 1 年内，经收货人申请可予以发还。

（二）接受海关查验货物

进口货物一般都要接受海关查验，以确定申报进口的货物是否与报关单证所列明的一致。查验货物应在海关指定的时间和场所进行。验关时，收货人或其代理人应当到场。在特殊情况下，由报关人申请，经海关同意，也可由海关派员到收货人的仓库、场地查验。

（三）缴纳关税

海关按照《中华人民共和国海关进口税则》的规定，对进口货物计征进口税。货物在进口环节由海关征收（包括代征）的税种有：关税、产品税、增值税、工商统一税及地方附加税、盐税、进口调节税等。其中，进口关税是货物在进口时由海关征收的一个基本税种。进口关税的计算是以 CIF 价为基数计算。如果是 FOB 价格进口，还要加上国外运费和保险费。其公式为：

进口关税税额＝CIF 价格×关税税率

产品税、增值税和工商统一税（地方附加税）都是货物在进口环节由海关代征的税种。这三种税是按不同单位或进口货物的不同种类适用其中一种税，而不是同时征两种或三种。

（四）海关查验放行

向海关办完进口货物申报手续、接受查验并缴纳关税后，海关即在运单上签字或盖章放行，收货人或其代理人即可持海关签章放行的货运单据提取进口货物。凡未经海关放行的进口货物，任何单位和个人均不得提取或发运。

（五）关于保税货物的处理

凡经海关批准和未办理纳税手续先行进境，在境内储存或进行加工、装配后复运出境的货物，即属保税货物。由于此类货物未经海关放行，它必须置于海关监管之下。一般来说，此类货物最终应该出境。如最终决定留在境内，则应按一般进口货物对待，补办进口纳税手续。由于保税货物属海关监管的货物，故未经海关许可，任何单位或个人均不得开拆、提取、交付、发运、改装、调换、更换标记或转让。

在这里需要强调指出的是，经营加工、装配业务的企业，必须按照海关规定，将加工生产过程中的用料情况、加工成本和库存情况及时向主管海关和当地税务部门报核，并在合同到期或最后一批加工成品出口后一个月内，向海关办理核销手续。

七、进口货物的报验与检验

进口货物的收货人在向检验检疫机构申请检验时，要正确填写进口货物报验单，并提供合同和有关单证与资料。买方为了在规定时效内对外提出索赔，凡属下列情况的货物，均应在卸货口岸就地报验：一是合同写明须在卸货港检验的货物；二是货物检验合格后付款的；三是合同规定的索赔期限很短的货物；四是卸货时已发现残损、短少或有异状的货物。

凡属法定检验的进口货物到达后，用户或接运货物的单位必须向卸货口岸或到达站的检验检疫机构登记，检验检疫机构在报关单上加盖“已接受登记”的印章，海关即凭此印章验放。检验地点，如合同有约定，则在约定地点进行；如没有约定，则在卸货口岸、到达站或检验检疫机构指定的地点进行。如卸货时发现残损、短少，必须及时检验。凡需要结合安装调试的机、电、仪产品和成套设备，可酌情在收货人所在地进行检验。

法定检验的进口货物经登记后，收货人即应在规定的时间和地点，持买卖合同、发票、装箱单和货运单等有关单证向检验检疫机构报验。检验检疫机构对已报验的货物，应在索赔期限内检验完毕，并出具相应的检验检疫证书。

非法定检验的进口货物，如合同规定由检验检疫机构检验的，应按法定检验货物办理报验和检验；如合同未规定检验检疫机构检验，但卸货口岸已发现有残损、短缺情况，应及时向口岸检验检疫机构申请检验出证。其他情况下，由收货人按合同规定验收。

八、提取与拨交货物

进口货物的报关、纳税等手续办完后，即可在报关口岸按规定提取货物或拨交货物。如用货单位在卸货口岸附近，则就近拨交货物；如用货单位不在卸货地区，则委托货运代理将货物转运内地，并拨交给用货单位。在货物拨交后，外贸公司再与用货单位进行结算。如用货单位在验收货物中发现问题，应及时请当地检验检疫机构出具检验证明，以便在有效索赔期内对外索赔。

九、进口索赔

在履行进口合同过程中，往往因卖方未按期交货，或货到后发现品质、数量和包装等方面有问题，致使买方遭受损失，而需向有关责任方提出索赔。进口索赔事件虽不是每笔交易一定会发生，但买方为了维护自身利益，对此项工作应当常备不懈、随时注意，一旦出现卖方违约或发生货运事故，应切实做好进口索赔工作。为此，买方必须注意下列事项。

（一）在查明原因、分清责任的基础上确定索赔对象

根据事故性质和致损原因的不同，向责任方提出索赔。例如，凡属原装短少和品质、规格与合同不符，应向卖方提出索赔；货物数量少于提单所载数量，或在签发清洁提单情况下货物出现残损短缺，则应向承运人索赔；由于自然灾害、意外事故而使货物遭受承保险别范围内的损失，则应向保险公司索赔。

（二）提供索赔证据

为了保证索赔工作的顺利进行，必须提供切实有效的证据，如事故记录、短卸或残损证明和联检报告等，必要时，还可提供物证或实物照片等。

（三）掌握索赔期限

向责任方提出索赔，应在规定的期限内提出，过期提出索赔无效。在买卖合同中，一般都规定了索赔期限，如向卖方索赔，则应在约定期限内提出。如合同未规定索赔期限，按《联合国国际货物销售合同公约》的规定，买方向卖方声称货物不符合合同规定的时限，是买方实际收到货物之日起两年；向船公司索赔的时限，按《海牙规则》的规定，是货物到达目的港交货后一年；向保险公司索赔的时限，按中国人民保险公司制定的《中国人民保险公司海洋运输货物保险条款》的规定，为货物在卸货港全部卸离海轮后两年。

（四）确定索赔金额

索赔金额应适当确定，除包括受损商品价值外，还应加上有关费用（如检验费等）。索赔金额究竟多少，其中究竟包括哪些费用，应视具体情况而定。

综上所述，履行进口合同需要经过各种工作环节，其中有些基本环节是不可缺少的。应当指出，履行进口合同的环节及其工作内容，主要取决于合同的类别及交易双方约定的支付条件。例如，在履行凭信用证付款的 FOB 进口合同时，上述许多业务环节都是很重要的，甚至是不可缺少的。但是，在履行凭其他付款方式和其他贸易术语成交的进口合同时，则其工作环节有别。在采用汇付或托收的情况下，就不存在买方开证的工作环节；在履行 CFR 进口合同时，买方则不负责租船订舱，此项工作由卖方办理；在履行 CIF 进口合同时，买方不仅不承担货物从装运港到目的港的运输任务，而且不负责办理货运投保手续，此项工作由卖方按约定条件代为办理。

第三节　违约救济

在履行国际货物买卖合同过程中，由于买卖双方相处异地，情况复杂多变，合同当事人很可能因某种原因不能履约，从而产生争议和贸易纠纷。守约方为了维护自身的合法权益，往往要援引有关法律规定来解释合同、主张权利，即采用法律救济方法，以追究违约方的法律责任。本节专就合同一方当事人违约和另一方当事人可以采取的各种法律上的救济问题，进行简要介绍和说明。

一、违约的含义及相关法律规定

（一）违约的含义

违约（breach of contract）是指合同的一方当事人没有履行或没有完全履行合同规定的义务的行为。例如，在合同成立后，卖方未按合同规定的时间、地点交付货物；或交付了不符合合同规定的货物；或者买方不按合同规定的时间支付货款，等等。这些都属于违约行为。除属于不可抗力原因造成的外，违约方都要承担违约的责任，守约方则有权依据合同或有关法律规定向违约方提出违约救济。

（二）相关法律规定

1. 对构成违约条件的法律规定

各国法律对构成违约的条件规定不一。大陆法规定，在处理买卖合同违约问题时，以过失责任作为一项基本原则，即对于当事人不能或不完全履行合同义务，只有当存在着可以归咎于当事人的过失时，才构成违约，从而承担违约责任。而英美法则认为，一切合同都是"担保"，只要一方当事人不能达到担保的结果，就构成违约，即应负责赔偿损失。在通常情况下，只要当事人未履行合同规定的义务，就被视为违约。

《联合国国际货物销售合同公约》（以下简称《公约》）也未明确规定违约必须以当事人有过失为条件。从《公约》第 25 条看，只要当事人违反合同的行为的结果使另一方蒙受损害，即构成违约，当事人就应承担违约的责任。

2. 对违约形式的法律规定

大陆法将违约的形式概括为不履行债务和延迟履行债务两种情况。不履行债务，也称为给付不能，即指债务人由于种种原因不可能履行其合同义务。延迟履行债务，也称为给付延迟，即指债务人履行期已届满，而且是可能履行的，但债务人却没有按期履行其合同义务。违约方是否要承担违约责任，则要看是否有归责于他的过失。只有存在过失，违约方才承担违约的责任。

但是，英美法关于违约形式的规定，却与此不同。《英国货物买卖法》将违约的形式划分为违反要件和违反担保两种。违反要件（breach of condition）是指合同当事人违反合同中重要的、带有根本性的条款。根据英国法，买卖合同中关于履约的时间、货物的品质与数量等条款，都属于合同的要件。违反担保（breach of warranty）是指当事人违反合同中次要的、从属于合同的条款。应当指出的是，美国法现已放弃使用"要件"与"担保"这两个概念来划分违约的情况，即不以合同条款的性质来划分，而是以违约性质及其后果来划分违约的情况。美国法把违约划分为轻微违约和重大违约两种。所谓轻微违约（minor breach of contract），是指债务人在履约中尽管存在一些缺陷，但债权人已经从合同履行中得到该交易的主要利益。例如，履约时间略有延迟、交货数量和品质与合同略有出入等，均属轻微的违约。当一方轻微违约时，受损方可以要求赔偿损失，但不能拒绝履行合同的义务或解除合同。所谓重大违约（material breach of contract），是指由于债务人没有履行合同或履行合同有缺陷，致使债权人不能得到该项交易的主要利益。在重大违约情况下，受损方可以解除合同并要求赔偿全部损失。

《公约》将违约划分为根本性违约和非根本性违约。所谓根本性违约（fundamental breach of contract），按《公约》第 25 条的规定："一方当事人违反合同的结果，如使另一方当事人蒙受损害，以至于实际上剥夺了他根据合同规定有权期待得到的东西，即为根本违反合同，除非违反合同一方并不预知而且一个同等资格、通情达理的人处于相同情况中也没有理由预知会发生这种结果。”不构成根本性违约的情况，均视为非根本性违约(non-fundamental breach of contract)。由此可见，《公约》规定根本性违约的基本标准是“实际上剥夺了合同对方根据合同规定有权期待得到的东西”。这种规定，避免了对各种违约情况作出武断的划分，实际上是对违约性质作了基本的定义。至于怎样才构成根本性违约，只能视具体情况而定。从法律结果看，《公约》认为，构成根本性违约，受害方可解除合同；否则，只能请求损害赔偿。

二、违约的一般救济方法

救济方法（remedies）是指合同当事人的合法权利被他人侵害时，法律上给予受损害一方的补偿方法。各国法律均规定，如果合同一方当事人违反合同规定，另一方当事人有权采取相应的救济方法。各国法律对各种救济方法都有较详细的规定，但不尽相同，有的规定比较概括，有的规定则比较具体。纵观各国法律规定，其基本救济方法可概括为实际履行、损害赔偿和解除合同三种。现分别介绍如下。

（一）实际履行

实际履行有两重含义：一重含义是指一方当事人未履行合同义务，另一方当事人有权要求他按合同规定完整地履行合同义务，而不能用其他的补偿手段如金钱来代替；另一重含义是指一方当事人未履行合同义务，另一方当事人有权向法院提起实际履行之诉，由法院强制违约当事人按照合同规定履行其义务。各国法律对实际履行作为一种救济方法都有规定，但其差异较大。现分析如下：

大陆法将实际履行作为一种主要的救济方法。按照大陆法的原则，债权人可以请求法院判令债务人实际履行合同，但法院只有在债务人履行合同尚属可能时才能作出实际履行的判决。如出现实际履行不可能的情况，法院就不会作出实际履行的判决。在实践中，当事人提起实际履行之诉的情况并不多见。一般当事人都要求其他的救济方法，如解除合同或请求损害赔偿等。

英美法将实际履行作为例外的辅助性的救济方法，故并未规定这种实际履行的救济方法。在司法实践中，实际履行只被视为一种例外的救济方法。法院对是否判令实际履行有自由裁量权。

我国《合同法》明确规定，实际履行可以作为一种救济方法。该法第 110 条规定：当事人一方不履行非金钱债务或者履行非金钱债务不符合约定的，对方可以要求履行。这里指的就是实际履行。只要根据具体情况采用实际履行的措施是合理的，当事人就可以要求实际履行，法院和仲裁院也可作出实际履行的判定。但是，上述实际履行有下列情形之一的除外：“法律上或者事实上不能履行；债务的标的不适于强制履行或者履行费用过高；债权人在合理期限内未要求履行。”

《公约》为了调和英美法和大陆法在实际履行问题上的分歧，并不给予法院依据《公约》作出实际履行判决的权力。《公约》第 28 条作了如下规定：“如果按照本公约的规定，一方当事人有权要求另一方当事人履行某一义务，法院没有义务作出判决，要求具体履行此一义务，除非法院依照其本身的法律对不属本公约支配的类似销售合同愿意这样做。”

按《公约》的上述规定，当事人有权要求对方实际履行合同义务。然而，如果当事人诉诸法院，要求法院判决实际履行，法院没有义务按《公约》去判决实际履行，除非法院按本地法对不受《公约》支配的类似买卖合同的一方当事人判决实际履行。

（二）损害赔偿

损害赔偿（damages）是指违约方用金钱来补偿另一方由于其违约所遭受到的损失。在国际货物买卖中，各国法律均认为，损害赔偿是一种使用最广而且比较重要的救济方法。但是，各国法律对损害赔偿的规定，往往涉及违约一方赔偿责任的成立、赔偿范围和赔偿办法等问题，而且差异很大。现分别介绍如下。

1. 损害赔偿责任的成立

合同当事人一方违约，另一方当事人在什么情况下才有权向对方提出损害赔偿的主张？提出损害赔偿的主张有无基本的前提条件？这些问题涉及损害赔偿责任的成立。对此，各国法律有着不同的规定：

（1）大陆法认为，损害赔偿责任的成立，必须具备以下三个条件：一是必须要有损害的事实，如根本没有发生损害，就不存在赔偿的问题；二是必须有归责于债务人的原因，这是承担违约责任的基本原则和前提条件；三是损害发生的原因与损害之间必须有因果关系，即损害是由于债务人应予负责的原因造成的。

（2）英美法不同于大陆法。根据英美法的解释，只要一方违约就足以构成对方可以提起损害赔偿之诉。至于违约一方有无过失、是否发生实际损害，并不是损害赔偿责任成立的前提。

（3）《公约》认为，损害赔偿是一种主要的救济方法。一方违反合同，只要使另一方蒙受损失，受害方就有权向对方提出损害赔偿，而且要求损害赔偿并不因采取了其他救济方法而丧失。由此可见，《公约》关于损害赔偿责任的规定，符合买卖双方的实际利益。

2. 损害赔偿的方法

损害赔偿的方法有两种：一是回复原状；二是金钱赔偿。所谓回复原状，是指用实物赔偿损失，使恢复到损害发生前的原状。所谓金钱赔偿，就是用支付一定金额的货币来弥补对方所遭到的损害。各国法律对各种损害赔偿的方法都予以考虑，但以哪种方法为主，却有不同的规定。例如，德国法是以“回复原状”为损害赔偿的原则，以金钱赔偿为例外。法国法与德国法不同。法国法以金钱赔偿为原则，以回复原状为例外。英美法采用金钱上的赔偿方法。所以，英美法院对任何损害，一般都判令债务人支付金钱赔偿。这项原则又称为“金钱上的回复原状”。

3. 损害赔偿的范围

损害赔偿的范围是指在发生违约以后，当事人在要求损害赔偿时，其金额应包括哪些方面，按什么原则来确定。但在法律上，对损害赔偿的范围的规定有两种情况：一是约定的损害赔偿，即由当事人自行约定损害赔偿的金额或计算原则；二是法定的损害赔偿，即在当事人没有约定的情况下，由法律予以确定损害赔偿的金额。

（1）约定的损害赔偿。为了使履约顺利进行，交易双方订立合同时就订立违约金条款（liquidated damages），事先约定：一方违反合同，应向对方支付一定额度的金钱。但在订立违约金时，其金额的多少直接关系到当事人的利益。一方违约，另一方按违约金条款索取的违约金，有时会低于造成的损失额有时与造成的损失额相当，有时可能会高于造成的损失额而带有明显的罚款性质。由于规定的违约金额往往不能与造成损失的数额相当，双方当事人往往会因此出现争议。为了解决这个问题，各国法律对违约金的性质都作了详细规定，但其规定各不相同，差异较大。

英美法将合同中约定的违约金按下列两种不同性质加以处理：一种性质属于约定的损害赔偿金额，另一种性质属于罚款。从客观上讲，违约金可以是约定的损害赔偿金额（如违约金与损失相当时），也可能是一定数额明显的罚款（如违约金额大大超过违约带来的损失）。为了妥善和公平地处理损害赔偿，按英美法，法院应依据案情或事实来断定，这一金额究竟是罚金还是约定的损害赔偿金额。

我国《合同法》第114条规定，违约金具有"赔偿"和"惩罚"的双重性质，违约金的"赔偿"性表现在对损失的补偿上。其第2款还规定："约定的违约金低于造成的损失的，当事人可以请求人民法院或者仲裁机构予以增加；约定的违约金过分高于造成的损失的，当事人可以请求人民法院或者仲裁机构予以适当减少。"

(2) 法定的损害赔偿。如果当事人在合同中未就有关赔偿范围作出规定，发生违约时，当事人只能依据法律规定来计算或确定损害赔偿的金额。各国法律对损害赔偿的范围都有较明确的规定。例如，《德国民法典》认为，损害赔偿的范围应包括违约所造成的实际损失和所失利益两个方面。英美法则认为，损害赔偿的范围，是使由于债务人违约而蒙受损害的一方，在经济上能处于该合同得到履行时同等地位。按照我国《合同法》的规定，在确定损害赔偿金额时要遵循两个原则：首先，当事人赔偿责任应相当于另一方所受到的损失；其次，赔偿责任不得超过违约方在订立合同时应当预见到的因违反合同可能造成的损失。由此可见，在订立合同时，要注意一方有必要让对方知道，违约会给他带来严重的损失。《公约》对损害赔偿的范围作了两项原则性的规定：首先，一方当事人违反合同应负的损害赔偿额，应与另一方当事人因他违反合同而遭受的包括利润在内的损失额相等。这是确定损害赔偿范围的总原则。其次，守约方可以得到的损害赔偿，不得超过违反合同一方在订立合同时，按照他当时已知道或理应知道的事实和情况，对违反合同预料到或理应预料到的可能损失。这一规定与我国《合同法》的有关规定是相同的。

（三）解除合同

解除合同（rescission）是指合同当事人免除或终止履行合同义务的行为。各国法律均认为解除合同是一种法律救济方法。各国法律对构成解除合同的条件却有着下列不同的规定。

大陆法认为，只要合同一方当事人不履行其合同义务，对方就有权解除合同。当债务人处于拒绝给付和给付不能两种情况下，债权人有权立即解除合同。而在给付迟延和不完全给付的情况下，需要先经催告，通知对方履行，在催告的期限内债务人仍未完全履约的，债权人方可解除合同。

英国法认为，一方违约构成违反要件，对方才可要求解除合同；如果一方仅仅是违反担保，对方只能请求损害赔偿，而不能要求解除合同。在解除合同的条件上，英国法规定比大陆法更为严格。美国法与英国法的规定有些相似。美国法认为，只有一方违约构成重大违约时，对方才可以要求解除合同。如果是轻微的违约，只能请求损害赔偿，不能要求解除合同。

我国《合同法》规定，一方违约，另一方在下列两种情况下才能要求解除合同：

(1) 违约必须导致不能实现合同的目的，即违约必须造成严重的后果，使对方期望的目的不能实现。这时，守约方可以解除合同。

(2) 如果一方延迟履行合同，经催告后在合理期限内仍未履行，则守约方可要求解除合同义务。此项规定与大陆法中实行的催告制度有相似之处。

《公约》认为，合同一方不履行义务而构成根本性违约时，另一方有权解除合同。然而，解除合同必须向对方发出通知。如延迟交货或货物存在瑕疵，很难判断是否属于根本性违约，则《公约》还规定，可以规定一段合理的额外时限，让违约方履行义务。如果在这一段时间内，违约方仍未履行合同，则守约方可以根据违约情况宣告合同无效。解除合同并不意味着他就丧失了可以采取其他救济方法的权利。

综上所述，由于各国法律体系不同，对违约救济方法的规定差异较大，尤其是英美法系与大陆法系之间的差异更大。为了调和两大法系之间的矛盾，《联合国国际货物销售合同公约》从法律原则上对违约救济方法作了比较具体的规定，这对我们订立、履行合同和处理履约争议具有重要的法律和实践意义。

三、对卖方违约的救济方法

在国际货物贸易中，合同一经成立，卖方的基本义务是按时、按质、按量交付合同规定的货物与单据，并转移货物的所有权。但在实践中，卖方违约情况时有发生，因此，买方对卖方的下列违约情形，可依法采取合理的救济方法。

(一) 卖方不交货

交货 (delivery) 是指卖方将对货物的占有权转移出去，其中包括交运货物和提交单据。不交货 (non-delivery) 是指卖方不交运货物或不提交单据。对于卖方不交货，英美法和大陆法以及《联合国国际货物销售合同公约》均规定，买方可以采取各种救济方法，包括要求实际履行、解除合同或请求损害赔偿。但各法主张各种救济方法的条件均不相同。就大陆法而言，当卖方不交货时，各国对采取解除合同和请求损害赔偿的法律规定明显不同。例如，按法国法，解除合同必须经法院判决，同时买方还可要求卖方赔偿因其不交货所引起的各种损失；德国法的规定却相反，不必经法院判决，买方只要向卖方作出解除合同的意思表示，即可解除合同，但买方解除合同后就不得再向卖方提出损害赔偿的要求。

就英美法而言，当卖方不交货时，英国法和美国法对买方的救济方法都分别有不同的规定。按照英国法的规定，当卖方不交货时，买方可以采取请求损害赔偿和实际履行的救济方法。按照美国法的规定，当卖方不交货时，买方不仅可以请求损害赔偿或实际履行，也可采取补进货物或解除合同的救济方法。

《公约》对卖方不交货时买方可以采取的法律救济方法作了下列比较详细的规定。

1. 要求实际履行

《公约》第 46 条规定，买方可以要求卖方履行合同的义务，但条件是买方未采取与此相抵触的补救措施，即买方未采取类似解除合同、另行购货等补救方法。值得注意的是，《公约》规定，卖方不交货时，买方可以要求对方实际履行，但如诉诸法院，法院则按《公约》的规定，不能判令实际履行，因为《公约》并未赋予法院判令实际履行的权利。

2. 解除合同

《公约》第 49 条规定，买方在下列情况下，可以解除合同：(1) 如卖方不交货等于根本性违反合同，买方可以解除合同。(2) 卖方不交货，买方可以规定一段合理时限的额外时间，让卖方履行其义务，如卖方声明他将不在所规定的时间内交货，买方可以解除合同，宣告合同无效。

3. 请求损害赔偿

依照《公约》第 45 条的规定，如果卖方不交货，买方可享有要求损害赔偿的任何权利。对于损害赔偿的范围，在买方宣告合同无效的情况下，可有两种处理方法：(1) 如果买方在宣告合同无效后一段时间内，以合理方式购买替代货物，则要求赔偿的买方可以取得合同价格和替代货物交易价格之间的差额，以及任何其他的损害赔偿；(2) 如果买方宣告合同无效后，买方没有购买替代物，而且货物又有时价，则买方可以取得合同规定的价格和宣告合同无效时的时价之间的差额，以及任何其他的损害赔偿。

（二）延迟交货

延迟交货是指卖方在约定的交货期后一段时间才履行交货义务，它是国际货物买卖中一种常见的违约情况。在市场价格波动幅度较大的情况下，延迟交货往往会给买方带来比较严重的损失。因此，各国法律对卖方延迟交货时买方可以采取的救济方法，都作了一些规定，现分别介绍如下：

(1) 大陆法对卖方延迟交货的违约行为采取较为宽容的态度。德国法规定：如果卖方不按时交货，买方不能马上解除合同，应向卖方发出催告，给予卖方一定的交货宽限期；如卖方逾期仍不交货，买方才有权采取其他的救济方法，包括解除合同或请求损害赔偿。

(2) 英美法对卖方延迟交货持比较严厉的态度。英国法认为，合同中有关交货时间的规定属于合同的要件，卖方不按时交货，就是违反要件，买方有权解除合同并提出损害赔偿。按美国《统一商法典》的规定，卖方延迟交货的行为，若构成严重违约，买方即可解除合同，并请求损害赔偿。

(3)《公约》规定，卖方延迟交货，买方可以行使《公约》允许的各种救济方法，包括解除合同和请求损害赔偿。按《公约》第 49 条的规定，卖方虽不按时交货但已交付货物，买方就不能主张解除合同。但是，对于延迟交货，如果卖方违约构成根本性违约，即使卖方已经交货，买方仍有权解除合同。然而，值得注意的是，按《公约》的规定，对于延迟交货，买方要解除合同，他必须在知道或理应知道卖方已交货后的一段合理时间内这样做，否则，将失去宣告合同无效的权利。《公约》对合理时间无确切的说明，因此，在实际业务中，如遇此情况最好根据具体情况尽快行使。由于卖方延迟交货属于未按合同规定履行交货义务，故买方可要求卖方赔偿由于延迟交货而带来的损失。即使买方已经按《公约》规定解除了合同，他仍然有权提出赔偿损失的要求。

（三）卖方交货与合同规定不符

卖方交货与约定的品质、数量和包装等方面不符的情况，在实际业务中时有发生，因此，各国法律对此有着下列各种不同的规定。

1. 按大陆法的规定

卖方所交货物与合同不符，买方可以解除合同、请求损害赔偿或提出减少价金。若卖方所交付的货物含有隐蔽的缺陷，而卖方对此不知情，买方可以有两种选择：返还货物并要求返还已付的货款；或者接受货物而要求减少价金。

2. 按英美法的规定

若卖方所交货物与合同不符，买方可以行使解除合同和要求损害赔偿的权利。英国法律认为，卖方所交货物不符合合同构成了违反要件，买方就有权拒收货物，解除合同，并仍可要求损害赔偿。美国法律认为，卖方如交货与合同不符，买方可主张拒收货物或解除合同和请求损害赔偿等权利。具体采取哪些救济方法，应视买方是否已接受了货物而定。当买方未接受货物时，可采取的救济方法包括：拒收全部货物，或接受全部货物并请求损害赔偿。如果上述方法不足以弥补买方的损失，买方还可以依照美国《统一商法典》的规定，向法院提出判令卖方实际履行。如果买方已接受了货物，则不能再对已接受的货物提出拒收的权利，而只能要求损害赔偿。

3. 按《联合国国际货物销售合同公约》的规定

如卖方交货与合同规定不符，买方可以行使多种救济手段。但值得注意的是，《公约》规定，买方在采取各种救济方法之前有义务通知对方，否则，他将无权行使《公约》所规定的各种救济方法。《公约》还规定：无论如何，如果买方不在实际收到货物之日起两年内将货物不符合合同情形通知卖方，他就丧失声称货物不符合合同的权利，除非这一时限与合同规定的保证期限不符。按《公约》有关规定，卖方所交货物与合同不符，买方可采取如下的救济方法：

（1）卖方交付替代货物。《公约》第 46 条第 2 款规定，卖方交付替代货物必须受两个条件的约束：一是此权利只有在卖方交货不符合合同而构成根本性违约时，才可行使；二是买方要求卖方交付替代物，必须事先通知卖方。

（2）卖方对不符合合同的货物进行修补。《公约》第 46 条第 3 款规定，如买方认为，对货物的修补不会给他带来不合理的不便，而且经过修补可以达到规定货物的使用价值，则买方可以采取这种救济方法。

（3）减低货价。《公约》第 50 条规定，减价的幅度，应按实际交付的货物在交货时的价值与符合合同的货物在当时的价值两者之间的比例计算。值得注意的是，如卖方曾对交付的不符合合同的货物进行了修补，或买方拒绝卖方进行修补，则买方就不能再采取减低货价的救济方法，而只能请求损害赔偿。

（4）解除合同。《公约》第 49 条规定，只有在下列两种情况下，买方才能主张解除合同：1）卖方所交货物不符合合同并构成根本性违约，买方可以立即宣告合同无效。2）如卖方所交货物不符合合同规定，但未构成根本性违约，则买方应规定一段合理的额外时间，让卖方对不符之处进行补救。如卖方未能在规定的合理时间内交付与合同相符的货物，或未能对不符合合同的货物进行修理，或声明他将不采取任何补救措施，则买方才可宣告合同无效。

（5）请求损害赔偿。按《公约》第 45 条的规定，买方不因行使了其他的救济方法而丧失请求赔偿的权利。

四、对买方违约的救济方法

在国际货物贸易中，合同一经成立，买方的基本义务是按合同规定受领货物，并支付货款。但在实践中，由于种种原因，买方不按合同规定受领货物和支付货款的情况时有发生，因此，各国法律对此都规定了一些救济方法，但其规定很不一致，现分别介绍如下。

（一）大陆法的规定

根据大陆法的一般规定，如买方不按合同规定受领货物或不支付货款，卖方有权采取解除合同、请求损害赔偿或提起支付价金之诉的各种救济方法。例如，《法国民法典》规定：若买方不支付价金，卖方可不经催告就立即解除合同；若买方延迟支付价金，卖方可先进行催告，通知对方支付价金，并有权取得从催告日起算的利息损失；若买方收到货物，并对货物进行处置，则买方应偿付卖方自应支付价金之日起算的一切利息损失。按《德国民法典》有关规定，若买方不支付货款，卖方不仅可以采取解除合同和请求损害赔偿，而且还可提起支付价金之诉。

（二）英美法的规定

1. 英国法的规定

按英国《1893 年货物买卖法》的规定：除非合同另有约定，付款时间不应认为是合同的要件。因此，如买方不按合同规定的时间支付货款，卖方不能轻易地解除合同。按该法的有关规定，如买方拒绝支付货款，卖方可以采取两种不同的救济方法：一种是物权方面的救济方法；另一种是债权方面的救济方法。前者是指对货物行使的权利，它包括留置权、停运权和转售货物的权利；后者是指债权人可向对方依法主张的权利，它包括请求损害赔偿、解除合同或提起支付价金之诉等。英国法把卖方可行使的救济方法同货物所有权联系起来。货物所有权是否转移给买方，决定了卖方的救济方法不同。如果货物所有权尚未转移，卖方一般不能对买方提起支付价金之诉，只能以买方拒收货物或拒付货款为理由请求损害赔偿。如果货物所有权已转移给买方，则卖方可以根据具体情况向买方提起支付价金之诉或请求损害赔偿。

2. 美国法的规定

美国《统一商法典》对于买方违约不受领货物或不支付货款所规定的救济方法与英国法的规定有所不同。美国法将卖方可行使的救济方法与买方是否接受货物联系起来，卖方在买方接受货物之前与之后所行使的救济方法是不同的。

（1）卖方对买方在接受货物之前发生违约的救济方法。

1）扣交货物。如买方未能在规定的日期内付款或无理拒收货物，则卖方有权扣交合同项下的货物，除非买方立即支付现金。

2）停止运交货物。如卖方已将拟向买方交付的货物交给了承运人或其他货物保管人，卖方可阻止占有货物的承运人或其他货物保管人向买方交付货物。

（2）对尚未特定于合同项下的货物进行处置。当卖方得知买方违约时，合同项下的货物尚未制造为成品，则卖方可酌情选择下列两种救济方法之一：

1）继续将合同项下的货物制造为成品，并将它归于合同项下，然后再向买方请求损害赔偿。

2）停止制造合同项下的货物，并将现有的半成品另行出售，然后再向买方请求损害赔偿。

（3）转售货物。买方拒收货物或拒付货款后，按美国《统一商法典》的规定，卖方除

可行使以上权利之外，还可以将有关货物或未交付的剩余货物，以善意和商业上合理的方式转售。

（4）请求损害赔偿。按美国《统一商法典》的规定，损害赔偿的金额应按以下两种方法来折算：

1）如卖方将合同项下的货物转售，则请求损害赔偿的金额为转售价格与合同价格之间的差额，加上附带的损失，但须减去由于买方违约而节省的费用。

2）如卖方不将合同项下的货物转售，则请求损害赔偿的金额应为交货时、交货地的市价与原合同规定的价格之间的差额，加上附带损失，但须减去由于买方违约而节省的费用。

（5）向买方提起支付价金之诉。按照美国《统一商法典》的规定，此种救济方法只在下列情况下行使：

1）如果合同项下的货物在风险转移于买方之后发生损害或灭失。

2）如果卖方在经过合理的努力后，仍然无法以合理的价格将合同项下的货物转售。

（三）《公约》的规定

《联合国国际货物销售合同公约》将上述大陆法与英美法的有关规定作了一些折中。按《公约》的有关规定，若买方不履行约定的义务，卖方可以采取下列救济方法。

1. 请求买方实际履行

《公约》第62条规定，如买方违约，卖方可要求买方履行合同义务，包括支付价款、收取货物或履行其他约定的义务。但值得注意的是，这项救济方法要受两个条件的约束：一是卖方尚未采取与实际履行相抵触的补救方法；二是此项实际履行的要求，仅限于当事人之间，法院无权按《公约》规定判令买方实际履行合同义务。

2. 规定一段额外的合理时间让买方履行其义务

《公约》第63条规定，如买方违约，卖方可以规定一段额外的合理时间，让买方履行其合同义务，卖方在这段时间内不得再采取其他的救济方法，但卖方并不因此而丧失可能享有的其他权利。

3. 解除合同

《公约》第64条规定，当买方违约时，在下述两种情况下，卖方可解除合同：

（1）买方不履行合同义务构成《公约》所规定的根本性违约。

（2）如买方违约不构成根本性违约，则卖方应给买方规定一段额外的合理时间，让其履行合同义务。如买方不在这段时间内履行其义务，或声称他将不履行其义务，则卖方可解除合同。

应当指出，解除合同的卖方，仍可根据《公约》的有关规定行使其他的救济方法。

4. 请求损害赔偿

如买方不支付货款或不受领货物，按《公约》第61条的有关规定，卖方可以要求损害赔偿。其损害赔偿的金额应相当于他由于买方违约所造成的包括利润在内的损失。

[本章小结]

1. 在我国进出口贸易中，买卖双方签订合同后，都应本着重合同、守信用的原则，切实履行合同规定的各项义务，任何一方不得擅自变更或解除合同。如合同一方当事人违约或毁约，致使对方的合法权益受到损害时，受损害的一方当事人有权采取适当的救济措施，依法取得相应的补偿。

2. 履行出口合同时，一般包括下列程序：按时、按质、按量备妥约定的货物，并做好报验工作；如按信用证付款条件成交，要及时做好催证、审证和改证工作；如按卖方安排运输的条件成交，应及时做好租船、订舱和安排运输的工作；办理货物报关、发运和投保货物运输；缮制出口有关单据和办理货款结算与收汇工作。

3. 履行进口合同时，一般包括下列程序：如按信用证付款条件成交，应按合同规定办理开证手续；如按买方安排运输的条件成交，买方应及时租船、订舱和安排接运货物事宜；办理货物运输保险；审单付款；办理进口货物的报关、纳税、提货、报验和拨交手续。

4. 在履行进出口合同过程中，任何一方违约，守约方即可采取相应的救济方法，以追究违约方的法律责任。各国法律对各种救济方法的具体规定互不相同，有的甚至差异很大，但是，其基本救济方法可概括为实际履行、损害赔偿和解除合同三种类型。

[重要概念]

1. 议付
2. 索偿
3. 付款赎单
4. 发票
5. 违约救济

[思考题]

1. 履行出口合同包括哪些基本环节？出口企业在备货环节应注意哪些事项？

2. 审核国外开来的信用证时应注意什么问题？

3. 国际保理业务有何特点？对于非信用证结算方式，是否都有必要采用保理方式来收回货款？

4. 制作和审核结汇单据的基本原则是什么？

5. 进口合同履行包括哪些基本环节？办理进口报关、提货时，主要应注意哪些事项？

6. 英美法和大陆法在违约构成方面有何区别？违反要件和违反担保的法律后果如何？

7.《联合国国际货物销售合同公约》对违约是如何划分的？按照各国法律及《联合国国际货物销售合同公约》的规定，对于违约的基本救济方法有哪些？

8. 如果卖方不交货，或卖方所交货物与合同规定不符，则买方根据《联合国国际货物销售合同公约》可以采取哪些救济方法？

案例分析

一、买方拒收货物是否合理争议案

1. 案情简介

在希普顿·安德逊公司诉威尔兄弟公司一案中，交易双方在履行买卖小麦的合同时，卖方交货重量比合同许可的限度 4 950 吨多出 55 磅，当时按合同价计算，价款总值为 4 万英镑以上，而 55 磅小麦仅值 4 先令，卖方并未对这 4 先令提出要求。尽管如此，买方仍以超重为由拒收整批货物，于是卖方便将该批货物赔本出售，然后以买方无理拒收货物为由，向买方提出损失赔偿要求，并诉诸法院。法官根据本案情况，判决买方无权拒收货物，卖方终于胜诉。

2. 案例分析

法院受理本案后，法官在分析本案时指出：问题在于是否大幅度地偏离合同。拒收权是建立在卖方不准备也不愿意履行合同或未曾履行合同的假设上的。买方提供错误的数量，是不准备也不愿意履行合同的表现。但法官又认为，那应是指所超过的或短少的重量达到了能够影响买方心理的程度。在法官看来，本案所发生的超重，并没有达到那样的程度。本案超过约定的重量是微不足道的，而且卖方对超过重量的那部分货款并没有提出要求，他基本上是履行了合同。因此，买方无权拒收货物。

二、买方对卖方违约采取合理措施争议案

1. 案情简介

2009 年 8 月 12 日，买卖双方按信用证付款条件签订了两份买卖金属硅的合同。合同订立后，金属硅价格上涨，买方依约开出了信用证，但卖方拒不按约交货。买方见信用证已过期，为减少损失，便从别的公司购买了相同品质的替代货物。之后，买方以卖方违约为由，向卖方索赔差价损失。双方经协商未果，买方遂向中国国际经济贸易仲裁委员会上海分会提请仲裁。仲裁庭开庭审理后，对买方采取的补救措施予以支持，裁定卖方应赔偿买方购买合同替代货物所造成的货物差价损失。

2. 案例分析

本案合同项下的卖方，收到买方依约开来的信用证后，理应履行约定的交货义务，而卖方见其出售货物的市价上涨，即拒不交货，违反了诚信原则，实属严重违约行为。由于卖方未按约定时间交货，导致信用证已过期，在此情况下，为了减少损失，买方采取合理补救措施，从别的厂家购买了合同替代货物，并要求卖方赔偿其差价损失。买方的上述补救措施和索赔请求，是有合同依据的，也符合国际贸易的一般惯例，理应得到支持。

三、卖方对买方违约采取措施不当争议案

1. 案情简介

2009 年 12 月 8 日，买卖双方签订一份塑胶制品的销售确认书，其中规定：付款条件为信用证即期付款；买方进行装运前查验，签署合格证书后，方可装运。合同订立后，买方以“情势变迁”及其所订产品在英国市场销路不好为由，提出解除合同，要求卖方停止交货。卖方表示不同意，并仍然安排生产和交货。2010 年 2 月 28 日，卖方将确认书项下的货物装运。卖方为了议付收汇，在未经买方检验的情况下自己打印了买方签章的证明。此后，双方在支付货款问题上发生争议，经协商、调解不成，卖方遂向中国国际经济贸易仲裁委员会上海分会提请仲裁。

仲裁委员会受理此案后，经过两次开庭审理。其裁决结果是：买方解除合同的理由不能成立，而卖方继续安排生产和装运货物属于措施不当，即属于对买方违约所造成的损失

的扩大，在卖方不能提供因买方违约而给卖方造成具体损失的有效证明的情况下，故对卖方的请求予以驳回。

2. 案例分析

本案交易双方依法签订的销售确认书，对双方均具有法律约束力。作为被申请人的买方，随意解除合同是根本违约行为。众所周知，国际市场变化是正常的贸易风险，而不属于所谓的“情势变迁”，作为贸易商的买方，在签订销售确认书时，应当预见到可能出现的贸易风险，并且应有承担这种风险的准备。买方为了规避市场风险，竟随意取消同卖方签订的确认书项下的订单，其理由不能成立，买方理应承担因违约而给卖方造成的损失。

应当指出，在买方无理解除合同的情况下，卖方的正确做法应该是通过法律途径维护自己的合法权益并向对方明确提出赔偿损失的具体要求，而不应仍继续生产已被对方取消的订单项下的产品，特别是在装运货物方面的做法，更是不当。正是由于作为申请人的卖方在处理买方违约问题上考虑欠周，其采取的措施也不当，致使损失扩大。根据《中华人民共和国合同法》第 119 条的规定：“当事人一方违约后，对方应当采取适当措施防止损失的扩大；没有采取适当措施致使损失扩大的，不得就扩大的损失要求赔偿。”

综上所述，仲裁庭对作为本案申请人的卖方的全部请求予以驳回，是有充分事实和法律依据的。

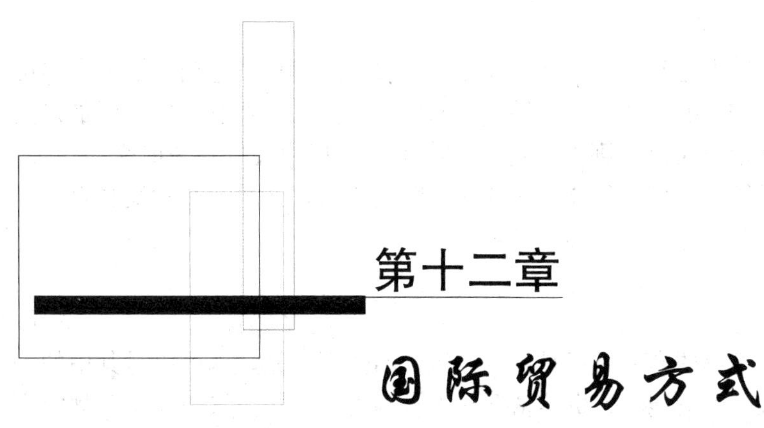

第十二章 国际贸易方式

［学习目标］

通过本章的学习，使学员了解国际贸易中存在的各种灵活多样的贸易做法，掌握每种贸易方式的基本概念、交易程序以及相关协议的主要内容，熟悉各种做法的性质、特点及利弊，并熟练地记住这些交易方式中所产生的重要概念和术语。在此基础上，通过对比分析方法，总结出几种相关联的贸易方式之间的异同点，从而有助于正确地把握它们的法律特征，并能够在实际业务中根据需要，灵活选择合适的贸易方式。另外，还应了解电子商务的概念、类型及电子商务在当代国际贸易中所发挥的作用。

第一节　包销、寄售与代理

一、包销

（一）包销的含义及性质

国际贸易中的包销（exclusive sales）是买卖双方通过订立协议，规定买方（包销人）在协议规定的期限和地域内，对指定的商品享有独家专营权的经销方式。

包销业务中的两个当事人，供货人和包销人之间是一种买卖关系，即供货人是卖方，包销人是买方。双方通过订立独家经销协议确立对等的权利和义务。从法律上讲，供货人和包销人之间是货主对货主（principal to principal）的关系。在这种关系下，供货人按照协议规定向包销人供应指定的商品，包销人是以自己的名义买进商品，自行销售，自负盈亏，承担货价涨落及库存积压的风险。包销人在协议规定的区域内转售这些商品时，也是以自己的名义进行。接受转售商品的当地客户与外国供货人之间不存在合同关系。

(二) 包销协议的主要内容

包销协议是供货人和包销人之间订立的确立双方法律关系的契约。包销协议的内容可繁可简，这要由订约双方根据商品的特点、销售地区的情况以及双方当事人的意图加以决定。在实际业务中，许多包销协议只原则地规定双方当事人的权利义务和一般交易条件，以后每批货的交付要依据经销协议订立具体买卖合同，明确价格、数量、交货期甚至支付方式等具体交易条件。

包销协议通常主要包括以下内容。

1. 包销商品的范围

在包销方式下，包销人经销的商品可以是供货人经营的全部商品，也可以是其中的一部分商品，这要根据包销人的经营能力、资信情况等来合理确定。在协议中要明确规定商品的范围，以及同一类商品的不同牌号和规格，以便于执行。

2. 包销的区域

包销区域也就是包销人行使独家经营权的地理范围。经销的区域可大可小，确定经销区域时要考虑包销人的经营能力、经销网点的大小，以及商品的性质等因素。对于包销区域的规定并非一成不变，它可以根据业务发展的具体情况，由双方协商加以调整。在包销协议中，规定了包销区域之后，供货人即要承担义务，在该区域内不再指定其他经销商经营同类商品，以维护包销人的专营权。不少包销协议中也相应规定，包销人不得向包销区域之外转售指定的商品。

3. 包销数量或金额

在包销协议中通常都要规定包销人在一定期限内负责推销商品的数量或金额。这一规定具有双重意义，它既规定了包销人应承购的数额，也规定了供货人应保证供应的数额，对协议双方有同等的约束力。包销数额一般采用规定最低承购额的做法，确定实际承购额有不同的做法，一般多以实际发运数额为准。

4. 作价方法

包销的商品可以在规定的期限内一次作价，结算时以协议规定的固定价格为准。但这种做法对交易双方都有一定的风险，所以，大多数包销协议是采用分批作价的方法，即在协议中只规定由双方签订包销数额，一般采用规定最低承购额的做法。确定实际承购数额有各种不同的做法，一般以实际装运数为准。即在签订具体合同或成交确认书时予以确定，也可以规定，价格由双方随时或定期（如按季度）根据市场情况加以商定。

5. 包销商的其他义务

这主要包括：做好广告宣传、市场调研和维护供货人权益等。在通常的包销协议中，往往规定，包销人有义务为其所经营的商品做广告宣传工作，以促进销售。在协议中还可以规定包销人承担市场调研的义务，这主要是指收集和报道当地市场的情况，供出口人在制定销售策略和改进产品质量时参考。有的包销协议中还规定，在包销区域内如果发生侵犯供货人知识产权的问题，包销人要及时向供货人通报，并配合供货人采取必要的行动，维护其合法权益。

6. 协议期限和终止条款

在这一条款中，首先要规定协议的生效时间，一般采用签字生效的做法。协议期限可规定为一年或若干年。本条款中往往还要规定延期条款，其做法可以是经双方协商后延期，也可以规定在协议到期前若干天如没有提出终止的通知，则可以继续延长一期。

除了协议期限届满可以终止外，如遇到下列情况之一，也可以终止协议：

(1) 任何一方有实质性的违约行为，并在接到另一方的要求纠正该违约行为的书面通知后的一段时间内，未能加以纠正。

(2) 任何一方发生破产清理或公司改组等严重事项，另一方提出终止协议的书面通知。

(3) 由于发生了人力不可抗拒的意外事故，造成协议落空，而且遭受事故的一方在一定的期限之后仍无法履行协议规定的义务，另一方发出终止协议的书面通知。

除上述主要内容外，还应规定不可抗力及仲裁条款等一般交易条件，其规定方法与一般买卖合同大致相同。

(三) 包销方式的利弊及注意问题

对于出口商来讲，采用包销方式是稳固市场、扩大销售的有效途径之一。这主要是因为，在包销方式下，出口商通常要在价格、支付条件等方面给予包销商一定的优惠，这有利于调动包销商的积极性，利用其经销渠道为推销出口商品服务。由于包销商在经销区域内对指定的商品享有独家专营权，这在一定程度上可避免或减少因自相竞争而造成的损失。当然，这只是成功的经验。在实际业务中，我们也有过失败的教训。根据以往的经验，为了扩大出口而采用独家经销方式时，应注意以下问题。

1. 慎重选择包销商

经验证明，如果包销商选择得当，他可以利用自己熟悉所在国或地区的消费习惯，以及政府条令、法规等方面的便利，及时为供货商提供必要的信息，如市场供需情况、消费者对产品的反映等，以帮助其改进产品，做到适销对路，并且减少不必要的法律纠纷。然而，如果包销商选择不当，其经营能力较弱，或者信誉不佳，则会使供货人陷入困境。有些包销商在市场情况不利时，拒绝完成包销协议中规定的承购数额，或“包而不销”，结果不仅不能使供货商通过包销方式达到扩大出口销售的目的，反而减少了出口销量，又失掉了其他客户。为了防止这类情况的发生，出口商在选择包销商时，必须认真进行资信调研，以防后患。

2. 订好包销协议

包销协议是确定供货人和包销人之间的权利和义务的法律文件，协议规定得好坏，直接关系到业务的成败。在协议中应合理确定包销的商品种类，因为并非所有的商品都适合采用包销方式。一些市场潜力较大，出口方货源又有限的畅销商品就不宜采用包销方式，以免捆住手脚。对于包销商品的数量或金额，也应根据实际情况合理规定，不要过高或过低。过高，完不成定额，会产生纠纷；过低，则达不到扩大出口的目的。另外，还应妥善地规定包销的区域和期限。一开始，区域不宜过大，期限不宜过长。以后随着双方合作的发展情况再逐步调整。关于其他条款，均可根据双方的共同意愿，作出合理明确的规定。

二、寄售

(一) 寄售的概念及性质

寄售(consignment)是一种委托代售的贸易方式，其一般做法是，寄售人(consignor)

先将准备销售的货物运往国外寄售地，委托当地代销人（consignee）按照寄售协议规定的条件代为销售后，再由代销人向货主结算货款。

寄售是按双方签订的协议进行的，寄售人和代销人之间不是买卖关系，而是委托与受托关系。寄售协议属于行纪合同（或信托合同）性质。按照我国合同法的解释，行纪合同是指行纪人接受委托人的委托，以自己的名义，为委托人从事贸易活动，委托人支付报酬的合同。在寄售业务中的代销人属于行纪人，他也是一个赚取佣金的受托人。由此可见，寄售与前面所讲的包销方式有明显的区别。

（二）寄售协议的主要内容

寄售协议是寄售人和代销人之间就双方的权利义务以及寄售业务中的有关问题签订的法律文件。寄售协议中一般应包括下列内容：协议性质、寄售地区、寄售期限、寄售商品名称、规格、数量、运输、保险、商品检验、作价办法、佣金的支付、货款的收付，以及对未售出货物的处理办法等。在签订寄售协议时，要特别注意以下几个条款。

1. 寄售商品的作价方法

在寄售协议中规定寄售商品的作价方法时，归纳起来，大致有四种不同做法：

(1) 规定最低限价。代销人在不低于最低限价的前提下，可以任意出售货物，否则，必须事先征得寄售人同意。

(2) 随行就市。代销人可在不低于当地市价的情况下出售寄售货物，寄售人不作限价。这种做法，代销人有较大的自主权。

(3) 销售前征得寄售人同意。代销人在得到买主的递价后，立即征求寄售人意见，确认同意后，才能出售货物。也有的是规定一定时期的销售价格，由代销人据以对外成交。

(4) 规定结算价格。货物售出后，双方依据协议中规定的价格进行结算。对于代销人实际出售货物的价格，寄售人不予干涉。这种做法，代销人须承担一定的风险。

2. 佣金的支付

佣金是寄售人付给代销人作为其提供服务的报酬。除了采用结算价格方式以外，寄售人都应支付给代销人一定数量的佣金。佣金结算的基础一般是发票净售价，通常解释为用毛售价减有关费用（如已包括在售价之内），如销售税、货物税、增值税、关税、包装费、保险费、仓储费、商业和数量折扣、退货的货款和延期付款的利息等。

关于佣金的支付时间和方法，做法各异。代销人可在货物售出后从所得货款中直接扣除代垫费用和应得佣金，再将余款汇给寄售人，也可先由寄售人收取全部货款，再按协议规定计算出佣金汇给代销人。佣金多以汇付方式支付，也有的采用托收方式收取。

3. 货款的收付

寄售方式下，货款多数是在货物售出后收回。寄售人和代销人之间通常采用记账的方法，定期或不定期地结算，由代销人将货款汇给寄售人，或者由寄售人用托收方式向代销人收款。为了保证收汇安全，有的当事人在协议中加订“保证收取货款条款”，或者在协议之外另订“保证收取货款协议”，并可由代销人提供一定的担保。

4. 剩余商品的处理办法

由于寄售属于委托代售方式，寄售商品在未售出之前所有权归寄售人，所以，在寄售协议中通常都用明确的文字规定，在寄售期结束后，对未售出的剩余商品，代销人可以退

给寄售人。当然，双方也可以作出其他约定，如有的规定剩余商品可作价卖给代销人，或者规定剩余商品自动转入下一个寄售期继续销售。

（三）寄售方式的特点及利弊

1. 寄售方式的特点

（1）寄售人先将货物运至目的地市场（寄售地），然后经代销人在寄售地向当地买主销售。因此，它不同于售定方式那样在货物发运前已有买主，是典型的凭实物进行买卖的现货交易。

（2）寄售人与代销人之间是委托代售关系，而非买卖关系。代销人只根据寄售人的指示处置货物。货物的所有权在寄售地出售之前仍属寄售人。万一代销人破产，寄售人仍可收回寄售商品。

（3）寄售货物在售出之前，包括运输途中和到达寄售地后的一切费用和风险如运费、保险费、储存费、税收以及其他杂项费用，除非代销人失责或违反寄售协议规定，均由寄售人承担。

（4）寄售货物装运出口后，在到达寄售地前也可使用出售路货的办法，先行销售，即当货物尚在运输途中，如有条件即成交出售，出售不成则仍运至原定目的地。

（5）代销人在货主授权范围内，可以用自己的名义与当地客户直接签订买卖合同。如代销人与当地客户发生贸易纠纷，代销人可以是直接的申诉人或被诉人。

2. 寄售方式的优点

（1）对寄售人来说，寄售有利于开拓市场和扩大销路。通过寄售可以与实际用户建立关系，扩大贸易渠道，便于了解和适应当地市场需要，不断改进品质和包装。另外，寄售人还可根据市场供求情况，掌握有利的推销时机。

（2）代销人在寄售方式中不需垫付大量资金，也不承担商业风险，只需提供销售服务，就可获取佣金，因此，寄售方式有利于调动那些有推销能力、经营作风好、但资金不足的代销人的积极性。

（3）寄售通常都是凭实物进行的现货买卖，买主可在交易现场按质论价，看货成交，付款后即可提货，大大节省了交易时间，减少了风险和费用，为买主提供了便利。

3. 寄售方式的缺点

（1）承担的贸易风险大。寄售人要承担货物售出前的一切风险，包括运输途中和到达目的地后的货物损失和灭失的风险，货物价格下跌和不能售出的风险，以及代销人资信不佳而导致的损失。

（2）资金周转期长、收汇不很安全。寄售方式下，货物售出前的一切费用开支均由寄售人负担，而货款要等货物售出后才能收回，不利于其资金周转。此外，一旦代销人违反协议，也会给寄售人带来意料不到的损失。

三、代理

（一）代理的概念

代理（agency）的一般概念是，代理人（agent）按照本人（principal）的授权，代表本人与第三人订立合同或从事其他法律行为，而由本人直接负责由此所产生的权利与义务。我国《民法通则》第 63 条规定:“代理人在代理权限内,以被代理人的名义实施民事法律行为,被代理人对代理人的代理行为承担民事责任。”

国际贸易中的代理是以委托人为一方,接受委托的代理人为另一方达成协议,规定代理人在约定的时间和地区内,以委托人的名义与资金从事业务活动,并由委托人直接负责由此而产生的后果。

(二) 代理的类型

按国际货物买卖中的代理按委托人授权范围的不同,可将代理划分为以下几类。

1. 总代理

总代理 (general agent) 是委托人在指定地区的全权代表,他有权代表委托人从事一般商务活动和某些非商务性的事务。

2. 一般代理

一般代理 (agent) 又称佣金代理 (commission agent),指不享有独家经营权的代理。因此,在同一地区和期限内委托人可同时委派几个代理人代表委托人行为。

3. 独家代理

独家代理 (sole agent 或 exclusive agent) 是在指定地区和期限内单独代表委托人行为,从事代理协议中规定的有关业务的代理人。委托人在该地区内,不得再委托其他代理人。

按照行业的性质来分,代理又包括销售代理、购货代理、货运代理、保险代理等,此外还有广告代理、诉讼代理、仲裁代理等。本节只重点介绍进出口业务中常见的独家销售代理。

(三) 独家代理的特点

在国际货物买卖中的独家代理是享有独家专营权的代理,代理商和进出口企业之间不是买卖关系,而是委托和被委托的关系。在代理商和进出口企业之间,没有货物所有权的转移,代理商不承担经营风险,也不负担盈亏。

在代理业务中,代理商只是代表委托人招揽客户、接受订单、签订合同、代为处理委托人的货物、收受货款等,并从中收取协议规定的佣金,即代理商拥有积极推销货物的义务和享有收取佣金的权利。

(四) 独家代理协议的主要内容

代理协议也称代理合同,它是用以明确委托人和代理人之间权利与义务的法律文件。协议内容由双方当事人按照契约自由的原则,根据双方的合意加以规定。国际贸易中的代理种类繁多,代理协议的形式和内容也各不相同。业务中常见的独家销售代理协议主要包括以下内容。

1. 代理的商品和区域

协议要明确规定代理商品的品名、规格以及代理权行使的地理范围。其规定方法与包销协议大体相同。

2. 代理人的权利与义务

这是代理协议的核心部分。一般应包括下述内容:

(1) 明确代理人的权利范围,是否有权代表委托人订立合同,或从事其他事务,以及明确其所享有的专营权。

（2）规定代理人在一定时期内应推销商品的最低销售额，并说明核定方法，以及完不成定额的处理办法。

（3）代理人应在代理权行使的范围内，保护委托人的合法权益。代理人在协议有效期内无权代理与委托人商品相竞争的商品，也无权代表协议地区内的其他相竞争的公司。对于在代理区域内发生的侵犯委托人的知识产权等不法行为，代理人有义务通知委托人，以便采取必要措施。另外，代理人还负有保守商业秘密的责任。

（4）代理人应承担市场调研和广告宣传的义务。在独家代理协议中，往往规定代理人应定期或不定期地向委托人汇报有关代理区域的市场情况，对代理的商品进行广告宣传，并确定广告的内容及其形式。

3. 委托人的权利与义务

委托人的权利主要体现在对客户的订单有权接受，也有权拒绝，对于拒绝订单的理由，可以不作解释，代理人也不能要求佣金。对于代理人在授权范围按委托人规定的条件与客户订立的合同，委托人应保证执行。委托人有义务维护代理人的合法权益，保证按协议规定的条件向代理人支付佣金。在独家代理的情况下，委托人要尽力维护代理人的专营权。如由于委托人的责任给代理人造成损失，委托人应予以补偿。

4. 佣金的支付

佣金是代理人为委托人提供服务所获得的报酬。代理协议要规定在什么情况下代理人可以获得佣金。在独家代理的协议中，常常规定如委托人直接与代理区域内的客户签订买卖合同，代理人仍可获取佣金。协议中还要规定佣金率、佣金的计算基础、佣金的支付时间和方法等内容。

5. 商标保护、广告宣传和市场报导

代理商同包销商一样，按协议规定，有义务对推销货物的商标予以保护，并进行广告宣传和市场销售情况的报导。但对上述所支付的费用，有的规定由委托人支付，还有的规定由委托人与代理商共同分担支付。

除上述基本内容外，还可在协议中规定不可抗力条款、仲裁条款以及协议的期限和终止办法等条款。这些条款的规定办法与包销协议的做法大致相同。

四、包销、寄售与代理的比较

在出口业务中，出口商为了能够将自己经营的商品顺利地打入国外市场，或者在进入市场后能在当地站稳脚跟并逐步扩大市场份额，可以根据具体情况选择包销、寄售或代理方式。只要方式选择得当，合同条款订得合理，又能找到合适的合作伙伴，就可以达到以上目的，扩大出口贸易。

根据我国出口业务中的经验，有的商品有一定的销售基础，但在市场上遇到许多竞争对手，可以考虑通过包销方式从巩固销路中求得发展；有的新产品，经过试销发现在当地有一定的发展前途，如果遇到有信誉好、经营能力强的客户表示愿意专销这些产品并且承担一定的销售额度，就可以利用包销方式来打开局面；在市场上已占有一定份额的商品，再要扩大和发展已感到困难，这时可选择当地实销大户进行包销，以稳住已有的销售阵地。

对于正在开发新产品或开拓新市场的出口商来讲，寄售这种方式可以起到“投石问路”的作用。另外，寄售是一种凭实物的买卖。在国际贸易中，有些难以划分规格、等级或标准的商品，或者单凭“小样”难以成交的商品，或者需要抢行应市的商品，为了国外买主就地按质论价，看货成交，可以采用寄售方式。另外，在出售一些小型机器设备时，只凭说明书不足以使买主了解其性能和质量，如采用寄售方式，可在当地展示或表演，则更有利于销售。

代理方式在国际贸易业务中广泛采用，对于促进贸易活动的发展发挥了极其重要的作用。就以本节中重点介绍的销售代理为例，代理人可以利用所掌握的信息资源、销售网络以及推销手段替出口商招揽生意、介绍客户，从而创造大量的交易机会，还可以代表出口商与买主谈判签约，甚至提供售后服务，这些都为贸易的发展起到了他人无法替代的作用。

由此可见，只要运用得当，包销、寄售与代理对于扩大出口都可以发挥很好的作用，但是从法律上讲，它们之间又有明显的区别。在实际业务中，有些人不了解它们之间的差异，将其混淆，从而导致一些不必要的纠纷。这里特将这三种贸易方式在具体做法上的主要区别列表加以说明，见表 12—1。

表 12—1　　包销、寄售与代理的区别

贸易方式	基本当事人	合同性质	操作特点
包销	供货人与包销人	买卖	包销人自担风险，自负盈亏获取商业利润
寄售	寄售人与代销人	行纪	代销人以自己的名义推销商品，行为后果自负，一般以佣金作为报酬
代理	委托人与代理人	委托	代理人以委托人的名义从事商业活动，后果由委托人承担，以佣金作为报酬

在出口业务中，销售代理与包销有相似之处，但从当事人之间的关系来看，二者却有根本的区别。包销人与供货人之间是买卖关系，包销人完全是为了自己的利益购进货物后再转售，自筹资金，自担风险，自负盈亏。而在代理方式下，代理人只是代表委托人从事有关行为，二者建立的契约关系是属于委托代理关系。代理人一般不以自己的名义与第三者订立合同，只居间介绍，收取佣金，并不承担履行合同的责任，履行合同义务的双方是委托人和当地客户。

寄售方式下的代销人也是一个赚取佣金的受托人，其权利与义务同代理人相似，但又有区别。最主要的区别是：代理人在从事授权范围内的事务时，可以用委托人的名义，也可以用自己的名义，但代销人只能用自己的名义处理寄售合同中规定的事务，而且代销人同第三方从事的法律行为，不能直接对寄售人发生效力。由此可见，寄售既不同于包销，又与一般的代理业务有区别。

第二节　招标投标与拍卖

一、招标与投标

招标与投标是一种传统的贸易方式，又简称为招投标，它在国际工程承包和大宗物资的采购业务中被广泛采用。本节中仅就商品采购业务中的招投标加以介绍。

（一）招投标的含义和特点

招投标包含招标和投标两个方面。

招标（invitation to tender），是指招标人在规定的时间、地点，以某种特定的方式发布招标公告，表明自己对特定的商品或服务采购的规格、条件和要求，同时邀请相关的投标人参加投标并按照规定程序从中选择交易对象的一种市场交易行为。

投标（submission of tender），是指投标人按照招标人的邀请，根据招标人发布的招标公告所列明的具体条件和要求，在规定时间内向招标人提交自己报价的过程，它是对招标人的一种响应。

从以上的定义我们可以清楚地看到，招标和投标是同一交易方式的两个最基本的环节，前者是招标人以一定的方式邀请不特定或一定数量的自然人、法人或其他组织投标，供自己选出最合理的报价或者是最优惠的贸易条件的过程；而后者则是投标人响应招标人的要求参加投标竞争，争取获得该项商品或者服务的供应权的过程。招投标方式与其他贸易方式相比，具有以下特点：

（1）招投标方式中，投标人是按照招标人规定的时间、地点和程序规则进行报价。在公开招标的情况下，投标具有全开放、透明度高的特点。按照规则，严格禁止招标人和投标人就投标内容的实质内容单独谈判。通过这样的操作，招标投标活动就完全置于公开的社会监督之下，可以防止不正当的交易行为。而在传统的交易中，价格的磋商过程和价格本身都属于商业机密，买方没有义务向其他方通报。

（2）一般情况下，双方没有反复磋商的过程，投标人发出的投标书是一次性报盘。这样交易的主动权掌握在招标人手中，投标人只能应邀进行一次性递价，并以合理的价格定标。招标人最终选定供货商是通过对报价的筛选结果决定的。所以，投标人报价后是否能够同招标人达成交易完全取决于他递交的投标书的质量和可信程度。只有投标人的报价符合招标方的要求并具有优惠和竞争力，招标人才会与之成交。在传统贸易方式中，合同的订立是通过双方当事人之间的反复博弈和妥协来达成的，任何一方都可以提出自己的交易条件并讨价还价。但是在投标时，投标人只能一次性投标，在递标后一般不能做出修改，这也是为了保证招标程序的公平性。

鉴于招投标是一种竞卖方式，卖方之间的竞争使买方在价格及其他条件上有较多的比较和选择，因此，在大宗物资的采购中，这一方式被广泛运用。

（二）招投标的基本做法

商品采购中的招投标业务，基本上包括四个步骤，即招标、投标、开标评标和签约。

1. 招标

国际上采用的招标方式主要有下列几种类型：

（1）国际竞争性招标（international competitive bidding）。

按其具体做法，又可分为公开招标和选择性招标两种。

公开招标是指招标人在国内外报纸杂志上发布招标公告，使所有合法的投标者都有机会参与竞争，这种做法又称无限竞争性招标。公开招标通常要先进行资格预审，即对打算参加投标的企业的能力、资金和信誉等方面情况进行预先审查，只有通过了资格预审的企业才有权参加投标。进行资格预审有利于提高投标质量。

选择性招标又称非公开招标，是指招标人不公开发布招标通告，只是根据以往的业务关系和情报资料或由咨询公司提供的投标者的情况，向少数客户发出招标通知，这种做法也称为有限竞争性招标。非公开招标多用于购买技术要求较高的专业性设备或成套设备，应邀参加投标的企业通常是经验丰富、技术装备优良、在该行业中享有一定声誉的企业。

(2) 两段招标。

两段招标是指根据该程序，招标活动明显地分为两个阶段：在第一阶段，招标机构就拟采购的目标货物的质量或其他特点以及就合同条款和供货条件等广泛地征求意见，并同招标商进行谈判以确定目标货物的技术规范。在第一阶段结束后，招标机构可最后确定技术规范。第二阶段，招标机构根据第一阶段所确定的技术规范进行正常的公开招标程序，邀请合格的投标商就合同价款在内的所有条件进行投标。

(3) 谈判招标。

这种方式不是通过一次的招标和开标来确定合同，而是由招标机构在开标后，和任何一个投标人通过谈判的方式磋商合同的具体条款，然后再来确定中标人。谈判招标通常应用在金额巨大，投标人实力相当的项目中。

2. 投标

鉴于投标是投标人向招标人发出的报盘，故投标人必须认真对待。投标的做法主要包括获取招标文件、缮制投标书、提供投标担保和递送投标文件等环节。

投标人在投标前首先要取得招标文件，招标文件是招标人为投标人制定的规范性文件，其中对投标人应具备的资格、合同的一般交易条件、技术性标准以及投标截止时间、开标日期等事项，都有明确具体的规定。投标人要认真分析研究之后，根据自己的意图编制投标书。投标书实质上是一项有效期至规定开标日期为止的发盘，内容必须十分明确，中标后与招标人签订合同所要包含的重要内容应全部列入。因此，投标人必须结合各种因素慎重考虑。

为防止投标人在投标后撤标或在中标后拒不签订合同。招标人通常都要求投标人在投标时提供一定比例或金额的投标保证金。招标人决定中标人之后，未中标的投标人已缴纳的保证金即予退还。现今国际招投标业务中一般都以银行保函或备用信用证代替保证金。

投标书应在投标截止日期之前送达招标人或其指定的收件人，逾期无效。投标书一般采用密封挂号邮寄，也可派专人送达。按照一般的惯例，投标人在投标截止期之前，可以书面提出修改或撤回标书。撤回的标书在开标时不予宣读，所缴纳的投标保证金也不没收。

3. 开标评标

开标有公开开标和不公开开标两种方式，招标人应在招标通告中对开标方式作出规定。

公开开标是指招标人在规定的时间和地点当众启封投标书，宣读内容。投标人都可参加，监视开标。不公开开标则是由开标人自行开标和评标，选定中标人，投标人不参加。

开标后，招标人进行权衡比较，也就是所谓的评标。通过评标，选择最有利者为中标人。在现代国际招标业务中，中标与否不完全取决于报价的高低。如果招标人认为所有的投标均不理想，可宣布招标失败。造成招标失败的可能性有三：一是所有报价与国际市场平均价格差距过大；二是所有的投标在内容上都与招标要求不符；三是投标人太少，缺乏竞争性。

4. 签约

招标人选定中标人之后，要向其发出中标通知书，约定双方签约的时间和地点。中标人签约时要提交履约保证金，取代原投标保证金，用以担保中标人将遵照合同履行义务。

二、拍卖

拍卖（auction）是一种具有悠久历史的交易方式，在今天的国际贸易中仍被采用。通过拍卖成交的商品通常是品质难以标准化、或难以久存、或按传统习惯以拍卖出售的商品。另外，在某些不动产和无形资产的交易中也常常采用拍卖方式。

（一）拍卖的概念及特点

国际贸易中的拍卖是由经营拍卖业务的拍卖行接受货主的委托，在规定的时间和场所，按照一定的章程和规则，以公开叫价的方法，把货物卖给出价最高的买主的一种贸易方式。

拍卖业务具有以下特点。

1. 拍卖是在一定的机构内有组织地进行的

拍卖一般都是在拍卖中心，在拍卖机构的统一组织下进行。拍卖机构可以是由公司或协会组成的专业拍卖行，专门接受货主委托从事拍卖业务，也可以是大贸易公司内部设立的拍卖行，还可以是由货主临时组织的拍卖会。

2. 拍卖具有自己独特的法律和规章

拍卖不同于一般的进出口交易。这不仅体现在交易磋商的程序和方式上，也表现在合同的成立和履行等问题上，许多国家的买卖法中对拍卖业务有专门的规定。除此之外，各个拍卖行又订立了自己的章程和规则，供拍卖时采用。这些都使得拍卖方式形成了自己的特色。

3. 拍卖是一种公开竞买的现货交易

拍卖采用事先看货、当场叫价、落槌成交的做法。拍卖开始前，买主可以查看货物，做到心中有数。拍卖开始后，买主当场出价、公开竞买，由拍卖主持人代表货主选择交易对象。成交后，买主即可付款提货。

（二）拍卖的出价方法

1. 增价拍卖

增价拍卖也称英式拍卖，这是最常用的一种拍卖方式。拍卖时，由拍卖人（auctioneer）按照拍卖目录规定的顺序，宣布预定的最低价格，然后由竞买者（bidder）相继叫价，竞相加价，直到拍卖人认为无人再出更高的价格时，则用击槌方式表示竞买结束，将这批商品卖给最后出价最高的人。

2. 减价拍卖

减价拍卖又称荷兰式拍卖（Dutch auction），是由拍卖人先宣布最高价，然后逐渐减低叫价，直到有某一竞买者认为已经降低到可以接受的价格，表示买进为止。这种减价拍卖，成交迅速，经常用于拍卖鲜活商品。

以上两种出价方法都是在预定的时间和地点，按照先后批次，公开叫价，现场确定，当时成交。

3. 密封递价拍卖

密封递价拍卖（sealed bids，closed bids），又称招标式拍卖。采用这种方法时，先由拍卖人公布每批商品的具体情况和拍卖条件等，然后由各买方在规定时间内将自己的出价密封递交拍卖人，以供拍卖人进行审查比较，决定将该货物卖给哪一个竞买者。这种方法不是公开竞买，拍卖人有时要考虑除价格以外的其他因素。有些国家的政府或海关在处理库存或罚没物资时往往采用这种拍卖方式。

4. 网上拍卖

网上拍卖并不是一种全新的拍卖方式，而是以互联网作为媒介进行的拍卖活动。采用网上拍卖方式，竞买人不必亲临拍卖现场，只需在电脑前点击键盘，足不出户即可完成交易。网上拍卖首先要求竞买人按规定登记注册，并提供一定的保证金。具体操作形式也包括前面所提到的增价拍卖、减价拍卖等方式。采用增价拍卖时，通常会预先设定拍卖截止时间，到时出价最高的人就成为买受人。

（三）拍卖的一般程序

拍卖业务进行的程序，一般可分为以下三个阶段。

1. 准备阶段

参加拍卖的货主先要把货物运到拍卖地点，存入仓库。拍卖行将拍卖物集中后，对其价值高低、真伪情况、违禁与否等进行鉴定，再根据拍卖品本身的种类和品级进行必要的挑选、分类、分级、分批，并统一编号。货主在办理委托事项时要与拍卖行订立委托拍卖合同。

拍卖行在此期间还要负责编印拍卖目录。拍卖目录是拍卖行向竞买人所提供的有关即将举行的拍卖活动最翔实的文字说明材料。所有经过挑选分批待售的货物都要载入目录。拍卖目录要在拍卖日期前提供给打算参加拍卖会的买主作为指南。

拍卖是现货买卖，拍卖行必须保证拍卖人在拍卖前能够查看货物，了解商品品质，以便拟订自己的出价标准。

2. 正式拍卖

拍卖会在规定的时间和地点开始，并按照拍卖目录规定的先后顺序进行。拍卖主持人作为货主的代理人掌握拍卖的进程。

拍卖一般多采用由低到高的增价拍卖方式。增价拍卖可以由竞买人喊价，也可以由拍卖人喊价竞买人举牌应价。货主对于要拍卖的货物可以提出保留价（with a reserve），也可以无保留（without reserve）。对于无保留价的，拍卖主持人在拍卖开始前要予以说明；对于有保留价的，竞买人的最高应价未达到保留价时，主持人要停止拍卖。

关于竞买人喊价后能否撤回的问题，不同国家的拍卖法规定有所不同。有的拍卖法规定，在拍卖主持人落槌之前，竞买人可以撤回其出价，我国的拍卖法则规定："竞买人一经应价不得撤回。当其他竞买人有更高应价时，其应价即丧失约束力。"

3. 成交与交货

拍卖以其特有的方式成交后，拍卖行的工作人员即交给买方一份成交确认书，由买方填写并签字，表明交易正式达成。

拍卖商品的货款，通常都以现汇支付，在成交时，买方即须支付货款金额的一定百分比，其余的也须尽快支付。货款付清后，货物的所有权随之转移，买方凭拍卖行开出的栈单（warrant）或提货单（delivery order）到指定的仓库提货。提货也必须在规定的期限内进行。在仓库交货前，拍卖人控制着货物，他有义务妥善保管货物。作为卖方的代理人，他享有要求货款的留置权，即在买方付清货款之前，他有权拒绝交货，除非拍卖条件中允许买方在提货后的一定期限内付清货款。

拍卖行为交易的达成提供了服务，它要收取一定的报酬，通常称作佣金（commission）或经纪费（brokerage）。佣金的多少没有统一的规定。拍卖未成交的，拍卖行可以向委托人收取约定的费用；未作约定的，可向委托人收取为拍卖支出的合理费用。

三、招投标与拍卖方式的比较

招投标与拍卖在货物买卖、工程承包以及其他经济活动中被广泛采用，显示出强大的生命力。这两种交易方式的举办者都是希望借此吸引众多的商家参与其中，形成公开竞争的局面，因而从中获利。许多事实证明，这两种方式运用得当，均可取得良好的经济效益。招投标与拍卖都有各自的特点和长处。

招投标属于竞卖方式。招标人通过招标吸引众多的卖方参与竞争。卖方之间的竞争，使买方在价格及其他条件上有较多的比较和选择，从而在一定程度上保证了所采购商品的较高质量，并可使招标人以相对低廉的价格购进其所需的商品。另外，投标人提交的投标担保和履约担保，也在一定程度上减少了招标人的风险。就投标人而言，这种交易方式也有其有利之处。因为，招投标业务一般涉及的金额都比较大，属于大买卖。只要投标人事先进行了认真的可行性研究，在投标过程中谨慎小心，科学计算，一旦中标，认真履约，通常都能获得可观的经济效益。

拍卖属于竞买方式。拍卖会的主办人通常都会利用媒体的宣传来扩大影响，吸引尽可能多的竞买人到场参与竞争。激烈的竞争使得价格步步攀升，卖主自然从中受益。例如，在艺术品、文物的拍卖业务中，由于拍卖品奇货可居，引得大亨竞相斗富，互不相让，卖出天价的情况屡见不鲜。拍卖价格的高低，除了取决于拍卖品本身的质量外，竞争的激烈程度也是重要的决定因素。对于竞买人来讲，由于拍卖多采用公开的现场、现货竞买方式，透明度很高，且有相关的法律保证其公正性，因而大大减少了买方的风险。总之，采用这种公开竞买的方式，在一定程度上避免了因买卖双方互不见面导致事后发觉上当再索赔打官司的被动局面。

第三节　对销贸易与加工贸易

一、对销贸易

（一）对销贸易的含义及特点

对销贸易（counter trade）是指在互惠的前提下，由两个或两个以上的贸易方达成协议，规定一方的进口产品可以部分或全部以相对的出口产品来支付。

对销贸易不同于单边进出口，实质上是进口和出口相结合的方式，一方商品或劳务的出口必须以进口为条件，体现了互惠的特点，即相互提供出口的机会。另外，在对销贸易方式下，一方从外国进口货物，不是用现金支付，而是用相对的出口产品来支付。这样做有利于保持国际收支平衡，对于外汇储备较紧张的国家具有重要意义。

（二）对销贸易的形式

对销贸易有多种形式，但归纳起来最基本的有三种：易货贸易（barter trade）、反购或互购（counter purchase）、补偿贸易（compensation trade）。

1. 易货贸易

易货有狭义的易货和广义的易货之分。狭义的易货是纯粹的以货换货方式，不用货币支付。其特征是：交换商品的价值相等或相近，没有第三者参加，并且是一次性交易，履约期较短。这种传统的直接易货贸易方式是一种古老的贸易方式，可以追溯到很久以前，在作为一般等价物的货币没有出现时，人们就用这种方式交换各自的劳动产品。但这种易货方式具有很大的局限性，在现代国际贸易方式中很少采用。

现代的易货贸易都是采用比较灵活的方式，即所谓广义的易货。这种贸易方式主要有以下两种不同的做法：

（1）记账易货贸易。一方用一种出口货物交换对方的另一种进口货物，双方都将货值记账，相互抵冲，货款逐笔平衡，无须使用现汇支付。或者在一定时期内平衡（如有逆差，再以现汇或商品支付）。采用这种方法时，进出口可同时进行，也可以先后进行。但一般来说，时间间隔都不长。如 20 世纪 80 年代，孟加拉国黄麻出口公司采用易货方式出口黄麻，要求双方都在银行开立账户，账户保持平衡。又如新中国成立初期我国与斯里兰卡的米胶协议，我方以大米交换对方的橡胶，也是采用记账易货贸易。

（2）对开信用证方式。这是指进口和出口同时成交，金额大致相等，双方都采用信用证方式支付货款，也就是双方都开立以对方为受益人的信用证，并在信用证中规定一方开出的信用证，要在收到对方开出的信用证时才生效。也可以采用保留押金方式，具体做法是：先开出的信用证先生效，但是结汇后，银行把款扣下，留做该受益人开回头证时的押金。这样一来，表面上看双方都以信用证支付从对方购买的货物，但实际上，货款无法提出，还是以货换货。

2. 反购或互购

这是指出口方在出售货物给进口商时，承诺在规定的期限内向进口方购买一定数量或金额的商品。互购贸易涉及两个既独立又相互联系的合同，每个合同都以货币支付，金额不要求等值。这样虽然在两个合同中都使用货币支付，但由于双方都承担了反购义务，实际上在一定时间内，还是等于相互交换货物。这在一定程度上可以解决一方支付能力不足的问题。

要求反购的数额可以相当于进口数额的全部或一定的百分比。在互购这种方式下，第一个合同的出口方只是承诺在以后数月，甚至数年中向进口方反购货物。怎样才能保证第一个合同中的出口方顺利履行其反购义务，就是一个大问题。这个问题不解决，必然影响到这种贸易方式的发展。

3. 补偿贸易

补偿贸易是在信贷的基础上，一方进口机器设备或技术，不用现汇支付，而以产品或劳务分期全额或部分偿还价款的一种贸易做法。补偿贸易区别于其他贸易方式的主要特点是：

（1）补偿贸易是在信贷的基础上进行的，设备引进方要承担利息；

(2) 设备供应方必须承诺回购对方的产品或劳务；

(3) 补偿贸易是一种通过商品交易而起到利用外资作用的交易方式。

补偿贸易的做法主要有以下三种：

(1) 直接产品补偿法，即一方进口国外的设备或技术后，用这些设备或技术生产出来的产品来分期偿还设备款。一般来讲，设备技术进口方多愿采用这种方式，我国在开展补偿贸易中也鼓励采用这种方式。

(2) 间接产品补偿法，即引进设备方用自己所能控制的其他产品偿还。比如苏联从意大利购进一批大口径钢管，65%的货款用废金属、煤、铁矿石分期偿还。这种做法虽有点像反购，但不是反购。因为它仍是在一个补偿贸易合同中，而反购则是分别签订两个单独的合同。

(3) 劳务补偿法，即将补偿贸易与来料加工相结合的做法，即由一方提供设备的同时，提供原材料，委托对方加工装配，另一方用加工费收入分期偿还设备款。

根据商品、劳务在补偿价值中所占的比重不同，补偿贸易有全额补偿和部分补偿之分。

全额补偿，是指引进设备、技术的货款全部用商品、劳务补偿，引进方不动用外汇。

部分补偿，是指引进的价款中有一定的比例用现汇支付，其余用商品或劳务偿还。

补偿贸易合同或协议，涉及问题较多。既要对引进方的设备、技术作出规定（质量、交货期、价款、技术规格、检验等），又要对返销产品做出具体的规定。

（三）对销贸易的利弊

对销贸易是在第二次世界大战后开始发展起来的，20 世纪 70 年代在东西方之间以及发展中国家和发达国家之间逐步推广，20 世纪 80 年代又取得新的进展。究其原因，主要是对销贸易有利于发展中国家冲破贸易壁垒，扩大出口，并且在不增加外债的情况下，换取急需的技术、设备和物资。发达国家也可以通过较优惠的价格获得原材料。

但对销贸易也有它的局限性和不足之处，主要表现在：

(1) 对销贸易是在互惠的原则下进行，使得交易对象的选择和交易的达成以及履行出现很大困难，对销贸易具有鲜明的双边性。这在我国对外开展补偿贸易中充分反映出来。

(2) 对销贸易方式下，市场机制的作用受到很大削弱，价格往往与正常价格有很大偏离，对销贸易的进出口商品往往脱离国际市场的实际价格水平。对一国来说，难以获得社会劳动的最大节约。

二、加工贸易

（一）加工贸易的含义和做法

所谓加工贸易是指一国的企业利用自己的设备和生产能力，对来自国外的原材料、零部件或元器件进行加工、制造或装配，然后再将产品销往国外的做法。加工贸易又分为进料加工和来料加工两种。二者的共同点是“两头在外”，即原材料来自国外，成品又销往国外。

（二）进料加工

1. 进料加工的含义

进料加工一般是指从国外购进原料，加工生产出成品再销往国外。由于进口原料的目的是扶持出口，所以，又可称为“以进养出”。我国开展的以进养出业务，除了包括进口轻工、纺织、机械、电子等行业的原材料、零部件、元器件，加工、制造或装配出成品再出口外，还包括从国外引进农、牧、渔业的优良品种，经过种植或繁育出成品再出口。

2. 进料加工的具体做法

(1) 先签订进口原料的合同，加工出成品后再寻找市场和买主。这种做法的好处是进料时可选择适当时机，低价时购进，而且，一旦签订出口合同就可交货，交货期短。但采取这种做法时，要随时了解国外市场动向，以保证产品能适销对路，避免产品积压。

(2) 先签订出口合同，再根据国外买方的订货要求从国外购进原料，加工生产，这种做法包括来样进料加工。其优点是产品销路有保障，但要注意，所需的原料必须落实，否则会影响成品质量或导致无法按时交货。

(3) 对口合同方式，即与对方签订进口原料合同的同时签订出口成品合同。两个合同相互独立，分别结算。这样做原料来源和成品销售均有保证，但适用面较窄。所以，有时原料提供者和成品购买者可以是不同的人。

3. 开展进料加工的意义

进料加工在我国并非是一种新的贸易方式，但在近年来有了较为迅速的发展。我国开展进料加工的意义主要表现在以下几个方面：

(1) 有利于解决国内原材料紧缺的困难，利用国外提供的资源，发展出口商品生产，创造外汇收入，增加就业机会。同时，有些不能出口的产品还可以满足国内市场的需要。

(2) 开展进料加工可以更好地根据国际市场的需要和客户的要求，组织原料进口和加工生产，特别是来样进料加工方式，有助于做到产销对路，避免盲目生产，减少库存积压。

(3) 进料加工是将国外的资源和市场与国内生产能力相结合的国际大循环方式，也是国际分工的一种方式。通过开展进料加工，可以充分发挥我国劳动力价格相对低廉的优势，并利用相对过剩的加工能力，扬长避短，促进我国外向型经济的发展。

(三) 来料加工

1. 来料加工的含义

来料加工在我国又称为对外加工装配业务，是指由外商提供一定的原材料、零部件、元器件，由我方按照对方的要求进行加工装配，成品交由对方处置，我方按照约定收取工缴费作为报酬。

来料加工与进料加工方式都是两头在外的加工方式，但两者又有明显的不同：第一，来料加工在加工过程中均未发生所有权的转移，原料运进和成品运出属于同一笔交易，原料供应者即是成品接收者；而在进料加工中，原料进口和成品出口是两笔不同的交易，均发生了所有权的转移，原料供应者和成品购买者之间也没有必然的联系。第二，在来料加工中，我方不承担销售风险，不负盈亏，只收取工缴费；而在进料加工中，我方是赚取从原料到成品的附加价值，要自筹资金、自寻销路、自担风险、自负盈亏。

2. 来料加工的性质和作用

来料加工业务不属于货物买卖。因为原料和成品的所有权始终属于委托方，并未发生转移，我方只提供劳务并收取约定的工缴费。因此，可以说来料加工属于劳务贸易范畴，是以商品为载体的劳务出口。

来料加工业务对我方的积极作用主要体现在以下几个方面：

（1）可以发挥本国的生产潜力，补充国内原材料不足，为国家增加外汇收入。

（2）引进国外的先进技术和管理经验，有利于提高生产技术和管理水平。

（3）有利于发展我国劳动力众多的优势，增加就业机会，繁荣地方经济。

对委托方来讲，来料加工也可降低其产品成本，增强竞争力，并有利于委托方所在国的产业结构调整。

3. 来料加工合同的主要内容

（1）对来料来件和成品的规定。在合同中明确规定来料来件的质量、数量要求和到货时间。外商为了保证成品在国际市场上的销路，对成品的质量要求比较严格，因此我方在签订合同时还必须从自身的技术水平和生产能力出发，妥善规定，以免交付成品时发生困难。

（2）关于耗料率和残次品率的规定。耗料率又称原材料消耗定额，是指每单位成品消耗原材料的数额。残次品率是指不合格的产品在全部成品中的比率。这两个指标如果定得过高，则委托方必然要增加成本，减少成品收入；如果定得过低，则承接方难以完成。因此，应根据实际情况合理规定。

（3）关于工缴费结算的规定。工缴费是直接涉及合同双方利害关系的核心问题。来料加工业务中的工缴费结算办法有两种：一是来料来件和成品均不作价，单收加工费。由对方在我方交付成品后通过信用证或汇付方式向我方支付。二是对来料来件和成品分别作价，两者之间的差额即为工缴费。采用这种方式，我方应坚持先收后付的原则，以免垫付外汇。

（4）对运输和保险的规定。来料加工业务涉及两段运输：原料运进和成品运出，须在合同中明确规定由谁承担有关的运输责任和费用。涉及的保险包括两段运输险以及货物加工期间存仓的财产险。从法律上讲，保险应归委托方负责。但从实际业务过程看，由承接方投保较为方便。

此外，来料加工合同中还应订立工业产权保证、不可抗力和仲裁等预防性条款，以保护当事人的合法权益。

三、对销贸易与加工贸易的比较

在国际贸易中，多数的交易均采用单边进出口贸易方式，即交易的一方为卖方，其基本义务是向对方提交货物和单据；另一方为买方，其基本义务是接受货物并支付货款。但在有些贸易方式下，根据双方的安排，将出口和进口结合起来，这就使得卖方和买方的界限有些模糊，因为交易的任何一方都不是绝对的卖方或买方。对销贸易与加工贸易即属于这类做法。

对销贸易与加工贸易又都可分为各种具体的交易形式，每种形式各有其特点和利弊，这在前面已有所论述。总的来讲，对销贸易对于开拓市场、互通有无并保持收支平衡问题发挥了重要作用。而加工贸易则主要是解决各国企业在参与国际分工的过程中如何发挥各自的优势，扬长避短，争取利益最大化的问题。

第四节　商品期货交易

一、期货交易的含义

期货交易（futures trading）又称期货合约交易，是在商品交易所早期实物交易的基础上发展起来的。期货合约交易只是期货合同本身的买卖，交易的结果是支付或取得买进或卖出同等数量期货合约的价格差额。现代期货交易起源于19世纪后期的美国，后来在世界范围内得到普遍发展。改革开放以来，我国的外贸企业开始涉足国际期货市场来配合现货交易。同时，我国也创建了自己的期货市场，利用它的风险转移机制和价格发现机制来促进国内外贸易的发展。

二、期货交易的特点

期货交易与现货交易有明显的区别。现货交易，无论是即期交货还是远期交货，交易双方都必须交付实际货物，转移货物所有权；而期货交易买卖的是标准期货合约，必须在商品交易所内进行，一般不涉及货物的实际交割，只需在期货合同到期前平仓。所谓的平仓或对冲是指在期货合同到期前，交易者做一笔方向相反、交割月份和数量相同的期货合约交易，从而解除其实物交割的义务。

期货交易的特点可以概括为以下几点。

（一）以标准期货合约作为交易的标的

标准合约是由各商品交易所制定的。商品的品质、规格、数量以及其他交易条件都是统一拟订的，买卖双方只需商定价格、交货期和合约数目。

（二）特殊的清算制度

商品交易所内买卖的期货合约由清算所进行统一交割、对冲和结算。清算所既是所有期货合约的买方，又是所有期货合约卖方。交易双方分别与清算所建立法律关系。

（三）严格的保证金制度

清算所要求每个会员必须开立一个保证金账户，在开始买卖每笔期货合约时，按照交易金额的一定百分比缴纳初始保证金。以后每天交易结束后，清算所都按照当日的结算价格核算盈亏，如果亏损超过规定的百分比，清算所即要求追加保证金。该会员须在次日交易开盘前追加保证金，否则清算所有权停止该会员的交易。

期货交易的做法有多种，其中最常见的是套期保值和投机交易。

三、套期保值的含义及操作方法

套期保值又音译为“海琴”（hedging）。套期保值的通常做法是，在买入或卖出实际货物的同时，在期货市场上卖出或买入同等数量的期货合约。套期保值者一般是从事实物交易的经营者和生产者。套期保值之所以能转移现货价格波动的风险，是因为同一商品的实物价格与期货价格变化的趋势基本上是一致的。在购入（卖出）现货的同时售出（买入）期货，这样在现货市场和期货市场上做等量相反的交易，必然会出现一亏一赢的情况，套期保值者正是希望以此来以盈补亏。

套期保值基本上有两种方式：一种称为卖期保值（selling hedge），通常是经营者买进一批实物，为避免价格下跌而遭受损失，从而在交易所预售同等数量的期货合约，进行保值；另一种称为买期保值（buying hedge），经营者卖出一笔日后交货的实物，为避免交货时商品价格上涨，在交易所买入期货合约，来弥补可能的损失。下面通过两个实际例子来说明如何进行上述两种套期保值。

例如，某面粉加工厂买进小麦，工厂主估计以后小麦的价格要下跌，但为了生产又不得不买进。为了避免小麦价格下跌所造成的损失，就可以在买进小麦的同时，在期货市场卖出同等数量的期货合约。这样将来的价格一旦下跌，在实际货物的交易中导致了亏损，但他在期货交易中却会获得一定的盈利，从而用来弥补实货的亏损。买期保值如表 12—2 所示。

表 12—2　　买期保值示例

时间	现货市场	期货市场
3 月 5 日	购入小麦 50 000 蒲式耳，单价 US ＄3.56/bu	卖出 100 张期货合约，共 50 000 蒲式耳，单价 US ＄3.58/bu
6 月 25 日	现货价 US ＄3.50/bu	补进 100 张合约，单价 US ＄3.53/bu
经营结果	现货亏损：3.56－3.50＝0.06	期货盈余：3.58－3.53＝0.05

按上例计算，每蒲式耳只亏损 0.01，假定手续费为＄200，全部算下来，亏损为：50 000×（0.06－0.05）＋200＝＄700，如果不使用套期保值，亏损为：50 000×0.06＝＄3 000。由此可见，通过套期保值，亏损大为减少，这就是卖期保值的具体做法。但需要注意的是，这种做法也放弃了现货市场价格上升可能带来的盈利。

又如，一个豆油出口商与外国商人签订了一笔出口 60 万磅豆油的合同，规定六个月后交货。成交时他手中并无存货，又担心半年后豆油价格上升，如果提前进货，则会增加仓储费和利息负担。于是，出口商就在期货市场上买进同等数量的 6 个月的期货合约。半年后，油价果然上涨，实货方面亏损，期货交易则盈利，可做到盈亏大体相抵，这就是一个买期保值的范例。但出口商也同时放弃了现货市场价格下跌可能带来的盈利。

四、投机交易

前面所讲的套期保值的目的是转移价格风险，而从事投机交易者则是要承担风险，追求利润。投机交易（speculation）的基本原则是低价买进，高价抛出，即贱买贵卖，以获取两次交易的差价。期货市场上的主要投机活动是买空和卖空。

（一）买空

买空又称多头（bull 或 long），使用此种方法的商人在预计价格将上涨时，先买进期货合约，使自己处于多头部位（long position），等到价格上涨后再卖出对冲，从中获利。

（二）卖空

卖空又称空头（bear 或 short），使用此种方法的商人是估计行情看跌，所以先抛出期货合约，使自己处于空头部位（short position），等价格下跌到一定程度在补进对冲，同样赚取差价。

投机商是根据他们各自对期货市场价格走向进行预测的基础上，选择多头或是空头。他们进行投机交易时同时面临着盈利和亏损两种可能，能否获利主要取决于他们对行情预测的准确程度。

从事投机交易的商人也有不同情况，有的交易规模较小，低价时迅速买进，涨价时立即抛出，当日平仓，追求小利，而不冒大的风险。有些大投机商则以大进大出的方式来牟取暴利，他们以各种方式窥测市场动向，寻找有利时机入市，由于成交量大，对市场有较大的影响力。由此可见，从事投机交易的商人在动机上完全不同于从事套期保值者。投机商对实际货物本身并不感兴趣，他们关心的只是如何以贱买贵卖来获取盈利。然而要达到此目的，他们又必须密切关注商品市场上的供求关系的变化趋势，通过较为科学的分析研究，才能做出有利于自己的决策。

［本章小结］

1. 包销是卖方为了扩展和稳住市场，利用国外客户的销售渠道和推销手段来扩大出口销售的一种做法。双方通过订立协议和合同，确立他们之间的买卖关系。客户选择是否得当，协议订立是否合理，都关系到这项业务的成败。

2. 代理有多种类型，在经济活动中被广泛运用。外贸业务中常见的出口销售代理如运用得当，可起到帮助委托人扩大出口销售的作用。但应注意，代理合同属于委托合同的性质，委托人和代理人之间不是买卖关系，而是委托代理关系。

3. 寄售这种贸易方式，在推销新产品或开拓新市场时被经常采用，有时还与展卖相结合，发挥了很好的促销作用。寄售与代理有相似之处，但按照我国《合同法》的规定，寄售合同属于行纪合同，而代理则属于委托合同。

4. 招标与投标在国际工程承包和大宗物资的采购业务中普遍采用，招标与投标通常都是不经过交易磋商，投标人只按照招标人规定的招标条件进行一次性报盘。商品采购中的招标与投标属于一种竞卖方式，基本做法包括四个步骤：招标、投标、开标和评标、签订合约。

5. 拍卖是一种古老的交易方式，在当今的经济活动中仍发挥着重要作用。按出价方法的不同，拍卖可以分为增价拍卖、减价拍卖和密封递价拍卖。拍卖具有自己独特的法律和规章，参与者必须严格遵守。拍卖属于一种竞买方式。

6. 对销贸易不同于一般的单边进口或单边出口，它是进口和出口相结合的贸易方式，体现了互惠的特点，即相互提供出口机会。对销贸易有多种形式，最基本的做法有易货贸易、反购或互购和补偿贸易。

7. 加工贸易是指一国的企业利用自己的生产能力，对来自国外的原料进行加工，然后再将产品销往国外的贸易做法。开展加工贸易可以充分发挥承接方所在国劳动力价格相对低廉的优势，促进该国外向型经济的发展。加工贸易又分为进料加工和来料加工两种做法。

8. 期货交易不同于现货交易或实货交易，它以标准期货合同作为交易的标的，采用特殊的清算制度和严格的保证金制度。期货交易的做法有多种，其中最常见的是套期保值和投机交易。套期保值者的动机是转移风险，而投机者的目的则是谋取利润。

[重要概念]

1. 包销
2. 寄售
3. 独家代理
4. 资格预审
5. 选择性招标
6. 荷兰式拍卖
7. 对销贸易
8. 补偿贸易
9. 加工贸易
10. 套期保值
11. 买期保值
12. 卖期保值
13. 买空
14. 卖空

[思考题]

1. 何谓独家经销？独家经销协议中应包括哪些主要内容？
2. 何谓寄售贸易？其性质如何？
3. 国际贸易中的销售代理有哪些主要形式？
4. 出口销售业务中的独家代理与独家经销有何异同点？
5. 寄售合同与代理合同在性质上有何区别？
6. 招标、投标与拍卖有何不同特点？公开招标与选择性招标有何区别？
7. 国际货物拍卖的出价方法有哪些？
8. 对销贸易有哪些主要做法？它与正常进出口贸易有何区别？
9. 来料加工与进料加工有何异同点？
10. 按照交易者动机的不同，商品期货交易可分为哪两类不同做法？

案例分析

一、有关合同性质的争议案

1. 案情简介

2009年10月20日，A公司同B公司签订了委托代销某种电子元器件的合同。合同规定：代销产品的价格由A公司确定，开具B公司发票，每季度结算一次，代销费为6%，未售出的货物可以退货，合同期为一年。因当时该元器件销路较好，货物很快销完。2010年9月4日，B公司与A公司又签订一份经销合同。该合同规定：A公司向B公司提供2万套元器件，单价86美元，货到付款，10月底之前交货。签约后不久，市场情况发生变化，该产品由畅销变为滞销。B公司收到货物后迟迟不付款，A公司多次催要，B

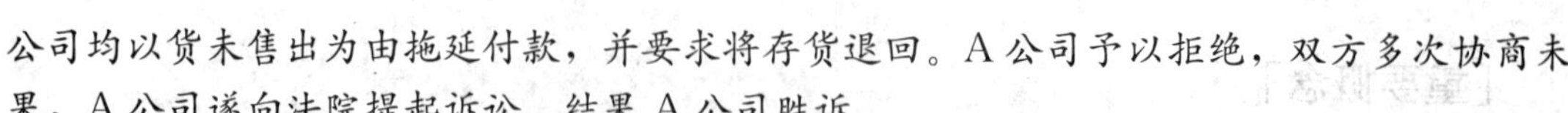

公司均以货未售出为由拖延付款，并要求将存货退回。A公司予以拒绝，双方多次协商未果，A公司遂向法院提起诉讼。结果A公司胜诉。

2. 案例分析

本案中，B公司在第二份合同的执行过程中存在违约行为，因为第二份合同在性质上不同于第一份合同。第一份合同属于寄售合同，货物售出后，由代销人与寄售人结算，未售出的货物可以退回；而第二份合同属于经销合同，A公司将货物卖断给B公司，B公司要自担风险，自负盈亏，对于未售出的货物则不能退回。B公司到期未能付款，理应承担违约责任，故法院判B公司败诉是正确的。

二、补偿贸易争议案

1. 案情简介

2005年3月，我国内地某乡镇企业通过当地贸易公司的介绍，匆匆与香港某厂商签订了加工生产某种轻工产品的补偿贸易合同。合同规定：由港商提供生产设备，某乡镇企业将利用该设备生产的产品返销给港商，以补偿设备价款。补偿期为五年。合同未明确规定设备的型号、产地、生产年代以及技术性能等方面的指标。后港商按期运到设备，但经检验，该设备是20世纪80年代末的产品，而且是二手货。由于合同对此未加规定，该乡镇企业只得接受并进行加工生产。五年之后，补偿期满，但设备已接近报废，该企业蒙受了巨大的损失。

2. 案例分析

本案中，内地某乡镇企业至少在以下两个问题上出现了失误：

第一，选择客户不当。补偿贸易属于一种经济合作方式，对贸易伙伴选择得当与否，直接关系到这项业务的成败。从本案情况看，该企业对于他人介绍的港商事先并不了解，事实证明，这位港商资信很差，利用内地企业缺乏经验和合同上的漏洞，提供以次充好的设备，坑害对方。

第二，合同条款订立不当。合同是确立双方权利与义务的法律文件，关系到当事人的切身利益，绝不可草率从事，尤其是在补偿贸易合同项下，对于引进设备的具体规定更是关系重大。为了保证返销产品的质量和维护该乡镇企业的切身利益，对于所引进设备的型号、产地、生产年代以及技术性能指标等，都必须作出明确具体的规定，而且还应约定违约条款。另外，补偿期限不宜过长，否则，不仅会增加引进方的利息负担，而且有可能导致设备款偿还完毕之日即设备报废之时的不良后果。

本案事实表明，该乡镇企业从业人员的整体素质有待提高，特别是应通过本案吸取下列教训：

(1) 每笔交易都要首先从调查研究入手，尤其是对客户的资信情况、经营能力和经营作风，应当了解清楚，防止盲目从事。

(2) 要增强法律保护意识，约定好合同条款，以维护自身的合法权益，防止上当受骗。

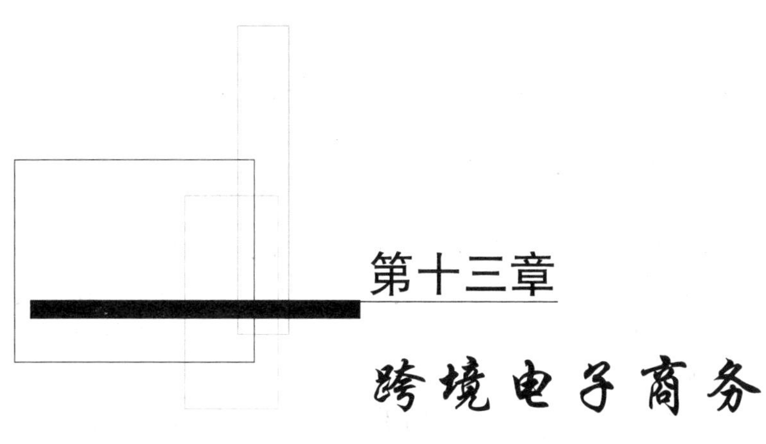

第十三章 跨境电子商务

［学习目标］

随着互联网的普及与企业应用信息技术水平的提高，网络虚拟市场已经成为与传统市场一样可以实现交易和履行合同的真正的市场空间。就外贸企业而言，互联网和现代信息技术已经成为其开拓国际市场和实现国际贸易流程的专业必备手段。本章对跨境电子商务的相关概念及分类、企业实施电子商务的主要动机与发展层次、无纸贸易的运行模式，以及电子商务与无纸贸易对进出口业务运作带来的影响进行介绍。

第一节　有关跨境电子商务的概念

一、电子商务与跨境电子商务

对于电子商务（electronic commerce，E-commerce），在实践中经常有不同的理解，我们可以从狭义和广义的角度来理解电子商务。狭义的电子商务，是指通过互联网寻找商机并完成交易的行为，如网上采购、网上支付、网上拍卖、网上订阅等。广义的电子商务，又称电子业务（E-business），是指通过现代信息技术手段从事各种商务活动的行为，它不仅指产品和服务的买卖，还包括客户服务、商业伙伴间的合作、网上学习和企业内部的电子交易。狭义的电子商务强调的是网上交易过程，而广义的电子商务则包含了企业所有用网络实现的各种商业活动。目前，国际上越来越倾向于从广义的角度来理解电子商务，我们这里提到的电子商务一般指的是广义的电子商务，即 E-business。

对于跨境电子商务（cross-border E-commerce），在实践中也有狭义和广义两种不同的理解。广义的跨境电子商务，是指分属不同关境的交易主体，通过电子商务手段从事各种商业活动的行为。狭义的跨境电子商务，又可以称为在线国际贸易（online international trade），是指分属不同关境的交易主体，在互联网上达成交易并完成支付、办理运输等一系列过程的跨境商品交换活动。

国际上更多的是从狭义的角度来理解跨境电子商务。狭义的跨境电子商务具有如下特点：

（1）交易双方分处不同的经济体（国家或地区）；

（2）在互联网上以网络形式交易；

（3）在网上完成支付、办理运输等一系列业务流程；

（4）从事的是实物买卖活动。

实际上，目前能够实现网络形式跨境交易的主要是针对个人物品买卖的跨境网络零售(cross-border online Retailing)。跨境电子商务与国内电子商务的不同主要体现在政府监管上，因为跨境电子商务要通过海关、商检、外汇管理、退税等各环节。跨境网络零售的发展给各国外贸监管提出了新挑战。

我们这里探讨的跨境电子商务既包含狭义的跨境网络零售，也包含广义的与国际贸易各环节相关的电子商务应用，还包括无纸贸易。

二、无纸贸易与贸易便利化

无纸贸易至今尚无统一、公认的定义，最早的无纸贸易主要是指实现政府对国际贸易监管的电子化和数字化。现在，人们通常将"无纸贸易"（paperless trading）笼统地理解为以电子形式进行贸易数据交换的活动。具体来说，就是在国际贸易链各个参与方（供应商、采购商、海关、行政机构、银行、物流公司等）之间，利用信息技术手段，实现参与方应用系统间标准化的业务数据传输和处理，以完成贸易活动的交易全过程。

在实践中，无纸贸易也有狭义与广义之分。狭义的无纸贸易指的就是 EDI（electronic data interchange，即"电子数据交换"），这主要是从技术实现手段的角度来看的。其主要含义是贸易双方运用网络技术手段来传输商业单证和各种商业数据，以便在交易伙伴间完成交易的全部过程。其核心内容是技术和商业数据的标准化问题。

广义的无纸贸易，不仅指商业数据交换本身，而且包括与商业数据交换相关的主体和环境因素。它包括企业、中间增值服务机构、政府机构等围绕企业的进出口行为所进行的商业数据从计算机到计算机的传输行为。

无纸贸易应该属于电子商务的一部分。它所反映的是电子商务在国际贸易领域的具体应用，而且强调进出口商在成交后，为了完成履约程序，在进出口商之间以及与国内外贸易服务机构、政府机构等进行的商业数据，特别是商业单证的电子化传输过程。

鉴于国际贸易活动涉及政府监管，以及互联网的发展给进出口带来的影响，世界贸易组织（WTO)、联合国贸易与发展会议（UNCTAD)、亚太经合组织（APEC）等国际组织都在大力推进贸易便利化，督促各个国家或经济体实施无纸贸易，以减少交易成本。

根据亚太经合组织在 2002 年的定义，贸易便利化（trade facilitation）一般是指使用新技术和其他措施，简化和协调与贸易有关的程序和行政障碍，降低成本，推动货物和服务更好地在国际上流动。各国际组织在贸易便利化方面都有详细的推进措施和推进步骤。例如，WTO 有专门的议题讨论贸易便利化问题。联合国的相关机构有专门的研究项目和国际论坛，通过影响各国政策，推进贸易便利化。贸易便利化也一直是世界经济高峰论坛的主题之一。WTO 在 2013 年基本上达成的共识就是贸易便利化。可以说，无纸贸易是实现贸易便利化的手段。作为政府利用信息技术手段改进国际贸易监管方式的主要措施，单一窗口系统（single window system）建设是国际上倡导的贸易便利化的实现目标。所谓单一窗口，是指企业在与不同的贸易伙伴和不同的贸易相关方进行数据交换时，通过单一的数据交换渠道就可以一次性完成所有数据提交，完成数据传输和无纸贸易运行。单一窗口模式是跨国界无纸贸易流程整合的最终目标，也是目前 APEC 所提倡的无纸贸易发展目标。

第二节 跨境电子商务的分类

对跨境电子商务进行分类，可以更清楚地看到跨境电子商务的业务做法，也可以更好地分析跨境电子商务的业务形态，反映跨境电子商务的业务特征。我们把跨境电子商务从两个不同维度进行分类，一是按照经营主体分类；二是按照贸易流程分类。现分述如下。

一、按照经营主体分类

参与跨境电子商务的企业按照经营主体来分类，可以分为企业自营平台、独立销售平台、第三方服务平台和代运营平台等。

（一）企业自营平台

自营企业是指自己生产也自己销售的企业，一般是指生产商，其收入来源通常是销售价格与生产成本的差值。这类企业参与跨境电子商务的方式一般是通过建立自己的网站，或者通过服务平台注册网上黄页，或者发布销售或采购信息。大型生产企业甚至通过电子商务手段建立自己的买方或卖方交易平台，将交易对象进行整合，以提高供应链管理效率。有部分大型企业凭借自身的巨额订单可以通过自营平台网上采购，获得更优惠的交易条件。

在跨境电子商务中，企业自营平台给予企业极大的自主权，企业可以根据经营目标灵活调整自己的网上经营和战略。这类经营主体一般在业内有一定的知名度，否则网上营销成本投入会比较大。

需要注意的是，无论是哪种类型的企业，在进行跨境电子商务时，都要注意企业网站的宣传和流量的培养。电子商务的发展已经使企业寻找贸易伙伴的方式不再局限于展览会等线下方式，对于开展跨境电子商务的企业来说，网站流量如同客户的访问量，流量越大，获取订单的可能性越大。

（二）独立销售平台

独立销售平台是指与生产厂商签订协议，或由供应商提供产品，独立销售平台运营商进行统一定价销售的独立跨境电商平台。独立销售平台一般直接对接海外终端消费者或者海外零售商，这类平台的收入来源大部分是销售价格与进货成本之间的差值，当然也会有额外的服务费收入。独立销售平台的运营更为复杂，不仅提供交易平台的大部分服务业务，如物流配送、支付、融资等，还需要维持自身经营，提高作为销售方的市场竞争力。这类企业在经营过程中要注意对进货产品和渠道的管理以及对市场走向的把握。

目前，部分独立销售平台也开展服务业务，在自己的平台上开辟区域供其他中小企业使用，作为其收入来源的一部分。这类平台在经营中不仅要注意服务平台和销售平台需要考虑的问题，还要注意对销售和服务进行分类独立管理，即避免自己销售的产品与在平台中进行服务的其他企业出现竞争或者利益冲突。

（三）第三方服务平台

第三方服务平台是独立于供需双方，向供需者或者买卖者提供一揽子服务的服务运营平台。第三方服务平台的运营需要平衡供需双方的利益诉求，一般都会形成一定的规则体系，也因此搭建了一个多边市场环境。第三方服务平台本身不直接参与交易过程，而是仅提供一个网上的服务平台或服务机制，为供方和需方提供相互选择的环境或基础设施，包括整合信息、撮合交易或提供一些综合服务，如支付、物流、保险、报关等。

第三方服务平台可以根据服务内容分为第三方信息服务平台、第三方交易服务平台、第三方综合服务平台等。

这类平台的收入来源，可以是按产品销售数量或金额收取的一定数额的佣金，也可以是服务费用、会员费等。这类企业在运营时一般注意提供安全稳定的技术平台和公平可信的交易规则，前者要保证参与企业能够在平台上安全进行交易，消除企业的网络安全问题隐患；后者不仅要保证企业在平台上竞争的公平性，还要建立信用机制，通过优胜劣汰，使得市场信息对称，让真正的优质企业可以在平台上获得长久发展。

第三方服务平台中的供需双方或者买家卖家，通常构成了双边或者多边市场体系。双边或者多边市场博弈所形成的规则体系是维系第三方服务平台发展的关键因素。

（四）代运营平台

代运营平台是指建立自己的网络销售渠道或者销售管理中心，承揽网络销售的外包业务，替生产厂家或者外贸经营者从事网上销售的服务商。

代运营平台通常凭借自己的网上销售技巧和销售渠道优势与不同的生产厂家或经营者建立外包合作关系，以生产厂家或经营者的名义从事网上销售，收取一定比例的收入提成，或者一定比例的佣金。

二、按照贸易流程分类

跨境电子商务存在不同的交易主体，在国际贸易当中，交易主体不同，贸易流程可能存在很大的不同。按照贸易流程不同，跨境电子商务可分为跨境网络零售、跨境B2B业务和跨境海外仓业务。

（一）跨境网络零售

跨境网络零售（cross-border online retail）指的是针对跨境或海外消费者，以小批量或者单个商品进行网上销售。网络零售通常都是在网上达成交易、完成支付，并通过邮政或快递方式将货物配送给海外的消费者。

网上零售是近年来国际贸易中出现的新方式。传统的国际贸易都是在企业之间进行的一般货物买卖，通常不涉及个人物品的跨境采购或销售。随着互联网的普及，以及支付和快递的便利化，使得很多中小企业甚至个人都可以方便地进行网上跨境销售。全球的消费者通过网络可以很容易找到自己想要购买的产品。目前，跨境网络零售经营的产品以个人消费品为主。

虽然跨境网络零售的产品范围仍然有一定的局限性，但是发展速度很快。这是因为，跨境网络零售使得生产厂家或者贸易商绕过了海外的一些中介渠道，直接通过网络把产品销售给海外的消费者，节省了渠道成本，甚至可以通过网络推广自有品牌。但是，跨境网上零售在售后服务和消费者保护方面也存在一些问题，所以这种贸易方式在国际贸易中所占比重仍然不大。尽管如此，跨境网络零售的发展依然受到各国贸易监管者的注意。中国海关为此推出“9610”的特殊海关代码，为企业提供货物分送集报的便利，即企业可以先零散发货，海关记录放行，之后集中报关，也可以申请出口退税。

（二）跨境 B2B 业务

跨境 B2B 业务指的是通过互联网方式在不同国家或经济体的企业之间的贸易活动。这些贸易活动可以是信息沟通，也可以是交易撮合，甚至可以在网上达成交易。在跨境电子商务中，跨境 B2B（企业与企业）之间的商业活动流程比跨境网上零售复杂得多。

为了比较清晰地描述这个过程，我们可以将跨境 B2B 业务流程划分为交易前、交易中和交易后三个阶段。

交易前阶段是在达成正式进出口合同之前的准备和信息获取以及信息交流等活动的阶段。这个阶段主要包括两方面的内容：信息撮合和订单获取。前者不仅包括买卖双方了解市场行情和市场供求信息，也包括对自身需求信息、产品特点或企业形象的宣传；后者主要包括获得对方的信息以及沟通方式。对于出口企业来说，获得市场信息和交易机会是这一阶段的重要内容。

交易中阶段主要指的是交易达成的过程，也就是买卖双方通过网络平台达成合同、完成交易。这个阶段可以是通过网络进行网上采购，或者进行网上销售。另外，第三方平台也可以提供网上直接撮合成交的服务。

交易后阶段指的是进出口合同达成后的履约阶段。进出口合同的履行要涉及交付货物和进行外汇货物收付，这涉及国际物流运输和国际结算。在这一阶段，进出口商要与各个政府贸易监管部门打交道。无论与哪个相关当事人或机构打交道，都需要一套业务流程和单据流转过程。因此，在此阶段，进出口商的挑战是与不同部门进行单证和数据交换。

（三）跨境海外仓业务

跨境海外仓业务指的是出口商为了给在进口国的客户或者消费者提供更方便的采购体验，先通过一般贸易方式把货物运交位于进口国的海外仓，一旦达成交易，即可从海外仓进行快速配送的业务。

跨境海外仓业务虽然在跨境网络零售中越来越多被采用，但是从进出口角度看仍然属于跨境 B2B 批量业务。目前，一些国家的贸易监管机构对于跨境海外仓业务还可以提供保税监管，可以减少进出口商在海外仓压货的资金压力。海外仓业务与跨境网络零售结合，可以给海外消费者更好的购物体验，大大缩短货物配送时间，还可以节省国际运输成本。然而，跨境海外仓业务对跨境供应链系统有更高的要求，因此，做好供需数量预测、及时补货等工作对于跨境海外仓业务起决定性作用。

第三节 企业开展跨境电子商务的主要动机与发展层次

一、企业开展跨境电子商务的主要动机

电子商务不是一蹴而就的事情，也不是企业盲目追求的目标。电子商务的实施应根据

企业自身的情况而定。大量研究表明，企业实施电子商务往往出于以下几个动机。

(一) 降低交易成本

企业实施电子商务的主要目的就是要节约成本。采用电子商务有利于企业降低对基础设施的依赖，最大限度地减少重复劳动，降低推销和采购成本，并减少中间环节，从而实现交易总成本的降低。

(二) 提升服务水平

企业实施电子商务另外一个很重要的原因，就是通过网络服务来提升自己对客户的服务水平，通过提高效率和更新手段来维系与客户的关系，并进行全天24小时跨越时空的全球化运作。计算机软件日益成为企业的智能代理，帮助企业以最低的成本和最有效的方式来实现以一般手段不能达到的效果。

(三) 扩大贸易机会

互联网已经变成一个非常重要的信息渠道。浏览网站，可以让企业掌握最新信息；通过网站发布信息，企业可以开展网上促销，也可以扩大采购渠道，还可以提升企业形象。另外，企业可以通过参与网上在线市场（如在线广交会）的活动来寻找贸易机会。

二、企业发展电子商务的层次

根据企业对电子商务的运作程度，可以将其划分为三个层次。这三个层次也可以反映企业实施电子商务的不同发展阶段。

(一) 初级层次——建立易于实施的可操作系统

初级层次是指企业开始在传统商务活动中部分引入计算机网络进行信息处理与交换，以代替企业内部或对外部分传统的信息储存和传递方式。例如，企业建立内部网络（内联网，intranets）进行信息共享和一般商务资料的储存与处理；通过互联网传输电子邮件；在互联网上建立网页，宣传企业形象等。

在初级层次，企业虽然利用网络进行了信息处理和信息交换，但其所做的一切并未构成交易成立的有效条件，或者并未构成商务合同履行的一部分。

企业实施初级层次的电子商务投资成本低，易于操作。这一层次的电子商务，并不涉及复杂的技术问题和法律问题。

(二) 中级层次——维系牢固的商业链

中级层次是指企业利用网络的信息传递部分地代替了某些合同成立的有效条件，或者构成履行商务合同的部分义务。例如，企业实施网上在线交易、网上有偿信息提供、贸易伙伴之间约定文件或单据的传输等。中级层次的电子商务即企业走上建立外联网（extranets）的道路。

在中级层次，企业实施电子商务的程度有所加深，但还需要不同程度的人工干预。例如，在线销售环节与产品供应不能有效衔接，仍需要部分传统方式的操作。不过，在中级层次，电子商务的操作已涉及交易成立的实质条件，或已构成商务合同履行的一部分。因此，这一层次的电子商务要涉及一些复杂的技术问题（如安全）和法律问题（如法律有效性）等。

中级层次的电子商务的实施需要社会各界相互配合，特别是政府机构和商业团体应该为电子商务的发展创造良好的环境。这一层次的电子商务是世界各国近期发展的主要目标。

（三）高级层次——实现全方位的数字自动化

高级层次是电子商务发展的理想阶段。在这一层次，企业商务活动的全部程序由网络信息处理和信息传输所代替，最大限度消除了人工干预。在企业内部和企业之间，从交易的达成到产品生产、原材料供应、贸易伙伴之间单据传输、货款清算、产品（服务）提供，均实现了一体化的网络信息传输和信息处理。一笔交易所涉及的信息由相关人员一次性录入，在网络系统中自动处理后，按照交易的流程自动生成适应内部与外部交流的相关单据或文件。

高级层次将商业机构对消费者的电子商务与商业机构对商业机构，甚至商业机构对行政机构的电子商务有机结合起来，实现企业最大限度的内部办公自动化和外部交易电子化。

高级层次电子商务的实现有赖于全社会对电子商务的认同，以及电子商务运作环境的改善。

第四节 无纸贸易的运行模式

一、点对点模式（point to point）

点对点模式（见图13—1）指的是贸易双方，或者进出口一方与相关的贸易服务方之间进行的一对一的电子数据交换。这种方式的电子数据交换，只是在双方之间进行数据共享，通常没有第三方认证机构对数据传输进行认证，传递商业数据的双方最主要的目的就是进行数据共享。这是最早的电子数据交换模式，是在市场增值网络服务不发达的情况下所采用的传递电子商业数据的方式。此种模式，由于没有第三方参与，一旦出现数据交换的纠纷，不太容易确定双方的责任归属。

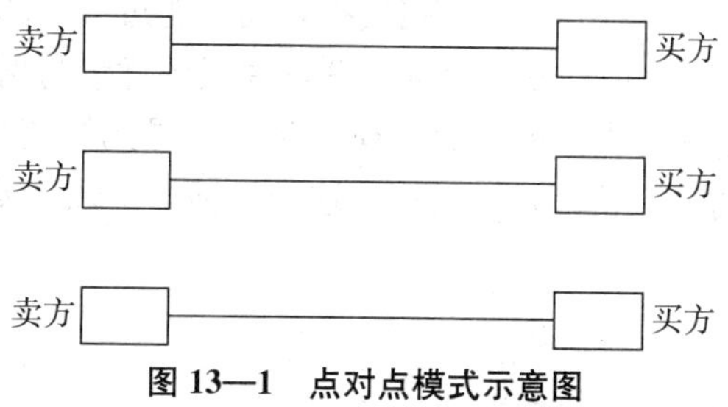

图13—1 点对点模式示意图

二、外联网模式（extranet）

外联网模式（见图13—2）指的是企业基于其与外界各方当事人之间（包括贸易伙伴和贸易服务商等）的商业往来所实施的一对多的电子数据交换。通常情况下，只有大企业才有实力建立自己的外联网模式，以利于与有关的供应商、下游的经销商、物流服务商以及银行等进行数据交换。

大企业的供应链通常比较长，此种模式可使大企业取得整合资源的优势。外联网模式是以大企业和全球供应链为核心的无纸贸易运行模式。目前，许多发达国家的大型跨国公司基本上都采用这种模式。

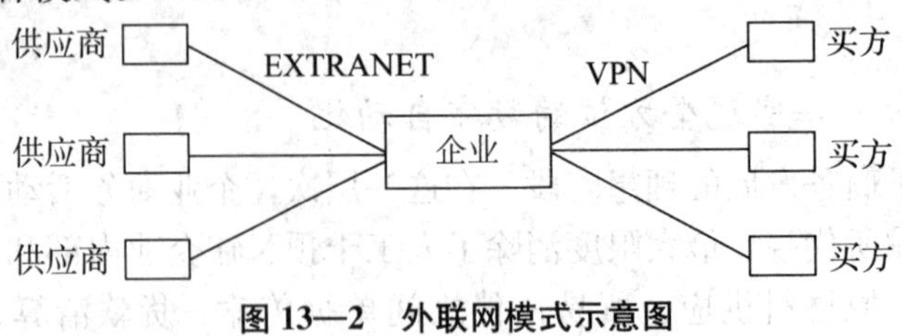

图 13—2 外联网模式示意图

三、增值网络模式（value added network）

增值网络模式（见图 13—3）是在社会网络增值服务体系比较健全的情况下，全社会的商业数据交换有效整合的结果。此种模式通常是在政府的推动下，建立一家或者若干家统一标准的增值网络服务机构。无论是大企业还是小企业，都可以利用增值网络服务机构进行有效的电子商业数据交换。这一模式强调的是无纸贸易的社会效益，为中小企业参与国际贸易、进行电子数据交换提供了非常重要的手段。许多新兴的发展中国家和经济体，如新加坡、韩国、中国台湾和中国香港等，都是采用这个模式。

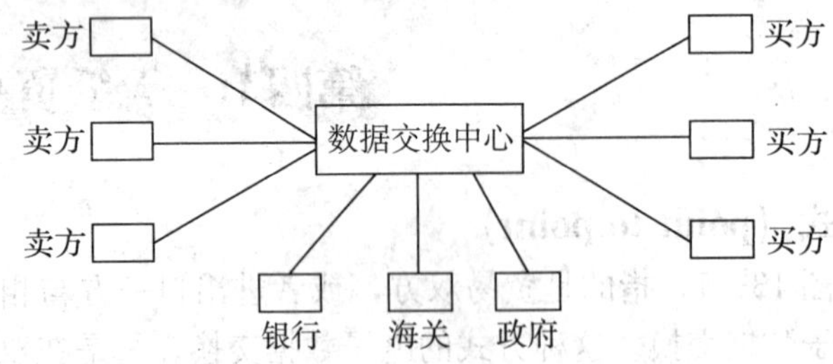

图 13—3 增值网络模式示意图

四、单一窗口模式（single window system）

单一窗口模式（见图 13—4）指的是企业在与不同的贸易伙伴和不同的贸易相关方进行数据交换时，不需要分别一对一进行数据交换，而是通过单一的数据交换渠道就可以一次性完成所有的数据传输。该模式是将企业外联网模式的优势与增值网络模式的优势结合起来的效益最高的无纸贸易模式。单一窗口模式是跨国界无纸贸易流程整合的最终目标，也是目前 APEC 所提倡的无纸贸易发展目标。这个目标的实现，需要国内各相关部门和各国家间的有效协调。

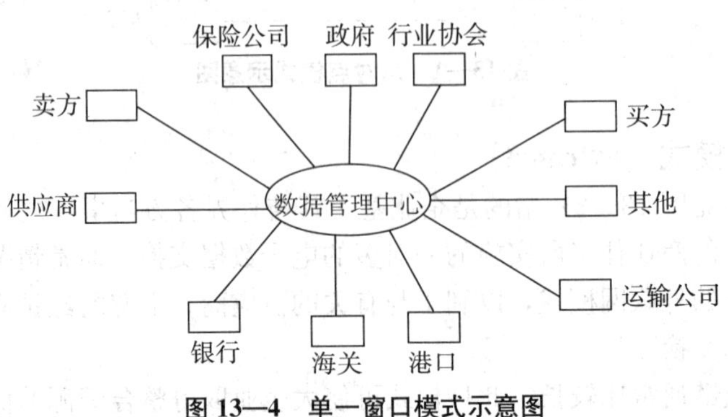

图 13—4 单一窗口模式示意图

第五节 电子商务与无纸贸易对进出口业务运作的影响

一、电子商务加速外贸业务运作的电子化趋势

通常，我们可以从运作角度笼统地将外贸业务分为三个阶段：交易准备阶段、交易磋商阶段和合同履行阶段。这三个阶段涵盖了每一笔外贸业务自始至终的业务程序，现代信息技术逐渐应用于外贸业务的各个环节中。

（一）交易准备阶段

在交易准备阶段，传统的方式是通过面对面或函电往来获取该项交易的有关信息。外贸业务人员通过各种渠道和媒体了解与交流有关的业务信息及产品信息。例如，通过出国考察、参加广交会等形式来寻找贸易机会。而以互联网及信息技术为核心的电子商务手段，虽然所涉及的网络媒体比较单一，但是却能达到意想不到的效果。例如，企业可以通过网络渠道来发布信息、产品广告，而其效果则可以在全球市场上反映出来。另外，外贸企业还可以设立网上主页，向国外的客户提供在线商品目录。电子邮件也可以高效传递有关交易的各项信息，从而突破了以往传真机的使用局限性，并为企业大大节省了各项费用。

（二）交易磋商阶段

在交易磋商阶段，以往纸面的合同和签字方式被电子订单所代替。带有安全措施的电子邮件完全可以取代传真和传统邮件。特别是以互联网为基础的 EDI，实现了数据一次性录入而共享的目标。申领进出口许可证、租船订仓、报关、报验等业务环节也都可全部实现电子化。

（三）合同履行阶段

在合同履行阶段，电子商务的作用更不能小看。因为借助信息技术手段，已经将业务的各个环节连接了起来。外贸企业使用专业软件就可以实现单据的自动生成。特别是在安全认证、跟踪运输及网上支付等方面均实现了较大的突破。以互联网为基础的 EDI 既使外贸业务流程和单据传输实现自动化，又不会增加过多的企业投资和成本。

从长远发展来看，实施电子商务的外贸企业将在物流、资金流和信息流三个方面进行有效整合。外贸企业电子商务的实施，除了实现以交易为核心的业务处理的自动化和电子化外，其核心战略也将随着电子商务应用程度的加深而发生变化。外贸企业将从繁杂的业务流程中解放出来，可以集中精力提升和发展核心业务，强化自己的竞争优势。

二、电子商务使外贸业务流程面临转型

众所周知，互联网作为电子商务信息交流的新媒介拉近了企业与客户之间的距离，特别是互联网交互式的特点，使企业的业务运作走向虚拟化。企业在线交易系统，如在线采购管理、在线销售管理等，已经成为从事国际化经营企业的现实选择。

另外，具有互动性多媒体特征的互联网的发展，使全球信息交流的障碍越来越少；电子商务的飞速发展，也使得传统中间商的地位发生了动摇。国外的研究表明，传统低附加值的中间商的服务，终究要被电子商务的发展所淘汰。外贸企业如何应对飞速发展的新形

势，的确是一个迫在眉睫的课题。

从国外的发展经验看，一个企业的发展应视其是否为某个行业的价值链中的一环，是否为其客户创造价值。企业为客户所创造的价值并不一定只是业务的处理过程，将来更多的是从服务方面来体现价值的增值。因此，我国外贸企业业务运作流程的转型，应体现在以下几个方面。

(一) 从单一交易到综合服务的转型

传统上以交易流程为核心的外贸企业将逐步向以服务为核心的服务型企业转变，这是未来发展的必然趋势。在我国，传统的外贸企业都以单一的交易为核心，其组织结构没有能够体现服务的价值。电子商务打破了市场原有的竞争格局，企业的生存和发展要更多地依赖综合服务素质和能力。建立以服务为核心的外贸运作模式是多数外贸企业的发展方向。服务型企业的核心问题是管理，电子商务的发展恰恰为企业管理提供了最先进的手段。

(二) 从人为垄断优势向自然竞争优势的转型

我国传统外贸行业是在特殊的历史背景下发展起来的，长期存在一定的人为垄断优势。随着改革开放的不断深入，外贸行业已经出现了多元化的竞争格局。在人为垄断优势被打破的情况下，无论是传统的外贸企业还是新型的外贸企业，都需要在全球电子商务飞速发展的背景下，重新再造外贸业务流程，逐步建立自己的竞争优势。网上、网下业务的结合，以及企业内联网和外联网电子商务系统的发展，都将是为客户创造价值的来源和渠道。转型快的外贸企业，将在市场上迅速获得竞争优势。

(三) 从分散管理向集中管理的转型

全球电子商务的发展，逐步削弱了传统的以单一经营和低附加值为主要特征的中介交易的地位。企业的各种资源，如客户资源、品牌资源、市场资源、业务流程控制、资金优势、技术优势等能否被有效整合并集中管理，能否发挥企业员工的团队作业精神，是企业能否在新形势下生存和发展的基本条件。

现代信息技术在企业中的应用，迫切要求企业将原有的金字塔式的层级管理制度向扁平的集中管理制度发展。以客户为主导的、以服务为宗旨的团队协作，将取代分散式的管理体制。计算机及网络技术为企业的集中管理和服务创新提供了非常实用的先进手段。有关外贸业务运作的软件产品，如外贸 ERP 系统将在外贸业务运作流程中发挥不可低估的作用。在全球电子商务发展步伐不断加快的形势下，我们相信，现代信息技术将成为维系客户关系、向客户提供超值服务的新手段。

[本章小结]

1. 跨境电子商务在国际上通常是指在线国际贸易，即分属不同关境的交易主体，在互联网上达成交易并完成支付、办理运输等一系列过程的跨境商品交换活动。

2. 无纸贸易属于电子商务，反映的是电子商务在国际贸易领域的具体应用，是实现贸易便利化的手段。

3. 按照经营主体，跨境电子商务可以分为企业自营平台、独立销售平台、第三方服务平台和代运营平台四种；根据业务流程，跨境电子商务可分为跨境网络零售、跨境 B2B

业务和跨境海外仓业务。

4. 企业开展跨境电子商务的动机，主要是为了降低交易成本、提升服务水平和扩大贸易机会。

5. 电子商务和无纸贸易对外贸业务有重要影响，可加速外贸企业业务运作的电子化趋势，促进外贸企业业务流程从单一交易向综合服务、从人为垄断优势向自然竞争优势、从分散管理向集中管理转型。

[重要概念]

1. 跨境电子商务
2. 无纸贸易

[思考题]

1. 如何理解电子商务的概念?
2. 电子商务有哪些分类?
3. 企业为什么要实施电子商务?
4. 什么是无纸贸易? 无纸贸易有哪些运营模式?
5. 电子商务如何影响进出口业务?

案例分析

1. 案情简介

在我国第97届广交会期间，有一位来自巴西的客商，由于是第一次参加广交会不熟悉情况，被不懂英文的出租车司机带到展销日用消费品和纺织品的展馆。这位客商在展馆转了一天，却没有找到他需要的抽水泵。"在线广交会"在广交会现场信息服务台的服务人员帮助他登录"在线广交会"的网站进行搜索，很快找到了数十家专门生产抽水泵的中国企业。巴西客商浏览了这些企业在"在线广交会"网站上展示的产品，选定其中三家参展企业作为洽商交易对象，并通过"在线广交会"的信息服务台与这三家企业进行联系，约定进一步洽谈具体交易条件。这位客商激动地向"在线广交会"的服务人员竖起大拇指，表示赞扬和感谢。目前，通过"在线广交会"网站注册的海外采购商和国内生产企业分别已达数十万家，成交量逐年上升，有效地促进了我国对外贸易的发展。

2. 案例分析

本案例生动表明，电子商务在加速信息传递、扩大内外交流、增进各国之间友好合作等方面，都起到了很重要的作用。

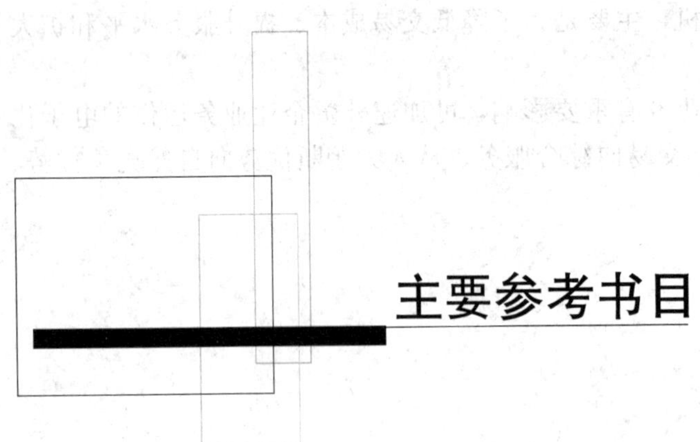

主要参考书目

1. 本书编写组．ICC 跟单信用证统一惯例（2007 年修订本）．北京：中国民主法制出版社，2006.

2. 国际商会中国国家委员会．2000 年国际贸易术语解释通则．北京：中信出版社，2000．

3. 全国人大常委会办公厅研究室经济室．中华人民共和国合同法释义及实用指南．北京：中国民主法制出版社，1999.

4. 黎孝先．国际贸易实务（第四版）．北京：对外经济贸易大学出版社，2007.

5. 吴百福．进出口贸易实务教程．上海：上海人民出版社，2001.

6. 黎孝先．进出口合同条款与案例分析．北京：对外经济贸易大学出版社，2004.

7. 刘耀威．进出口商品的检验与检疫（第二版）．北京：对外经济贸易大学出版社，2006.

8. 石玉川．国际贸易方式．北京：对外经济贸易大学出版社，2002.

9. 王健．期货市场理论与实务．北京：对外经济贸易大学出版社，1996.

10. 王健．电子商务导论——商务角度．北京：对外经济贸易大学出版社，2002.

11. 王健．电子商务——为企业成功和个人发展撰写的指导性全书．北京：学苑出版社，1999.

12. M G Bridge．The Sale of Goods．Oxford：Clarendon Press，1997.

13. International Standby Practices（ISP 98），ICC Publication No. 590.

14. Uniform Customs and Practice for Documentary Credits 1993 Revision，ICC Publication No. 500.

图书在版编目（CIP）数据

国际贸易实务/王健，石玉川主编．—4版．—北京：中国人民大学出版社，2016.7
21世纪高职高专规划教材．国际经济与贸易系列
ISBN 978-7-300-23035-1

Ⅰ.①国… Ⅱ.①王… ②石… Ⅲ.①国际贸易-贸易实务-高等职业教育-教材
Ⅳ.①F740.4

中国版本图书馆CIP数据核字（2016）第145822号

21世纪高职高专规划教材·国际经济与贸易系列
国际贸易实务（第四版）
主　编　王　健　石玉川
副主编　魏铁梅　张家瑾
Guoji Maoyi Shiwu

出版发行　中国人民大学出版社
社　　址　北京中关村大街31号　　**邮政编码**　100080
电　　话　010－62511242（总编室）　010－62511770（质管部）
　　　　　010－82501766（邮购部）　010－62514148（门市部）
　　　　　010－62515195（发行公司）　010－62515275（盗版举报）
网　　址　http://www.crup.com.cn
　　　　　http://www.ttrnet.com（人大教研网）
经　　销　新华书店
印　　刷　北京市鑫霸印务有限公司　　**版　　次**　2004年11月第1版
规　　格　185 mm×260 mm　16开本　　2016年7月第4版
印　　张　17.5　　**印　　次**　2019年2月第4次印刷
字　　数　410 000　　**定　　价**　38.00元